트레이딩
멘탈 게임

—— 투자는 멘탈 게임이다 ——

트레이딩
멘탈 게임

초판 1쇄 인쇄 2025년 1월 6일
초판 1쇄 발행 2025년 1월 13일

지은이 제러드 텐틀러
옮긴이 장진영
펴낸이 이종두
펴낸곳 (주)새로운 제안

책임편집 엄진영
디자인 보통스튜디오
영업 문성빈, 김남권, 조용훈
경영지원 이정민, 김효선

주소 경기도 부천시 조마루로385번길 122 삼보테크노타워 2002호
홈페이지 www.jean.co.kr
쇼핑몰 www.baek2.kr(백두도서쇼핑몰)
SNS 인스타그램(@newjeanbook), 페이스북(@srwjean)
이메일 newjeanbook@naver.com
전화 032) 719-8041
팩스 032) 719-8042
등록 2005년 12월 22일 제386-3010000251002005000320호

ISBN 978-89-5533-661-0 (03320)

THE MENTAL GAME
of
TRADING

── 투자는 멘탈 게임이다 ──

트레이딩
멘탈 게임

제러드 텐틀러 지음 | 장진영 옮김

새로운제안

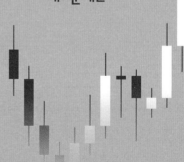

CONTENTS
목차

─────────── CHAPTER 1 ───────────

멘탈 게임과 멘탈 시스템

─────────── CHAPTER 2 ───────────

멘탈 지도를 만들자

─────────── CHAPTER 3 ───────────

문제의 근원을 찾아라

멘탈 게임과
멘탈 시스템

"문제를 초래한 사고방식으로 문제를 해결할 수 없다"

- 알버트 아인슈타인

트레이딩 목표는 수익 획득이지만, 이 목표 달성을 방해하는 것이 있다. 손실이 발생하기도 힘든 상황에서 손실을 보거나, 계속 수익이 나는 상황에서 수익을 극대화하지 못하고 트레이딩을 중단하기도 한다. 왜 이런 일이 일어나는 것일까?

이런 경우에 대부분 트레이더들은 제일 먼저 자신의 트레이딩 테크닉부터 살핀다. 물론 이것은 당연히 해야 하는 중요한 일이다. 그간의 트레이딩을 분석하고, 트레이딩 규칙을 강화하고, 새로운 트레이딩 테크닉을 익히고, 자기만의 트레이딩 시스템을 개발하고, 새로운 트레이딩 전략을 테스트한다. 그러나 이 모든 노력을 기울여도 출혈은 멈추지 않는다. 또다시 트레이딩 테크닉을 점검하고 개선하지만, 여전히 원하는 결과는 나오지 않는다. 왜냐하면 트레이딩 테크닉에 문제가 있지 않기 때문이다. 해답은 트레이딩의 정신적이고 감정적인 부분, 바로 멘탈 게임에서 나온다. 그런데 트레이더들은 멘탈 게임에 제대로 공을 들이지 않는다.

그렇다고 해서, 트레이딩에서 심리적인 문제가 전부라고 말하는 것은 아니다. 감정적인 균형을 잡고, 항상 집중하고, 한결같이 몰입하여 완벽한 멘탈 게임을 해내는 트레이더라도, 시장에서 경쟁력이 없으면 장기적으로 수익을 낼 수 없다. 그러나 경쟁력이 있든 없든 상관없이 트레이더는 시장에서 욕심, 두려움, 분노, 자신감이나 절제력과 씨름한다. 그래서 멘탈 게임으로 더 많은 대가를 치를 수도 있다.

트레이딩에서 흔히 하는 실수 중에서 가장 큰 대가를 치러야 하는 실수에는 뭐가 있는지부터 살펴보자. 아마도 다음과 같은 실수일 것이다.

- 사전에 설정한 기준에 못 미치는 트레이딩을 실행한다.
- 사전에 생각한 기준에 맞는 트레이딩이지만 진입을 망설인다.
- 목표 수익에 도달하기도 전에 너무 빨리 트레이딩을 마감한다.
- 분명한 계획 없이 단기적인 시장 움직임을 쫓아서 트레이딩을 실행한다.
- 너무 일찍 스톱 오더를 넣는다.
- 수익 목표를 달성하기도 전에 목표치를 낮춘다.
- 좋은 조건임에도 지레 겁먹고 트레이딩을 중단한다.

이러한 실수를 저지르면, 트레이더는 계속해서 실수를 저지르게 된다. 이렇게 되면 감정에 휘둘려서 충동적으로 트레이딩에 임하게 된다.

멘탈 게임에 패배했다고 자책하지는 말자. 트레이딩 실행에서 거듭 실수하게 되는 이유에는 부분적으로 자신의 상대가 누구인지 정확하게 알지 못한 이유도 있다. 트레이딩이 기본적인 규칙에 따라서 진행되는 것처럼, 멘탈 게임도 기본적인 규칙에 따라서 진행된다. 예를 들어서 설명해 보자. 활발하게 의사결정이 내려지는 뇌 영역은 주어진 시간에 제한된 양의 정보에만 집중해서 처리할 수 있다. 그런데 설상가상으로 감정은 이 뇌 영역에서 진행되는 의사결정 프로세스를 단축하거나 완전히 정지시킬 수 있다. 이것과 함께 멘탈 게임의 기타 규칙을 이해하지 못하면, 트레이더는 트레이딩 실행에서 생기는 실수를 확실히 바로잡을 수 없다.

이것이 필자가 트레이딩의 정신적이고 감정적인 부분을 '멘탈 게임'이라고 부르는 이유다. '게임'이란 단어를 들으면 자동으로 영구적 개선책과 일회성 해결책의 법칙과 전략이라는 동적인 뭔가가 떠오른다. 반면에 트레이딩 마음가짐, 트레이딩 정신 상태 또는 트레이딩 심리 상태는 모두 뭔가 정적이다. 트레이더는 그저 좋은 조언만 있으면 트레이딩에서 목표 수익을 달성할 수 있다고 믿는다. 완전한 마음가짐만 있으면 된다고 생각한다. 하지만 이것은 한낱 미신에 불과하다.

대다수 트레이더가 트레이딩 전략이나 시스템의 문제를 단번에 해결할 묘책을 찾아다닌다. 이 책에서 트레이더가 욕심, 두려움, 분노, 과도한 자신감과 낮은 자신감 등 감정에 휘둘려서 흔히 저지르는 트레이딩 실수를 바로잡는 데 도움이 될 효과적인 시스템을 단계적으로 배우게 될 것이다. 트레이더는 이런 감정 때문에 트레이딩 실행에서 계속해서 실수하게 된다. 이 책은 이런 감정을 해소하는 방법뿐만 아니라 트레이딩 집중, 트레이딩 루틴 그리고 트레이딩 습관과 실행을 방해하는 문제를 해결할 방법도 알려줄 것이다. 그리고 트레이딩에서 지속적으로 좋은 결과를 얻는 데 도움이 될 간단한 방법 몇 가지도 담겨 있다.

이 책에서 소개하는 멘탈 게임에 대응하는 멘탈 시스템은 필자의 15년 경력을 집대성한 것이다. 전 세계적으로 골프, 포커, e스포츠, 트레이딩 등 경쟁이 치열한 분야에서 활동하는 필자의 고객들은 이 시스템을 이용해서 각자의 분야에서 굉장한 결과를 내고 있다. 이 멘탈 시스템이 굉장히 효과적인 이유는 문제의 근원을 찾아서 바로잡도록 설계되었기 때문이다. 잡초는 뿌리째 뽑지 않으면 완전히 제거되지 않는다. 잡초를 짓밟거나 윗부분을 잘라내는 것은 일시적인 효과만 있을 뿐이다. 흔한 트레이딩 실수도 마찬가지다. 근본적인 문제를 해결하지 않으면 트레이딩 실수를 완전히 바로잡을 수 없다.

분명히 말해서, 이 책은 트레이딩 실행 전략, 트레이딩 아이디어, 트레이딩 차트 해독법 또는 트레이딩 펀더멘탈을 알려주지 않는다. 필자가 제안하는 멘탈 시스템을 성공적으로 활용하는 트레이더들은 이미 트레이딩에서 자신의 문제가 무엇인지를 확실히 파악할 정도로 충분한 트레이닝 테크닉을 지니고 있다.

이 책에는 노련한 트레이더들의 경험이 담겨 있다. 그들의 경험을 읽으면서 가장 중요한 교훈을 얻을 수 있을지도 모른다. 이 책을 집필하던 시기에도 그들은 필자가 설계한 멘탈 시스템을 이용하고 나름대로 개선하면서 매일 성과를 이뤄내고 있었다. 이게 필자가 이 책으로 얻기를 바라는 결과다. 멘탈 시스템은 흔한 트레이딩 실수를 일소할 비책은 아니다.

이 책이 알려주는 것은 트레이딩에서 감정에 휘둘려 실수하지 않는 기반을 다지는 데 도움이 될 멘탈 시스템이다. 멘탈 시스템은 애초에 문제를 일으키는 원인을 깊이 이해하여 멘탈 게임의 현재와 미래의 문제를 해결할 수 있도록 돕는다. 멘탈 시스템은 체계적으로 멘탈 게임의 문제를 초래하는 원인을 인지하고 영원히 바로잡도록 돕는다.

구체적으로 말해서, 이 책에서 소개하는 멘탈 시스템은 관심을 두고 지켜봐야 할 트레이딩 조건이 조성됐음을 알려주는 시그널처럼, 트레이딩에서 멘탈 게임의 문제가 생길 수 있다고 알려주는 시그널을 감지해내는 방법을 알려줄 것이다. 멘탈 시스템은 쉽게 접근할 수 있고, 논리적으로 설계됐으며, 실용적이고 반복적으로 활용될 수 있다. 시간을 내서 이 시스템을 익히고 이 책에서 제안한 방법으로 연습하면, 멘탈 게임에 대한 대응력이 크게 향상될 것이다.

멘탈 시스템이 무엇이고 어떻게 작동하는지를 좀 더 깊이 파고들기 전에, 필자는 멘탈 게임의 핵심이자 널리 오해를 받고 있는 '감정'에 관한 미신부터 깨트리고자 한다.

감정은 해로운 존재가 아니다. 무언가를
알려주고 가르쳐주는 시그널이다

대다수 트레이더는 트레이딩 실수를 바로잡으려고 뒤죽박죽으로 대응해 왔다. 그들이 문제라고 생각했던 것이 실제로는 문제가 아닐 수도 있다. 더 많은 수익에 대한 욕심, 손실에 대한 두려움 또는 실수에 대한 증오 등과 같은 감정적 문제를 해결하고 싶다면 먼저 자신의 상대부터 정확하게 이해해야 한다. 이것은 트레이딩 실수가 발생한 상황에서 감정이 어떤 역할을 했느냐에 대한 관점을 바꾸는 데서 시작한다.

트레이딩 심리 상태를 다루는 다른 책들에서는 일반적으로 감정이 문제라고 보고 감정을 억제하고 통제하고 해소하는 데 집중해서 조언을 제공한다. 이런 방식은 단기적으로 문제를 해결 할 수는 있지만 분명히 한계가 있다. 그 이유는 무엇일까?

진짜 문제에 대해서 고심하고 있지 않기 때문이다. 진짜 문제를 해결하려고 고민하는 대신에 엉뚱하게도 '문제라고 생각하는' 트레이딩 중에 발생한 감정을 해소하는 데 시간과 노력을 허비하고 있다. 감정은 비이성적이거나 자기 기만적이라고 치부한다. 그리고 감정을 합리화하거나 부인하려 하고, 피하거나 무시하려고 애쓴다. 또는 감정을 무시하거나 모면하려고 노력하고, 표출해 버리거나 쏟아 내버린다. 하지만 이것이 문제를 해결하진 않는다.

감정을 무시하거나 합리화하는 대신에 자신의 감정 상태를 너무나 잘 인지하여 나름대로 감정을 다스리는 방법을 만들어내기도 한다. 시장 상황이 불리하게 변해서 손해를 보기 전에 어느 정도 수익을 챙기면 일찌감치 트레이딩을 마무리해 버린다. 감정이 격한 날에는 냉정해질 때까지 트레이딩을 중단한다. 혹자는 다음의 방법을 시도하기도 한다.

- 손익분기점에서 트레이딩을 중단한다.
- 트레이딩을 시작하면 사소한 움직임이나 감정적 반응 때문에 수시로 트레이딩에 관여하지 않도록 한 걸음 물러나서 상황을 관망한다.
- 수익이 나면 트레이딩을 일찍이 마무리한다.
- 트레이딩을 시작하기 전에 모니터에 붙어 있는 메모지에 적힌 글을 되새긴다.
- '손실은 발생하기 마련이니, 손실이 발생했다고 동요하지 마라'와 같은 기본 사항을 스스로 되새긴다.
- 긴 트레이딩 휴식기를 가진다.

이것은 진짜 문제를 해결하기보다는 우회할 뿐이고, 이에 따라서 수익성뿐만 아니라 트레이더로서 적응하고 성장할 기회가 줄어든다. 감정을 억누르며 리스크를 최소화하고자 소규모 트레이딩을 하고, 수익이 나면 손실이 발생하기 전에 트레이딩을 끝내서 하루를 수익으로 마무리하는 것은 우리 모두가 원하는 멘탈 게임 방식이 아니다. 물론 이것이 단기 전략으로는 훌륭할 수 있지만 트레이더로서 성장 잠재력은 상당히 제한된다.

좀 더 깊이 파고들어 가 보자. 분노, 욕심, 두려움과 같은 감정이 트레이딩 실수를 초래하는 문제라는 믿음은 근거 없는 미신이다. 감정은 문제라기보다는 '시그널'이다. 이것은 감정을 보는 시각에 대단히 중요한 변화다. 자신의 감정 상태와 싸우지 마라. 감정 상태와 싸우는 대신에 신체적 질병에 하듯이 감정을 시그널로 여기고 감정이 무엇을 말하려고 하는지 호기심을 갖고 들여다봐야 한다. 그런데 감정처럼 때로는 문제의 진짜 원인이 명확하지 않은 경우는 언제나 존재한다.

일과가 끝나갈 무렵에 지독한 두통이 찾아왔다고 생각해 보자. 처음에는 트레이딩하는 동안에 스트레스를 받아서 머리가 아프다고 생각한다. 가족과 친구들도 스트레스가 두통의 원인이라고 생각한다. 하지만 주말에도, 심지어 일주일의 휴가를 다녀온 후에도 두통은 사라지지 않는다. 뭔가 더 심각한 문제가 있는 것은 아닌지 걱정되어 의사를 찾아간다. 모든 검사 결과가 문제없음으로 나온다. 그래서 몇 달 동안 약국에서 두통약을 사서 먹고 있지만, 두통의 원인은 아직도 미지수다. 그러던 어느 날, 트레이딩을 마무리하고 트레이딩 일지를 정리하는 데 글자가 잘 안 보여서 눈을 자꾸 찡그리게 되는 자신을 발견한다. 그래서 안과에서 눈 검사를 받아보기로 한다. 알고 봤더니 시력이 지난 6개월 동안에 급격하게 나빠졌고, 그로 인한 눈의 피로 때문에 두통이 생겼었던 것이다. 안경 도수를 높였더니, 두통이 씻은 듯이 사라졌다. 두통이 문제가 아니었다. 두통은 그저 뭔가 잘못됐다는 시그널이었다. 이 시그널이 무엇을 의미하는지 잘 해석했더니, 문제가 금세 해결됐다.

이것과 비슷하게, 부정적인 감정은 우리가 해결하려고 고심하지 않고 있는 문제를 가리키는 시그널이다. 이 시그널을 따라서 문제가 뭔지 파악하고 근본 원인을 바로잡으면, 자연스럽게 충동적인 트레이딩을 그만하게 할 수 있게 된다.

- 큰돈을 벌겠다는 욕심에 목표 수익을 조정한다.
- 좋은 기회를 놓칠지도 모른다는 두려움에 시장에 끌려다닌다.
- 손실이 발생했거나 실수를 저질렀다는 사실에 화가 나서 오버 트레이딩한다.
- 과도한 자신감으로 시장을 이길 수 있다고 생각한다.
- 다른 시도로 손실이 발생했을 때 감당할 자신이 없어서 손실이 발생하는 기존 트레이딩을 고수한다.

두통이 사라지면 두통약을 그만 먹게 되는 것처럼 감정이 보내는 시그널을 잘 읽어서 문제의 근본 원인을 잘 해결하면 부정적인 감정을 관리하거나 제어하는 데 시간과 에너지를 쏟을 필요가 없어진다. 부정적인 감정이 더 이상 촉발되지 않기 때문이다. 이것이 바로 멘탈 게임을 잘 해냈을 때 발생하는 효과다. 진짜 문제가 무엇인지를 파악하고 해결하면, 감정적으로 대응하지 않게 되면서 마음껏 트레이딩에 집중할 수 있게 된다.

감정을 시장에서 따라가는 지표라고 생각하자. 트레이더는 항상 지표를 이용한다. 그런데 트레이딩에서 이 지표를 얼마나 잘 이용하느냐는 각자의 전문도에 따라 결정된다. 멘탈 게임에서 부정적인 감정은 트레이딩을 방해하는 숨겨진 결점을 가리키는 시그널이다. 대체로 이 숨겨진 결점은 미묘한 문제를 일으킨다. 시장 감각을 무디게 만들고, 생각을 명확하게 하지 못하게 방해하고, 대응 시간을 늘어지게 만든다.

해서는 안 된다는 것을 알지만 트레이딩을 실행하게 되고, 멈출 수가 없다. 누가 봐도 들어가야 하는 거래인데, 트레이딩 실행이 불가능하다. 트레이딩을 접어야 한다는 것을 알지만, 두려움이나 탐욕에 눈이 멀어서 트레이딩을 이어간다. 어떻게 반응하는 것이 옳은지를 알지만, 과잉 반응이 멈춰지지 않는다. 숨겨진 결점이 각자의 트레이딩에 어느 정도로 영향을 주는지는 알 수 없지만, 기대하는 수준으로 트레이딩을 꾸준히 실행하고자 한다면 이 숨겨진 결함을 찾아서 바로잡아야 한다.

감정은 성과를 부채질한다

감정이 성과에 얼마나 방해가 되는가에만 집중하다 보면, 감정은 나쁜 것이라고 치부해 버리고 싶다. 하지만 감정은 최고의 성과를 내는 열쇠다. 감정은 성과를 이끌어내는 에너지의 원천이다. 그러므로 감정은 좋지도 나쁘지도 않다.

심지어 일반적으로 나쁘다고 여겨지는 감정이 항상 나쁜 것도 아니다. 예를 들자면, 분노는 에너지의 훌륭한 원천일 수 있다. 마이클 조던(Michael Jordan)은 고등학교 농구팀의 주전 선수에 뽑히지 못했다는 사실에 화가 났고, 이 분노에 동기 부여되어서 역대 최고 농구 선수로 성장했다. 몇몇 트레이더들은 속된 말로 '빡쳤을 때' 최고의 성과를 낸다. 그리고 막다른 골목에 이르러 엄청난 압박을 받을 때 최고의 성과를 내는 이들도 있다. 그러니 감정은 원래 나쁘다고 생각하는 것은 말이 안 된다. 감정이 원래 나쁘기만 한 것은 아니라는 것을 보여주는 결과가 분명 존재한다.

최고의 성과를 내기 위해서 분노나 두려움과 같은 감정을 이용할 때, 감정을 제대로 통제하지 못하는 불상사가 발생할 수 있다. 마이클 조던처럼 자기 영역에서 최고의 성과를 내는 사람들은 자신의 감정을 능숙하게 조절하고 통제한다. 그들은 꾸준하게 최고의 성과를 낼 수 있도록 감정과 에너지를 적절하게 잘 섞어서 이용할 줄 안다. 하지만 분노나 두려움같은 감정은 언제 어떻게 변할지 몰라서 보통 사람들이 다루기에는 굉장히 불안한 대상이다.

감정을 적절하게 잘 섞어서 이용하는 것이 트레이딩과 같이 경쟁이 심한 환경에서 최고의 성과를 내는 열쇠다. 하지만 분노와 두려움같은 감정을 안정적으로 다루는 데 오랜 시간이 필요하다. 파도가 일렁이는 바다 위에서 타고 있던 작은 보트에서 옆에 있는 다른 보트로 옮겨탄다고 상상해 보자. 파도는 언제 어떻게 칠지를 예측할 수가 없으니, 파도가 출렁이는 바다 위에서 한 보트에서 다른 보트로 옮겨타기는 쉽지 않다. 하지만 옆에 있는 보트로 옮겨탈 정확한 타이밍만 안다면 불가능하진 않다.

출렁이는 파도 위에서 보트를 옮겨 타는 것은 감정이 불안정하게 요동칠 때 트레이딩에 몰입하는 것과 같다. 할 수는 있지만, 그 가능성은 작고 큰 실수를 저지를 수 있다. 반면에 바다가 잔잔하다면 다시 말해서 감정 상태가 안정적이라면 트레이딩에 오롯이 집중하기는 훨씬 쉽다.

왜 멘탈 시스템이 필요한가

이 책에서 소개하는 멘탈 시스템을 이용하면 정신적이고 감정적으로 불안정한 상태에서 벗어날 수 있다. 이 상태에서 벗어나면, 자연스럽게 감정적으로 안정되고 강력한 추진력이 생긴다. 혼란에 빠지지 않고 분노를 이용해서 트레이딩에서 좋은 성과를 낼 수 있다. 몰입에 이르는 과정이 더 수월해지고 더 단순해진다. 그리고 장기적으로 트레이딩 업무가 더 즐거워지고, 번아웃의 가능성이 줄어들고, 높은 수익률을 내는 능력이 생길 수 있다.

욕심, 두려움, 분노, 자신감 과잉과 부족, 절제력 부족 등 이 책에서 다루는 모든 문제는 같은 핵심 전략으로 해결할 수 있다. 누구에게나 멘탈 게임의 기본 규칙은 동일하다. 우리 모두 이러한 제약에 묶여 있다. 멘탈 게임의 문제를 해결할 때는, 해당 멘탈 게임에 들어가서 해결책을 마련해야 한다. 그리고 트레이딩 전략, 시간대, 빈도나 횟수에 상관없이 멘탈 시스템을 각자의 트레이딩 스타일에 맞게 조정 할 수 있다. 주식, 옵션, 선물, 외환, 암호화폐, 채권 등 트레이딩 대상이 무엇이냐는 중요치 않다. 그리고 한 시간에 세 가지를 트레이딩하느냐 또는 한 달에 세 가지를 트레이딩하느냐도 중요하지 않다. 일단 멘탈 시스템이 어떻게 작동하는지를 이해하고 나면 자신에게 최적화시킬 수 있다.

지금부터 현재의 멘탈 게임 문제뿐만 아니라 미래의 멘탈 게임 문제를 해결하는 데 도움이 될 멘탈 시스템을 익히게 될 것이다. 이 시스템은 그 자체로 새로운 문제가 발생할 때마다 멘탈 게임에 능숙하게 대응할 수 있도록 돕는 기술이 될 것이다. 예를 들어서 손실 발생에 대한 두려움이 지금 해결해야 할 문제이지만, 나중에는 욕심이나 자신감 과잉이 문제가 될 수 있다.

인간은 결코 영원한 완벽함을 손에 넣을 수 없다. 특히 트레이딩처럼 경쟁이 심하고 역동적인 영역에서 영원히 완벽한 존재가 된다는 것은 불가능하다. 멘탈 게임에서 해결하고자 노력해야 할 부문은 언제나 존재한다. 그러므로 멘탈 시스템을 적절하게 계속해서 잘 활용하는 것이 중요하다.

흔한 성과 결함을 바로잡는 멘탈 시스템

실적에 영향을 미치는 성과 결함을 찾고 바로잡는 데 도움을 주는 것이 필자가 이 책을 쓴 목적이다. 그렇다면 성과 결함이란 무엇일까? 성과 결함의 사례를 들자면, '높은 기대치'와 '확증 편향'이 있다.

높은 기대치가 무조건 나쁜 것은 아니다. 성공한 사람들은 자신과 주변인에 대한 기대치가 믿기 어려울 정도로 높다. 솔직히 말해서 이 높은 기대치가 그들이 성공할 수 있었던 중요한 동력이다. 그런데 높은 기대치는 양날의 검과 같기에 조심해야 한다. 까딱하면 높은 기대치가 실행 능력에 손상을 줄 수 있다. 그 손상은 미묘해서 당사자는 잘 깨닫지 못한다. 기대치에 못 미치는 실적을 냈거나, 거래하는 동안에 실수를 자주 했거나, 큰 손실을 보고 거래를 마무리했거나, 손실 낙폭이 커졌거나, 고점에서 투자자산의 가치가 더 떨어졌을 때, 엄청난 분노에 휩싸일지도 모른다. 아니면 엄청나게 긴장해서 리스크가 거의 없는 손쉬운 거래에만 의지하게 될지도 모른다.

높은 기대치는 혹자에게 불편한 사이클을 만들어낸다. 자신의 기대치에 못 미쳐서 분노가 두려움으로 변하며 자신감이 훼손되고, 실행 능력이 더 약해지면서 기대치에 부응하기 훨씬 더 어려워진다. 그러면 더 화가 나고, 더 초조해지고, 더 우울해진다. 이 모든 불쾌한 감정 변화를 견뎌내면서 꽤 높은 실적을 낼 수도 있겠지만 높은 기대치로 인해서 발생할 수 있는 내면의 혼돈과 손상으로 잠재력을 실현하는 것이 불가능해진다.

또 다른 흔한 성과 결함은 확증 편향이다. 확증 편향이 낯선 사람이 있을 수 있다. 기본적으로 말하면, 확증 편향은 자신의 기존 믿음을 더 강하게 만드는 정보만 추구하고 그에 반하는 정보는 무시하거나 거부하는 경향을 의미한다. 특정 포지션이나 종목이나 분야에 장기적으로 투자를 해왔지만, 그것이 인기를 잃는다. 그러다가 실적이 저조하거나 손실이 발생했을 때, 포지션이나 종목이나 분야를 재빨리 변경하지 못한다. 특정 포지션에 투자했는데 초반에 가치가 빠르게 상승하면, 곧장 자신의 투자 결정이 옳았다고 확신한다. 하지만 가치가 하락하여 결국 손절하게 되더라도, 처음 결정이 옳았다는 것을 증명하려고 다시 빠르게 같은 포지션으로 투자한다. 아니면 다른 트레이더가 수익을 내는 것을 보고, 그들을 따라 하면 자신도 돈을 벌 수 있을 것으로 생각한다. 하지만 그들만큼 완전하게 시장을 이해하거나 빠르게 대응하지 못해서 돈을 벌기보다는 손실을 보거나 저조한 실적을 낸다.

이런 편견은 바뀌지 않는다고 믿는 사람들이 있다. 이와 관련해서 우리가 할 수 있는 최선은 편견의 존재를 인지하고 성과에 대한 악영향을 제한하려고 노력하는 것이다. 몇몇 사례에선 이 방법이 확증 편향을 없애는 데 정말로 도움이 됐다. 실제로 필자의 고객들은 확증 편향으로 발생하는 성과 결함을 파악해서 거래 실적을 상당히 개선했다. 예를 들면, 확증 편향은 자신감이 약해서 발생할 수 있다. 트레이더는 자신이 믿고 싶은 것만 믿을 수 있지만, 시장은 냉혹한 진실을 드러낸다. 그런데 확증 편향을 지닌 트레이더들은 자신도 모르는 사이에 이런 현실을 무시하고, 실제로 진실이 무엇인지를 찾기보다는 자신의 자신감을 보호하고자 자신이 믿는 것이 진실임을 증명하려고 애를 쓴다.

높은 기대치와 확증 편향은 이 책에서 다루게 될 많은 성과 결함에 속한다. 이 책을 통해서 감정 상태를 시그널로 삼아서 자신이 어떤 성과 결함을 가졌는지를 찾는 법을 배우게 될 것이다. 감정은 좋건 나쁘건 우리가 무의식적으로 어떻게 사고하고 행동하는지에 대한 데이터를 제공한다. 감정은 믿음, 편견, 목표, 관점, 결점, 습관, 소망 그리고 환상 등 무의식 영역에 존재하는 수많은 것에 대하여 정보를 제공한다. 무의식의 수준에서 일어나는 일이 사고, 행동 그리고 트레이딩 결정에 직접 영향을 미치기 때문에 자신의 감정 상태를 제대로 이해하는 것이 중요하다.

이 책을 읽으면서 트레이딩에 부정적인 영향을 주는 결함, 환상, 그리고 편견의 존재를 깨닫게 될 것이다. 그러고 나서 단계적으로 실천할 수 있는 실용적인 해결 방안을 통해서 결함, 환상과 편견을 바로 잡고 더 이상 자신의 성과를 훼손하지 않게 될 것이다.

성과 결함을 해소하는 멘탈 시스템
(A급 멘탈 게임, B급 멘탈 게임, C급 멘탈 게임)

트레이딩 실행에 관해서 각자의 성과 범위가 존재한다. 성과 범위는 정신 영역과 기술 영역으로 구성된다. 모두가 자신의 성과 범위를 직관적으로 인지할 수 있다. 트레이딩 실행에서 최고의 성과를 내고 있는지와 최악의 성과를 내고 있는지를 구분하기는 쉽다. 그런데 트레이딩 실행을 멈추고 이러한 성과의 차이가 발생하는 이유에 대해서 꼼꼼하게 따져본 적이 있나? 대부분이 이런 적은 없을 것이다. 이번 장에서 다룰 주제의 이해를 돕기 위해서 성과의 차이를 기준으로 멘탈 게임을 A급, B급 그리고 C급으로 분류해서 논의를 이어가고자 한다.

A급 멘탈 게임에선 감정은 이해하기 쉽고 강점 상태는 안정적이다. 트레이더는 트레이딩에 몰입하거나 거의 몰입한 것이나 다름없고, 부정적인 감정이 트레이딩 실행을 방해하지 않기 때문에 양질의 의사결정이 내려진다. 이 단계에서 발생하는 실수는 모두 기술적인 이유로 초래된다. 예를 들어서, 필요한 지식을 습득하지 못했거나 트레이더가 아직 파악하지 못한 최근 시장 변화 등이 A급 멘탈 게임에서 발생하는 실수의 원인이다.

반면에 C급 멘탈 게임은 감정적 변동성이 강하다. 이것이 C급 멘탈 게임에서 성과가 부진한 주된 원인이다. 트레이더는 C급 멘탈 게임에서 누가 봐도 잘못됐다고 생각할 실수를 저지르게 된다. 그래서 트레이더 본인도 실수를 저지르자마자 잘못됐다는 것을 곧장 깨닫는다. C급 멘탈 게임에서의 트레이더는 자신이 무엇을 해야 하는지를 알고 있기에, 자신이 실수를 저질렀다는 것을 아주 빨리 알아차린다. C급 멘탈 게임에서는 트레이더가 과잉 감정으로 오작동을 일으키거나 제대로 생각할 에너지가 충분치 않아서, 평소에 사용하던 지식과 기술을 제대로 활용하지 못해서 실수가 일어난다.

일부 트레이더는 너무나도 뻔한 실수를 크게 저지르지는 않지만 좀 더 미묘한 실수로 구성된 C급 멘탈 게임으로 애를 먹고 있다. 예를 들면, 가격 움직임에 지나치게 많은 의미를 부여하고 자신의 트레이딩 전략상 경쟁력이 없는 트레이딩을 감행한다. 실수가 크든 작든, C급 멘탈 게임에서 실수가 있다는 것은 성과 결함이 존재한다는 의미다. 성과 결함은 감정적 혼란을 초래하고, 관점을 왜곡하고, 평소 성과 범위를 참작했을 때 기본적인 실수를 낳는다.

B급 멘탈 게임은 본질적으로 더 복잡하다. B급 멘탈 게임에서 트레이더는 개선해야 하지만 그렇게 두드러지지 않는 미미한 기술적 오류를 초래할 수 있다. 명확한 오류라면, 그것은 C급 멘탈 게임의 실수가 될 것이다. 트레이더가 A급 멘탈 게임을 하는 데 방해가 되지만, 그렇다고 C급 멘탈 게임으로 끌고 가기에는 부족한 부정적인 감정이 B급 멘탈 게임에 작용한다.

정신과 감정을 기준으로 보자면, B급 멘탈 게임과 C급 멘탈 게임을 구분하는 가장 큰 차이 중 하나가 바로 이것이다. B급 멘탈 게임에서는 C급 멘탈 게임의 실수를 일으키는 충동이나 생각이 트레이더에게 영향을 준다. 예를 들면, 실수를 피하고자 침착함을 유지하고 정신을 바짝 차리고 감정을 제어하려고 노력하는 대신에, 무모하게 트레이딩을 강행하거나 너무 일찍 트레이딩을 접는 것이다. A급 멘탈 게임을 하는 동안에는 이러한 충동이나 생각이 생기지 않거나 너무나 미약해서 스스로 인지하지 못한다.

다음의 표는 각 유형의 멘탈 게임에서 나타내는 실수를 이해하기 쉽게 정리한 것이다.

C급 멘탈 게임	B급 멘탈 게임	A급 멘탈 게임
명백한 실수	학습 과정에 나타나는 실수	미미한 실수
원인: 정신적 결함이나 감정적 결함이 감정을 너무나 강렬하게 만들거나 에너지가 너무 낮아서 실수가 생긴다.	원인: 전략적인 의사 결정력이 약해서 나타나는 피할 수 없는 실수다.	원인: 약한 전략적인 의사 결정력과 정신적 결함이나 감정적 결함이 혼합되어 실수가 일어난다.

성과에 영향을 주는 문제를 해결하고 트레이딩 실행에서 일반적인 오류를 없애는 비결은 C급 멘탈 게임을 일으키는 성과 결함을 바로잡는 것이다. 20년 이상 트레이딩을 해온 노련한 트레이더라고 할지라도, 몇 가지 성과 결함으로 인해서 최악의 실수를 저지른다. 설령 초보 트레이더가 저지르는 끔찍한 실수에 비하면 거의 아무것도 아닌 실수라고 할지라도, 이는 사실이다. 아무리 경험이 많고 기술적으로 노련하더라도, 모든 트레이더에게 성과 결함이 존재한다.

트레이더는 트레이딩 지식과 기술을 개선하는 데 오롯이 집중하는 것만으로 중력처럼 자신을 잡아당기는 C급 멘탈 게임의 손아귀에서 벗어날 수 있다. C급 멘탈 게임에 존재하는 기술적 실수만 개선한다면, 트레이딩 실행에서 성과 결함으로 인해서 감정이 격해져 과도한 감정에 사로잡히게 될 수도 있다. 물론 기술적 실수를 바로잡는 것만으로 이전과 뭔가 달라지겠지만, 누가 봐도 뻔한 실수는 여전히 생기게 된다.

그렇다고 기술적 실수를 바로잡는 전략이 틀렸다는 것은 아니다.

그저 충분치 않을 뿐이다. 트레이딩 실행에서 불필요하게 부침을 경험하게 될 것이고, 성과는 계속 뒤처질 것이다. 멘탈 게임에서 완전한 성과를 내려면, C급 멘탈 게임에서 벗어나야 한다. 그러므로 트레이더는 트레이딩 실행에서 C급 멘탈 게임으로 이어지는 성과 결함을 바로잡는 데 우선순위를 두어야 한다.

하지만 성과 결함을 바로잡는 데 우선순위를 두기 전에, 감정과 관련해서 우리가 깨부숴야 할 미신이 하나 더 있다. 감정을 제어하는 것이 멘탈 게임에서 나타나는 문제를 바로잡을 해결책이란 믿음이다. 이것은 근거 없는 미신이자, 거짓이다. 한마디로 말해서, 감정제어가 해답은 아니다.

감정 제어가 아닌, 해소가 해법이다

무슨 게임을 하든지, 우리는 스스로 설정한 목표를 달성하는 데 도움이 될 수 있게 전략을 세운다. 멘탈 게임과 관련해서 트레이더는 목표를 지나치게 낮게 잡는다. 트레이더는 트레이딩 실행에서 최선의 전략이 그 순간에 감정을 통제하고 제어하는 것이라고 생각한다. 하지만 감정을 통제하는 것을 단숨에 끝낼 수 있는 최종 목표나 과업으로 봐선 안 된다. 그것은 지속적으로 관심을 두고 관리해야 하는 영원한 숙제다.

감정을 제어하는 것이 유일한 전략이면, 트레이딩 실행에서 매번 숱한 감정에 맞서야 한다. 트레이딩은 감정을 통제하는 데 정신적 에너지를 쏟지 않더라도 정신적으로 힘든 일이다. 더구나 트레이딩 실행에서 감정을 통제하는 데 정신을 쏟다 보면, 진이 빠지고 장기적으로 트레이더로서 잠재력을 발휘하는 것을 불가능하게 만든다.

우리가 추구해야 할 최종 목표는 어려운 일이나 문제가 되는 상태를 해결하여 없애 버리는 것, 즉 해소(解消)다. 해소는 트레이딩 오류를 일으키는 성과 결함을 영구적으로 없애버린다는 것을 의미한다. 성과 결함을 해소하면 자동으로 분노, 욕심, 두려움 등 부정적인 감정을 일으키는 일이 더 이상 일어나지 않을 것이다. 그렇게 되면 더 이상 감정을 관리하거나 통제하거나 감정적 반응을 자제하려고 애쓸 필요가 없다. 왜냐하면 부정적인 감정이 모두 사라지기 때문이다.

감정이 해소되면 트레이딩은 어떻게 실행될까? 감정이 싹 사라져서 로봇처럼 감정을 느끼지 못하는 존재가 되지는 않는다. 오히려 그 반대다.

- 열정, 자신감, 집중력, 의욕 등 긍정적인 감정으로 가득 찬다.
- 인내심이 생기고 시장을 쫓는 대신에 시장이 자기 생각대로 움직일 때까지 기다릴 수 있다.
- 트레이딩 실행에 더 집중할 수 있다.
- 손실을 보더라도 잘 대처할 수 있다.
- 결단력을 가지고 신속하게 트레이딩 실행을 진행할 수 있다.

감정이 안정적이고 긍정적으로 바뀔 뿐만 아니라 욕심, 편견이나 두려움 때문에 했던 흔한 트레이딩 실수도 사라질 것이다. 왜일까? 부정적인 감정이 트레이딩 실행에서 트레이더가 실수하게 만드는 주된 원인이었기 때문이다. 그렇다고 실수를 전혀 하지 않게 된다는 것은 아니다. 그 어떤 트레이더도 완벽하지 않다. 이전에 했던 실수에 비해서 사소한 실수를 하게 될 것이다.

트레이딩 실행에서 실수를 초래하는 성과 결함을 해소하는 것이 목적인 멘탈 시스템은 몇 가지 단계로 구성된다. 각 단계에는 다른 내용과 전략이 담겨 있다.

1. 멘탈 지도를 작성한다. 자신의 감정이 시시각각 어떻게 변하는지를 확실하기 이해하기 위해서 자신의 감정적 변동성을 거시적으로 살펴봐야 한다. 그리고 자신이 주어진 상황에 어떻게 감정적으로 반응하는지를 미시적으로 살펴볼 필요도 있다. 이렇게 해야 실시간으로 자신이 감정적으로 반응하고 있다는 사실을 파악하고 그 감정적 반응으로 인한 피해를 최소화할 수 있다. 멘탈 지도를 작성하는 방법은 2장에서 살펴볼 것이다.

2. 문제의 근원을 파악한다. 문제를 일으키는 진짜 원인을 이해하려면 어떤 결함이 숨겨져 있는지, 어떤 편견을 가졌는지 그리고 무엇을 오해하거나 착각하고 있는지를 파악해야 한다. 그리고 트레이딩에 방해가 되거나 학습 과정에서 일어날 수 있는 실수도 확인해야 한다. 문제의 근원을 찾는 방법은 3장에서 본격적으로 살펴볼 것이다. 그리고 4장부터 8장까지에서는 트레이딩에 영향을 주는 결함을 구체적으로 살펴볼 것이다.

3. **문제를 바로잡는다.** 지속적으로 문제를 바로잡고 직접적으로 처리해야 한다. 9장에서 실시간으로 감정적으로 반응하지 않도록 하여 실수를 최소화하는 간단한 방법을 살펴볼 것이다.

이 멘탈 시스템의 목표는 문제를 일으키는 성과 결함을 해소하는 것이다. 해소의 중요성은 아무리 강조해도 지나치지 않는다. 트레이딩 실행에서 욕심, 두려움, 편견, 자신감 과잉과 결여 또는 절제력 문제가 일어나지 않는다고 상상해 보자. 이런 부정적인 감정이 전혀 생기지 않는다고 상상해 보자. 이것은 열심히 노력해서 달성할 가치가 충분한 목표다.

CHAPTER
2

멘탈 지도를
만들자

'눈에 보이지 않는 적이 언제나 가장 두려운 존재다.'

- 《왕들의 전쟁》 저자, 조지 R.R. 마틴(George R. R. Martin)

눈에 보이지 않는 상대를 없앨 수는 없다. 대다수가 시기를 잘못 맞춰서 감정을 바로잡거나 제어하려고 시도한다. 그래서 그 시도는 실패할 수밖에 없다.

시기를 잘못 맞춘 시도는 실패할 수밖에 없다.

감정이 의사결정에 영향을 미치지 않도록 하고 싶다면, 실시간으로 어떤 감정이 생기는지를 알고 그 감정이 사고에 방해가 되기 전에 처리해야 한다.

멘탈 지도를 만드는 것이 감정이 어느 순간에 격해지는지를 파악하는 비결이다. 자신의 감정 상태를 실시간으로 기록하는 일쯤이야 이미 할 수 있다고 생각하겠지만 사실 그렇지 않다. 왜냐하면 멘탈 지도를 만들어 본 적이 없기 때문이다. 많은 트레이더가 멘탈 게임을 할 때 자신의 감정이 어떻게 변하는지 전혀 알지 못한다. 이는 트레이딩을 막 시작한 초보 트레이더가 시장 패턴을 파악하지 못하는 것과 같다.

멘탈 지도를 만들 때는 인지력이 가장 필요하다. 그런데 정신적이고 감정적인 관점에서 인지력은 '향상시킬 수 있는 능력' 정도로 간과된다. 물론 노력하면 격해지는 감정뿐만 아니라 감정이 격렬해지는 패턴을 '더 잘 인지해 낼 수 있다.'

멘탈 게임을 잘 해내는 방정식에서 감정이 얼마나 큰 비중을 차지하는지를 깨달았을 것이다. 그런데 멘탈 지도를 만드는 단계의 핵심인 감정 패턴을 인지하고 기록하는 것은 트레이더로서 매일 하는 일과 별반 다르지 않다. 트레이더는 주어진 정보를 살펴보면서 매수, 매도 또는 보유 시점을 알려주는 시그널과 지표를 파악하기 위해서 불필요한 정보를 제거한다. 일반인들에게 이런 트레이더의 능력은 불가사의하거나 행운처럼 보인다. 그들은 이런 일을 해내는 트레이더를 신처럼 우러러보거나 반대로 완전 허튼소리라고 생각한다.

실제로 우리가 하려는 것은 이와 아주 비슷하다. 사람들은 돈을 벌 기회를 잡으려고 시장 시그널을 살피지만, 필자는 다른 사람은 파악하지 못하는 인과관계를 이해하고자 감정, 생각 그리고 행동을 이용한다. 트레이더는 시그널을 읽어내는 능력이 뛰어난 존재다. 필자는 이 능력을 이용해서 트레이더가 트레이딩 실행에서 자신의 감정을 더 잘 읽어내고 멘탈 게임을 더 잘 치러내도록 훈련할 것이다.

이 단계의 목표는 트레이딩 성과에 영향을 주는 가장 흔한 트레이딩 실수와 관련된 감정 패턴을 파악하는 것이다. 트레이딩 실행에서 실수가 무작위로 발생한다고 생각할 수도 있지만, 실상은 그렇지 않다. 실수는 계속 반복되기 때문에 감정이 격해지는 순간을 알려주는 시그널을 지도를 그리듯이 기록하여 실수가 더 이상 생기지 않도록 할 수 있다.

지속적으로 보상이 생기고, 수익성 있는 시장이라는 강한 예감이 들고, 망설임 없이 자신의 트레이딩 전략에 따를 수 있는 시장으로 이어지는 도로를 달리고 있다고 상상해 보자. 그런데 갑자기 안개가 짙게 깔려 바로 앞을 내다볼 수 없게 됐고 자신도 모르게 방향을 잘못 틀었다. 설상가상으로 도로 끝에 놓인 다리가 홍수로 쓸려 내려갔고, 도로를 계속 달리다가는 절벽 아래도 떨어질 수도 있다. 감정 패턴을 기록한 지도가 있으면, 방향을 잘못 틀기 전에 위험을 알려주는 내적 GPS가 탑재된다. 그래서 위험을 감지하고 빠르게 유턴해서 수익성으로 이어지는 도로로 되돌아올 수 있다.

자기가 실수했다는 것을 인지했을 때는 이미 차가 절벽 아래로 곤두박질치고 있는 경우도 있다. 다시 말해서, 실수했다는 것을 인지했을 때는 너무나 큰 손실이 발행한 뒤인 경우가 있다. 아니면 이에 비해서 더 작은 문제일 수도 있다. 절벽 아래로 추락할 위험에 놓이지는 않았지만, 잘못된 도로를 계속 달리면서 불필요하게 돈, 시간, 그리고 이익을 얻을 기회를 계속 소진한다. 문제가 크든 작든, 감정 패턴을 잘 파악하여 기록해 두면 감정을 제어하고 정상 궤도로 돌아오는 것이 더 수월해진다.

감정을 문제의 시그널로
이해하라

감정, 생각, 행동, 심지어 트레이딩 의사결정마저도 우리가 무의식이나 본능적으로 어떻게 움직이는지에 관한 데이터를 제공한다. 어떤 면에서 이러한 단서를 쫓다 보면 범죄 과학 수사관처럼 행동하게 된다. 분석 대상이 되는 폭발해 버린 '폭탄', 다시 말해서 표면적으로 드러난 감정적인 반응은 과민한 감정 시스템이 초래한 혼돈이다. 이렇게 감정적으로 반응하게 된 원인을 찾을 단서는 감정이란 폭탄이 터진 세부 조건들 속에 있다.

폭탄을 조사하면서 감정적인 사건을 바라보는 시각이 바뀔 수 있다. 왜냐하면 감정적인 반응을 들여다보면 왜 그런 반응이 나왔는지 그리고 그 이면에 어떤 결함이 숨겨져 있는지에 관한 귀중한 통찰력이 생기기 때문이다. 두 가지 모두 문제를 해소하는 열쇠이다. 그래서 이 두 가지를 이해하면 앞으로 감정이 다시 폭발하지 않게 방지할 수 있다.

트레이딩하는 와중에 자연스럽게 생기는 감정과 생각 그리고 행동과 의사결정을 자세히 분석하는 것부터 시작하자. 그것들은 문제를 총괄적으로 이해하는 데 도움이 될 데이터다. 단서를 열심히 모으고 그 의미를 찾는 범죄 과학 수사관이 되어보자.

감정적인 반응을 일으키는 두 가지 원인

감정을 단서나 시그널로 보는 것은 관점의 변화다. 하지만 감정을 바라보는 시각이 달라졌다고 해서, 감정이 어디서 생기고 왜 갑자기 생겨서 놀라게 하는지가 이해되지는 않는다. 왜일까? 우선 감정적으로 무슨 일이 일어나고 있는지를 인지하지 못하는 경우가 빈번하기 때문이다. 가격역지정거래완료(특정한 역지정 가격에 주문이 이루어진 상태. 역지정 거래는 주가가 내려갈 때에 사서 오를 때에 파는 주식 매매와는 반대로, 주가가 일정한 가격 이상이 되면 사고 이하가 되면 파는 것-역주)로 인해서 화가 나거나, 수익이 날 가능성이 높은 기회를 포착하고 흥분하거나, 다른 트레이더가 돈을 많이 벌었다는 말을 듣고 좋은 기회를 놓칠까 봐 두려워하는 것처럼 감정은 어떤 계기에 대한 즉각적인 반응이나 반사 작용으로서 나타난다.

반사 작용처럼 처음 드는 감정에 관해 생각해 보자. 그것은 의사가 고무망치로 무릎을 쳤을 때 다리가 튀어 나가는 무릎반사나 얼굴을 향해서 날아오는 공을 잡는 본능과 다를 바 없다. 찰나의 순간에 나오는 반응이다. 여기에 의식적인 사고작용은 일어나지 않는다.

트레이더는 자주 이런 계기를 문제로 오인한다. 하지만 계기는 기폭 장치일 뿐이다. 근원적인 문제는 폭탄이다. 손해를 보거나, 수익이 소폭 발생하자 수익 실현으로 마무리했는데 시장이 방향을 바꿔서 수익성이 더 큰 쪽으로 움직이거나, 누군가가 아무 생각 없이 내뱉은 말이 무례하다는 생각이 드는 등 부정적인 경험이나 사건은 감정적인 반응을 촉발하는 계기가 될 수 있다.

예를들어 트레이딩 실행에서 큰 손실을 보게 됐다고 상상해 보자. 많은 트레이더가 이 상황에 분노하고, 기물을 파손하고, 시장에 진입하는 것이 적절하다는 시그널도 없는데 추가 거래를 강행한다. 그런데 모든 트레이더가 이렇게 반응하진 않는다. 그러니까 큰 손실이 반드시 분노를 유발하는 것은 아니란 뜻이다. 만약 그렇다면, 모든 트레이더가 큰 손실을 보면 정확하게 똑같이 반응할 것이다. 하지만 일부는 큰 손실을 수월하게 받아들인다. 그들은 본능적으로 이런 이례적이거나 극단적인 사건이 트레이딩을 하다 보면 일어나기도 한다는 것을 이해하고 받아들이기 때문이다. 그러니 자신이 해소하려는 문제를 일으키는 원인을 파악하는 것이 자신의 감정 패턴을 기록하는 데 중요한 부분이다.

감정 패턴을 기록할 때, 대부분 처음에 일어나는 사건으로 촉발되는 감정의 양은 소량이라는 것을 기억해야 한다. 사실상 너무도 미미한 감정이라 의식적으로 인지하지 못하는 탓에 그것이 자신의 정서적 안정에 미치는 영향을 인지하지 못할 뿐이다. 그리고 동시에 자동으로 또는 습관적으로 하는 생각, 행동 그리고 의사결정이 트레이더가 시장과 소통하는 방식에 영향을 미치고 있다.

부진하게 시작한 트레이딩이 2시간 정도 이어지다가 시장 진입 시그널이 나타나면 긴장감, 흥분감 그리고 스트레스를 동시에 느낀다. 그리고 '이 기회를 망쳐선 안 돼!'란 생각이 들 수도 있다. 모니터를 뚫어져라 쳐다보면서 시장에 진입하는 것이 타당하다는 시그널에 대해서 뒤늦게 의구심을 품는다. 그 즉시 생각, 감정 그리고 신체적 상태가 변한다.

그리고 반응이 이어진다. 다음에 드는 생각이 '진정해. 잘 해낼 수 있어'라면서 감정적으로 반응하지 않으려고 애쓴다. 이게 효과가 있다면 감정이 누그러지고 트레이딩과 관련한 의사 결정력과 실행력이 개선된다.

하지만 다음에 드는 생각이 '망치면 안 돼'라거나 '여기서 또 돈을 잃을 수는 없어'라면, 끝없는 추락으로 이어질 수 있는 이차적인 감정이 생겨난다. 방금 한 실수를 만회하려고 이런저런 시도를 하면서 기본적인 실수를 저지르기 시작한다. 그러다가 그런 기본적인 실수를 저지른 자기 자신에 대해서 불신과 자기비판에 빠진다. '도대체 뭐가 문제지? 왜 못하는 거야? 이렇게 간단한 일을 왜 못하는 거냐고!'… 그리고는 갑자기 고삐 풀린 말처럼 감정이 날뛰기 시작한다.

우리가 하는 흔한 실수는 '망쳐선 안 돼'란 생각이 감정을 촉발하는 계기와 원인이 된다고 생각하는 것이다. 부정적인 사고방식이 문제라고 믿으면, 생각을 통제하고 바꾸려고 애쓰게 된다. 그리고 단순히 부정적인 생각의 결과에 지나지 않는다는 조언을 듣고 받아들인다. '너무 부정적으로 생각하지 마. 감정을 제어해'라는 생각을 하게 된다. 하지만 그렇지 않다. '망쳐선 안 돼'란 생각은 의식적인 생각이 아니다. 그것은 그저 자연스럽게 머릿속에 떠오르는 생각에 지나지 않는다.

이차적인 감정은 처음에 촉발된 감정, 생각, 행동을 인식하거나 반응할 때 생성된다. 불안하거나 화나거나 지루하다고 생각되면, 우리의 마음이 그 감정을 증폭시킬 수 있다. 이미 불안한 데 더 불안해지고, 이미 자신이 화났다는 것을 알기에 더 화가 나고, 엄청나게 지루하다고 느끼기 때문에 더 지루해진다. 이런 일이 일어나면, 생각이 감정을 얘기한다고 말하는 것이 정확하다.

일상에서 사람들은 이런 식으로 감정을 구분하지 않는다. 하지만 즉각적인 반사 작용과 감정의 이차적인 원인을 구분하는 것은 중요하다. 반사 작용의 원인을 알지 못하면, 감정 패턴을 기록하거나 문제를 바로잡을 수 없다.

일차적인 감정을 촉발하는 계기는 계속해서 더 많은 감정을 촉발할 것이다. 그러면 트레이드는 이 감정들을 제어하거나 우회해야 할 것이다. 천장에 물이 샌다면, 문제의 원인부터 파악해야 한다. 그 누구도 비가 새는 천장 때문에 끊임없이 물받이 양동이를 비우거나 다른 임시방편을 원하지 않는다. 이 '빌어먹을' 문제를 해소하고 다음으로 넘어가자.

감정 패턴을 기록하면서, 초기 반응과 이차적인 감정을 모두 인지해야 한다. 왜냐고? 종합적으로 이 둘이 더 깊이 내재된 결함을 파헤치는 출발점이기 때문이다. 다음 장에서 문제를 일으키는 결함을 찾고 바로잡는 방법을 살펴볼 것이다. 우선, 감정 패턴을 자세히 기록하고 감정의 주요 요소 한 가지를 더 이해할 필요가 있다.

아마 이미 눈치챘겠지만, 감정은 다른 감정 위에 차곡차곡 쌓일 수 있다. 필자는 이것을 '누적 감정'이라 부른다.

누적된 감정

이제 감정이 더 깊은 결함의 시그널이고, 감정에 반응하고 있다는 사실을 인지하면 그 감정이 강렬해질 수 있다는 것을 이해했을 것이다. 그런데 감정이 강렬해진다는 것은 어떤 것인지 알고 있나? 이를 이해하는 것이 중요하다. 일찍부터 감정이 격해진다는 것을 파악하는 것이 실수를 막는 초기 방어이기 때문이다.

현실적으로 말하면, 감정은 엉망진창이다. 감정은 단기적으로 그리고 장기적으로 누적된다. 뇌는 감정을 소화하고 처리하는 프로세스를 갖고 있지만, 때때로 감정 찌꺼기가 남는다. 이것이 **누적된 감정**이다. '오늘은 새로운 하루야'라고 스스로 말하며 전날의 손실과 감정적으로 혼란스러웠던 기억을 잊으려고 아무리 노력해도, 정말로 새롭게 하루를 시작하는 경우는 없다. 우리에겐 모든 것을 없던 일로 되돌릴 수 있는 리셋 버튼이나 새로운 그림을 그릴 백지도 없다. 새롭게 시작할 수 있다는 낙관적인 생각 이면에 감정이 하루하루 켜켜이 쌓여간다.

설상가상으로 몇 주, 몇 달, 심지어 몇 년 동안 (우리가 모두 지닌) 근원적인 결함 때문에 스스로 알지도 못한 채로 감정이 쌓인다. 이것은 적군이 숨어서 때를 기다리면서 무기를 모으는 것과 같다.

먼저 단기간에 누적된 감정을 좀 더 자세히 살펴보도록 하자. 트레이딩을 하는 내내 감정은 끊임없이 오르내린다. 차트에 기록되는 가격 움직임처럼 감정의 움직임을 기록한다고 상상해 보자. 어

느 날에 감정은 안정적이고 소폭으로 오르거나 내리기만 한다. 어
느 날에 감정은 트레이딩하는 내내 좀 더 큰 폭으로 오르고 내리기
를 반복한다.

예를 들어서 트레이딩이 시작되고 초반에 큰 손실을 기록해서 화
가 났고, 나머지 시간 동안에 손실을 보았다는 사실을 잊으려고 전
전긍긍했다고 가정해 보자. 하지만 트레이딩이 종료되면 쌓였던 분
노가 사라지기 시작한다. 일부 트레이더는 체육관에서 땀을 빼면서
이 모든 분노는 몇 분 안에 또는 정말로 힘든 날이었다면 몇 시간 만
에 잊어버릴 수도 있다.

어느 경우든 감정은 방출된다. 다음날 트레이딩을 시작할 때 전날
의 분노는 사라지고 없다. 마치 분노했던 적이 없는 것처럼 그 기억
은 말끔히 잊혀진다. 그러면 트레이더는 정말로 새롭게 시작하고 감
정적으로 명료하고 균형이 잡힌 상태로 트레이딩을 시작할 수 있다.

물론 트레이딩 성과나 결과가 유난히 긍정적이거나 부정적인 날
에 여러 가지 문제가 생길 수 있다.

1. 트레이딩하는 동안에 통제력을 상실할 뿐만 아니라 이후에 좋
   은 성과를 축하하면서 감정이 격양되거나 더 화나거나 두렵거
   나 우울해진다. 몇 시간 후에도 급격하게 오르락내리락하는 감
   정에 계속 휩싸인다.
2. 트레이딩하는 동안에 감정을 제어했지만, 이후에 감정이 터져
   나와서 다른 문제를 일으키게 된다. 이것은 트레이딩이 한창인
   와중에 터졌지만 장이 마감될 때까지 완전히 소화해 낼 수 없

는 증권시장의 시세에 영향을 미칠 정도의 사건과 같다.

성과적 관점에서 트레이딩이 마무리된 뒤에 터져 나오는 감정은 신경 쓸 대상이 아니다. 왜냐하면 그것은 그날의 트레이딩 결과에 영향을 미치지 않기 때문이다. 하지만 장이 마감된 뒤에도 이어져서 다음날의 성과에 영향을 미치는 감정은 굉장히 신경이 쓰이는 대상이다. 감정 기준점이 완전히 리셋되지 않고 전날의 감정을 그대로 안고 트레이딩을 시작하면, 가령 전날의 감정이 10퍼센트 남아 있는 상태에서 트레이딩을 시작하면, 장이 열리기 전에 준비를 할 때 이 잔여 감정을 감정 패턴 기록지에 표시해 둬야 한다.

10퍼센트의 나머지 감정이 많은 것처럼 보이지 않을 수 있지만, 최적의 성과를 올리는 데 충분히 방해될 수 있다. 그리고 이 나머지 감정 때문에 그날의 트레이딩에 실패하지 않기 위해서 감정을 제어하는 데 더 노력해야 한다.

아니면 나머지 감정이 다음날 트레이더에게 전혀 영향을 미치지 않을 수도 있다. 시장 조건과 트레이딩 결과가 추가로 감정을 촉발하지 않기 때문이다. 하지만 앞으로 며칠 동안 트레이딩 결과가 갑작스럽게 바닥을 치거나 향상됐다고 상상해 보자. 그러면 감정은 계속 누적될 수 있다.

이제 전날에 촉발된 감정의 10퍼센트만이 마음속에 남아 있는 것이 아니라, 전날에 촉발된 부정적인 감정 중에서 40퍼센트 이상이 해소되지 않은 채 마음속에 남아 있다고 생각해보자. 이런 경우에, 트레이더는 신경이 날카로운 상태로 머릿속에 생각이 전혀 정리되지 않은 채로 일과를 시작하게 된다. 그래서 주가 움직임에 과민하게 반응하고, 너무 빨리 매도 포지션을 취하고, 숱한 실수를 저지른다. 그리하여 트레이딩이 마무리되고 몇 시간이 지나도 부정적인 감정이 거의 사라지지 않고 남아 있다. 그래서 트레이더는 퇴근하고도 친구와 가족에게 집중하지 못하고, 과식하고, 폭식하고, 잠을 잘 자지 못한다. 막대한 손실에서 어떻게 빠져나올지를 고민하거나 반대로 그 많은 수익을 어디에 쓸지를 상상하느라 머릿속에서 소용돌이치는 온갖 생각 때문에 잠에서 일찍 깬다.

감정이 촉발되는 시기가 트레이딩 중이냐 그 이후이냐는 중요하지 않다. 다음날 트레이딩을 시작할 때 자신의 감정 상태를 인식하는 것이 무엇보다 중요하다. 전날 촉발된 감정의 10퍼센트가 남아 있다는 사실을 모른 채 트레이딩을 시작하면, 그날 촉발되는 감정을 제대로 처리하고 대응하기가 어렵다.

누적된 감정은 프란츠에게 유난히 문제였다. 그는 세계 여행이라는 꿈을 실현하는 데 필요한 돈을 마련하기 위해 트레이더가 됐다. 또한 그 누구의 지시를 받지 않고 독립적으로 일할 수 있다는 것이 그가 트레이더가 되기로 결심한 이유 중 하나였다. 하지만 트레이더가 된 이후로 온갖 감정이 매일 휘몰아쳤고, 일관성 있게 트레이딩 전략에 따라서 트레이딩을 실행하기가 쉽지 않았다. 몇 달이 몇 년이 되자, 그는 세계 여행이라는 꿈을 실현할 수 있을 만큼 돈을 벌었지만, 그만큼 압박감도 쌓였다.

프란츠는 자신이 세운 수익 목표를 달성하려면 하루에 자신의 트레이딩 전략과 기준을 바탕으로 분석했을 때 이익을 얻을 가능성이 가장 큰 거래 한 건만 성사하면 그만이었다. 마음이 평온한 날에는 시장의 움직임이 확실하게 눈에 들어왔고 빠르게 의사결정을 내려서 수익이 높은 트레이딩을 성사할 수 있었다. 하지만 최상의 조건을 갖춘 기회를 기다리는 동안에 초조한 나머지 자신의 트레이딩 전략과 기준에 벗어난 거래를 진행하는 날도 있었다.

최상의 조건을 기다리다가 초조해서 트레이딩을 강행한 날은 다음과 같은 시나리오대로 흘러갈 것이다. 억지로 시도한 트레이딩이 실패하면, 프란츠는 그 즉시 자신을 비난하기 시작한다. 이와 동시에 자신은 옳은 결정을 내리고 행동했다고 자기 자신을 이해시키려고 한다. 그러다가 시장에서 가격 움직임이 역전됐다는 시그널이 나와도 프란츠는 시장 진입을 망설인다. 그리고 최상의 조건이 나타날 때까지 계속 기다린다. 하지만 기다림이 지속되면서 짜증이 슬슬 치밀어오르고, 최상의 조건으로 거래를 단 한 건도 성사하지 못하고 실수만 한 채로 하루를 마무리하게 된다.

프란츠는 본인도 모른 채 전날의 실수를 만회하고 최상의 조건으로 한 건의 거래를 성사하고 싶다는 충동을 강하게 느끼며 책상 앞에 앉는다. 트레이딩을 시작하자마자, 수익이 날 만한 기회가 그의 눈에 들어오지만, 어딘가 불확실하고 너저분하다. 그래서 그는 처음에는 시장에 진입하지 않고 상황을 지켜본다. 가격이 오를 때도 시장을 급하게 쫓아가지 말아야 한다는 것을 알지만, 시장에 진입하고 싶은 마음이 굴뚝같다. 그래서 시장에 진입했지만, 손실이 발생한다. 하지만 그는 다음 거래가 손실과 실수를 만회해 줄 것이라는 희망을 품는다.

기회를 기다리는 동안에 마음이 요동친다. '조건이 좋지 않았다는 것을 알잖아. 손해를 볼 이유가 없었어. 더 잘할 수 있었잖아'라며 자책이 점점 더 심해진다. 프란츠는 손실과 실수를 만회하고 싶어서, 트레이딩 기회를 찾으려고 시장 움직임을 뚫어져라 지켜보기 시작한다. 그의 눈에 꽤 괜찮은 조건이 들어오고, 그는 모든 기준을 따져보지 않고 충동적으로 시장에 진입한다. 설상가상으로 그는 현재의 감정 상태 때문에 자신이 제대로 생각하고 분석하지 못한다는 사실을 눈치채지 못한다. 그가 충동적으로 진행한 거래로 또 손실이 발생하고, 그의 분노는 폭발한다. 그는 손실과 실수를 만회하겠다는 생각에 충동적으로 몇 번의 거래를 진행하고 나서야 그날의 트레이딩을 마무리한다.

그날 남은 시간 동안 프란츠는 아내와 아들과 시간을 보내면서 마음을 비우려고 애쓴다. 하지만 그날 저지른 실수가 계속 그의 마음에 걸린다. 아내와 세계 여행한다는 꿈이 그저 꿈에 머무르고 성공하지 못할지도 모른다는 생각에 슬슬 걱정되기 시작한다. 다음날부터는 트레이딩을 더 잘 실행하겠다고 다짐하지만, 지금까지 저지른 실수로 인해서 좌절감이 이미 상당히 누적됐다는 사실을 알지 못한다. 가족과 아침 일과를 보내는 데 화가 치밀어오른다. 불난 집에 기름을 붓듯이 그의 감정은 더 격해지고 그날 트레이딩을 시작할 타이밍과 최적의 기회를 놓친다. 자신이 이익을 얻기에 좋은 조건의 거래를 놓쳤다는 사실을 알고, 사고가 정지해 버린다. 결국 그는 시장 진입의 최적기임을 알리는 시그널을 기다리지도 않고, 최악의 조건에서 거래를 시도한다.

프란츠는 인내심을 갖고 이상적인 거래 조건으로 거래를 할 수 있는 타이밍을 기다리기만 하면 된다는 것을 알고 있으면서도 그는 이 부정적인 사이클에 자주 빠진다. 그가 이 부정적인 사이클에서 어떻게 벗어났는지는 6장에서 자세히 살펴보도록 하자.

감정이 프란츠의 사례처럼 항상 분명하고 순차적으로 고조되는 것은 아니다. 사실 감정이 고조되는 경우는 크게 두 가지로 나뉜다. 첫 번째는 구체적인 이슈를 중심으로 감정이 고조될 수 있다. 하지만 이 경우에는 누적된 감정이 곧장 표면으로 드러나진 않는다. 두 번째는 환경 변화가 작은 문제를 크게 만드는 경우다.

첫 번째 경우에는 감정이 어떤 이슈를 중심으로 몇 주, 몇 달 그리고 몇 년 동안 서서히 누적되고, 그 누적된 감정이 일관적으로 표출되지는 않는다. 왜냐하면 쌓일 대로 쌓인 부정적인 감정이 폭발할 만한 사건이 며칠이나 몇 주 동안 생기지 않을 수도 있기 때문이다. 하지만 계기가 생기면, 부정적인 감정은 느닷없이 믿기 어려울 정도의 강도로 표출된다.

손실에 대해 꽤 강한 내성을 지닌 10년 경력의 트레이더가 있다고 가정하자. 하지만 주가가 빠르게 하락하면, 예를 들어서 하락 폭이 10퍼센트 이상이라면 자신감에 심각한 타격을 받게 된다. 왜냐하면 트레이더는 트레이딩 계좌에 들어 있는 돈을 모두 잃고 빈털터리가 될지도 모른다는 두려움을 느끼게 되기 때문이다.

이런 식으로 생각하는 것은 논리적이지 않다. 왜냐하면 트레이딩을 시작한 지 얼마 되지 않았던 시기를 제외하고, 트레이딩 계좌에 든 돈을 모두 잃었던 적은 없기 때문이다. 그러나 트레이딩을 시작한 지 10년이 지났음에도 빈털터리가 될 수도 있다는 두려움은 그의 머릿속에 숨어 있다. 그는 돈을 모두 잃고 매일 밤에 라면만 먹고, 공과금이 몇 달 동안 밀리고, 집에서 쫓겨나지 않으려고 집주인에게 사정하던 시절을 생생하게 기억한다. 당시의 위태로운 상황은 그에게 감정적으로 큰 타격을 줬다. 그는 어찌어찌 그 상황에서 벗어났고, 다시는 이렇게 어려운 상황에 몰리지 않겠다고 다짐했다. 절대로 이 어려운 시절로 되돌아가지 않겠다고 말이다.

하지만 이 케케묵은 감정은 또다시 라면만 먹고 집주인에게 사정하던 때로 되돌아가게 될 수도 있다는 위험을 무의식적으로 감지할 때마다 수면 위로 떠오른다. 하지만 다시 트레이딩에서 이익을 얻으면 부정적인 감정은 사그라든다. 그러면 문제가 또다시 해결됐다고 생각하기 쉽다. 하지만 기저에 깔린 감정은 몇 달, 혹은 몇 년이 지나도 해소되지 않았다. 이렇게 누적된 감정은 트레이딩 계좌에 든 돈을 모두 잃을지도 모른다는 위협을 느끼게 되면 언제라도 표출될 수 있다. 부정적인 감정이 마음속에 차곡차곡 쌓여 있었고, 그 누적된 감정은 폭발할 계기만 기다리고 있었다.

두 번째 경우에 트레이더는 신경 쓸 필요도 없을 만큼 사소한 감정적인 반응을 초래하는 결함을 갖고 있을 수 있다. 얼마간은 무시할 수 있다. 하지만 인생에 변화가 생기거나 우선순위나 목표가 바뀌면 이 작은 문제 즉, 별로 크지 않은 감정적인 반응이 신경 쓰이기 시작한다.

예를 들어 보자. 기대가 높으면 단기적으로 감정 상태가 불안정해지고, 어떤 경우에는 몇 년에 걸쳐서 부정적인 감정이 모르는 사이에 누적될 수 있다. 이 와중에도 꽤 괜찮은 성과가 난다. 트레이더는 이 불안정한 감정을 문제라고 생각하지 않는다. 매년 더 많은 돈을 벌었고 목표 수익률을 달성한다. 그다음 해에도 목표 수익률을 달성해낸다. 그러던 어느 날 사상 최대 이익을 얻게 된다. 하지만 놀랍게도 이 성과가 그렇게 달콤하지 않게 다가온다. 이전에 큰돈을 벌었을 때처럼 희열을 느끼는 대신에, 새로운 목표 수익률이 설정됐다고만 생각된다. 수익률에 만족할 날이 오기나 할지 의구심마저 든다.

거시적으로 자기 경력과 사고방식을 살펴보기 시작한다. 이것이 문제인가? 그리고 미시적으로 성공이라는 덫에 걸린 기분이 든다. 예전처럼 최고의 이익을 얻은 날이 신이 나지 않는다. 그리고 큰 손실을 봤다고 속상하지도 않다. 트레이딩을 하는 동안에 점점 더 짜증을 많이 내게 된다. 트레이딩이 예전만큼 재미있지 않다. 장 마감 후에도 이 감정을 떨칠 수가 없다. 서서히 자신은 행복하지 않다는 것을 인식하게 되고, 번아웃 상태인가라는 생각이 들기 시작한다.

보통 금세 해소되는 단기 감정이 이제 누적되고, 평상시 수준으로 트레이딩하는 것이 점점 어려워진다. 기대는 언제나 높았지만, 이 높은 기대 때문에 부정적인 감정이 해소되지 않고 쌓이기만 하고, 자기 경력에 더 큰 의구심을 품게 된다.

감정이 누적되는 과정과 상관없이, 그 누적된 감정이 자기 성과에 영향을 주고 있는지를 인식하는 것은 감정 패턴을 기록하는 데 중요한 일이다. 다음 질문 중 어느 하나에 해당한다면, 누적된 감정이 성과에 영향을 미치고 있는 것은 아닌지 고민해 봐야 한다.

- 어떤 일에 지나치게 과민하게 반응하고 합리적이란 생각이 들지 않는다.
- 왜 그런 실수를 저지르는지 이해할 수 없을 정도로 너무나 기본적인 실수를 저지른다.
- 하루를 마무리할 무렵에 마음을 진정하고 정말 편안하게 쉬는 것이 점점 더 어려워진다.
- 밤에 잠들기 어렵거나 이런저런 생각 때문에 뜬눈으로 밤을 지새운다.
- 평상시보다 쉽게 화를 내고 뭐든지 예민하게 반응한다.

누적된 감정이 성과에 큰 영향을 미치면, 보통 트레이더는 자기가 무엇을 해야 하는지를 정확하게 알고 있다. 하지만 그 일을 할 엄두를 내지 못한다. 'No를 해야 한다는 것을 알고 그러려고 하지만, 계속해서 Yes를 하게 되는' 생각과 행동이 분리되면서, 해야 하는 일을 할 수 없게 된다고 거듭 말한다. 그들의 마음속에는 쓰레기 같은 부정적인 감정이 너무나 많이 누적되어 있어서, 그들의 생각이 적절한 행동으로 이어지지 못하는 것이다. 이것은 혼란을 일으키고 성과를 더 악화시킨다.

누적된 감정, 혹은 소위 '응어리'는 멘탈 게임에서 가장 어려운 부분 중 하나다. 오늘 생긴 감정과 오랜 시간에 걸쳐서 누적된 감정을 모두 처리해야 한다. 누적된 감정을 줄이려면 트레이딩 시간 이외에 여가 시간을 활용 해야 한다.

감정을 해소하고 싶은 단기적인 욕구와 문제를 바로잡고 싶은 장기적인 목표의 균형을 잡는 데 필요한 전략을 수립하는 방법은 3장과 9장에서 살펴보고, 지금은 스포츠 활동, 운동, 친구와 시간 보내기 등 업무시간 이후의 활동을 통해서 감정적 반응을 관리해 나가자. 지금은 이 정도로 충분하다. 그리고 감정 패턴을 작성하는 데 도움이 될 단서를 모으는 데 집중하자. 그렇지 않으면 장기적으로 성과를 훼손하는 근본적인 문제를 정말로 바로잡을 수가 없다.

멘탈 지도

트레이딩을 하는 동안에 감정이 어떻게 변하는지를 기록하려면, 시시각각 변하는 감정을 추적해야 한다. 실제로 감정은 어떻게 추적할까? 실수하기 전과 후 그리고 실수하는 동안에 떠오르는 감정을 알아차리고 살피고 기록해야 한다. 멘탈 지도를 만들 때 정확하게 포착해야 하는 것들이 있다.

- 계기
- 생각

- 감정
- 행동
- 행위
- 의사결정에 나타난 변화
- 시장, 기회 또는 현재의 트레이딩 포지션에 대한 인식 변화
- 트레이딩 실수

실수가 언제 나오는지를 파악하고 실수를 하기 전과 후의 감정 상태를 완전히 분석한다. 처음에는 몇 가지 시그널만 눈에 보일 것이다. 예를 들어서, 좋은 기회를 놓칠지도 모른다는 두려움이 있다면, 다음의 시그널이 눈에 띌 것이다.

- 안절부절못하고 속이 울렁거린다.
- '또 다른 기회를 놓쳐선 안 돼!'라는 생각이 든다.
- 1분 간격으로 데이터를 볼 수 있게 차트의 타임라인을 변경한다.

먼저 현재 상황을 있는 그대로 받아들이는 것에서 출발해야 한다. 그리고 계속 주의 깊게 들여다보면, 시간이 흐르며 이런 시그널이 점점 더 많이 눈에 들어올 것이다. 멘탈 지도를 만들 때는 예를 들어서 다음의 요소들을 중심으로 자신의 감정 상태를 살펴봐야 한다.

- **계기** : 하루 동안의 트레이딩 옵션
- **생각** : 이런 일이 일어나다니 믿을 수 없어. 시장이 내게 불리

하게 움직인다고 해서 거래를 중단하지 않을 거야. 이 거래를 제대로 해내고 말 거야!

- **감정** : 경쟁력이 있다고 생각했던 거래에서 손실이 발생하면 복수하고 싶다.
- **행동** : 하나의 트레이딩 포지션에 지나치게 집중한다.
- **행위** : 계속해서 손익에 신경을 쓴다.
- **의사결정에 나타난 변화** : 보란 듯이 복수에 성공해서 잃은 돈을 되찾는 데만 집중한다.
- **시장, 기회 또는 현재의 트레이딩 포지션에 대한 인식 변화** : 가격 움직임에 너무나 많은 의미를 부여하고 가격의 움직임을 예측해 낼 수 있다고 자신한다.
- **트레이딩 실수** : 내 결정이 틀렸다거나 더 이상 갈 데가 없다는 사실을 깨달을 때까지 계속해서 같은 거래만 한다.

다음 트레이딩을 시도하기 전에, 실수했었던 상황을 되짚어서 최대한 자세히 그 상황을 기록한다. 이렇게 하면 곧장 이전에 했던 실수 중에서 몇 가지는 더 이상 반복되지 않을 것이다.

초반에는 많은 트레이더가 실수를 하기 전에 생긴 시그널을 포착해내지 못한다. 예를 들어서, 절대로 취해선 안 될 포지션을 취했다가 손해를 보고 트레이딩을 마무리하면서 마우스를 '쾅' 하고 내려치고는 '장난쳐? 어떻게 다시 이런 실수를 할 수가 있지?'라고 소리치고 나서야 자신이 화가 났다는 것을 깨닫는다. 이것이 지금 기록할 수 있는 전부라면, 다음번에 같은 실수를 저질렀을 때 그 실수를 하기 전의 모든 상황을 최대한 자세히 기록할 수 있도록 준비를 하자.

실수하고 나면 그 지경에 이르게 된 과정을 정확하게 파악할 좋은 기회가 생긴다. 무리해서 그 거래를 진행한 원인이나 이유가 뭔지를 생각해 봐야 한다. 앞선 거래에서 연이어서 손실이 발생했었나? 아니면 자신이 놓친 거래에서 다른 트레이더가 이익을 얻었나? 실수를 저지른 순간에 무슨 생각이 들었는지 또는 무슨 행위나 행동을 했는지를 생각해 본다. 그때 무슨 감정이 들었는지 또는 시장을 보는 시각이나 의사결정 과정에 어떤 변화가 있었는지를 고민해 본다. 또는 실수했던 순간에 무슨 말을 했는지도 생각해 본다. 감정이 터져 나오는 순간은 그 실수를 저지르게 된 단서를 모으기 좋은 시간이다. 게다가 기록하는 행위는 감정을 누그러뜨리는 데 실제로 도움이 된다.

단서 수집은 실수하게 만든 원인을 포함해서 감정 패턴을 완전하게 파악하여 멘탈 지도를 완성할 때까지 계속해야 한다. 아주 자세하게 멘탈 지도를 작성하는 것이 멘탈 시스템을 구축하는 첫 단계의 목표다. 이 정도로 자세하게 멘탈 지도를 작성하는 데 필요한 단서를 단 한 번 만에 수집해 낼 수는 없다.

무언가를 알아보는 인지력도 기술이다. 그래서 여느 기술처럼 반복 과정을 통해서 개발할 수 있다. 부정적인 감정이 촉발되는 첫 계기를 알아볼 때까지, 시장에 들어가기 전에 준비운동으로 최대한 자세히 감정 패턴을 기록하고 살펴봐야 한다. 이 과정을 반복하다 보면 트레이딩을 하는 동안에 실수가 발생하기 전에 생기는 기존의 시그널과 새로운 시그널을 알아보는 능력이 향상될 것이다.

트레이딩 세션 동안에 감정 패턴을 기록한 메모를 옆에 두고 새로운 시그널이 눈에 들어오면 잊어버리기 전에 바로 기록하는 것이 좋다. 그리고 트레이딩 세션이 마무리되면 메모를 다시 훑어보고 한데 합쳐서 정리해두면, 다음 트레이딩 세션에 더 잘 준비할 수 있을 것이다. 일주일에서 이 주일 정도 이 과정을 반복한다. 이 작업만으로 완전한 멘탈 지도를 만들 수는 없겠지만, 이 과정이 완전히 몸에 익을 때까지 신경 쓰고 시간을 투자해야 한다.

하루에 몇 번이고 매매하는 데이트레이더(주가 움직임만을 보고 차익을 노리는 주식투자자-역주)의 경우에는 자신의 감정 패턴을 트레이딩하는 중에 기록하는 것이 거의 불가능할 것이다. 왜냐하면 데이트레이더는 트레이딩 중에 무언가를 자세하게 기록할 시간이 없기 때문이다. 그러니 기록할 수 있는 것만 급히 적고 하루가 마무리된 뒤에 더 상세히 풀어서 정리하면 된다. 하루에 매매 횟수가 많지 않은 트레이더는 트레이딩 중에 메모하는 데 더 많은 시간을 할애할 수 있을 것이다. 하지만 메모를 분석하는 데 지나치게 많은 시간을 쓰지 않는 것을 추천한다. 감정 패턴을 기록하는 데 너무 많은 시간을 들여서, 정작 시간을 쏟아야 하는 트레이딩에 집중하지 못할 수 있다. 메모하느라 손실을 보는 일은 없어야 한다.

이 과정을 시작해도, 정말로 뭔가 대단히 변했다고 느껴지지 않을 수 있다. 왜냐하면 실수는 계속 생기고 부정적인 강점은 강렬하게 남기 때문이다. 여기서 기억해야 할 것은 우리의 최종 목표가 문제를 일시적으로 잠재우는 것이 아니라 영원히 해결하는 것이란 사실이다.

멘탈 지도를 만드는 팁

지금부터 멘탈 지도를 만드는 데 도움이 될 팁 몇 가지를 소개하고자 한다.

더 이전의 시그널을 찾아라. 트레이딩 실수와 연관된 시그널이 포착되는 즉시, 그 시그널보다 앞서서 나타난 시그널을 찾는다. 처음 계기와 그것으로 인해서 자동으로 촉발된 감정, 생각, 행동 그리고 행위를 샅샅이 살핀다. 사소한 실수가 눈에 들어오거나 시장을 보는 시각이나 의사결정 과정이 미묘하게 변했을 수도 있다. 예를 들어서 가격 움직임에 지나치게 큰 의미를 부여하거나 자신이 세운 5개 기준 중에서 4개만 충족하는 거래를 시도한다.

일차적인 감정에 이어서 이차적인 감정이 어떻게 생성되는지를 살핀다. 일차적인 감정 위에 어떤 생각, 행위, 결정 등이 쌓여서 이차적인 감정이 발생했는지를 이해해야 한다. 아니면 일차적인 감정이 무엇인지 알 수 없다면, 인지해낸 시그널을 이용해서 일차적인 감정에 더 가까이 다가가야 한다.

알람을 설정해라. 몇몇 트레이더는 시장 상황에 너무 깊이 몰입한 나머지, 감정이 요동치고 있음을 알려주는 시그널을 인지해내지 못한다. 이 경우에 해당된다면, 트레이딩에 방해가 되지 않을 정도의 빈도로 (예를 들어서 15분, 30분 또는 60분 간격으로) 알람을 설정해 보는 것도 좋다. 알람이 울리면, 생각이 어떻게 흘러갔는지를 이해하고, 그 과정에서 어떤 기분이 들었는지 생각해 보고, 문제가 생길 수 있다는 것을 알려주는 시그널이 있었는지를 살핀다. 이렇게 하면서 모든 내용을 자세히 기록한다. 물론 이 방법이 단기적으로 트레이딩에 방해가 될 수 있다. 알람을 설정하지 않아도 문제를 인지하는 기술을 충분히 쌓을 때까지만 이 방법을 시도하자.

명상이나 마음 챙김 훈련을 고려해봐라. 이것은 반드시 해야 할 일은 아니다. 명상이나 마음 챙김 훈련이 인지력을 높이는 데 대단히 유용하다는 것을 알 수도 있다. 인지력이 향상된 덕분에 이전에는 알아차릴 수 없었던 추가 단서를 자세하게 인지해낼 수 있다.

감정의 격화를 이해해라. 트레이더는 감정에 이름을 붙이는 까닭이 감정을 구분하기 위해서가 아니라 그저 감정의 강도를 설명하기 위한 것임을 알지 못한다. 예를 들어서, 분노와 불만이 완전히 다른 2개의 감정이라고 생각할 수 있지만, 분노는 강도가 센 불만일 뿐이다.

이해하는 것이 중요하다. 왜냐하면 분노의 전조를 찾을 때, 불만이 생기거나 짜증이 나기 시작한 때를 찾아야 하기 때문이다. 불만이나 짜증이 쌓여서 결국에 분노가 된다. 이와 비슷하게 반신반의, 의구심 그리고 근심은 약한 불안감을 설명하는 이름이다. 감정의 격화를 이해하면, 처음 계기를 포함해서 감정 패턴을 자세히 인지하는 데 도움이 된다.

감정 인지와 제어의 차이

멘탈 지도를 만들면 감정을 실시간으로 좀 더 확실하게 인지할 수 있지만, 그렇다고 감정을 제어할 수 있는 것은 아니다. 눈에 보이는 것을 멈출 수 없다는 말이 이해가 안 되는 사람이 있을 것이다. 실수하고 나서 드는 감정은 매우 강하고 쉽게 사라지지 않는다. 실수 이면에 있는 감정은 관성적으로 반복되는 패턴에 따라 강화된다. 일단 이 감정 패턴이 촉발되면 일반적인 결론에 도달할 때까지 계속될 가능성이 크다.

이것은 받아들이기 어려운 이야기지만, 반드시 받아들여야 한다. 감정을 제어하려고 애를 쓸수록 오히려 감정적인 반응은 더 악화될 수도 있다.

그런데 혹자는 스스로 감정을 통제하고 있다는 착각에 빠지게 만드는 소위 플라세보 효과 같은 경험을 하게 될 것이다. 실제로는 실수를 야기하는 감정 패턴에 대응하는 전략이나 지식의 참신함에 고무되어 스스로 감정을 제어하고 있다고 착각하는 것이다. 하지만 제어는 바로 잡는게 아니다. 그저 실수를 촉발시키는 감정 패턴을 인지해내고 중단시켰을 뿐이지, 실수하게 만드는 감정을 촉발시키는 성과 결함을 바로 잡은 것은 아니다.

소수의 트레이더만이 감정 패턴을 인지한 단계에서 그것을 바로 잡는 단계로 빠르게 넘어갈 수 있다. 대부분의 경우에는 감정 패턴에 대응하는 전략이나 지식의 참신함이 사라지거나, 시장 환경이 변하거나, 4일 정도 휴식을 취하거나 의욕을 상실하거나 등 이 플라세보 효과와 같은 감정 제어 효과가 없어진다.

대체로 현실에선 멘탈 지도 하나로 해결하기에 문제는 너무나도 복잡하다. 멘탈 시스템의 진짜 힘은 다음 장에서 나온다. 다음 장에선 감정적인 반응이 촉발되는 진짜 원인을 살펴볼 것이다.

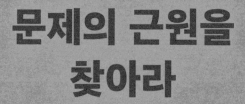

문제의 근원을
찾아라

'현실에 대한 정확한 이해는
좋은 성과를 내는 데 반드시 필요한 토대다.'

- 레이 달리오(Ray Dalio)

멘탈 게임 문제를 해결하려고 시도해 본 적이 있나? 책을 읽고, 다른 트레이더와 고민을 나누고, 감정이 트레이딩에 방해가 안 되도록 여러 가지 시도를 했을 것이다. 최선을 다했지만, 멘탈 게임 문제는 해소되지 않았을 거다.

멘탈 게임 문제를 해결하지 못하고 전전긍긍하는 이유를 적절한 비유를 들어서 설명해보겠다. 치통이 사라지지 않고 계속된다면, 양치질을 꾸준히 한다고 치통이 해결된다고 생각하진 않을 거다. 치과 의사를 찾아가서 엑스레이를 찍어보고, 치통이 생긴 원인을 파악하게 된다. 검사와 엑스레이를 바탕으로 치통의 원인을 없애기 위해서는 근본 치료가 필요하다는 사실을 알게 되었을 때 문제를 어떻게 해결할 수 있는지를 알게 된다.

멘탈 게임 문제를 해결하는 것도 본질적으로 이와 다르지 않다.

이제 감정이 숨겨진 성과 결함의 시그널이라는 것을 알게 됐다. 그리고 성과 결함이 나타나는 감정 패턴을 지도로 만드는 법도 배웠다. 하지만 아직까지 문제의 근원을 살펴보진 않았다. 게다가 트레이더로서 트레이딩 실력과 성과를 개선하는 방법도 자세히 살펴볼 필요가 있다. 달리 말하면, 문제의 원인은 치통이 아니라 그동안 양치질해 오던 방법이었다. 이로써 근본 치료가 필요하다는 것을 알게 됐다.

필자의 멘탈 시스템은 치통 비유의 엑스레이처럼 문제를 근원적으로 해결할 수 있도록 돕는다. 우선, 일상의 학습 과정을 살펴보고 감정 변동성을 야기할 수 있는 비효율적인 부분을 찾는다. 트레이딩 전문도에 상관없이 효과 없는 학습은 많은 멘탈 게임 문제의 원인이거나 일부분 책임이 있다.

더 확실한 구조적 방법과 '자벌레'라는 핵심 콘셉트로 학습 과정은 개선될 수 있다. '자벌레'는 학습 과정을 시각화한 것으로 이해하는 데 도움이 될 것이다. 이 콘셉트를 이용해서 학습 과정이 얼마나 효과적인지 검토하고 학습에 방해가 되는 결함은 무엇인지를 파악할 수 있다. 학습 과정에 있어서 구조, 접근법, 효과는 천차만별이다. 어디에 속하든지 상관없이 더 체계적인 방법은 학습 과정을 개선하는 데 도움이 된다.

- 눈에 잘 안 띄지만 가장 흔히 존재하는 위험 요인을 피해서 학습 과정의 효율성을 극대화할 수 있다.

- 감정적으로 더 안정될 수 있다.
- 결과의 편차가 줄어들며 일관성이 향상될 수 있다.
- 손익 이외에 트레이딩 진도와 성과를 평가하는 새로운 방법을 마련할 수 있다.
- 최고의 성과를 낼 수 있는 정신 상태를 일관되게 유지할 수 있다.
- 숨 가쁘게 변하는 경쟁 환경에 더 잘 적응할 수 있게 된다.
- 흥미와 열정을 유지하여, 정체기, 지루함 그리고 번아웃을 예방할 수 있다.

트레이딩하는 동안에 안정되고 일관된 감정 상태를 훼손하는 학습 결함 몇 가지를 살펴보겠다.

흔한 학습 결함

우리는 살면서 걷고 말하는 것부터 다양한 지표나 펀더멘탈을 해석하는 등 필요한 트레이딩 전문 지식까지 모든 것을 학습한다. 트레이더는 이 모든 것을 학습해야 한다. 그런데 얼마나 자주 학습의 역할을 멘탈 게임과 연관 지어서 생각했는지가 궁금하다. 여느 트레이더라면, 그렇게 그 빈도가 그리 높지는 않을 것이다. 그런데 학습 과정에 결함이 있으면, 감정 상태가 불안정해질 수 있다. 학습 과정과 감정 상태의 관계는 반드시 이해하고 있어야 하는 중요한 개념이다. 트레이더가 자기 능력과 한계를 정확하게 이해하여 자기가 무엇을 할 수 있는지를 분명하게 알면, 자기 능력이나 시장에 대한 잘못된 믿음이나 높은 기대치에 맞서지 않아도 된다. 현실을 받아들여서 객관적인 정보에 입각한 결정을 내리고 전략을 마련할 수 있다.

학습 과정에서 비효율적인 요인들을 포착하기는 어려울 수 있다. 많은 트레이더가 어느 시점에서 겪는 흔한 과정이 있다. 많은 트레이더가 가상 계좌나 모의 트레이딩으로 트레이딩에 관한 기술과 전문 지식을 쌓은 뒤에 진짜 시장으로 넘어와서 거래를 시작한다. 이전환은 트레이딩에 입문한 초기에 일반적으로 이뤄진다.

많은 트레이더가 모의 트레이딩에선 눈부신 성과를 내지만 실제시장에선 고전을 면치 못한다. 모의 트레이딩에서처럼 침착하고 정확하게 거래를 실행할 수 없다. 실제로 결과가 중요하지 않은 모의 트레이딩과 달리 실제 시장에서는 결정을 내리는 데 주저하게 되고 시장에 불확실성이 존재하고 많은 생각을 하게 된다. 그래서 실제트레이딩에서 이런 시그널을 두려움으로 오인하기 쉽다. 더 간단하게 설명하면, 이것은 학습 오류다. 모의 트레이딩에서 실제 트레이딩으로 전환하는 방법을 제대로 이해하지 못한 것이다.

트레이더는 "모의 트레이딩에서도 똑같은 거래를 해 봤어. 실제트레이딩이라고 다를 것 없어"라고 생각한다. 그런데 이 생각이 학습 오류로 이어진다. 트레이딩 자체는 같을지 모르나, 트레이더 본인은 모의 트레이딩하던 때와 다른 사람이 되어 있을 수 있다.

실전에서 결과는 정말 중요하다. 무엇보다도 트레이더로서 명성, 자존심과 미래와 함께 돈이 걸려 있다. 하지만 모의 트레이딩은 그렇지 않다. 모의 트레이딩과 실전은 같다고 아무리 다짐한다고 해도 그 둘은 결코 같지 않고 같을 수도 없다.

많은 것이 걸려 있고 많은 것을 배워야 하거나 많은 것을 증명해야 하는 경쟁이 치열한 환경에선 신경이 날카로워질 수밖에 없다. 흥분은 신경계가 경쟁적인 환경에 반응하는 방법이다. 신경이 예민해지면 학습에 도움이 된다. 흥분한 신경계 덕분에 환경을 감지하고 인지하는 능력이 고조된다.

신경계가 활성화되면, 평상시보다 더 많은 데이터를 흡수하고, 집중력과 직관력이 향상된다. 압박감을 느끼고 예민해지는 것은 전환 과정에서 반드시 나타나는 현상이다. 하지만 이 둘이 문제라고 믿거나 압박감을 견딜 수 없다고 생각하면, 이차적인 불안감이 생기거나 누적되고 성과 하락이 이어질 수 있다. 여기서 결함은 압박감을 느끼거나 신경이 예민해지는 것이 아니다. 이 둘을 경험하지 않고 학습 과정에 몸이 적응할 수 있다고 기대하는 것이다.

트레이더는 정보를 완전히 소화하여 트레이딩 전략으로 전환시키지 않고, 정보만 점점 더 많이 습득해서 데이터를 과도하게 소비하기도 한다. 트레이더 본인은 깨닫지 못하겠지만, 이런 경우에 감정적 결함이 트레이딩 성과를 불안하게 만들 수 있다. 때때로 시장을 정확하게 파악하기도 하지만, 이런 경우가 흔하진 않다. 정도의 차이는 있지만 트레이더는 트레이딩 와중에 혼란스러워지고, 생각이 지나치게 많아지고, 다음 수를 예측하지 못하게 된다. 정리해야 할 아이디어나 정보가 머릿속을 가득 채운다. 그러면 트레이더는 짜증이 나고, 스트레스를 받게 된다. 이런 경우에는 머리를 식히고 생각을 정리할 겸 며칠 쉬는 것이 최선이다. 하지만 잠깐은 효과가 있을지도 모르지만, 문제는 계속해서 수면 위로 떠오른다.

여기서 문제는 이차적으로 발생한 짜증과 스트레스다. 그래서 트레이더는 이것이 멘탈 게임 문제라고 넘겨짚는다. 하지만 이것은 그저 정보를 소비하고 처리하는 방법에 존재하는 기본적인 오류일 수 있다.

욕심, 분노, 두려움, 자만심이나 약한 절제력 등으로 발생한 문제를 바로잡으려면 학습 과정을 거쳐야만 한다. 트레이더는 이런 문제를 빠르게 해결할 수 있다고 생각하지만, 하룻밤 만에 유능한 트레이더가 될 수는 없다. 멘탈 게임 문제를 해결하려면 학습 과정을 거쳐야만 한다.

감정 문제를 바로잡는 과정을 학습 과정으로 생각하면, 진전이 얼마나 있었는지를 파악하고 필요하면 조절도 할 수 있게 된다. 이 전략적인 접근법을 받아들이지 않으면, 목표는 자연스럽게 현실과 동떨어지게 된다. 그러면 처음 발생한 감정 문제를 해결해야 할 뿐만 아니라, 분노, 두려움, 낮은 자신감 등 이것을 바로잡으려고 시도하는 동안에 이차적으로 생긴 감정 문제도 함께 처리해야 한다.

트레이더는 분노나 절제력과 관련된 감정 문제를 해결하지 못해서 화가 난다. 두려움이 빠르게 해소되지 않을까 봐 걱정하고, 자신감을 되찾을 수 있다는 자신감을 잃는다. 학습 과정을 이해하지 못하면, 트레이더는 시그널을 오인하거나 무시하고 실제로 효과를 내고 있는 전략을 포기하게 된다.

대다수가 자신의 트레이딩 문제를 제대로 해결해내지 못한다. 이 책에서 알려주는 학습 과정을 이해하면, 감정에 감정이 누적되어 생기는 복잡성이 제거되고 자신의 멘탈 게임 전략이 효과가 있는지 없는지를 정확하게 파악할 수 있게 된다.

자벌레 콘셉트

자벌레 콘셉트는 문자 그대로 자벌레에서 가져온 개념이다. 자벌레는 독특하게 움직이는 자나방과의 애벌레이다. 자벌레는 몸을 쭉 펴고 앞발을 땅에 고정한 뒤에 엉덩이부터 들어 올린다. 그런 뒤에 몸을 활처럼 휘게 만들어서 몸의 양 끝을 한데 모으고, 뒷발을 땅에 고정하고 나서 몸을 다시 쭉 뻗어서 앞으로 나아간다. 앞으로 이동하는 자벌레는 움직이는 종형 곡선처럼 보인다.

　이러한 자벌레의 움직임을 트레이딩 성과와 연결하면, 종형 곡선
은 트레이더의 의사결정 과정에 나타나는 자연스러운 변화를 시각적
으로 보여준다. 한 달에 진행하는 거래의 수가 많지 않은 경우라면,
지난 6개월에서 12개월이나 그 이상의 기간 동안 트레이딩에 관해
서 내린 결정의 질에 대해서 잠깐 생각해 보자. 이해를 돕고자 부연
설명하자면, 특정 기간에 내린 결정의 질을 1부터 100까지 점수를
매겨보자. 여기서 1점이 최악의 결정이고, 100점이 최고의 결정이
다. 그리고 나서 그래프에 각 결정으로 표시해 보자. 최악의 성과와
최고의 성과 사이에 점들이 분포하며 종형 곡선이 나타날 것이다.

　이것은 현재의 의사결정 범위를 정의한다. 트레이딩 과정에서 학
습하는 모든 지식과 기술은 이 범위 안에 존재한다. 매일 트레이딩
하면서 얻은 성과는 이 범위 안에서 움직일 것이다. 트레이더가 내
릴 수 있는 최악의 결정에 한계가 존재하고, 최고의 결정도 마찬가

트레이딩 멘탈 게임

지로 한계가 존재한다.

10년의 경력을 지닌 트레이더의 트레이딩에 대한 이해도와 접근 방식은 트레이딩에 입문한 지 6개월쯤 됐을 무렵과 비교하면 대단히 발전했을 것이다.

반면에 트레이딩에 입문한 지 고작 6개월 된 트레이더는 어느 날 갑자기 10년 차 트레이더처럼 생각하고 행동할 수 없다. 물론 노련한 트레이더와 똑같이 트레이딩을 실행할 수 있을지도 모르지만, 그와 같은 트레이딩 성과를 얻기 위한 의사결정 과정은 완전히 다를 것이다. 그 누구도 9년 6개월의 경력 차이를 단 하루 만에 극복할 수는 없다.

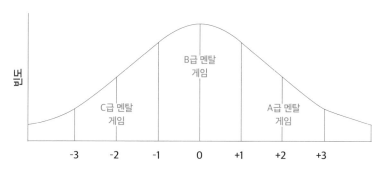

1장에서 A급 멘탈 게임, B급 멘탈 게임, 그리고 C급 멘탈 게임을 살펴봤다. 종형 곡선은 각각의 멘탈 게임이 그래프에서 어떻게 나타나는지를 보여준다. 그리고 자벌레 콘셉트가 시간이 흐르면서 트레이딩 성과를 살피고, 추적하고, 개선하는 데 도움이 될 것이다.

시간이 흐르면서 트레이딩 성과가 어떻게 향상되는지를 살필 때 자벌레 콘셉트가 유용하게 사용될 수 있다. 종형 곡선은 정해진 기간 동안의 트레이딩 성과를 보여주는 일종의 스냅 사진이다. 그리고 트레이딩을 잘하거나 평균적으로 하거나 잘못한 빈도가 어느 정도인지를 보여준다. 트레이딩 성과가 향상되면, 종형 곡선이 오른쪽으로 이동한다. 이는 자벌레가 앞으로 움직이는 모양과 똑 닮았다.

트레이딩 성과가 꾸준히 개선되는 것은 종형 곡선의 앞쪽 머리 부분과 뒤쪽 꼬리 부분이 함께 오른쪽으로 이동하는 것이다. 종형 곡선의 앞쪽 머리 부분이 오른쪽으로 움직이면 A급 멘탈 게임에 훨씬 더 능숙해지고, 종형 곡선의 뒤쪽 꼬리 부분이 오른쪽으로 움직이면 C급 멘탈 게임이 덜 괴로워진다.

다시 말해서 시간을 들여서 장점을 강화하고 단점을 개선하면, 그래프에서 종형 곡선은 전체적으로 오른쪽으로 움직인다. 이것은 전반적인 트레이딩 성과가 향상된다는 뜻이다. 이 시점에서 기존의 C급 멘탈 게임은 사라지고 의사결정 능력이 향상되어 더 이상 나쁜 결정을 내리지 않게 된다. 그리고 트레이딩에 입문한 지 얼마 안 됐을 때처럼 트레이딩 와중에 실수를 하거나 초보자처럼 거래를 진행하지 않게 된다. 기존의 B급 멘탈 게임은 새로운 C급 멘탈 게임이 되고, 새로운 B급 멘탈 게임은 이제 기존의 A급 멘탈 게임의 수준에 이르게 된다. 그리고 트레이더는 자신의 트레이딩 성과를 더 개선할 기회를 스스로 만들어내고, 이는 그의 새로운 A급 멘탈 게임이 된다.

많은 트레이더가 잘못 판단하고 종형 곡선의 앞쪽 머리 부분에서 트레이딩 성과를 개선하는 데만 집중한다. 이렇게 하면, 종형 곡선의 뒤쪽 꼬리 부분은 가만히 고정되고 앞쪽 머리 부분만 오른쪽으로 움직여서 최악의 성과와 최고의 성과의 거리가 벌어지고 성과 범위가 더 넓어진다. 결과적으로, 트레이딩 실행에 기복이 심해지고, 정체기가 나타나고, 고도의 집중력을 유지하기 어려워지는 등 많은 문제가 생기게 된다. 종형 곡선의 앞쪽 머리 부분이 오른쪽으로 이동했다고 뒤쪽 꼬리 부분이 자동적으로 오른쪽으로 움직이지 않는다.

이 문제를 해결하기 위해서, 트레이더는 종형 곡선의 뒤쪽 꼬리 부분에 해당하는 단점을 개선하는 데도 꾸준히 신경을 써야 한다. 일부 트레이더는 본능적으로 태양 가까이 가려고 높이 날아오르려고 한다. 그래서 종형 곡선의 앞쪽 머리 부분, 그러니까 장점을 최대한 강화하려고 애쓴다. 이렇게 되면 그들은 탐욕스럽다는 눈총을 받고 큰 손실을 입고 사라지게 된다.

종형 곡선의 뒤쪽 꼬리 부분에 해당되는 트레이딩 약점이 실수로 이어지는 과정을 이해하면, 큰 실수를 피할 수 있다. 종형 곡선의 앞쪽 머리 부분을 오른쪽으로 더 많이 이동시키는 것, 다시 말해서 트레이딩 장점을 강화하는 것에만 집중하는 내신에, 최대 약점을 바로잡는 데 집중해야 한다. 그리고 꾸준히 최고 약점을 바로잡으려고 노력해야 한다. 그렇게 하면, 종형 곡선의 뒤쪽 꼬리 부분이 오른쪽으로 이동하고, 트레이딩을 완전히 망칠 리스크를 키우지 않고 종형 곡선의 앞쪽 머리 부분도 오른쪽으로 이동할 수 있다.

모두가 자신이 지닌 최고의 기량을 뽐낼 수 있도록 많은 경우 최상의 상태를 유지하면서 자신의 능력이 한시라도 더 빨리 향상되기를 원한다. 자벌레 콘셉트는 자신의 약점을 솔직하고 분명하게 파악하고 체계적으로 개선하는 데 도움이 될 것이다. 준비가 잘 되어 있으면, 매일 성장할 수 있다. 빠르게 성장하는 비결인 학습력이 절정에 이를 것이다.

멘탈 게임 분석법으로 성과 범위를 정의하라

어느 날 갑자기 예기치 못한 변수와 기술의 경계를 분명하게 볼 수 있는 초인적인 능력이 생겼다고 상상해 보자.

이런 능력은 트레이딩에서 불확실성을 제거하고 자신감을 높일 것이다. 막대한 손실이 발생한 날에 되돌아가도 결정을 바꾸지 않을 거라고 생각하며 이전처럼 기분이 나쁘지 않을 것이다. 반대로 엄청난 이익을 얻은 날에는 그저 운이 좋아서 성과가 좋았다는 생각에 기분이 예전처럼 썩 좋지는 않을 것이다.

당연히 이런 능력을 지닌 사람은 아무도 없다. 하지만 자신의 기술을 더 객관적으로 평가할 방법이 생긴다는 생각이 매력적이지 않을까? 트레이딩이 어떻게 진행되는지를 매일 실시간으로 확실하게 볼 수 있다면, 손익을 덜 걱정하고 계획에 따라서 트레이딩을 끌고 가는 데 더 집중할 수 있게 된다. 그리고 힘들거나 변동성이 심한 시기에 단기 손익에 더 잘 대처할 수 있게 되고, 감정적으로 더 안정될 것이다. 멘탈 게임을 난이도별로 분석하면 이런 장점이 생기기 때문에, 이 분석법은 멘탈 시스템의 중요한 요소 중 하나다.

이 분석법은 감정 문제의 원인을 파악하고자 수집해놓은 정보를 활용하기 때문에 사용하기 쉽다. 기본적으로 이 분석법은 각 유형의 멘탈 게임의 주요 특징을 정의하고 감정적 반응(멘탈 게임)과 트레이딩 전략(전략적 기술)을 구분한다. 멘탈 게임 분석표의 사례를 살펴보자.

멘탈 게임 분석법

멘탈 게임		
C급 멘탈 게임	**B급 멘탈 게임**	**A급 멘탈 게임**
산만하다	생각이 과하다	아주 편안하다
리스크를 회피한다 (주저함)	잘못된 시장에 집중한다	결단력이 있다
주저함을 극복하고자 거래를 강행한다	집중력을 잃는다	인내심이 있다
참을성이 없다	당연한 트레이딩 기회를 놓친다	자신감 있다
자기비하가 심하다	손익을 고민한다	트레이딩 손익을 받아들인다
자신을 의심한다	반응 속도가 느려진다	
직감을 맹신한다	직감을 신뢰하지 않는다	

전략 기술		
C급 멘탈 게임	**B급 멘탈 게임**	**A급 멘탈 게임**
계속 가격을 쫓는다	맥락, 상관관계나 시장 흐름에 대한 이해도가 떨어진다	전반적으로 시장의 흐름을 명확하게 읽고 이해한다
계속 방향성 없이 움직인다	가격이 조금만 변해도 스캘핑을 시도하지만 큰 거래를 실행하진 못한다	나스닥, S&P500, 그리고 다우존스지수의 상관관계를 명확하게 이해한다
보상을 원해서 거래를 일찍 마무리한다	잠깐 휴식을 취하거나 트레이딩을 실행할 효과적인 타이밍을 잘 알지 못한다	시장 현황, 가격 수준 그리고 트레이딩 차트를 명확하게 이해한다

손실 제한 법칙을 따르지 않는다	거래에서 너무 일찍 빠져나와서 잠재 수익을 확보할 시간이 없다	사전에 지정한 가격 수준에 도달할 때까지 인내심을 갖고 기다린다
하나의 요소에 과민하게 반응해서 충동적으로 거래를 시도한다	주문량에 지나치게 주목한다	거래에 물린 다른 트레이더를 관찰한다.
가격이 불리하게 움직일 때를 대비하지 않고 주문량을 늘린다	시장의 변동성을 정확하게 예측하거나 이해하지 못한다	

이전과 마찬가지로, 주식 시장이 열리기 전과 닫힌 후에 이에 대해서 생각할 시간을 가져야 한다. 주식 시장이 열려서 거래하는 동안에 어떤 정보가 파악되면 어딘가에 기록해뒀다가 정보를 모두 취합할 때 이 정보도 반영한다. 이게 어렵다고 생각되는 사람은 가장 분명한 것부터 시작하면 좋다. 일단 초안부터 작성하고 나중에 멘탈 게임 분석표를 수정한다.

최소한 3일의 트레이딩 세션 동안에 새로운 문제가 생기지 않을 때까지 멘탈 게임 분석표를 수정하면, 일관성 있고 세련된 멘탈 게임 분석표가 나온다. 이 표를 참고해서 트레이딩이 진행되는 동안과 끝난 시점에 자신의 트레이딩 기술을 평가해볼 수 있다.

트레이딩 세션을 시작하기 전에 몸을 풀면서 이 표를 훑어보면, 오늘 트레이딩 세션 동안에 변화를 주고 싶었던 멘탈 게임과 전략적 기술을 떠올려 볼 수 있다. 그리고 미리 이 분석표를 봐두면 트레이딩 세션 중에 성과가 하락하고 있다는 것을 보여주는 시그널을 쉽게 포착할 수 있다. 매달 분석표를 수정하거나 변경하지는 마라. 성과가 안정적으로 향상되고 있는지를 평가하기에 한 달은 너무 짧다. 새로운 정보를 메모해뒀다가 멘탈 게임의 난이도가 바뀌었다는 증거가 충분할 때 분석표에 메모한 정보를 추가하는 것이 좋다.

여기서 한 단계 더 나아가면, 가장 저조한 성과가 나오는 C급 멘탈 게임에 영향을 주는 요인들도 정확히 집어낼 수 있다. 이것은 트레이딩 기술을 향상시키는 데 중요한 과정이다. 이런 요인들을 파악하면 두렵든, 화가 나든, 피곤하든, 감정 상태에 상관없이 언제나 유용한 지식이나 전략적인 결정으로 이어지는 요소를 파악할 수 있기 때문이다. 성과가 저조하거나 스스로가 감정적으로 최악의 상태일 때도 멘탈 게임에 흔들리지 않는 부분이 무엇인지 분석해보면, 이 강점을 파악할 수 있다. 이것은 저지선을 설정해서 그 밑으로 성과가 떨어지지 않도록 막고, 여전히 개선이 필요한 부분이 어디인지 파악하는 데 도움이 된다.

성과 범위가 지나치게 넓을 때

멘탈 게임 분석표를 완성하거나 멘탈 게임 분석법으로 성과를 살펴보지 않고 단순히 성과 범위만 봐도, 최고 성과와 최저 성과의 사이에 격차가 크다는 것이 한눈에 보일 것이다. 최고 성과와 최저 성과가 크게 벌어지는 이유는 여러 가지다. 주된 이유는 C급 멘탈 게임을 지속적으로 개선하지 못했기 때문이다.

트레이더로서 꾸준히 성장하려면, 자신의 약점을 고치고 극복하는 데 최선을 다해야 한다. 그렇지 않으면, 흔하디흔한 문제에 발목을 잡힐 될 것이다. 그 흔한 문제는 바로 넓은 성과 범위다. 이 문제에 대한 해결책은 성과 범위를 줄이는 것이다. 최저 성과가 나오는 C급 멘탈 게임에서 결함을 바로잡는 데 꾸준히 집중하면, 성과 범위는 줄어들 것이다. 약점을 극복하는 데 최대한 집중하는 것은 트레이더를 포함해서 다양한 영역에서 최고 성과를 내는 사람들의 공통된 특징이다. 최상의 기량을 뽐내서 최고 성과를 얻으려면 기술적으로 그리고 정신적으로 먼저 가장 취약한 부분부터 강하게 만들어야 한다.

약점을 개선하려고 노력하라는 것은 새로운 이야기가 아니다. 실패와 약점의 가치에 관한 조언은 셀 수 없이 많지만, 많은 트레이더는 특히 감정이 개입되면 조언을 제대로 받아들이지 못한다. 이것은 그들에게 성과 결함이 존재한다는 것을 넌지시 보여준다. 아마도 그들은 종형 곡선에서 보이듯이 강점과 약점이 연결되어 있다는 것을 이해하지 못하는지도 모른다. 그리고 '강점을 활용해야 한다'는 일차원적인 사고방식으로 멘탈 게임에 임하는지도 모른다. 하지만 현실적으로 말하면 아무리 유능한 사람이라도 개선해야 할 약점은 언제나 존재한다.

자신의 약점을 개선하려고 열심히 노력하는 사람들도 있지만 그들은 자신들이 약점을 온전히 받아들이지 못했다는 사실을 알지 못한다. C급 멘탈 게임에서 나타나는 약점을 무시하고 있다는 것을 알려주는 다음과 같은 시그널들이 있다.

- 약점을 고치려고 정말로 열심히 노력하고 여러모로 개선되고 있는 것이 보이지만, 모든 것을 잊고 그동안의 모든 노력이 헛되다는 생각이 들면서 시도 때도 없이 버럭 화가 난다.
- 특히나 어려운 시기에 새롭게 배울 게 없는지 계속 기웃거린다.
- '나답지 않았어'란 말로 일진이 사나웠던 날을 합리화하고 왜 그런 일이 일어났는지에 대해 고민하지 않고 그냥 넘어간다.
- 끊임없이 새로운 트레이딩 전략이 떠오르고, '바로 이거야!'란 생각을 하며 돈을 마구 찍어내듯이 많이 벌 수 있을 거라고 믿으며 새로운 전략을 시도한다.
- 약점이 드러나지 않도록 하는 방안이라 믿는 명상, 운동, 스포츠, 새로운 식단 등의 활동에 사로잡힌다.
- 자기 자신이 최대의 적이라고 생각하면서 자기 트레이딩 실력을 신뢰할 수 없다.
- 최적의 성과를 낼 수 있는 감정 상태를 장시간 유지하거나 아예 그런 상태에 도달하기 어려운 날이 자주 발생한다.
- 언제나 최고의 기량을 발휘할 수 있다고 남몰래 믿는다.

C급 멘탈 게임을 무시하거나 외면하거나 부인하면 자신도 모르는 사이에 트레이딩이 생기를 잃어간다. C급 멘탈 게임의 결함을 계속해서 바로잡아나가는 것은 트레이더로서 성장하는 데 반드시 필요하다. 자벌레 콘셉트는 학습 과정과 약점과 실수를 인정하고 받아

들이는 게 왜 중요한지를 이해하는 데 실질적으로 도움이 된다. 좌절, 실패 또는 실수가 생기는 정확한 원인과 앞으로 그런 일이 일어나지 않도록 방지하는 방법에 좀 더 확실히 집중할 수 있게 된다.

약점에 관해서 많은 이야기를 했지만, 분명히 짚고 넘어가고 싶은 한 가지가 있다. 필자의 목적은 약점을 인정하고 좋게 생각하는 것에서 그치는 것이 아니다. 약점은 누구에게나 있고 언제나 문제를 야기할 수 있으니, 트레이딩에 부정적인 영향을 미치지 못하도록 약점을 완전히 없애고 싶지 않나? 생각해 보면 이것은 아주 단순한 일이다. 트레이딩을 덜 망치기만 하면 된다.

자벌레를 오른쪽으로 움직이는, 다시 말해서 트레이딩 성과를 꾸준히 개선하는 비법은 중요한 순간에 실수나 저조한 성과를 줄이는 것이다. 이렇게 하면 결국에 트레이딩 성과가 전반적으로 개선되기 때문에 트레이더는 반드시 이 기회를 이용해야 한다.

감정은 자주 격양되고, 장기적인 현실감을 잃기가 쉽다. 실수에 굴복하면 할수록, 실수를 더 잘하게 된다. 좋은 것이든 나쁜 것이든 뭔가를 배우면 성장하게 된다. 게다가 최고의 성과는 자벌레의 뒤쪽 꼬리 부분에 해당되는 C급 멘탈 게임을 얼마나 잘 해내느냐와 직접적으로 연관된다. 그러므로 C급 멘탈 게임을 하는 동안에 실수나 부진한 성과를 줄이면, 최적의 성과를 내기가 더 쉬워진다.

트레이딩하는 동안에 어느 부분을 개선해야 할지 잘 모르겠다면, C급 멘탈 게임에서 실수나 부진한 성과를 줄이는 것부터 시작하는 것이 가장 도움이 될 것이다. 그리고 이것은 가장 간단한 것이 기도 하다. 한 번에 모든 것을 고친다는 것은 부담스럽고 벅차고 복잡할 수 있다. 그러니 먼저 자신이 트레이딩할 때 흔히 하는 실수 서너 개를 바로잡는 데 집중하자. 이것은 전반적인 성과를 향상하는데 안정적이고 쉬운 출발점이다.

최악의 성과를 초래하는
문제의 원인을 밝혀라

대부분의 경우, 자벌레의 꼬리를 앞으로 이동시키는 비결은 꼬리를 제자리에 묶어두는 감정 문제를 바로잡는 것이다. 이러한 문제를 해결하려면, 문제의 원인부터 정확하게 파악해야 한다. 필자는 간단하게 근본 원인을 찾기 위해서 다음의 문제 해결 프로세스를 개발했다.

원래 이것을 포커 선수들을 위해서 고안했다. 그래서 '멘탈 핸드 히스토리'라고 명명했다. 포커 선수들이 포커 게임을 하는 동안에 저지른 기술적인 실수를 바로잡는 것처럼 체계적이고 논리적으로 멘탈 게임에 임하길 바라는 마음에서 이 이름을 붙였다. 포커 선수들은 경기 중에 기술적으로 실수를 했는지를 살피고 개선하고자 경기를 기록한 '핸드 히스토리'를 재검토한다. 멘탈 핸드 히스토리는 트레이딩하는 동안에 어떤 식으로 감정적인 반응이 나오는지를 기록하면 모든 정보를 분석하는 데 도움이 된다. 그리고 멘탈 게임 문제의 핵심인 실수나 감정적인 반응의 패턴을 파악하는 데도 도움이 된다.

이 도구를 활용하면 자신의 문제 해결 방식을 근본적으로 바꾸게 될 것이다. 멘탈 핸드 히스토리는 5단계로 구성된다.

1단계 : 문제를 자세히 기록해 본다.
2단계 : 왜 그 문제가 발생했는지 또는 왜 그렇게 생각하거나 느끼거나 행동했는지를 설명해본다.
3단계 : 왜 2단계의 논리에 결함이 있는지를 설명해본다.
4단계 : 결함이 있는 논리를 바로 잡을 방법을 생각해낸다.
5단계 : 그 방법이 왜 옳은지를 설명해본다.

이 단계를 완수하는 것은 꽤나 어려울 수 있다. 이를 염두에 두고, 문제를 포착하고, 문제의 내용을 자세히 파악하고, 멘탈 핸드 히스토리를 기록하는 것이 좀 더 쉬워지도록 앞으로 4장부터 8장에 걸쳐서 이 주제를 다루고자 한다.

이제 시스템이 갖춰졌으니, 문제를 해결하는 데 도움이 되리라 생각되는 것이라면 그게 뭐든지 멘탈 핸드 히스토리에 모두 적어라. 트레이딩하면서 머릿속에 떠오르는 생각은 모두 기록해둬라. 문제를 자세히 이해하고 해결책을 찾으려면 결함이 있는 논리를 충분히 깊이 파고들어야 한다. 하지만 생각나는 대로 메모해 두지 않으면 머릿속에 생각이 너무나 많아서 고민할 수가 없다. 이 단계를 모두 완수하는 데 며칠이 걸리고, 여러 번 시도해야 할 수도 있다. 기록하는 습관은 반복적인 프로세스의 처리 속도를 높인다.

다음은 멘탈 핸드 히스토리의 간단한 사례다. 이 사례가 멘탈 핸드 히스토리가 뭔지 머릿속에 그림을 그리는 데 도움이 될 것이다. 표면적으로 답은 뻔해 보일 수 있다. 하지만 멘탈 핸드 히스토리를 시도하면서 각 단계를 하나씩 완수해나가면, 자신이 맞닥뜨린 문제의 원인과 해결 방안을 좀 더 깊이 이해할 수 있게 된다.

1. **문제를 자세히 기록해 본다** : 나는 큰 손실을 감당할 수 없다.
2. **왜 그 문제가 발생했는지 또는 왜 그렇게 생각하거나 느끼거나 행동했는지를 설명해본다** : 트레이딩 전략대로 하면 수익이 발생한다.
3. **왜 2단계의 논리에 결함이 있는지를 설명해본다** : 나의 트레이딩 전략이 수익성 있다고 말하는 것은 내가 완벽하게 전략을 이행했든 이행하지 않았든 간에 결코 큰 손실을 경험하지 않을 것이라고 암묵적으로 생각하고 있다는 것을 보여준다.
4. **결함이 있는 논리를 바로잡을 수 있는 방법을 생각해낸다** : 나는 손실을 감내하는 법을 배워야 한다. 과민하게 반응하지 말고 손실이 생겼다는 사실을 인정하고 그 순간의 감정을 받아들여야 한다. 제대로 하고 옳은 결정을 내릴 때도 손해나 실패를

경험할 수 있다.

5. 그 방법이 왜 옳은지를 설명해본다 : 수익성 있는 전략을 따르더라도 손실을 경험하게 될 것이다. 때로는 큰 손실을 경험할 수도 있다. 나의 강점에는 이런 손실을 예측하는 것도 있다. 더 큰 문제는 손실이 필요 이상으로 더 많은 비용을 초래하는 것이다.

멘탈 핸드 히스토리

멘탈 핸드 히스토리는 C급 멘탈 게임의 실수를 해결하는 데 매우 유용한 수단이자, 이 책을 읽어야 하는 이유이다. 다음의 조언은 멘탈 핸드 히스토리를 구성하는 각 단계에 대한 이해를 돕고, 트레이더가 멘탈 핸드 히스토리를 작성할 때 흔히 하는 실수를 피하는 데도 도움이 될 것이다.

1단계 : 문제를 자세히 기록해 본다. 먼저, 자신의 C급 멘탈 게임을 누군가에게 설명한다면 어떤 식으로 설명할지를 적어본다. 이미 자신의 문제가 무엇이고 왜 일어나는지와 문제가 생길 것임을 알려주는 시그널을 자세히 기록해뒀다면, 이 단계에서 자신의 멘탈 게임 문제가 뭔지 명확하게 파악하는 기회를 잡아 보자.

2단계 : 왜 그 문제가 발생했는지 또는 왜 그렇게 생각하거나 느끼거나 행동했는지를 설명해본다. 일반적으로 '자신들이 비이성적이거나 비논리적이라서' 문제가 발생했다고 생각한다. 표현이 다르지만, 문제는 자기라고 말하는 것이다. 그렇다면 자신을 고치는 것이 문제를 해결할 방법일까? 이게 도대체 무슨 소리일까? 이는 말이 안 된다. 트레이더 본인이 문제가 아니다. 결함, 편견, 그리고 오해가 문제의 원인이고, 이 단계는 문제의 원인을 정확하게 파악하는 데 필수적이다.

멘탈 게임 문제가 일어나는 원인은 논리적이다. 그런데 문제의 원인을 설명하는 논리에는 결함이 있다. 그래서 멘탈 게임 문제가 발생하는 것이다. 그러므로 모든 상황을 분명히 이해할 때 문제의 원인이 무엇이고 그것이 무슨 영향을 미치는지를 명확히 이해할 수 있다. 멘탈 게임 문제가 생기는 논리를 알면, 뭐가 잘못됐는지를 알기가 훨씬 더 쉬워진다.

이 단계는 어려울 수 있다. 자신의 행동이나 감정적 반응이 자신의 지식이나 믿음과 언제나 일치하지 않는 이유를 이해하고 명확히 파악하는 것은 어려울 수 있다. 이 단계에서 "나는 멍청해"라거나 "시장이 나를 골탕 먹였어"라는 설명은 피해야 한다. 왜냐하면 이런 생각이 문제를 분석하는 데 방해가 되기 때문이다. 트레이더 개인이나 시장은 문제가 아니다.

3단계 : 왜 2단계의 논리에 결함이 있는지를 설명해본다. 그럼 이제 그 결함을 파악해 보도록 하자.

2단계에서 합리적인 답을 얻지 못한 채로 3단계를 마무리하려고 하는 것은 눈을 가리고 다트를 던지는 것과 다를 바 없다. 2단계에서 이유를 명확하게 파악해냈다면, 근본적인 결함을 찾기가 훨씬 더 쉬워진다. 하지만 다시 한 번 말하는데, 이 단계가 어려워서 감당하지 못할까 봐 지레 걱정하지는 마라. 앞으로 책에서 설명할 내용들이 2단계에서 찾은 논리나 이유가 결함이 있거나 불완전하거나 부정확한 이유를 찾는 데 도움을 줄 것이다.

마지막으로 3단계에서 일어나는 가장 큰 실수는 두려워하거나 다른 감정을 느끼는 것이 결함이라고 생각하는 것이다. 감정은 절대 결함이 아니다. 감정은 문제가 있다는 것을 알려주는 시그널이다. 감정이 문제라고 말하는 것은, 다르게 표현하면 열이 감기의 원인이라고 말하는 것이다.

4단계 : 결함이 있는 논리를 바로잡을 방법을 생각해낸다. 이제 본론으로 들어가서, 멘탈 게임 문제를 해결해보자. 2단계와 3단계를 생각하며, 멘탈 게임 문제를 야기하는 결함을 고칠 간단하면서 논리적인 방법을 정의해보자.

때때로 멘탈 게임 문제를 고치는 방법은 이미 알고 있었지만 이전에는 정확하게 사용하지 못했던 트레이딩 개념이나 아이디어일 수도 있다. 더 복잡해지기 전에 지나치다 싶을 정도로 그것들을 연습해야 한다. 왜일까?

- 그것들은 중요한 개념이고 어쨌든 완벽하게 숙지해야 한다.
- 그것들만으로 지금 직면한 멘탈 게임 문제를 해결할 수도 있다.
- 그것들로 충분하지 않다면, 정말로 잘못된 것이 무엇인지를 더

자세히 파악할 기회가 생긴다.

5단계 : 그 방법이 왜 옳은지를 설명해본다. 이 단계는 어떻게 보면 보너스다. 필수적이진 않지만, 일부 트레이더에게 정말로 도움이 될 수 있다. 이 단계는 새로운 논리, 즉 새로운 사고방식이 단단히 뿌리내리도록 한다.

멘탈 핸드 히스토리와 일반적인 문제 해결 방식을 비교해 보자. 일반적으로 트레이더들은 중간 단계를 모두 뛰어넘고 1단계에서 4단계로 바로 넘어간다. 이것은 이론적으로는 그럴듯한 해결책을 제공하지만, 정작 멘탈 게임 문제의 근본 원인은 해결하지 못한다. 이 책을 끝까지 읽으면서 멘탈 핸드 히스토리를 이해하고 올바르게 실천하는 것은 트레이더에게 대단히 이로울 것이다. 멘탈 핸드 히스토리는 문제를 표면적으로만 건드리는 해결책이 아니라 철저하고 효과적으로 문제를 해소하는 해결책을 제시한다.

자벌레의 꼬리를 전진시켜라

심리적이고 감정적인 문제를 정확하게 파악하기가 어려울 수 있다. 심지어 노련한 트레이더들도 처음에는 이를 자주 오해하곤 한다. 욕심이 주된 문제라고 여겨졌지만, 사실상 진짜 문제는 분노였다. 절제력 문제처럼 보였지만, 실상 과도한 자신감이 문제였던 경우도 있었다. 분노는 누가 봐도 문제인 듯 보였지만, 두려움이 분노를 일으킨 주범으로 드러난 일도 있었다. 표면만 살피고 뿌리까지 깊이 파고들지 않으면, 엉뚱한 것을 주된 문제라고 오해하고 진짜 문제를 파악하지 못할 소지가 다분하다.

예를 들어서 트레이딩 실수만 봐서는 그 실수를 일으킨 감정이나 문제를 정확하게 파악할 수 없다. 트레이더들이 흔히 하는 트레이딩 실수를 살펴보자.

- 썩 좋지 않은 트레이딩 거래를 무리하게 진행한다.
- 시장 진입을 망설인다.
- 너무 일찍 거래를 종료한다.
- 오르락내리락하는 시장 가격을 뒤쫓는다.
- 기존의 목표 수익을 달성하기도 전에 목표 수익을 조정한다.
- 스스로 좋은 거래를 포기한다.

이 트레이딩 실수는 모두 욕심, 분노, 과도한 자신감, 자신감 부족 또는 절제력 문제 등에 의해서 일어날 수 있다. 흔한 트레이딩 실수만으로는 트레이딩 실행에서 오류를 일으키는 근본적인 문제를 파악할 수 없다. 두려움이 원인임을 증명하는 정보를 자세하게 분류하여 정리하지 않은 이상, 트레이더는 자신이 두려움 때문에 거래를 일찍 종료한 것인지 알 수 없다. 분노, 자신감 부족이나 절제력 문제도 흔한 트레이딩 실수의 주요 원인으로 지목되기 쉽다. 하지만 그저 흔한 트레이딩 실수만 봐서는, 그 원인이 무엇인지를 정확하게 파악할 수 없다.

트레이딩 실행 중에 나타나는 오류를 시작점으로 삼아서 그 오류를 둘러싼 정보를 자세하게 기록해 봐야 한다. 무슨 생각을 했고, 무슨 감정이 들었고, 무슨 행동을 했으며, 무슨 계기가 있었고, 시장과 의사결정에 관해서 어떤 인식 변화가 있었는지를 기록해야 한다. 그러고 나서 4장부터 8장까지 각 장에서 자세히 살펴보는 감정 중에 어느 것과 어울리는지를 살펴보자.

이것이 트레이딩 실행에서 실수할 수밖에 없도록 만드는 근본적인 문제가 무엇인지 파악할 수 있는 출발점이다. 일단 근본적인 문제를 제대로 파악하면 그 문제를 완전히 바로잡을 수 있는 일일 전략과 실시간 전략 모두를 마련할 수 있기 때문이다.

욕심

"욕심은 동물적 본능의 기본적인 부분이다. 그러므로 욕심을
억누르는 것은 숨 쉬거나 먹는 거를 억제하는 것과 같다."

- 벤 스타인

트레이더는 욕심 때문에 많은 혼란을 경험한다. 게다가 욕심을 버리는 방법 때문에 많은 트레이더가 더 혼란스러워한다. 그저 욕심을 덜 부리는 것이 해결책은 아니다. 이것은 마치 야심을 덜 가지라고 말하는 것과 같다. 욕심을 없애는 게 어려운 이유는 사실 욕심이라는 감정에만 해당하는 결함이 없다는 것이다. 그 대신에 욕심의 근원은 두려움, 분노, 과도한 자신감 그리고 자신감 부족을 일으키는 결함, 편견, 환상에 있다는 것을 알게 될 것이다. 일반적으로 욕심의 근원은 과도한 자신감에 있다.

과도한 자신감은 스스로가 천하무적이라고 느끼고 어떤 거래든 쉽게 성공하고 별 노력 없이도 돈을 벌 수 있다고 믿을 때 생긴다. 과도한 자신감에 빠지면, 부주의해지고 '알 게 뭐야'라는 태도를 보이게 된다. 리스크를 무시하고 자기 능력을 맹목적으로 믿는다. 이런 과도한 야망은 트레이더가 자신의 트레이딩 기술과 수익을 내는 능력을 과대평가한다는 뜻이다.

이와는 다르게 욕심이 자신감 부족에서 나온다면, 트레이딩으로 돈을 아무리 많이 벌어도 만족스러운 것이 아무것도 없다. 욕심 때문에 끊임없이 돈을 더 많이 벌려고 노력한다. 돈을 많이 벌면 영원한 만족, 자부심 또는 자신감을 얻게 되리라는 잘못된 생각이 그 이면에 존재한다. 또는 돈을 버는 능력에 관한 의구심을 빠르게 없애려고 트레이더는 욕심을 낸다.

분노는 흔한 트레이딩 실수를 일으키는 욕심의 공범으로 주로 지목된다. 보복성 트레이딩은 연이어 손실을 경험한 트레이더가 화가 나서 하게 되는 트레이딩 실수다. 트레이더는 수익을 보기 직전에 손실을 보면서 분노한다. 보복성 트레이딩의 원인이 되는 분노는 욕심처럼 보인다. 화가 난 트레이더는 손실을 만회하려고 다음 거래량을 두 배로 늘리지만, 또다시 손실을 경험한다. 이렇게 되면 트레이더는 자신이 나쁜 결정을 내리고 있다는 사실을 깨달으면서 훨씬 더 화가 난다. 그래서 그때까지의 손실을 만회하려고 성급하게 또 다른 거래를 시도한다.

두려움도 욕심에서 비롯된 행동의 이면에 숨어 있을 수 있다. 가장 흔한 사례가 포모(FOMO, Fear of Missing Out - 주위 사람에 뒤쳐지는 것에 대한 공포심리, 소외되는 것에 대한 불안감으로 5장 참고)다. 시장 가격이 크게 움직이는 것을 본 트레이더는 그 추세가 지속되기를 바라면서 아주 뒤늦게 시장에 뛰어든다. 다시 말해서 트레이더는 다른 트레이더들이 수익을 내는 것을 보고 자기만 좋은 기회를 놓친다는 생각에 안절부절못하면서, 뒤늦게 시장에 뛰어든다. 트레이더는 가격 조건이 최악일 때 매수 포지션을 취하게 되지만, 여전히 좋은 기회라면서 자신을 설득한다. 포모 외에도 손실, 실수 그리고 실패에 대한 두려움도 트레이더가 욕심스럽게 보이는 행동을 하게 만든다.

트레이딩의 목적은 돈을 버는 것이지만, 트레이딩에서 욕심은 손실을 초래한다. 돈을 더 많이 벌겠다는 욕구가 억제되지 않으면, 장기적으로 손실을 경험하게 될 결정을 하게 된다. 시장은 보유한 자산을 탈탈 털어서 거래하고 모든 거래에서 최대 수익을 내려는 트레이더의 시도를 벌한다. 물론 항상 이런 것은 아니다. 가끔 욕심내서 한 거래가 막대한 수익을 내거나 가격 움직임이 반전되기 직전에 매수나 매도 포지션을 정리하는 것이 되기도 한다. 하지만 욕심이 문제라고 생각하지 않는다면, 이렇게 시장을 읽어낼 수 없을 것이다.

॥ılıı

욕심의 본질

우리가 살펴보는 욕심은 '더 많은 것을 얻고자 하는 과도한 욕구'다. 이 정의가 문제를 완벽하게 요약한다. 욕심은 야망이 과도해지는 지점을 알려주는 감정이다.

야망은 최고가 되거나, 더 성공하거나, 더 많은 것을 손에 넣으려는 경쟁 욕구다. 그것은 이런 책을 읽어서 자기 능력을 더 갈고닦으려는 동기다. 야망은 손실은 피할 수 없으며 더 큰 성공을 이루는 데 도움이 된다는 생각에 기반한 승리욕이다. 마이클 조던의 야망을 욕심이라 부르는 사람은 없을 것이다. 또는 더 수준 높은 경기에서 우승하고 싶은 운동선수들의 야망을 욕심이라 부르지 않는다. 사람들은 그들이 승리에 대한 극심한 갈망이나 의지나 욕구가 있다고 말하고, 가차 없을 만큼 노력하고 큰 꿈을 꾸는 그들을 응원한다. 이것이 욕심인가? 물론 아니다. 트레이더가 자신을 운동선수라고 생각한다면 욕심은 성과 문제를 일으키는 한낱 요인에 불과해진다.

욕심은 모든 경쟁 무대에 존재한다. 운동선수들의 승리하고 싶은 열망을 욕심이라고 말하지 않더라도, 그들이 경쟁하는 동안에 욕심을 내지 않는다는 의미는 아니다. 관찰자적 입장에서 보면 사람들은 어떤 결정이 욕심에서 나온 것인지 아닌지를 확실히 말할 수 없다. 중요한 것은 의도다.

욕심의 특징인 과도함은 사람에 따라서 그 정도가 다르고, 외부에선 판단할 수 없다. 언제나 예외는 존재하는 법이다. 오랫동안 막대한 수익을 내고 욕심 많은 것처럼 보이는 트레이더들이 있다. 하지만 그들에게 그것은 욕심이 아닐지도 모른다. 그저 그들이 욕심이 많은 것처럼 보일 뿐이다. 제3자의 입장으로 보면 언제 야망이 욕심으로 바뀌는지를 알 수 없다. 야망과 욕심을 비교하는 것을 그만두고 자기 자신에게 집중해라.

각자 자신의 야망과 욕심을 나누는 경계선이 어디에 있는지를 고민해 볼 필요가 있다. 야망이 욕심으로 바뀌는 순간이 언제인가? 각자가 야망과 욕심을 나누는 자신의 경계선이 어디에 그어져 있는지

트레이딩 멘탈 게임

를 이미 알고 있다. 그것은 자제할 수 없는 순간이다. 누군가의 야망이 욕심으로 변하는 순간에, 사람들은 흔히 욕심에 휘둘리지 말라고 간단명료하게 조언한다. 거래 계좌의 잔고를 늘리려면 트레이딩 계획을 고수하고, 절제력과 인내심을 발휘해야 한다. 하지만 흥분하면 돈을 더 많이 벌겠다는 욕구가 이 논리적인 사고를 대체하게 된다. 게다가 이 욕구를 억제할 때와 그대로 내버려 둬야 할 때를 아는 것은 어렵다.

궁극적으로 이렇게 거래하고 싶은 트레이더는 없다. 다시 말해서 끊임없이 자신이 욕심을 부리는 것인지 아닌지를 신경 쓰고 리스크를 감수하고 거래를 하고 싶은 충동을 억제해 가면서 트레이딩하는 트레이더는 없다. 기수가 고삐를 잡아당기며 통제하지 않을 때 빠르게 달리는 경주마처럼 트레이더도 능력껏 자유롭게 트레이딩할 때 더 좋은 성과를 얻을 수 있다.

순식간에 거액을 벌거나 잃을 수 있는 빠르게 돌아가는 시장에서 트레이더는 욕심이 자신의 결정과 선택에 영향을 주고 있는지를 고민하고 판단하는 데 쓸 시간이 없다. 이 책에서 목표는 개인의 야망이 욕심으로 바뀌는 근본적인 문제, 오인 또는 편견을 바로잡는 것이다. 일단 이렇게 하고 나면, 트레이딩 전략에 따라서 결정을 내릴 것이란 자신감을 가지고 자신을 더 몰아붙일 수 있다. 왜냐하면 자신의 트레이딩 전략에 따라서 결정을 내리고 선택하는 것이 장기적으로 가장 큰 수익을 얻는 최고의 방법이기 때문이다.

욕심의 흔한 징후

야망이 의사결정에 방해가 되는 지점에 이르면, 그것은 더 이상 야망이 아니라 욕심이다. 야망이 욕심으로 바뀌면, 트레이더는 손익률이나 가격 움직임보다는 자신이 돈을 얼마나 벌었고 자신의 계좌에 잔고가 얼마나 있는지에 더 신경 쓰고 집중하기 시작한다. 트레이더는 돈을 빨리 벌어야 한다고 느끼고, 급하게 거래를 진행한다. 욕심이 커지면, 판단력이 흐려진다. 판단력이 흐려진 탓에 거래를 종료할 기회를 놓쳤음에도 불구하고 자만심에 취해서 이제 곧 얻게 될 막대한 수익만 상상하기 시작한다.

그러고 나선 무슨 일이 일어날까? 트레이더는 틀렸다는 것을 알면서도 잘못된 결정을 내리게 된다. 하지만 그도 어쩔 도리가 없다. 욕심에 사로잡힌 그는 거래를 할 때마다 매번 큰 이익을 얻겠다는 생각으로 트레이딩한다. 그에겐 더 많은 것에 대한 타는 듯한 갈증이 존재하고, 이 갈증은 절대로 해소되지 않는다. 지금 당장 수익이 나야 한다고 생각하고, 커진 욕심이 그의 눈을 가려서 리스크를 보지 못하게 만든다.

욕심은 리스크를 무시하고 수익만 좇는다. 욕심은 상당히 다양한 상황에서 나타난다. 가령 모든 상황이 자신에게 유리하도록 흘러가게 되어 있고 계속 우상향할 것이라고 믿으며 맹목적으로 낙관적인 생각만 하거나, 거래에서 높은 이익을 얻으리라는 환상에 빠져서 목표 수익을 지나치게 높게 설정하고 목표 수익을 달성했을 때 얻은 돈으로 무엇을 할지를 상상할 때 욕심이 생긴다. 트레이더는 전체 상황을 제대로 평가하여 리스크를 감수할 가치가 있는지 없는지를 판단하지 않는다. 다시 말해서, 그저 돈에만 관심을 두고 손실을 보게 될 상황에 대해선 생각하지 않는다.

트레이더는 과도한 리스크를 떠안고, 지나치게 많은 돈을 투자하고, 수익이 나는 거래에 더 많은 돈을 투자하고, 한꺼번에 지나치게 많은 거래를 진행하고, 자신이 시장을 이길 수 있다고 믿는다.

일부 트레이더의 경우에는 연이어서 손익분기점에 도달한 뒤에야 욕심이 발동한다. 트레이더는 당장 수익을 내기를 간절히 바라고 오직 수익에만 집중한다. 다른 트레이더들이 이익을 얻는 것을 보면서, 자신의 트레이딩 스타일에 적합한 더 많은 기회가 있다는 것은 잊고 모든 거래를 진행하려고 한다. 하지만 또다시 손실을 경험하면, 트레이더는 바로 거래량을 두 배로 늘려서 거래에 다시 참여한다. 가끔 운이 좋아서 다시 수익이 발생하기 시작할 것이다. 그리고 나서 트레이더는 최대한 이익을 얻으려고 애쓰고 자신에게 불리한 쪽으로 시장이 움직이지 않기를 바라면서 훨씬 더 큰 수익을 원하게 된다.

욕심의 명확한 징후를 살펴보자. 수익이 난 거래에 대해 자랑하고, 그동안 이익을 얼마나 거뒀는지 과시하고, 모든 것을 통제하고 관리하는 것처럼 행동한다. 손실을 볼 수 없다는 생각에 지나치게 광범위하게 거래하거나 한 가지 거래만 집중적으로 한다. 그리고 다른 트레이더들이 수익을 내는 것을 본 탓에 평상시의 트레이딩 프로세스를 줄이고 성급하게 트레이딩하기도 한다. 그리고 언제나 이익만을 얻어야 한다는 생각으로 트레이딩한다. 그리고 항상 더 큰 이익을 얻기를 바란다. 결코 만족감을 느끼지 못하고 노력하고 절제력을 발휘하지 않고 곧장 더 큰 수익을 내고자 트레이딩을 성급하게 시도한다.

지금까지 욕심의 징후를 살펴봤으니, 욕심이란 감정이 어떻게 생기고 트레이딩 성과에 어떤 영향을 주는지 자세히 살피고 기록해 보자.

욕심 지도

감정은 강력하다. 욕심은 특히 더 강력하다. 감정이 트레이딩 성과에 영향을 주지 않도록 하려면, 감정이 격해지고 있다는 시그널을 찾고 자세하게 파악해 둘 필요가 있다.

지금부터 다음 단계를 따라가면, 욕심이 트레이딩에 어떻게 영향을 주는지를 파악하고 이해하는 데 도움이 될 것이다.

1단계

앞으로 몇 주에 걸쳐서 욕심이 결정과 행동에 어떻게 영향을 미치는지를 주의 깊게 관찰하고 치밀하게 분석하기 바란다. 욕심이 문제를 만들고 있다는 것을 보여주는 시그널을 찾고 기록해 보자. 그 시그널에는 다음의 것들이 포함된다.

- 생각

- 감정

- 소리 내어 한 말

- 행동

- 행위

- 의사결정에서 나타난 변화

- 시장, 기회, 또는 현재의 포지션에 대한 인식에서 나타난 변화

- 트레이딩 실수

그리고 욕심을 촉발하는 계기들을 확실히 포착해야 한다. 예를 들면, 이익을 얻거나, 연이어 손실을 경험하거나, 그야말로 '대박' 기회가 감지되는 경우다. 트레이딩하는 동안에 곁에 노트를 두고 그날 내내 있었던 일들을 메모한다. 트레이딩을 마감하면, 메모를 훑어보며 필요한 곳에 내용을 추가한다. 최대한 모든 내용을 포괄적으로 메모하는 것이 좋다.

처음 메모할 때는 이런저런 생각이 동시에 많이 떠오른다. 처음부터 모든 것을 자세히 파악하고 기록하지 않을 것이다. 처음에 트레이딩하면서 메모하는 것이 정말로 어렵게 느껴진다고 해서 걱정할 것 없다. 누구에게나 처음은 있고, 각자 출발점이 다르다. 욕심을 촉발하는 계기가 될 만한 것을 찾았다면 일단 간략하게 메모하고 시간을 들여서 살을 붙여서 나가면 된다. 이 일을 제대로 해내기까지 석달이 걸린다 한들, 무엇이 문제이겠나. 트레이딩하면서 욕심의 계기가 될 만한 것들을 열심히 파악하고 메모하다 보면, 점점 더 많은 것

을 알게 되고 상황이 완전하게 이해될 것이다. 그러면 지금부터 처음 시작하는 데 도움이 될 만한 몇 가지 질문을 살펴보자.

- 일반적으로 어떤 상황에서 욕심을 부리게 되나?
- 신체 반응은 어떤가? 예를 들어서, 몹시 흥분하거나, 일전을 불사할 준비가 되거나, 초집중 상태가 되는가?
- 야망이 과도해져서 욕심으로 변하는 순간을 설명할 수 있나?
- 구체적으로 무슨 생각이 머릿속을 스치나? 무슨 생각을 하나?
- 의사결정 과정이 무엇이 다른가?
- 욕심이 문제로 비화했음을 보여주는 조기 시그널은 무엇인가?

욕심을 파악하고 완전히 이해하는 것은 반복 과정이다. 새로운 정보가 파악되면, 설령 기존의 정보가 살짝 조정된 것이라 하더라도 메모해야 한다. 사소한 정보는 중요하고, 앞으로 나아가느냐 마느냐를 결정할 수 있다.

2단계

이제 관찰한 내용에 등급을 매겨서 정리한다. 등급의 범위는 1부터 10이다. 각각의 관찰 내용에 강도를 부여하고 표시해 보는 것이다. 예를 들어서, 1등급은 괜찮은 성과를 내고 말겠다는 가벼운 욕심이다. 반면에 10등급은 억제되지 않은 욕심이다. 각 등급에 해당하는 정보를 확인해 보면, 각 등급이 다른 등급과 확연히 구분되는 것이 눈에 들어올 것이다.

트레이딩하는 동안에 욕심을 촉발하는 계기를 등급에 따라서 분류할 때, 두 부분으로 나눠라. 하나는 심리적이고 감정적인 부분이고, 나머지 하나는 기술적인 부분이다. 이것들은 서로 짝을 이룬다. 구체적으로 말하면, 심리적이고 감정적인 부분에서 1등급은 기술적인 부분에서 1등급과 부합하는 식이다.

등급을 매길 때 *자신이* 개인적으로 경험한 욕심에 근거를 둬야 한다. 트레이더마다 욕심에 대한 경험치가 다르다. 그래서 다른 트레이더와 비교하면, 욕심을 과대평가하거나 과소평가하여 등급을 잘못 매길 위험이 존재한다. 이것은 트레이딩 전략의 효과를 떨어뜨릴 수 있다.

트레이딩하는 동안에 관찰한 내용을 모든 등급으로 철저하게 구분할 필요는 없다. 최대한 많은 것을 관찰하고, 그 내용으로 등급으로 정리하려고 노력해야 한다. 최소한 3개 등급은 완성해 보도록 하자. 등급에 따른 욕심의 차이를 이해하고 파악하는 데 도움이 될 만한 질문들이 있다.

- 1등급에서 더 많은 수익을 내고야 말겠다는 욕심을 촉발하는 것은 무엇인가? 어떻게 이 욕심이 더 높은 등급에 해당하는 욕심으로 커지는가? 예를 들어서, 그날 2번째로 수익을 얻은 뒤에 훨씬 더 큰 수익을 꿈꾸며 트레이딩 전략 따위는 무시하기 시작하는 것이다. 그러면 트레이더는 현재 진행하는 거래에서 목표 수익을 변경하기에 이른다. 이게 효과가 있으면, 트레이더는 계속 이익을 얻겠다고 생각하며 아무 생각 없이 맹목적으

로 거래를 진행하기 시작한다.

- 욕심이 소소하고 관리할 수 있는 수준임을 보여주는 시그널은 무엇인가?
- 욕심이 통제 불가능한 수준이고 트레이딩 실행을 완전히 방해하고 있다는 것을 보여주는 시그널은 무엇인가?
- 욕심의 등급이 높아질 때 시장이나 이익을 얻을 기회나 현재 트레이딩 포지션에 대한 인식이 어떻게 달라지나?
- 욕심 등급이 1등급일 때, 5등급과 10등급일 때와 비교해서 의사결정 과정이 무엇이 다른가?

위 질문에 스스로 답해보고, 분류한 정보를 다음처럼 정리해 보도록 하자.

욕심 등급

각 등급에 해당하는 욕심을 나타내는 시그널로 나타난 생각, 감정, 말과 행위를 기록한다. 이때, 적어도 3개 등급은 완성해 보도록 노력한다.

1등급 : 수익을 내서 뭘 할지 등 돈의 유용성에 관해서 생각하기 시작하고, 트레이딩 포지션을 마무리해서 수익을 확보하고 싶다. 큰 거래를 진행하고 마무리해서 수익을 내고 트레이딩 목표에 다가가고 싶다.

⋮

5등급 : 목표 수익을 조정할지 말지 고민한다. 지금 목표 수익에 거의 도달해서, 거래를 당장 마무리하면 목표 수익을 얻을 수 있을지도 모른다. 그런데 목표 수익을 조금 더 높게 잡아도 괜찮을 것 같다. 목표 수익을 조정해서 거래를 좀 더 끌고 가면, 더 많은 이익을 얻고 더 큰 안정감을 느끼게 될 것이다.

트레이딩 멘탈 게임

6등급 : 지금까지 얻은 수익을 조금이라도 토해내고 싶지 않다. 게다가 사람들이 트레이딩 진행 상황을 물어오면, 더 짜증이 난다.

...

8등급 : 트레이딩 실행계획을 따르지 않기로 결심하지만, 리스크를 관리하기 위해서 가격 역지정거래완료 조건과 목표 수익은 확실하게 유지한다. 시장이 내게 유리하게 움직이는지, 아니면 불리하게 움직이는지를 생각하며, 시장의 움직임을 사적인 감정을 섞어서 분석한다.

...

10등급 : 즉시 최대 이익을 얻고 싶다. 통제력을 잃고, 장기적인 트레이딩 전략에 대해선 고민하지 않고 그저 이익을 얻는 데만 집중한다.

기술 등급

각 욕심 등급에서 의사결정, 시장이나 이익을 얻을 기회나 트레이딩 포지션에 대한 인식 상태를 평가한다.

1등급 : 변화 없다.

⋮

5등급 : 트레이딩 실행계획을 감정적으로 수립하게 되고, 계획을 변경하고 싶은 욕구가 치솟는다.

⋮

8등급 : 트레이딩 실행계획을 수립하지 않는다. 시장의 움직임에 대한 내 느낌에 따라서 거래를 진행한다. 가격역지정거래완료 조건과 목표 수익을 조정한다. 트레이딩 실행계획을 따르는 것보다 수익을 내는 데 더 집중하게 된다.

...

10등급 : 끊임없이 트레이딩 상황을 지켜본다. 다시 말해서, 시장의 사소한 변화를 하나도 빠짐없이 관찰해서 최고의 가격에 거래를 마무리하고자 매분 진행 상황을 확인한다. 1시간에서 4시간 캔들처럼 장기 차트 대신에 5분에서 10분 캔들과 같은 단기 차트에 집중한다. (거래는 보통 하루부터 2주까지 지속된다.)

일부는 자신에게서 관찰되는 욕심의 시그널이 너무나 극단적인 것 같아서 등급별로 욕심을 구분하는 것이 불가능하다고 생각할지도 모른다. 하지만 아직 알아차리지 못한 작은 시그널들이 있다. 다시 한번 말하지만, 이것은 시간을 들여서 반복적으로 해봐야 하는 일이다. 욕심이 어떻게 커지는지를 주의 깊게 관찰해서 욕심을 등급별로 구분하는 연습을 계속해 보자. 욕심에 휩쓸려서 트레이딩이 영향을 받은 뒤에 이것을 시도하는 것이 가장 좋다.

일단 욕심을 등급별로 구분해 두면, 트레이딩하는 동안에 욕심 패턴을 인지하고 빠르게 바로잡는데 도움이 되는 유용한 정보를 얻게 될 것이다. 패턴을 바로잡는 데 많은 경험과 연습이 필요하기 때문에 패턴이 정말로 변했다는 확신이 꾸준히 생길 때 욕심 지도를 업데이트하는 것이 좋다.

욕심의 진짜 원인

트레이딩 성과에 영향을 주는 감정을 정확히 파악하고 이해하기 위해서 멘탈 지도를 작성하는 연습을 할 때, 욕심이나 기타 감정 등 의사결정에 영향을 줬던 요인 중 일부를 파악할 수 있을지도 모른다. 하지만 욕심을 제대로 평가하려면, 의사결정의 배경을 정확하게 이해할 필요가 있다. 어떤 트레이더에게 욕심스러운 거래가 다른 트레이더에게는 현명하게 실행한 거래일 수 있다. 그러므로 욕심이 있다고 간주하게 된 배경 즉, 근본적인 원인을 파악하는 것이 중요하다.

이해를 돕기 위해서, 처음에는 트레이딩 성과가 저조한 이유가 욕심이라고 생각했던 트레이더들을 만나보자. 코칭을 통해서 각각의 사례에서 그들의 문제 즉, 성과 결함은 두려움, 분노, 과도한 자신감, 자신감 부족 때문에 생겼다는 것이 밝혀졌다.

첫 번째 사례자는 알렉스다. 그는 16년의 트레이딩 경력을 가진 베테랑 트레이더다. 이전에 대기업에서 전력과 천연가스 옵션 마켓 메이커(매도, 매수호가를 항상 유지하고 호가 차익을 추구하는 시장조정자-역주)로 일했고, 현재는 석유 트레이딩 회사로 이직해서 일하고 있다. 그는 주로 알고리즘 옵션 트레이딩(컴퓨터 알고리즘을 이용하여 미리 정해진 기준에 따라 옵션 시장에서 자동으로 거래를 실행하는 것-역주)을 담당한다. 개인 트레이딩 계좌를 보유하고 있었고, 이것이 그가 자문을 얻고자 했던 이유였다.

알렉스의 경우에 욕심은 구체인 양상을 띠고 있었다. 자신이 가격이 오르는 거래에서 충분한 이익을 얻고 있지 못하다고 느꼈다. 훨씬 높은 수익을 달성하는 몽상에 자주 빠졌고, 엄청난 수익을 안겨줄지도 모르는 거래를 너무 일찍 마무리하거나 남의 말을 듣고 시장에서 빠져나온 것을 자주 후회했다.

먼저 욕심이라는 멘탈 게임 문제를 안고 있는 알렉스의 사례는 앞으로 만나게 될 나머지 사례자들과 비교하면 덜 심각하게 보인다. 하지만 욕심의 시그널은 아무리 소소하더라도 바로잡아야 하므로 엘렉스의 사례는 중요하다. 다음 장에서는 알렉스의 욕심이 두려움과 어떻게 관련됐는지를 살펴볼 것이다. 이 두려움 때문에 알렉스의 트레이딩 성과는 상당히 저조했다. 그는 이익을 얻을 수 있는 기회를 너무나도 많이 놓치고 있었기 때문에, 큰 이익만 바라보는 생각에 더 빠질 수밖에 없었다.

다음 사례자는 로드릭이다. 10여 년 동안 미국 주식 그리고 외환을 거래해 왔다. 그런데 그의 욕심은 눈으로 확인할 수 있었다. 놀라울 정도로 근면한 트레이더이지만, 손실이나 실수에 잘 대응하지 못했다. 손실을 경험하거나 실수를 하면, 곧장 거래를 강행했다. 거래를 통해서 얻고 있는 수익보다 더 많은 이익을 얻겠다는 심산이었다. 손실이나 실수를 만회하려고 했지만, 통제 불가능한 상태에 빠졌고, 결과적으로 많은 돈을 잃었다. 반대로 쉽게 이익을 얻은 날에는 훨씬 더 많은 이익을 얻길 원했다. 얼마를 벌든, 그에게는 충분하지 않았던 것이다.

로드릭은 욕심에 사로잡히면 탄탄한 트레이딩 전략이나 시스템을 무시한 채 수익을 내려고 했다. 이 점을 알고 있었지만, 처음에는 돈을 벌어서 가족을 부양해야 한다는 걱정이 자신의 진짜 문제라고 생각했다. 자신과 가족의 1년 치 생활비를 모두 충당하기에 충분할 정도로 돈을 벌었음에도 불구하고 그 문제를 해결하진 못했다. 그는 '지식 부족이 문제를 일으켰다'라고 짐작해서 더 많은 이익과 지식을 얻으려고 시장을 더 깊이 조사하고 분석했다. 하지만 노력하고 지식을 쌓았어도 이익을 더 많이 얻겠다는 그의 탐욕스러운 시도는 계속됐다.

로드릭이 욕심이라고 생각했던 것이 사실상 분노였다는 게 빠르게 분명해졌다. 그는 실수를 싫어했는데, 손실은 그의 마음속에서 실수였다. 거래할 때마다 이익을 얻길 기대했고, 트레이딩 성과가 향상돼 더 많은 수익을 올리길 기대했으며, 기회를 놓치는 일은 없으리라 기대했다. 이 기대 중에 어느 하나라도 충족되지 않으면 자신이 완벽한 트레이더가 아니라는 시그널로 받아들였고, 분노를 터트렸다. 조금 뒤에 로드릭의 사례를 다시 살펴보면서, 그가 완벽함에 관한 비현실적인 기대를 어떻게 고칠 수 있었는지를 알아보도록 하자.

다음 사례자는 외환 트레이더 맥스다. 그는 5년 전에 친구에게 자신이 외환 거래를 할 수 있다는 것을 증명해 보이고자 외환 거래를 시작했다가 푹 빠져버렸다. 지난 2년 동안 외환 거래로 정규직 연봉만큼 돈을 벌면서, 투자자로부터 자금을 조달해서 외환 거래를 해보고 싶어졌다. 하지만 이를 위해서 그는 감정 즉, 욕심을 통제할 필요가 있었다.

표면적으로 맥스는 자신의 성과에 만족했지만, 속으로는 항상 어떤 욕구와 싸우고 있었다. 가령, 시장에 진입할 타이밍을 기다려야 한다는 것을 알면서도 외환이 좋은 가격대로 거래되면 한 달 수입이 바뀔 수 있다는 생각에 그 기회를 놓치지 않으려고 곧바로 시장에 뛰어들곤 했다. 그리고 수익이 나면 자신이 외환 트레이더로서 성장하고 있고 제대로 외환 거래를 하고 있다는 생각에 기분이 좋기 때문에도 그는 더 큰 수익을 원했다.

맥스의 경우에는 연이어 손익분기점을 기록하거나 손실을 경험하면 욕심이 심해졌다. 그럴 때면 당장에라도 최고의 수익을 올리고 싶었고, 장기적인 전략의 목표나 계획 수립의 가치를 잊었다. 손실을 만회하려고 안달 나서, 전략적으로 계획에 따라서 거래하는 것보다 잠재 수익이 낮거나 손실 가능성이 큰 거래에 뛰어들었다.

그후 맥스는 자신의 욕심이 무엇 때문에 촉발되고 어떻게 격해지는지를 이해하고자 욕심 지도를 열심히 작성했고, 10등급을 모두 구분해 낼 수 있었다. 앞에서 살펴본 욕심 지도는 맥스가 첫 번째 세션에 작성한 초안이자 첫 번째 버전이었다(108페이지 참고). 맥스는 이 초안을 바탕으로 두 번째 버전의 욕심 지도를 작성했다.

욕심 등급 두 번째 버전

1등급 : 거래 계좌에 접속해서 현재 외환 거래로 발생한 손익을 살핀다. 수익이 나고 있으면 기분이 좋지만, 손실이 나고 있으면 기분이 나빠진다.

2등급 : 수익을 내서 뭘 할지, 돈을 어떻게 쓸지에 대해서 생각하기 시작하고, 트레이딩 포지션을 마무리해서 수익을 확보하고 싶어진다. 큰 거래를 진행하고 마무리해서 수익을 내고 트레이딩 목표에 다가가고 싶다.

3등급 : 이번 달과 다음 달의 공과금을 내려면 수익금이 얼마나 더 필요한지 또는 수익률이 얼마나 더 높아야 하는지를 생각한다. 지금 진행하고 있는 외환 거래를 생각하면 신나고, 잘하고 있다고 생각하며 거래에 집중한다.

4등급 : 다른 트레이더, 가족, 투자자 등 다른 사람들이 나의 외환 거래에 대해서 어떻게 생각하는지 궁금하다. 지금 외환 거래를 하면서 돈을 버는 게 너무 신나고, 겸손하게 있는 것보다 나의 외환 거래에 대해서 다른 사람들과 자세히 이야기를 나눠보고 싶다. **나는 외환 거래로 돈을 벌고 있다는 것을 주변에 알리고 자랑하고 싶다.**

트레이딩 멘탈 게임

5등급 : 목표 수익을 조정할지 말지 고민한다. 지금 목표 수익에 거의 도달해서, 거래를 당장 마무리하면 목표 수익을 얻을 수 있을지도 모른다. 그런데 목표 수익을 조금 더 높게 잡아도 괜찮을 것 같다. 목표 수익을 조정해서 거래를 좀 더 끌고 가면, 더 많은 이익을 얻고 더 큰 안정감을 느끼게 될 것이다.

6등급 : 수익을 보호하기 위해서 가격역지정거래완료 조건을 조정할지 말지 고민한다. 손실을 보아서 지금까지 얻은 이익을 조금이라도 토해내고 싶지 않다. 게다가 사람들이 트레이딩 진행 상황을 물어오면, 더 짜증이 난다. 굳이 그렇게까지 할 필요가 없는데도, 컴퓨터 앞에 앉아서 시장을 관찰한다.

7등급 : 손실을 경험하거나 지금까지 번 돈을 잃고 싶지 않다. 그래서 하루 종일 거래 생각만 한다. 등을 잔뜩 구부린 채로 책상에 앉아서 컴퓨터 모니터에 띄워진 실시간 차트만 뚫어져라 쳐다보느라 다른 일을 할래야 할 수가 없다.

8등급 : **시장이 내게 유리하게 움직이는지, 아니면 불리하게 움직이는지를 생각하며, 시장의 움직임을 사적인 감정을 섞어서 분석한다.** 트레이딩 실행계획을 따르지 않기로 결심하지만, 리스크를 관리하기 위해서 가격역지정거래완료 조건과 목표 수익은 확실하게 유지한다. 그래서 여전히 어느 정도 안전하게 외환 거래를 실행한다.

9등급 : 나는 시장을 통제할 수 있다고 생각한다. 또한 시장의 흐름을 이해할 수 있다고 생각한다. 다시 말해서 가격이 언제 오르거나 내릴지를 예측할 수 있다고 믿는다. 컴퓨터 모니터를 뚫어져라 보고 있는데, 누군가 말을 붙이면 금세 버럭 화를 낸다.

10등급: 즉시 최대 이익을 얻고 싶다. 통제력을 잃고, 장기적인 트레이딩 전략에 대해선 고민하지 않고 그저 이익을 얻는 데만 집중한다.

첫 번째 버전에서 맥스가 욕심을 내고 있다는 것을 보여주는 첫 번째 시그널은 돈의 유용성에 대해 생각하는 것이었다. 하지만 두 번째 버전에서 이것은 욕심 2등급의 시그널이고, 욕심 1등급의 시그널은 활발하게 진행되고 있는 거래의 손익을 살피는 것이다. 이런 변화는 중요하다. 왜냐하면 욕심의 강도가 아무리 약해도 맥스가 예전보다 좀 더 빨리 욕심을 감지해 낼 수 있게 됐기 때문이다.

볼드체로 표시된 두 문장이 맥심의 욕심을 부추기는 좀 더 깊은 감정 요인을 이해하는 데 도움이 될 단서를 제공한다. 자신감 부족이 욕심을 부추긴다. 맥스의 열망은 꽤 합리적이지만, 자신을 스스로 증명해 보이겠다는 깊은 욕구가 그로 하여금 트레이딩 전략에서 벗어난 결정을 내리게 만든다. 7장에서 맥스의 사례를 다시 살펴보면서, 맥스가 어떻게 욕심을 없애고 자신감을 높일 수 있었는지를 알아보도록 하자.

또 다른 사례자를 만나보자. 크리스는 대략 7년 동안 전문적으로 트레이딩한 전업 트레이더였다. 일반적으로 그는 주식과 미국 지수 선물을 데이 트레이딩(1거래일 이내에 매수와 매도를 완료하는 트레이딩 기법-역주)으로 거래하고, 외환과 옵션을 스윙 트레이딩(포지션을 며칠 혹은 몇 주 동안 보유하는 트레이딩 기법-역주)으로 거래한다. 크리스는 욕심 때문에 미리 계획한 목표치를 무시하고 한방만을 노리게 됐다. 그럴 때면 주로 손실을 경험하게 됐다. 하지만 어쩔 도리가 없었다. 한방 크게 벌 기회를 놓치고 난 뒤에 오는 후회가 엄청났기 때문에, 홈런을 칠 수 있을지도 모르는 기회를 놓치지 않으려고 무리하게 거래했다.

크리스가 전업 트레이더가 되기 전부터 욕심은 그의 마음속에 뿌리내렸다. 그는 보유하기로 계획했던 주식을 너무나 일찍 매도하곤 했다. 하지만 주식을 매도하고 한 달 이내에 그 회사는 다른 회사에 인수됐다. 그가 주식을 계획대로 보유했다면 인생을 바꿀 수 있을 정도로 많은 돈을 벌었을 것이었다.

시간이 많이 흐른 뒤에도 상처는 여전히 아물지 않았다. 우리는 그 이유를 분석했다. 우리는 크리스가 주기적으로 지나치게 자신만 만했다가 자신감 부족에 빠지는 이유와 화가 나서 자신의 트레이딩 전략에 의심을 품는 시기를 살폈다. 모든 것이 한 곳으로 향하고 있었다. 그것은 바로 완벽함에 대한 기대였다.

눈치챘겠지만, 4명의 사례자 중에서 2명은 완벽에 대한 기대가 욕심의 근본적인 원인이었다. 완벽에 대한 기대는 두려움, 분노, 그리고 자신감을 다루는 장에서 중점적으로 살펴볼 소재다. 왜냐하면 대단히 의욕적인 사람들이 정서적으로 불안감을 느끼게 되는 흔한 이유가 바로 완벽에 대한 기대이기 때문이다. 나는 완벽하겠다는 열망과 큰 성공을 거두고야 말겠다는 야망에 갈채를 보낸다. 하지만 완벽에 이르겠다는 것은 다른 이야기다. 완벽에 이르는 것은 불가능하여서, 완벽에 대한 기대는 항상 멘탈 게임에서 정서적 불안감을 초래한다.

알렉스의 사례에서 봤듯이, 욕심은 두려움과 긴밀히 연계되어 있을 수 있다. 실패할지도 모른다는 두려움, 트레이딩 성과가 저조할지도 모른다는 두려움, 트레이딩을 시작할 때보다 적은 돈으로 하루를 마감할지도 모른다는 두려움 등… 트레이딩은 온갖 두려움과 연관된다. 실제로 트레이더는 거래하는 동안에 두려움을 너무나 자주 경험해서, 이것이 트레이딩 프로세스의 자연스럽고 피할 수 없는 부분이라고 생각하게 된다. 물론 거래하는 동안에 어느 정도 초조함을 느끼는 것은 당연하다. 하지만 거래하는 동안에 트레이더가 과도한 두려움을 느끼게 되는 근본적인 이유를 찾아서 이해하면, 그것이 수익성을 헤치지 않는다고 확신할 수 있게 된다. 이 부분이 바로 다음 장에서 우리가 자세히 살펴볼 핵심이다.

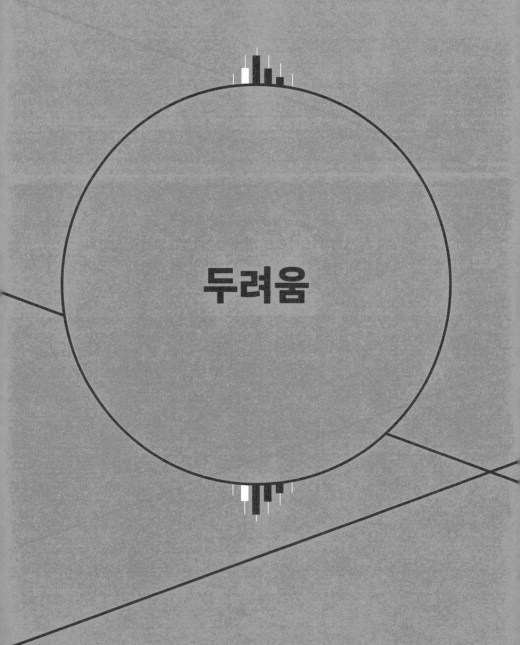

두려움

"어둠을 무서워하는 아이는 쉽게 용서된다. 그러나 인생의
진짜 비극은 인간이 빛을 두려워할 때 생긴다."

- 플라톤

THE MENTAL GAME OF
TRADING

트레이딩에서 두려움은 트레이더에게 너무나 친숙한 감정이다. 그런데 잔뜩 부풀려진 것인지도 모르겠다. 두려움과의 문제를 확실하게 파악하고 해소하려면, 두려움의 종류를 구체적으로 파악하는 것이 중요하다. 손실에 대한 두려움, 실수에 대한 두려움 그리고 실패에 대한 두려움 등 이미 두려움과 관련된 문제를 스스로 진단하고 이름을 붙였는지도 모른다. 이 모든 것은 정말로 트레이더가 느끼는 두려움이고, 이번 장에서 하나씩 살펴볼 것이다.

두려움은 약하거나 불완전한 트레이딩 전략 때문에 생겨나기도 한다. 수익을 무슨 수로 낼지, 어떤 종목을 선택할지 또는 실수해서 손실이 났는지 아니면 그저 운이 나빠서 손실을 경험한 것인지 등 트레이딩 전략이 덜 명확하면, 불확실성은 커진다. 이 불확실성이 초조함, 의심 그리고 두려움을 고조시킬 수 있다. 그 이유를 간단하게 설명하면 트레이딩 성과를 측정하고 평가하는 방법이 덜 정확하기 때문이다. 표면적으로 이런 감정은 트레이딩 전략이 약하다는 시그널일 수 있다.

하지만 정말로 두려움이 무엇인지를 확실히 알고 두려움에 대한 모든 오해를 해소할 필요가 있다. 그렇지 않으면, 트레이딩에서 두려움을 촉발하는 진짜 문제를 찾고 바로잡을 수 없을 것이다.

두려움을 잘못 해석하는 일은 매우 흔하다. 왜냐하면 트레이딩은 일반적으로 다른 직업에 비해서 훨씬 더 치열한 업종이기 때문이다. 회사원이 일일 업무 성과를 기준으로 급여를 받는다면, 그의 회사 생활이 얼마나 달라질지 상상해 보자. 일일 업무 성과가 저조해서 그만큼 급여에서 차감된다면 어떨까? 이 경우에 프로 운동선수조차도 좋은 성과를 내야 한다는 압박감이 그런 회사원만큼 크지 않을 것이다.

트레이더가 초조함을 느끼는 것은 지극히 자연스럽다. 그런데 트레이더는 초조함을 성과 결함으로 발생하는 불안과 두려움으로 쉽게 오해할 수 있다.

확실히 비샬은 이 경우에 해당됐다. 영국에서 온 그는 대략 6년 전에 트레이딩을 시작했다. 외환과 선물을 매도할지 또는 매수할지를 차트와 기타 데이터를 분석해서 결정했다. 그런데 거래할지 말지를 결정할 때 자신의 직감에 의존하기도 했다. 매수와 매도 결정을 내릴 때 객관적인 자료도 활용했지만, 주관이 개입되기도 했다. 바로

이 지점에서 상당한 불안감을 경험하고 있었다.

비샬은 트레이딩하는 순간에 확신하지 못하고 망설이게 됐다. '이렇게 하면 어떨까, 아니면 저렇게 하면 어떨까'하고 갈팡질팡했고, 갑자기 트레이딩 조건에 의문을 가졌다. 거래를 진행하지 않기로 했는데 그 거래가 수익성이 없다는 것이 확인되면, 자신이 그 거래에 대해서 주저할 만했다고 생각했다. 반면에 그 거래에서 누군가가 수익을 내면, 그는 '더 잘할 수 있었잖아. 수익이 날 가능성이 있는 조건인 줄 알았잖아'라며 자책했다.

우선 필자는 비샬의 두려움을 완전히 파악하고 이해하는 시간을 가졌다. 그리고 그에게 정확해야 한다는 과도한 욕구가 있다는 것을 확인했다. 그에게 트레이딩할 때 기술적 요인에 90퍼센트, 감정적 요인 또는 심리적 요인에 10퍼센트 집중해야 한다고 말해준 순간에 터닝포인트가 찾아왔다. 이 말을 듣고 그는 다시 기본으로 되돌아갔고, 자신의 계획이 모든 가능성에 대비하기에 충분히 포괄적이지 않다는 것을 깨달았다. 답하지 못한 의문이 너무나 많아서 그는 도저히 방아쇠를 당길 수가 없었다. 의구심과 망설임은 그의 트레이딩 전략에 결함이 있다는 시그널이었다.

그후 비샬은 편견 없이 트레이딩에 임하기 시작했다. 망설임과 손실이 자기 비난과 두려움으로 이어지도록 내버려 두지 않고, 그는 그것들을 자신이 진행하는 트레이딩에서 기술적 요인을 검토하고, 전략을 개선하고, 좀 더 체계적으로 트레이딩에 임할 기회로 여기기 시작했다.

그리고 컴퓨터 모니터만 뚫어지게 쳐다보던 시간도 줄어들었다.

비샬은 컴퓨터 모니터를 끄고, 자신이 미리 설정한 조건에 맞는 거래 기회가 나타났다는 시그널이 보일 때까지 트레이딩 전략을 개선하는 데 집중했다. 트레이딩하면서 생길 수 있는 변수를 생각해 보고 그에 미리 답해보면서, 자신의 트레이딩 전략을 개선했고 결정을 내려야 하는 순간에 더 효율적으로 대응할 수 있도록 준비했다.

비샬이 확실한 경쟁 우위를 유지하면서 마구잡이로 결정을 내리지 않고 객관적인 기준을 바탕으로 결정을 내릴 수 있기까지 각고의 노력이 필요했다. 그 결과 감정적으로 극적인 변화를 경험했다. 이제 그는 거래 기회를 평가하는 데 구체적인 데이터를 더 많이 활용하고 자신의 트레이딩 기술에 대해 자신감이 생겼다. 그래서 거래 기회를 한두 번 놓치더라도 크게 개의치 않았다.

무엇보다 트레이딩 실행 시점에 자신의 결정에 더 이상 의문을 품고 망설이지 않았다. 이미 그 의문에 답을 했기 때문에 의문이 남아 있지 않았다. 오히려 의문은 트레이딩 실행 이후에 찾아왔다. 트레이딩 기술이나 성과를 어떻게 개선할지 고민했다. 트레이딩하는 동안에 그의 집중을 방해했던 많은 잡음이 제거됐고, 자신의 직감을 더 많이 신뢰할 수 있게 됐고, 학습력과 트레이딩 실행력이 개선됐다.

그렇다고 비샬처럼 트레이딩 계획을 종합적으로 수립하거나 트레이딩 전략에서 허점을 제거하는 것이 누구에게나 두려움을 없애는 비법은 아니다. 하지만 트레이딩 계획을 수립하면, 어느 부분에서 두려움이 생기는지를 명확하게 파악할 수 있다. 철저하게 조사하여 효과가 입증된 트레이딩 전략이 포함된 트레이딩 계획을 세웠다면, 트레이딩하는 동안에 믿고 기댈 수 있거나 효과가 있다고 확신할 수 있는 무언가가 생기는 셈이다. 게다가 이것이 트레이딩하는 동안에 발생하는 불확실성도 제거할 것이다. 그러므로 트레이딩 계획을 수립했는데도 긴장, 의심, 걱정, 압박 또는 불안이 트레이딩 계획을 이행하는 데 방해가 되면, 뒤에서 다룰 결함 중 하나가 두려움을 일으킨 것이다.

불안과 두려움은 시장을 읽거나 트레이딩 포지션을 설정하거나 현재 시장 상황에 맞게 트레이딩 전략을 수립할 때 뭔가가 잘못됐거나 불확실한 뭔가가 있다는 것을 암시한다. 그렇다면, 트레이더는 안정적으로 멘탈 게임을 벌일 수 있게 되고 두려움을 유발하는 결함이나 믿음이나 환상에서 벗어난다는 의미다. 하지만 대다수의 경우는 그렇지 않다. 아마도 대부분은 다음과 같은 생각을 할 것이다.

- 트레이딩에서 상당한 손실을 볼까 봐 걱정한다.
- 소위 대박을 터트릴 기회라고 생각되는 포지션에서 일관되게 적게 투자한다.
- 실수할까 봐 걱정되어서 거래를 진행하지 않는다.
- 손실을 크게 입고 빈털터리가 되는 생각만 계속한다.
- 가격 변동성이 심할 것으로 여겨지는 거래는 눈여겨보지 않는다.

상대가 무엇인지 더 확실하게 파악하려면, 먼저 경쟁할 때 느끼는 일반적인 긴장이나 결함이 있는 트레이딩 계획 때문에 불안과 두려움을 느끼는 것은 아닌지부터 확실히 짚고 넘어가야 한다. 이에 해당하지 않는다고 판단되면, 두려움의 진짜 원인을 파악하기 위해서 더 깊이 파고들어야 한다.

두려움의 본질

트레이딩하면서 경험하는 두려움을 일으키는 문제를 해소하려면, 그 두려움이 어디서 오는지부터 먼저 알아야 한다. 기본적으로 두려움은 불확실성에서 나온다. 물론 이것은 지나치게 단순한 결론이다. 하지만 이렇게 생각해 보자. 확신이 있으면, 사람은 두려워하지 않는다. 자신이 처한 상황에서 알지 못하는 것이 사라졌기 때문이다.

여기, 손실에 대한 두려움을 지닌 트레이더가 있다. 그는 최근의 드로우다운(drawdown) 때문에 특히나 신경이 곤두서 있다. 시장이 열리기 몇 분 전에 트레이딩 요정이 그의 어깨 위에 내려앉아 그날의 트레이딩 결과를 미리 알려준다. 트레이더는 시장이 열리고 첫 몇 시간 동안은 약간의 손실을 경험하지만, 오후에 큰 이익을 얻게 되어 괜찮은 손익을 기록하며 하루를 마무리하게 된다는 것을 미리 알 수 있게 된다.

곧장 긴장, 불안 그리고 두려움이 사라진다. 트레이더는 수익을 내고 하루를 마무리할 수 있어서 신난다. 무엇보다 오전의 손실이 오후의 수익에 영향을 줄지도 모른다는 두려움을 느끼는 대신에 트레이더는 오전에 입은 손실에 전혀 영향을 받지 않는다.

물론 트레이딩 요정은 없지만 실제로 어마어마한 손실을 경험하고도 전혀 두려워하지 않는 트레이더들이 있다. 어떻게 그럴 수가 있을까? 그들의 공통점은 바로 확신이다. 그들은 자신들의 트레이딩 전략이 효과가 있어 큰 수익을 낼 것이라고 굳건히 확신한다. 그래서 단기적인 손실에는 눈 하나 깜짝하지 않는 것이다. 그들은 자신들에게 돈 버는 능력이 있다고도 확신한다. 그래서 시장 조건이 변하면 그 변화에 적응하거나 새로운 트레이딩 전략을 개발한다.

이렇듯 확신은 두려움을 없애는 해독제지만 그렇다고 늘 확신을 가져야 한다고 제안하는 것이 최종 목표는 아니다. 이것은 심지어 현실적이지도 않다. 그 대신 확신과 두려움은 공존할 수 없고 불확실성은 두려움의 온상이라고 말하고 싶다.

불확실성은 본질적으로 답을 갖고 있지 않아서 나온 의문이거나, 이미 찾은 답이 옳다고 입증할 만한 경험이 없어서 나오는 의문이다. 의문에 답하지 못하거나 스스로 찾은 답이 맞다고 입증하지 못하면, 의심이 남고, 걱정이 쌓여서 마침내 불안으로 누적된다. 이것이 오래 지속되면, 불안은 두려움이 된다.

다른 감정들처럼 두려움도 범위가 있다. 두려움의 범위는 의문과 함께 시작된다. 자신의 두려움을 이해하려면, 두려움 이면에 있는 답하지 못했거나 입증하지 못했거나 불분명하거나 불확실한 의문을 찾고 탐구해야 한다. 그것들이 내면 깊이 들어가서 두려움의 근원을 찾도록 도와줄 것이기 때문이다. 다음은 트레이더가 품고 있는 흔한 의문의 사례다.

- 왜 손실이 나는 거지?
- 왜 그런 실수를 한 거지?
- 내가 재량적으로 판단하고 유연성을 발휘할 구간인가?
- 지금 보는 기회나 정보가 소중하고 쫓을 가치가 있는가?
- 시장을 분석하는 와중에 내가 놓친 중요한 정보나 요인이 있으면 어쩌지?
- 지금 잘못하고 있으면 어쩌지?
- 언제 또다시 수익이 날까?
- 어쩜 이토록 멍청할 수가 있지?
- 거래에 성공해서 목표를 이루게 될까? 트레이딩으로 돈을 못 벌면 뭘 할까?
- 트레이딩 실력이 녹슬었나? 지금, 이 난관을 극복할 수 있을까?

가끔 이 의문들은 답하지 못한 채 마음 한편에 남아 있거나 아직 답하지 못해서 더 큰 불확실성으로 이어진다. 이런 의문들에 자연스럽게 답하게 되는 경우도 있다. "이런 실수를 했다니, 나는 멍청해", "다시는 수익을 내지 못할 거야" 또는 "능력 있는 트레이더가 아니니까 결국에는 망하게 될거야"라는 등 자기 비하적인 답을 하게 된다. 이런 답들은 이차적인 감정을 만들어내고 두려움을 영속시킨다.

게다가 결함이 이런 의문들을 오염시키는 경우가 빈번하게 일어난다. "내가 뭘 잘못하고 있지?"라거나 "어쩜 그렇게 어리석었지?"

라는 의문을 품는 것은 자신이 틀렸고 멍청하다고 가정하는 것이다. 그리고 "언제 다시 수익을 내게 될까?"라고 의문을 품는다는 것은 스스로 미래를 예측할 수 있다고 생각하는 것이다.

불확실성은 트레이딩을 구성하는 핵심 요소다. 트레이더는 마치 DNA에 새겨진 것처럼 이 사실을 깊이 이해하고 받아들여야 한다. 두려움 때문에 트레이딩에 애를 먹는 트레이더에게 불확실성을 인정하고 받아들이는 것만으로 두려움을 해소할 수는 없다. 확신할 수 없는 상황에서도 확신을 갈망하게 만드는 근본적인 문제를 파악하고 해결해야 할 필요도 있다.

두려움의 시그널

두려움은 리스크를 판단하고, 분명하게 사고하고, 결정을 내리고, 자신의 직감을 믿고, 예측하는 능력을 훼손시킨다. 두려움은 판단력을 왜곡시키고 불안감을 높여서 트레이딩에 부정적인 영향을 준다. 두려움이 어떻게 왜 생기는지를 더 잘 이해하는 것이 두려움을 촉발하는 결함을 밝히는 데 도움이 될 것이다. 두려움의 패턴을 분석하기 시작하면, 두려움과 관련해서 5개의 시그널이 공통으로 존재한다는 것을 알게 될 것이다. 그 시그널들은 그저 부정적인 시그널일 뿐이라고만 생각하시 말기를 바란다. 그것들은 그서 생각이 잘못된 길로 흘러가고 있다는 것을 보여주고 있을 뿐이다.

리스크 회피

리스크는 트레이딩이 수익 기회를 제공하는 이유다. 다시 말해서, 리스크가 없으면 트레이딩에서 수익을 낼 기회도 존재하지 않는다. 그래서 표면적으로 트레이더가 리스크를 처리하는 데 애를 먹는 것은 언뜻 이해되지 않는다. 그런데 트레이더는 언제나 리스크 때문에 쩔쩔매고 실수를 한다. 예를 들어서, 시장이 언제 역전될지 모른다는 두려움에 수익이 나고 있는 거래를 계속 끌고 가지 못하거나, 언제 잘못될지 모른다는 걱정에 수익이 날 것이라 확신하는 거래에서도 마음껏 투자하지 못하거나, 보상 대비 리스크 비율이 높은 거래는 도박이라 여기며 피한다. 이미 배웠다시피, 이러한 실수들은 두려움의 시그널일 뿐이다.

리스크 회피가 트레이딩 결정에 왜 영향을 미치는지를 이해하려면, 이런 행위의 이면 즉, 이런 행위를 하는 이유를 더 객관적으로 살펴봐야 한다. 트레이더는 무엇으로부터 자신을 보호하려는 것일까? 트레이더는 무엇을 피하고자 하는 것일까? 앞에서 언급한 실수를 살펴보면, 트레이더가 돈을 잃고 큰 손실을 경험하고 도박처럼 느껴지는 리스크를 감수하지 않으려고 한다는 것을 알게 된다. 본질적으로 이런 행위는 부정적인 결과를 경험하고 싶지 않은 욕구에서 비롯된다. 이것이 기본적으로 우리가 해결해야 할 핵심 문제다.

리스크 회피는 본질적으로 부정적인 결과에 따르는 고통으로부터 자신을 보호하려는 자연스러운 반응이다. 다시 말해서, 리스크 회피는 누군가가 얼굴을 주먹으로 치려고 했을 때 본능적으로 팔을 올려서 얼굴을 보호하려는 행동과 별반 다를 것 없다. 그런데 두 살짜리 꼬마가 얼굴을 주먹으로 때리려고 한다고, 본능적으로 팔로 들어 올려서 얼굴을 보호하려고 행동할 가능성이 얼마나 될까? (과장된 행동으로 두 살짜리 꼬마를 웃게 만들려는 속셈이 아니라면 말이다.) 고통에 대한 위협이 없으면, 두려워할 것도 없다. 고통의 존재 여부가 반응의 강도를 결정한다는 것을 이해하는 것은 중요하다. 왜냐하면 리스크 회피가 모든 거래에서 나타나는 것은 아니기 때문이다.

때론 리스크 회피는 현실적인 이유로 나타난다. 예를 들어서, 시장에 대해 확신이 없고 리스크를 평가하기 어려운 경우에 리스크 회피가 일어난다. 이런 종류의 리스크 회피는 굳이 문제라곤 할 수 없다. 그것은 트레이더가 과거에 불필요한 리스크를 감수해서 손실을 경험했던 일이 있었기 때문에 지금 좀 더 경계하고 조심하고 있다는 시그널일지도 모른다. 과거의 경험을 교훈 삼아서, 과도한 자신감보다는 더 신중한 태도로 트레이딩에 임할 필요가 있다고 생각했는지도 모른다. 그런데 여기서 특히 과거에 저지른 실수 때문에 같은 실수를 저질러선 안 된다는 강박을 느낀다면, 신중함은 두려움이나 리스크 회피일 수 있다.

그런데 시간이 흐르면서 시장에 대해 확신이 없더라도 올바른 결정을 내릴 수 있다고 스스로 자신하게 되면, 이런 유형의 리스크에 대한 회피 성향은 사라질 것이다. 이런 경우에 트레이더가 회피했던 진짜 리스크는 시장 리스크가 아니라 과도한 자신감에서 비롯된 리스크이다.

이번 장에서 자세히 살펴볼 모든 유형의 두려움은 리스크 회피를 촉발한다. 욕심, 편향 그리고 낮은 자신감과 같은 감정도 존재는 알지만 통제가 안 될 때 리스크 회피를 유발할 수 있다.

트레이더들은 리스크를 외면해서 문제가 불거지지 않도록 막으려고 애쓴다. 그들은 이런 문제가 생길 리스크가 커지는 때를 의식적으로나 무의식적으로 인지하고, 그것을 리스크 평가에 반영한다. 예를 들어서 손실을 경험하고 욕심이나 짜증과 같은 부정적인 감정이 이어지면, 트레이더는 또 다른 손실을 경험하거나 자신감에 상처를 입을 수 있다. 그리고 몇 주 동안 트레이딩이 잘 풀리지 않았다는 이유로 계속해서 저조한 성과를 내게 된다.

간단한 TIP

먼저 두려움, 절망, 욕심이나 자신감 문제를 해소하고, 그다음에 리스크 회피를 바로잡는 게 순서다. 그렇지 않고 리스크 회피부터 해결하려고 들면 상황은 악화할 뿐이다. 두려움, 절망, 욕심이나 자신감 문제 등에서 뭔가 진전이 생기면, 리스크 회피는 저절로 줄어들거나 스스로 과감하게 수익성이 높은 리스크를 감수하게 될 것이다. 처음에는 일단 믿어야 한다. 억지로 더 많은 리스크를 감수할 때 투자할 액수를 정해두는 방법도 고려해 볼 만하다. 리스크를 감수해서 얼마를 잃게 될지를 아는 것만으로도 리스크를 감수하는 두려움을 줄이는 데 도움이 될 수 있다.

과도한 생각

최상의 상태라면, 사람은 자기 생각을 통제하고 제어할 수 있다. 그저 생각하고 싶어서 생각할 뿐이다. 특정 주제에 대해서 생각해 보고 싶어서, 그 주제에 대해서만 생각하는 거다. 물론 이런저런 잡생각이 들거나 생각이 예기치 못한 방향으로 흘러갈 수도 있다. 하지만 최상의 상태라면 전반적으로나 특정 주제에 대해 그만 생각하고 싶으면, 쉽게 생각을 그만 둘 수 있다.

하지만 불안과 두려움이 생각을 지배하면, 생각을 제어하고 통제하는 것이 불가능해진다. 오히려 마음이 불안해져 갈피를 잡을 수 없게 된다. 시장이 예상하지 못한 방향으로 움직이면, 한꺼번에 수천 가지 생각이 머릿속에 떠오른다. 또는 연이어서 손실을 경험한 뒤에 생각이 계속 제자리를 맴돌고 앞으로 나아가지 못한다.

일과를 마무리하며 트레이딩 성과는 모두 잊고 가족이나 친구와 즐거운 시간을 보내려고 하지만, 특정 포지션에 너무 많은 돈을 투자한 것은 아닌지 계속 걱정한다. 시장이 폭락하거나 모든 포지션이 한꺼번에 불리하게 돌아서면 어쩌나 전전긍긍한다. 긴장을 풀고 편안하게 쉬고 싶지만, 그럴 수가 없다. 우리의 뇌가 편히 쉬는 것을 허락하지 않을 것이기 때문이다. 잠도 잘 안 온다. 자려고 누워도 생각이 꼬리에 꼬리를 물고 이어져 잠을 잘 수가 없다. 피곤하면 할수록 생각을 통제하고 제어하는 게 더 어려워진다.

근본적인 의문에 대해 답할 수 없어서 생각이 계속 이어지는 것이다. 두려움의 해독제가 확신이라면, 과도한 생각은 확신을 얻으려는 뇌의 처절한 시도라고 할 수 있다. 두려움이 너무 강하면 우리 뇌는 답을 구할 때까지 생각을 멈추지 않는다. 녹초가 되거나 다른 데 정신이 팔릴 때까지 생각은 계속 이어진다. 이런 일이 일어나는 이유 중 하나가 '작동 기억'이라 불리는 뇌의 영역이 제한적이기 때문이다.

작동 기억은 사고 활동이 활발하게 일어나는 영역이다. 작동 기억은 뇌 속에 있는 내면의 목소리이자 화이트보드라고 생각하면 이해하기가 쉽다. 우리는 그 화이트보드 위에 정보를 기록하고, 그 정보를 바탕으로 결정을 내리고 문제를 푼다. 그리고 의식적으로 흩어진 퍼즐 조각을 찾아서 모으고 문제를 해결하도록 돕는 내면의 목소리다.

정상적인 상황에서 사람은 작동 기억으로 한 번에 5개에서 6개의 정보를 받아들이고 처리할 수 있다. 작동 기억을 담당하는 뇌 영역은 한정적이기 때문에 불안과 두려움이 생기면 작동 기억이 처리할 수 있는 정보의 양이 줄어든다. 그래서 불안하거나 두려워하면 관련된 모든 데이터를 처리할 공간이 부족해져서 두려움을 촉발한 문제가 뭔지 답을 구하는 데 애를 먹는 것이다. 한 번에 퍼즐 세 조각만 보고 1,000개의 퍼즐을 맞춰서 하나의 그림을 완성해야 한다고 치자. 우리의 뇌는 그림을 완성하는 데 필요한 퍼즐 조각을 찾기 위해서 생각에 생각을 거듭하며 과부하에 걸릴 것이다.

사후 비판

그저 결정만 내렸거나 실제로 결정을 행동으로 옮겨서 매수나 매도 포지션을 취하고 나서, 트레이더는 자신이 옳은 결정을 내렸는지 의심하기 시작한다. 결정을 내리고 행동하기 전에 트레이더는 아주 철저하게 분석한다. 이것은 큰 손실이 날 가능성이 있는 리스크가 있는 거래에선 적절한 행동이다. 하지만 일반적인 거래에서는 불필요한 행동일 수 있다. 이런 행동으로 트레이더는 가격 조건이 더 나쁠 때 시장에 진입하거나 거래 기회 자체를 잃을 수도 있다.

거래 중에 트레이더의 마음은 거래를 지속할지 아니면 접을지를 수백 번 왔다 갔다 한다. 두려움이 개입하면, 실수나 손실을 회피하려는 욕구가 과도해진다. 트레이더는 기회를 놓칠까 봐 걱정하거나, 자신의 논리에 의문을 제기하거나, 시장을 제대로 이해하고 있는지 스스로 의심하거나 자만에 차 있는 것은 아닐지 생각한다. 긴장감을 감당해 낼 수가 없어서 트레이더는 거래를 아예 중단할지도 모른다.

사후 비판은 자신의 의사결정 프로세스를 처음부터 끝까지 되짚어보는 생산적인 행위와는 다르다. 사후 비판도 생각이 과해서 일어나는 행위이기는 하지만, 꼬리에 꼬리를 무는 생각은 일종의 일반적인 사고 습관이고, 우리는 거의 모든 것에 대해서 생각과 걱정을 많이 한다.

반면에 사후 비판은 결정에 한정된다. 간단한 거래에선 사후 비판이 일어나지 않는다. 하지만 트레이딩의 불확실성이 커지면, 사후 비판으로 마음을 바꿔서 결정을 번복할 가능성이 커진다.

간단한 TIP

이상적인 의사결정 프로세스를 자세하게 작성해 본다. 자신의 결정에 의심이 생기기 시작할 때, 의심을 품은 행위가 의사결정 프로세스의 일부인지 아니면 그저 두려움에서 비롯된 것인지를 확인해야 한다. 사후 비판은 의사결정에 소위 '구멍'이 있으면 더 심해지곤 한다. 의사결정 프로세스에 존재하는 결함을 바로잡으면, 사후 비판이 줄어든다. 그리고 결정을 의심하며 사후 비판할 때, 그것이 두려움에서 비롯된 의심인지 아닌지를 더 잘 파악할 수 있다.

자기 직감에 대한 불신

두려움을 가지면 직감을 바탕으로 결정을 내릴 수가 없다. 설령 직감적으로 그 결정이 옳다는 것을 확신한다고 해도 그것이 왜 옳은지를 이성적으로 분명하게 설명해 낼 수가 없다. 그러면 자기 결정에 대한 확신이 부족해지면서, 직감을 믿는 것이 위험한 행위라고 여겨진다. 그리하여 결국에는 직감을 의심하고 부인한다.

트레이더가 자기 직감을 신뢰하지 못하면 어떤 일이 일어나는지 살펴보자. 트레이더는 노련하게 시장의 큰 변화를 파악해낼지 모르지만, 그 변화를 바탕으로 행동해야 하는 순간에 망설인다. 처음에는 자기 직감을 믿고 거래를 했을 것이다. 하지만 시장 변화를 직감하고 거래했다가 실패한 경험이 있다면 그 다음부터는 직감대로 쉽게 움직이지 못할 수도 있다. 그리고는 결과적으로 직감했던 이익을 얻을 수 있는 좋은 기회를 놓치고 만다.

트레이더들이 트레이딩할 때 직감을 신뢰하지 않는 공통된 이유 중 하나는 직감이 뭔지를 몰라서다. 트레이딩 성과에 자신의 목표, 생계와 자신감이 달려 있는데, 이해하지도 못하는 것을 왜 신뢰하겠는가?

한 번도 만난 적 없는 낯선 사람이 유가가 하락하는 데 베팅하면 큰돈을 벌 수 있다고 조언하더라도, 그의 조언을 무조건 믿는 사람은 거의 없을 것이다. 직감에 따라서 결정을 내리는 것에 익숙하지 않은데, 직감을 신뢰하려고 하면 위험하게 느껴진다. 여기서 두려움이 창궐한다.

자기 직감을 신뢰하고 싶은 마음과 직감이 뭔지, 왜 옳은지를 알지 못한 채 직감에 따랐다가 잘못되면 어떻게 하나라는 걱정 사이에 긴장감이 누적된다. 게다가 압박감을 받으면 트레이더는 자연스럽게 자신이 가장 잘 아는 것으로 회귀하게 된다. 거래 표준 방식을 따른다. 그래서 낯선 이의 조언처럼, 직감적으로 내린 결정은 고민하고 이행할 가치가 없는 것으로 치부되어 폐기된다.

낯선 것을 믿는 것은, 그것을 오해했을 때 경험한 단점보다 제대로 이해했을 때 얻는 장점이 더 많으면 특히나 어렵다. 특히나 거래 규모가 꽤 크거나 누군가에게 자기 결정을 정당화해야 할 때, 유별나게 그렇다.

부정적인 미래 예측

뇌의 기본 기능 중 하나는 미래를 예상하고 예측하는 것이다. 이런 능력은 뇌가 정확하게 기능하면 확실히 유용하다. 하지만 두려움과 싸우는 트레이더들에게 자신들의 예측이 어떻게 잘못될지 알 수 없어서 더 큰 두려움을 느끼게 된다.

두려움 없이 거래에 임한다면, 트레이더는 나올 수 있는 여러 결과를 확실하게 파악하고 리스크도 평가할 수 있다. 하지만 두려움이 개입되면, 트레이더는 리스크에 대한 이해가 왜곡되면서 부정적인 결과가 나올 가능성을 과대평가하게 된다. 아니면 설상가상으로 미래를 형편없이 예측하는 우를 범하고 부정적인 결과가 일어날 것이라고 절대적으로 확신하게 된다.

이렇게 부정적인 미래를 예측하는 사례는 찾기 쉽다. "거래에 참여해서 투자한 돈을 잃게 되면 어쩌지?"라고 걱정하는 트레이더가 있다고 생각해 보자. 트레이더는 자신은 미래에 실수할 것이고 그 실수로 자신은 남들에게 멍청하게 보일 것이라고 예측한다.

"…라면 어쩌지?"라는 유형의 질문은 부정적인 예측과 흔히 연관된다. 예를 들면, '5만 달러를 또 잃으면 어쩌지?', '만회를 못 하면 어쩌지?', '또다시 계좌에 든 돈을 모두 잃으면 어쩌지?' 등과 같은 질문이다. 이것은 실제로 답해야 하는 질문도 아니다. 스스로 정당하게 무슨 일이 일어날 것 같냐고 묻는 것도 아니다. 이런 유형의 질문을 한다는 것은, 이미 부정적인 결과가 나올 것이라고 단정한다는 뜻이다. 시작부터 초조해하면, 질문을 빙자한 이 가짜 질문이 이차적인 두려움을 촉발하고, 추가로 실수하게 만들어서 또다시 손실을 경험하게 만든다. 그렇게 자신이 두려워하던 미래가 현실이 될 가능성이 커진다.

두려움 지도

두려움 지도는 실시간으로 두려움이 격렬해지는 패턴을 파악하는 데 필요하다. 실시간으로 두려움의 강도를 파악할 수 있으면, 두려움을 빠르게 바로잡거나 최소한 트레이딩 실행에 대한 부정적인 영향을 최소화할 수 있다. 게다가 두려움 지도는 두려움을 유발하는 결함을 이해하는 데도 도움이 된다. 이번 장에서 어느 부분에 더 집중해서 봐야 하는지를 파악하는 데도 두려움 지도가 도움이 될 것이다.

다음의 단계에 따라서 각자 자신의 두려움 지도를 만들어 보자.

1단계

앞으로 몇 주 동안, 자신이 **두려움을 느낄 때 나타나는 패턴**에 주목하자. 두려움이 문제가 되는 시그널이 나타나는지 살피자.

두려움에서 나타나는 패턴을 메모할 수 있도록 컴퓨터에 메모장을 열어두거나 곁에 노트를 마련해 두자. 그리고 트레이딩하는 동안에 나타난 시그널을 메모하자.

그날의 트레이딩을 마무리할 무렵에, 어떤 시그널이 파악됐는지를 확인하고 필요하면 부연 설명을 추가한다. 가능하면 포괄적으로 작성하도록 하자. 가뭄에 콩 나듯이 나타나는 시그널도 기록하는 것이 좋다.

이게 어렵다고 걱정할 것 없다. 처음부터 모든 시그널을 잡아내서 토시 하나 빠트리지 않고 자세하게 기록하지 않아도 된다.

누구에게나 자기만의 출발점이 있다. 파악한 것을 바탕으로 살을 붙여나가면 된다. 두려움 지도를 제대로 작성하는 데 한 달이 걸려도 걱정할 것 없다. 보통 두려움 지도를 완성하는 데 한 달이라는 시간이 소요된다. 그 기간에 두려움 시그널을 놓치지 않겠다는 생각으로 기록해 나가면 자기도 모르는 사이에 꾸준히 전진하고 있을 것이다. 두려움 지도를 만들기 시작하는 데 도움이 될 만한 질문 몇 개를 살펴보자.

- 일반적으로 어떤 상황이 불확실성, 의심, 불안이나 두려움을 촉발하나?
- 긴장할 때 몸은 어떻게 반응하나? 예를 들어서 머리가 욱신거리며 아프다거나, 땀이 난다거나, 메스껍다거나, 입이 바싹 마른다거나, 발이나 손을 떠나?
- 트레이딩에 도움이 되는 긴장의 수준에서 도가 지나쳐서 문제가 되는 지점을 설명할 수 있나?

- 구체적으로 머릿속에 떠오르는 생각은 무엇인가? 무슨 생각을 하고 있나? 자신의 의사결정 프로세스는 타인의 의사결정 프로세스와 무엇이 다른가?
- 두려움이 문제로 불거지는 초기 시그널은 무엇인가?

앞서서 두려움을 암시하는 일반적인 시그널 5개를 소개했다. 요약해서 말하면, 리스크 회피, 생각 과잉, 자기 직감에 대한 불신, 사후 비판 그리고 부정적인 미래 예측이다. 이와 반대로 지금부터는 개인적으로 경험할 수 있는 두려움의 구체적인 시그널 몇 가지를 살펴보자.

- 기회를 놓칠지도 모른다는 두려움에 선뜻 결정을 내릴 수 없다.
- 트레이딩 조건을 평가하고 판단할 때마다 심장이 쿵쾅거린다.
- 무기력해져서 포지션을 마무리할 수 없거나 리스크를 제대로 관리하지 못한다.
- 상황을 정확하게 보고 있는지 의심한다.
- 스스로 제어할 수 없는 영역에 있는 기회만 찾거나 보통은 활용하지 않는 지표나 차트를 들여다본다.
- 지레 겁먹고 좋은 기회를 포기하고 거래를 접는다.
- 돈을 잃지 않으려고 약간의 수익만 실현하고 거래를 성급히 마무리한다.
- 성과가 나쁜 날에는 좀처럼 잠을 이루지 못한다.

- 숲을 보지 못하고 나무만 보게 된다. 터널 비전(전체를 놓치고 부분만 보는 협소한 시각) 때문에 정작 중요한 요소는 눈에 들어오지 않는다.

불확실성, 불안, 걱정 또는 의심의 강도에 상관없이, 두려움을 촉발하는 계기는 가능한 많이 찾아서 기록해 두는 것이 좋다. 무엇이 두려움을 촉발하는지 파악하기 어렵다면, 트레이딩하면서 자신이 무슨 생각을 하고 무슨 말을 하는지 생각해 보도록 하자. 여기서 기억할 것은, 무슨 말을 하든 또는 무슨 생각을 하든 자신을 평가하거나 비난해선 안 된다. 생각은 두려움을 촉발하는 계기와 직접 관련된 성과 결함과 연결되기 때문이다. 다음은 두려움을 촉발하는 계기의 사례.

- 돈을 잃을지도 모르는 리스크
- 실수했다는 깨달음
- '이번에 망치지 마'라는 생각
- 난처해질지도 모른다는 걱정
- 한 달 동안 마이너스 손익 기록
- 현재의 포지션으로 금세 돈을 잃게 된 상황
- 수익이 나고 있는 거래에서 너무나 빨리 빠져나오는 자기 자신

두려움을 파악하고 분석하는 작업에는 시간과 노력이 들어간다. 다시 말해서, 이것은 반복 작업이다. 새로운 시그널이나 작은 변화가 눈에 띄면, 빠트리지 말고 기록해야 한다. 이 작은 정보가 두려움을

관리하고 트레이딩 실행력을 개선하는 데 큰 영향을 줘서 큰 차이를 만들어낼 수 있기 때문이다. 그러므로 두려움 지도를 만들 때, 철저하고 자세하게 분석하고 기록해야 한다.

2단계

세부 정보가 많이 모이면, **강도를 기준으로 등급을 매겨서** 내용을 정리해 보자. 강도의 범위는 1부터 10까지이고, 각각의 정보에 적당한 등급을 매긴다. 1등급은 살짝 의심하거나 걱정하는 정도이고, 10등급은 두려움이 극에 달한 순간에 나타나는 시그널이다. 각 등급에 해당하는 정보를 확인해 보면, 각 등급이 다른 등급과 확연히 구분되는 것이 눈에 들어올 것이다.

강도에 따라서 등급을 매길 때, 두 부분으로 나눠보자. 하나는 심리적이고 감정적인 부분이고, 나머지 하나는 기술적인 부분이다. 이것들은 서로 짝을 이룬다. 구체적으로 말하면, 심리적이고 감정적인 부분에서 1등급은 기술적인 부분에서 1등급과 부합하는 식이다.

10개 등급 모두를 자세하게 서술할 필요는 없다. 대부분의 트레이더가 단 한 번의 시도로 자신의 두려움 패턴을 분석하고 10개 등급으로 구분해내지 못한다. 대부분이 최소한 3회는 이 과정을 반복해야 한다. 그러니 가능한 한 자주 이 과정을 반복해서 두려움 지도를 만드는 게 좋다. 각 등급의 두려움에서 나타나는 차이를 구분하는 데 도움이 될 질문 몇 가지를 살펴보자.

- 1등급에 해당하는 초기 걱정이나 의심을 촉발하는 계기는 무

엇인가? 어떻게 이 부정적인 감정은 누적되거나 격해져서 불안이나 두려움으로 변하나? 예를 들어서, 시장과 연관된 일반적인 불확실성에서 시작됐다가, 두 번째 손실을 경험하면서 미래의 손실에 대한 걱정이 촉발될 수도 있다. 이것은 자신이 제대로 실력을 발휘하고 있지 못하다는 두려움으로 이어져, 다음 거래에서는 *반드시* 돈을 벌어야 한다는 부담을 느끼게 된다.

- 두려움이 작아서 관리 가능한 수준일 때 어떤 시그널이 주로 나타나나? 두려움이 눈덩이처럼 커져서 괴물이 돼 트레이딩 실행을 완전히 방해할 때는 어떤 시그널이 나타나나?
- 두려움이 커질 때 시장에 대한 인식은 어떻게 변하나?
- 두려움이 1등급일 때 피할 수 있었지만 10등급으로 심각해지면 계속 반복하게 되는 실수는 구체적으로 무엇인가?

위 질문에 스스로 답해보고, 분류한 정보를 다음처럼 정리해 본다.

두려움 등급

각 등급에 해당하는 두려움을 암시하는 시그널로 어떤 생각을 하고, 어떤 감정이 떠오르고, 어떤 말과 행동 그리고 행위를 하는지 자세히 작성하고 최소한 3개 등급으로 분류해 보자.

1등급 : 차트를 보면서 스스로 거래를 진행하는 게 옳은 결정인지 묻고 답한다. 옳은 일을 했나? 이 결정으로 손실을 보지 않을까?

...

3등급 : 시장이 내 생각과 반대로 움직이는 이유가 뭔지 도통 알 수가 없다. 필요 이상으로 실시간 거래 차트를 확인한다. 1퍼센트 손실을 받아들여야 할 것이란 생각에 슬슬 걱정되기 시작한다.

...

5등급 : 거래 계좌에 접속해서 지난 몇 번의 거래 동안에 손실이 얼마나 났는지를 확인한다.

...

7등급 : 또 다른 손실을 보고싶지 않아서 손익분기점에서 거래를 중단하고 싶은 욕구를 느낀다.

8등급 : 수익이 어느 정도 나면 거래를 중단하고 바로 수익을 챙긴다. 얼마의 수익을 챙겼으니 내가 트레이딩으로 돈을 벌어서 먹고살 수 있다고 자신에게 증명하려고 한다.

...

10등급 : 그저 멍하니 트레이딩 차트만 쳐다본다..

기술 등급

각 등급의 두려움이 촉발할 때, 의사결정, 시장, 기회 또는 현재 포지션에 대한 인식 등을 질적으로 평가하고 서술한다.

1등급 : 상황을 객관적으로 보지 않는다. 판단력이 흐려져서 시장 변화가 내가 뭔가 실수했다는 의미로 받아들인다.

...

3등급 : 과거의 손실을 생각하면 감정적으로 변한다. 그래서 확률적 사고를 무시하기 시작한다.

...

5등급 : 나의 트레이딩 전략을 신뢰하지 못하고 멘토 등 다른 사람들에게 조언을 구해야만 나의 경쟁력이 어디서 오는지를 재차 확인하고 마음이 안정된다.

...

7등급 : 대부분 수익이 보장되거나 손익분기점에 도달하는 데 집중한다.

8등급: 더 이상 합리적으로 생각하지 않는다.

...

10등급 : 아무 생각도 하지 않는다.

3단계

트레이딩하는 동안에 활용할 수 있는 꽤 잘 작성된 두려움 지도가 마련됐다. 이것을 활용해서 **두려움이 어떻게 나타나고 변하는지를 파악하고 빠르게 대응해서 시정할 수 있다.** 두려움 패턴을 수정하는 데 많은 시간과 경험이 필요하므로, 패턴이 완전히 변했다는 증거가 일관적으로 나오기 전까지 두려움 지도를 수정해선 안 된다.

이번 장에서 알아보고 연습한 방법으로 자신의 트레이딩 실행에 가장 큰 영향을 주는 두려움의 유형을 찾고 수정하는 데 집중해 보자. 모든 유형의 두려움을 이해하고 나서 시작할 것을 강하게 추천한다. 왜냐고? 두려움에 어떤 종류가 있는지를 완전히 이해하고 있어야지, 처음에는 깨닫지 못했던 문제를 파악할 수 있을 것이기 때문이다. 그리고 기억해야 할 새로운 정보가 두려움 지도에 추가될 수도 있기 때문이다. 이 모든 일을 마무리하고 나서, 자신과 관련이 가장 큰 부분으로 되돌아가서 다시 읽어볼 것을 추천한다.

좋은 기회를 놓치게 될까봐 생기는 두려움,
포모(FOMO)

포모가 문제인지 아닌지를 알려면 무슨 시그널에 주목해야 할까? 여기 몇 가지 전형적인 사례가 있다. 보통 때 예의주시하던 영역, 징후나 시장에 집중할 수 없다. 어디선가 뭔가가 크게 움직이고 있다는 느낌이 든다. 아드레날린이 온몸으로 쫙 퍼지고, 초집중해서 또 다른 큰 기회를 놓치지 않겠다는 마음가짐으로 거래에 임한다. 지난번에는 큰 기회를 놓쳤지만, 이번에는 제대로 해내겠다는 욕구에 사로잡힌다. 시장 가격의 움직임을 쫓아선 안 된다는 것을 알지만, 가격이 지금 수준으로 다시 떨어지지 않을지도 모른다고 걱정한다.

아니면 긴급 뉴스에 과민반응을 할지도 모른다. 공황 상태에 빠져서 상황 분석을 마무리짓지도 않고 헐레벌떡 결정을 내린다. 성급히 매도를 하자마자 그 즉시 시장이 자신에게 유리한 방향으로 움직이면, '느낌이 좋으니까' 다시 시장에 진입해도 괜찮다고 자신을 설득한다.

포모는 트레이더의 개인적인 거래 방식 즉, 트레이딩 전략과 어긋나게 움직일 때 발현된다. 잠재적으로 수익이 날 기회는 많지만, 트레이더의 트레이딩 전략 중에서 효과가 있는 게 단 하나도 없다. 트레이더는 거래를 계속 해야 된다고 생각하기 때문에 그래서 다음 기회가 찾아오면 곧장 뛰어들고, 가격이 소폭 하락해서 적정 진입 시점을 놓쳤더라도 괜찮은 결정이었다고 자기합리화한다. 아니면 시장 변동성이 극심하다면 처음의 주문량의 절반만 취하고 나머지 절반을 확보하기 위해서 처음보다 낮거나 높은 가격에 거래를 시도할지도 모른다. 다른 트레이더들이 돈을 버는 것을 보고, 리스크를 무시하고 과도하게 거래를 진행하여 당연히 얻어야 한다고 생각하는 수익에서 부족한 액수를 보충하려고 애쓴다.

포모가 정확하게 어떻게 촉발되는가는 중요하지 않다. 어쨌든 포모로 인해서 트레이더는 해선 안 된다는 것을 알면서도 자신의 트레이딩 전략에 벗어난 거래를 억지로 진행하게 된다. 도대체 이런 욕구를 억제하기는 왜 그렇게 어려울까? 이것만 생각하면 아주 짜증이 난다. 그 이유는 사람은 감정이 어떻게 축적되는지를 알지 못하기 때문에, 아닌 것을 알면서도 포모가 촉발돼 자제하지 못하고 거래를 강행하게 되는 것이다.

가령 가격이 생각했던 수준에서 왔다갔다 하고 더 나은 가격이 형성되기를 기다리고 있을 때, 트레이딩에 으레 존재하는 긴장감 때문에 트레이더는 더욱 초조해질 수 있다. 기다림이 길어질수록, 감정은 더 많이 누적된다. 그러다가 몇 번의 거래에서 손실을 경험하거나 좋은 기회를 놓친다면, 불안감이 훨씬 더 많이 누적되고 결국에는 제대로 무르익지도 않은 거래에 뛰어들게 된다. 그러면서 그 거래가 여전히 나쁘지 않은 조건의 거래라고 생각하는 이유를 억지로 만들어내거나 현실적으로 관리할 수 있는 수준보다 더 많은 거래를 한 번에 진행한다.

트레이더는 드로우다운을 경험하거나 트레이딩이 생각대로 진행되지 않거나 자금이 필요할 때 초조해하거나 불안해한다. 일부 트레이더에게 트레이딩이 주는 짜릿함은 놀이공원에서 롤러코스터를 탈 때의 짜릿함과 같다. 시장에서 거래할 기회가 많지 않아서 짜릿함을 충분히 느끼지 못하고 있으면, 뭐라도 거래해서 짜릿함을 느껴야겠다는 욕구가 강해서 억제할 수 없게 된다.

어쨌든 감정이 고조되고 있다는 것을 트레이더 스스로가 인지하는 것은 매우 중요하다.

포모의 진짜 원인을 찾아서

포모는 트레이딩 업계에서 너무 많이 사용되다 보니, 여러 상황을 아우르는 포괄적인 용어가 됐다. 필자가 유일하게 찾아낸 포모의 근본적인 문제는 또 다른 기회가 오지 않을 것이라는 잘못된 믿음이다. 논리적으로 더 많은 기회가 앞으로 또 있을 것이라고 생각하면서도 포모로 인해 또 다른 기회가 오지 않을 것이라고 잘못 판단하면 트레이더는 눈앞의 거래에만 매달리게 된다. 현재의 거래에 너무 집착한 나머지, 또 다른 기회가 없으므로 이번 기회를 최대한 활용해야 한다는 강박을 느끼게 된다.

시장에서 가격 움직임이 활발하지 않아서 사실상 거래 기회가 적거나 트레이더가 드로우다운을 경험하여 미래 수익성에 비관적일 때, 포모가 주로 촉발된다. 제정신이라면 트레이더는 더 많은 기회가 있을 것임을 안다. 포모가 촉발되어 강렬해지는 순간에 더 많은 기회가 있다는 사실을 생각해내는 것은 중요하다. 이렇게 함으로써, 거래를 성급하게 진행하는 실수를 피하는 것이 더 수월해질 것이다.

다른 기회가 없을 거라는 잘못된 믿음 이외에, 포모의 주된 원인에는 다른 유형의 공포, 분노 그리고 자신감 문제도 있다. 욕심처럼, 포모도 트레이딩에서 문제가 된다. 그래서 포모를 해결하려면, 먼저 포모를 촉발하고 심하게 만드는 결함, 편견 그리고 오해부터 정확하게 파악해야 한다.

포모를 촉발하는 근원을 찾기는 어려울 수 있다. 그렇다면 처음에는 다소 이상하게 들릴 수 있지만, 이 방법을 한번 시도해 보자. 억지로 시장과 거리를 두는 것이다. 이렇게 하면 감정이 더 격해지거나 감정이 강해질수록 그 감정을 초래하는 원인을 찾기가 더 쉬워진다.

구체적으로 설명하면, 트레이딩 규칙을 평소보다 엄격하게 설정해 보는 거다. 예를 들어서 하루, 며칠 또는 일주일 동안 기준을 좁게 잡아서 A 플러스 급의 거래만 진행한다. 아니면 의도적으로 포모로 이어질 수 있는 직감이나 충동에 의존하는 거래는 피한다.

옆에 메모장을 펼쳐두고 실시간으로 떠오르는 감정과 생각을 놓치지 않고 기록한다. 그것들이 포모의 근본적인 원인을 파악하고 해결책을 마련하는 기반을 잡아주면서 포모 지도의 정확도를 높이는 데 도움이 되는 단서가 될 수 있다.

이 방법을 시도했다가 발생할지도 모르는 금전적인 손해가 걱정되어서, 선뜻 시도하기가 망설여질 수도 있다. 하지만 이것은 하나의 연구다. 트레이딩 실행과 성과를 한 단계 높이기 위해서 투자하는 것이다. 이 연구가 성공한다면, 연구하는 잠깐에 놓쳤던 기회들은 시간이 지나면 충분히 만회할 수 있을 것이다.

이렇게 하고 나면, 포모가 기회를 놓치면 어떻게 하지라는 *부정적인 감정* 때문에 생기는 것임을 깨닫게 될 것이다. 수익을 챙길 수 있는 기회를 놓치면 패배하는 것처럼 느껴져서 서둘러서 시장에 뛰어들었다면, 트레이더는 패배에 대한 두려움을 갖고 있을지도 모른다. 자신을 제외한 다른 트레이더들이 수익을 내는 것을 보면서, 트레이더는 실패에 대한 두려움을 느끼며 자신의 트레이딩 실력이 부족하다고 생각하게 될지도 모른다. 기회를 놓치는 것을 실수하는 것으로 생각하고 실수하는 것을 두려워하는 트레이더는 애써서 자기비판을 피하려고 하지만, 아이러니하게도 실수에 대한 두려움 때문에 실수하게 된다.

포모는 빠르게 손실을 만회하겠다는 욕구 때문에 나타날 수 있다. 이런 욕구는 주로 분노나 절망이 원인이다. 포모는 모든 시장 움직임을 쫓고 모든 거래에서 최대 수익을 올리겠다는 완벽주의적 사고방식에서 비롯될 수도 있다. 자신감이 부족해서 좋은 기회를 놓쳐서 멍청해 보이거나 난처해지지 않으려고 시장이 움직일 때마다 거래를 진행한다면, 트레이더는 포모를 경험할지도 모른다. 아니면 다음에 만나볼 사례자인 카를로스처럼 포모가 실제로는 기술적 실수와 관련이 있을 수도 있다.

카를로스는 외환과 선물 트레이더다. 카를로스는 자신에게 문제를 안겨줬던 특정 조건에서 포모가 촉발된다는 것을 인지해냈다. 그것은 바로 지정가 주문이었다. 가격이 자신이 정한 범위 안에 들어올 때까지 그는 거래하지 않고 기다려야 했다. 그런데 가격이 지정한 범위 안에 들어가면, 곧장 치솟을 수 있어 큰 수익을 기대할 수 있었다. 하지만 그럴 때면 좋은 기회를 놓치고 있는지도 모른다는 불안과 공포에 휩싸였다.

과거의 카를로스였다면, 가격이 역지정가에 도달해서 거래가 자동으로 종료되자마자 가격이 다시 오르기 시작하면 '지금 오른 가격에 거래를 진행하지 않으면 더 큰 수익을 올릴 기회를 놓치고 말고야'라고 생각했다. 그는 이런 상황에 어떻게 대처하겠다는 전략이 없어서 거의 도박꾼처럼 충동적으로 시장에 뛰어들었을 것이다. 이것은 대체로 더 큰 손실로 이어졌을 거고, 차례로 좋은 기회를 놓칠지도 모른다는 포모는 훨씬 더 심해져 훨씬 더 큰 손실을 낳았을 것이다. 결과적으로 그는 거래에서 시원찮은 성과를 내는 빈도가 높아지면서 좌절하게 되고 훨씬 더 많은 돈을 거래에 투자해서 훨씬 더 큰 손실을 불러왔을 것이다.

하지만 카를로스는 자신이 초조해하고 있다는 것을 인지했고, 즉시 자신의 생각과 감정을 메모한 뒤 그 자리를 떠났다. 이 행동 자체로 진전이었다. 그는 최소한 감정이 격렬해지면서 손실을 볼 수 있는 리스크를 피했다. 그는 컴퓨터 모니터에서 가능한 한 멀리 떨어지면서, "내가 포모를 느끼는 이유는 뭐고, 이것은 무엇을 알려주는 시그널일까?"를 고민했다.

카를로스는 5분 차트를 보면서 시장 변화를 포착해냈지만, 5분 차트가 필요한 정보를 충분히 제공하지 못한다는 것을 깨달았다. 그는

10포인트 가격 역지정 거래 기능을 사용했기 때문에, 정확한 타이밍에 시장 변화를 포착하는 것은 중요했다. 그래서 그는 적재 적시에 30초 차트를 사용해야겠다고 생각하게 됐다. 그는 지정가 주문도 더 이상 사용하지 않았다. 이제 그는 지정가 제한 주문을 사용해서 거래한다. 그 덕분에 시장 변화를 포착하고 분석하고 이해해서 거래하기까지 15분 정도 소요됐지만, 이제는 3분에서 4분이면 충분하다. 좋을 기회를 놓칠지도 모른다는 두려움은 사라졌고, 트레이딩 실행의 정확도가 높아졌다. 그의 말을 빌자면, 시장 움직임을 확실하게 보고 이해하기 때문에 트레이딩 실행에서 실수할 이유가 없어졌다.

　여기서 포모는 거래 타이밍을 놓칠 수 있는 합당한 리스크를 암시하는 시그널이었다. 카를로스는 자신이 지정한 트레이딩 범위에서 시장의 움직임을 봤기 때문에 시장에 진입할 타이밍을 제대로 파악할 수 없었다. 포모는 거래 타이밍을 놓칠 리스크를 알려주는 시그널이지 감정적인 문제가 아니었다. 포모는 그의 트레이딩 전략에 뭔가 문제가 있다는 것을 여실히 보여주고 있었다.

　이처럼 포모는 트레이딩 실행을 개선할 기회를 알려주는 시그널인지도 모른다. 설령 카를로스의 사례처럼 멘탈 핸드 히스토리의 모든 단계를 따라가지 않더라도, 멘탈 핸드 히스토리의 핵심 개념으로 트레이딩 전략의 기술적 결함을 바로잡을 수 있다. 1단계에서 포모가 트레이딩 실행에 영향을 미치고 있다는 것을 인식하고, 멘탈 핸드 히스토리의 원리를 이용해서 트레이딩 조건과 전략의 기술적 영역을 검토해서 개선이 필요한 부분이 있는지 확인한다. 기술적 영역에 문제가 있다고 여겨지지 않는다면, 감정적 영역을 살핀다. 멘탈 핸드 히스토리를 사용해서 감정적 반응의 근본적인 원인을 파악하고 대응 계획을 세운다.

손실에 대한 두려움

트레이딩에서 손실의 위협은 언제나 존재한다. 트레이딩 업계는 경쟁이 굉장히 치열한 분야다. 이런 곳에서는 때론 손실이 불가피하다. 이는 너무나 당연하지만, 트레이더는 손실이 날까 봐 두려워한다. 설령 한 번도 손실이 난 적이 없어도 손실이 날까 봐 두려워한다. 모든 거래에는 손실이 날 가능성이 있으므로, 손실에 대한 두려움은 끈덕지게 트레이더를 따라다닌다.

트레이더는 손실에 대한 두려움 때문에 최적의 조건이 아닌 줄 알면서 트레이딩 결정을 내릴 수 있다. 예를 들어서, 좀 더 오래 거래를 진행하면 더 큰 수익을 챙길 수 있을지도 모르는데 가격 하락 리스크를 피하고자 일찍이 수익을 챙기고 거래를 끝낼 수 있다. 그런데 이런 식으로 거래를 끝내면, 수익이 났지만 트레이더는 손실을 본 것처럼 느끼게 된다. 손익분기점에 도달하거나 손실 규모가 줄어들기를 바라며, 손실이 나고 있는 거래에 자금을 더 투입해서 평균 가격을 낮추려고 할 수 있다. 이 전략은 손실이 실현되는 시기만 늦출 뿐이고 더 큰 손실로 이어지는 경우가 많다.

드로우다운을 경험할 때, 트레이더의 손실에 대한 두려움은 훨씬 커진다. 트레이더는 시장이 자신에게 불리하게 움직일 것이라고 판단하고 최고의 기회가 지나가게 내버려 둔다. 트레이더는 더 방어적으로 거래에 임하고, 결과적으로 거래 빈도가 줄어든다. 온 신경이 곤두선 채로 컴퓨터 모니터만 뚫어져라 응시한다. 트레이더는 손실을 덜 입고자 주문을 조정하지만, 이것은 더 큰 손실로 이어진다. 트레이더는 눈에 띄게 스트레스를 받고 밤에 잠도 제대로 못 잔다.

손실에 대한 두려움이 커지면, 마음속이 불안한 생각으로 가득 찬다. 예를 들어서, *"경쟁력이 사라졌나? 이 상황을 어떻게 반전시키지? 이제 끝인가? 다음엔 어쩌지?"*와 같은 생각으로 트레이더는 불안해진다. 손실에 대한 두려움은 엄청난 스트레스를 야기하고, 트레이더는 스트레스로 얼어붙었다가 결국엔 이성을 잃는다. 진짜 손실보다, 손실에 대한 두려움 자체에 압도되어 그저 그 두려움에서 벗어나고자 '알 게 뭐야'라는 심정으로 충동적으로 거래하게 된다. 이 순간에 트레이더는 무슨 결과가 나오든 전혀 관심이 없다. 그저 이 불안한 감정에서 벗어나고 싶을 뿐이다.

손실은 불가피하고 항상 리스크가 따르는 트레이딩의 현실을 인정하고 받아들여야 한다는 조언을 되새긴다. 그리고 잃어도 감당할 수 있는 정도의 자금으로 거래하고 있지만, 여전히 마음이 안정되지 않는다. 그 어떤 조언으로도 손실에 대한 두려움은 완화되지 않는다. 왜냐하면 손실이 날 때 트레이더가 경험하는 감정을 깊이 이해하고 해결할 수 있는 조언은 없기 때문이다.

손실로 잃게 되는 것

손실에 대한 두려움을 초래하는 원인을 이해하려면, 먼저 '내게 손실이나 손해가 무엇을 의미하는가'에 대해서 고민해 봐야 한다. 대부분은 '돈'에 집중해서 대답한다. 하지만 결국에는 손실의 두려움에서 돈이 전부가 아니라는 것을 알게 된다. 돈은 중요한 더 깊고 개인적인 무언가를 대변하는 것이다.

말하자면, 돈은 가족을 부양할 능력이나 트레이딩으로 돈을 벌겠다는 자신을 미덥지 않게 바라보던 사람들에게 그들의 생각이 틀렸음을 증명하고 전문 트레이더가 되는 열망을 대변하는 것일 수 있다. 연이어서 손실을 경험하면, 일보 후퇴해서 자신의 단기 목표와 장기 목표에서 멀어지는 듯한 기분이 들 수 있다. 손실을 경험하면 트레이더는 스스로가 무능하다고 느끼거나 동료 사이에서 자신의 입지가 위태로워진다고 생각할 수 있다.

지속해서 손실을 경험하면, 트레이더는 과민하게 반응하고 통제력을 상실할 수 있다. 그래서 손실에 대한 두려움은 사실 통제력을 잃는 것에 대한 두려움이다. 돈은 기본적으로 트레이더가 거래하면서 획득하는 일종의 '점수'다. 그래서 성적이 나쁘면, 트레이더는 전반적으로 자신감을 잃거나 자신의 전략과 현 시장에서 수익을 확보할 능력을 자신하지 못한다. 손실은 시간 낭비처럼 느껴질 수 있다. '돈도 못 버는데, 뭣 하러 트레이딩하나'라는 생각이 들 수 있다.

손실을 경험하면 트레이더인 자신에게 어떤 타격이 있을지 생각해 보자. 효용 가치가 있는 돈이 사라지나? 목표, 자신감이나 절제력, 지금의 지위를 잃게 되나? 아니면 이 모든 것들을 조금씩 잃게 되는 건가?

이 질문에 답하는 게 어렵다면 또는 답이 즉시 떠오르지 않는다면, 손실이 날 때 다음 질문을 훑어보길 바란다. 그리고 각 질문에 대해 답해보자.

- 손실을 경험하면, 무슨 느낌이 드나?
- 다른 사람에게 손실에 관해 이야기하기 무서운가?
- 트레이딩으로 돈을 벌 수나 있는지 의문이 생기나?
- 훨씬 더 많은 실수를 하게 될까 봐 걱정인가?
- 성장하거나 목표를 달성할 수 없을 것처럼 느껴지나?

트레이더들은 자신이 손실을 극도로 두려워한다는 사실에 자주 충격을 받는다. 손실에 대한 두려움을 종합적으로 분명히 이해하면, 손실에 정상적으로 반응하고 대응할 수 있다. 하지만 대다수의 경우에 이것만으로 손실에 대한 두려움을 해소할 수는 없다. 그 대신에 경고는 무시한 채로 손실의 위험에 감정적으로 대응하는 흔한 실수를 저지를 수 있다. 손실에 대한 두려움에 맞서 싸우는 경우 손실에 대한 두려움을 없앨 수 있지만 다른 실수를 할 리스크가 생긴다.

다음은 손실에 대한 두려움을 중심으로 만든 멘탈 핸드 히스토리의 사례다.

1. 문제는 무엇인가 : 처음부터 트레이딩으로 수익을 확보하고 싶

은 욕구가 강하다. 트레이딩할 때마다 심박수가 올라가고, 손실이 나는 순간에 심박수가 치솟는다. 시장이 나에게 불리한 방향으로 움직이고 있으면, 초조해진다.

2. **문제는 왜 존재하나** : 마음속으로 트레이딩을 시작하고 첫 몇 초가 그날의 결과를 보여준다고 생각한다. 처음에 수익이 나면, 긴장을 푼다. 이건 바보 같은 짓인 줄 안다. 속으로 목표 수익을 달성하길 간절히 바란다. 손실이 날 때마다 한 걸음씩 후퇴하는 것처럼 느껴진다. 목표 수익을 달성하는 데까지 더 많은 시간이 걸릴 것처럼 느껴지기도 한다.

3. **무엇이 잘못됐나** : 모든 거래의 결과를 통제할 수 없다. 내가 할 수 있는 것은 전략에 따라서 좋은 조건에 거래하는 것이 전부다. 많은 손실을 경험하게 될 것이고 그렇다고 목표 수익이 위태롭다는 것은 아니다. 한 번의 거래로 한 해가 어떻게 진행될지를 예상할 순 없다. 이것은 투수가 첫 번째로 던진 공을 보고 그날의 경기 결과를 판단하는 것과 같다.

4. **조정 방안은 무엇인가** : 수익이 발생할 가능성이 큰 기회에 집중해서 거래한다. 실시간으로 차트를 확인해서 주의를 분산시키는 대신에, 진행하고 있는 거래의 스냅숏을 확인해서 상황이 변함이 없는지를 살핀다. 좋은 조건으로 거래해서 수익이 나고 있다면, 다른 기회로 눈을 돌린다.

5. **조정 방안이 옳다고 확인해주는 논리는 무엇인가**: 단기적으로 수익이 날 가능성이 큰 기회에 집중해서 거래하는 것이 장기적인 목표를 달성하는 전략이다. 손실과 드로우다운은 게임의 일

부이다. 모든 게임에는 리스크가 있다. 챔피언들은 실패를 두려워하지 않는다. 그들은 승리하고 성공하기 위해서 최선을 다하는 데만 집중한다.

손실의 고통

손실을 보는 것은 불쾌하고 고통스러운 경험이다. 그래서 일부 트레이더들은 반사적으로 손실의 고통을 회피하려 애쓴다. 손실에 대한 두려움은 본질적으로 손실의 고통으로부터 자신을 보호하려는 심리다. 빨리 수익을 챙기고 거래를 끝내거나, 거래 규모를 줄이거나, 리스크가 큰 거래를 외면한다.

손실의 고통을 줄이는 더 좋은 방법들이 있다. 하지만 굉장히 경쟁적인 사람들의 경우에 그들이 어느 수준에 오르면 이 고통은 사라지지 않는다. 손실의 고통은 항상 불쾌할 테지만, 괜찮다. 여기서 목표는 손실의 고통을 없애는 것이 아니라 대응하는 방법을 찾고 이해하는 것이다. 손실의 고통을 완전히 없앨 수는 없으니, 고통 자체가 문제가 아니라는 것을 깨닫고 손실의 고통을 뚫고 지나가는 법을 배워야 한다.

트레이더에게 손실은 언제나 고통일지도 모른다. 그런데 손실은 트레이더의 경쟁력과 승부욕의 결과일 뿐이다. 그러니 고통은 뭔가 나쁜 것이라는 생각에 빠져들지 마라. 고통은 그저 고통일 뿐이니, 앞으로 나아가기만 하면 되는 때가 있다. 자신을 아직 펀치를 맞는 법을 배우지 못한 턱이 약한 복싱 선수라고 생각해 보자.

혹자는 트레이딩에 입문하기 전에 패배를 많이 경험하지 않아서 이런 강인함이 없을 수 있다. 고등학교, 대학교 또는 다른 직종에서 승승장구해왔고, 칭찬만 잔뜩 들었을 수 있다. 아니면 트레이딩에 발을 들이기 전에 성공적으로 경력을 쌓고 있었기 때문에 이런 식으로 패배를 맛본 적이 없었을 수도 있다. 이것도 아니라면, 나름대로 패배의 쓴맛을 경험했지만 스스로 감당하기 어려울 정도로 자주 패배의 고통을 경험하진 않았을 수 있다.

어느 경우든 간에, 더 강인해져야 한다. 고통을 있는 그대로 받아들이면 참아내기 훨씬 더 쉬워질 거다. 그 고통스러운 느낌에 익숙해지고 대처할 힘이 생길 것이다. 이렇게 하면서 방어기제로 촉발된 손실에 대한 두려움이 줄어들 것이다. 더 강인해지려면, 손실이 나면 1분 정도 그 고통을 오롯이 느끼고 왜 손실이 났고 고통스러운지를 받아들이는 시간을 갖자. 손실이 의미하는 바를 제대로 이해하면, 그것은 아무것도 아니고 트레이더로 일하면서 겪는 수많은 경험 중 하나일 뿐이라는 사실을 깨닫게 될 것이다.

다음 거래에서 실수를 피하고 싶은 욕구를 정확하게 이해해야 한다. 마음을 다잡고 자신의 트레이딩 전략을 고수해 나가라. 손실이 생기면 그 고통에 맞서라. 하나의 거래에서 손실로 인해 고통을 경험하는 것이, 그 고통을 피하려다가 더 많은 실수를 저질러서 고통스러운 것보다 낫다.

실현되지 않은 이익에 대한 집착

손실에 대한 두려움을 초래하는 또 다른 원인은 실현되지 않은 이익에 대해 과도한 집착을 가지고 있기 때문이다.

의식적으로나 무의식적으로나 실현되지 않은 이익이 자신의 것이라고 믿으면, 거래 상황을 지켜보는 시각이 바뀌면서 당황하게 된다. 아직 온전히 자신의 것이 되지 않은 돈에 집착하는 상황을 피하면, 자연스럽게 냉정하고 객관적으로 거래에 임할 수 있다. 여기서는 손실에 대한 두려움 자체를 바로잡는 것보다 실현되지도 않은 이익에 집착하는 이유를 파악하는 데 더 집중해야 한다.

그렇다면 실현되지 않은 이익에 집착하게 되는 이유는 무엇일까? 드로우다운에서 벗어난 안도감에 취해, 더 이상 손실은 용납할 수 없다고 생각하기 때문일까? 아니면 목표 수익을 달성하려고 아주 열심히 노력하고 있는데 목표 수익보다 더 높은 수익이 생기면서 조금의 손실도 절대 허용할 수 없다고 생각하기 때문일까? 이것도 아니라면, 실현된 이익과 실현되지 않은 이익의 차이조차 이해하지 못하는 신참 트레이더이기 때문일까?

이유가 뭐든, 자신이 실현되지 않은 이익에 집착하고 있다는 시그널을 놓쳐선 안 된다. 그 시그널이 손실에 대한 두려움을 바로잡을 기회가 될 수 있다. 만약 손실에 대한 두려움을 바로잡는다면 또는 이상적으로 말해서 너무 앞서서 마음속으로 수익을 확정해버리는 실수를 저지르지 않는다면, 자동으로 손익이 줄어드는 것에 대한 두려움을 피할 수 있을 것이다.

최악을 가정하며

아주 조금의 손실이 났는데도 곧장 길거리에 내앉고 빈털터리가 되어 가족을 부양하지 못하는 최악의 상황이 머릿속에 떠오르는가? 거래 계좌가 거의 바닥에 이른 이유도 모르겠는데 수익률이 계속 떨어지고 있나? 트레이더로 더 이상 성공하지 못할 것이란 생각이 갑자기 들면서 새로운 업종을 찾아야겠다고 결심했나? 모든 포지션의 수익률이 바닥을 칠 것이라는 생각이 드는가?

그러는 사이에, 머릿속에서 소용돌이치는 생각 때문에 사고가 마비되고 분명하게 생각할 수가 없게 된다. 게다가 최악의 결과는 이미 피할 수 없다고 여겨진다.

이런 과잉 반응은 대체로 과거에 있었던 실패의 망령 때문에 나타난다. 예를 들어서, 과거 어느 순간에 거래 계좌가 바닥났고 새로운 직업을 찾아서 재정 상태를 재건하려고 고군분투했었다면, 그 일을 겪으면서 경험한 고통이 머릿속 어딘가에 깊이 숨어 있을 수 있다. 그 지옥 같은 상황이 또다시 벌어질지도 모른다는 첫 번째 시그널이 눈에 들어오면, 트레이더는 기겁한다. 여기에는 마음이 산산조각 날 수 있는 위험이 도사리고 있다. 그런데 그 위험의 강도는 트레이더에 따라서 다르다. 일부는 심리적으로 미약해서 평균치 이상의 손실이 한 번 발생했다는 이유로 크게 동요한다.

자칫 잘못해서 실제로 거래 계좌가 바닥날 가능성은 언제나 존재한다. 이 가능성을 실제보다 더 크게 받아들이게 되는 이유는 과거의 경험에서부터 차곡차곡 누적된 감정이 사고를 빠르게 압도해서 분명하게 생각할 수 없게 만들기 때문이다. 과거에 겪었던 실패의 고통을 줄이는 것이, 본질적으로 이런 상황으로 이어지는 작은 문을 닫을 수 있다. 실패로 고통스러웠던 과거 자체를 잊는 것이 아니라, 그 고통이 자신을 계속 따라다니면서 괴롭게 만들지 않도록 해야 한다. 계좌잔고가 바닥났던 과거 경험을 단순히 기억하는 것과 그 과거 경험에 감정을 싣는 것은 다르다.

여느 트레이더와 다를 바 없다면, 과거의 경험에서 교훈을 얻기보다는 과거 자체를 잊고 앞으로 나아가려고만 할 것이다. 그런데 과거는 절대 잊을 수 없다. 두려움이 과거의 실패 경험을 잊도록 가만히 내버려 두지 않을 것이다. 그러니 과거를 잊으려고 헛된 노력을 하는 대신에, 그 두려움을 줄이기 위해서 과거로부터 *교훈을 얻어야* 한다. 그렇지 않으면 다시 실패할 위험이 필요 이상으로 커질 것이다.

과거의 실패로 인해 야기된 두려움을 줄이려면, *우선 과거에 왜 실패했는지 이유를 정리해* 보자. 이를 바탕으로 세심하게 계획을 세워서 이번에는 목표 수익을 달성할 수 있을 것이다.

또 고려할 것은 최악의 시나리오가 정말로 그렇게 최악이냐는 것이다. 연구에 따르면 사람들은 비극적인 사건이 개인의 행복과 삶의 질에 영향을 미치는 기간과 강도를 과대평가하는 경향이 있다. <행복에 걸려 비틀거리다>의 저자 대니얼 길버트(Daniel Gilbert)와 그의 연구 파트너인 팀 윌슨(Tim Wilson)은 이런 경향을 두고 '충격 편향 (impact bias)'이라는 용어를 만들어냈다.

두려움을 실제보다 더 크다고 여기는 생각을 해소하는 데 이 개념을 이용해보자. 자꾸 머릿속으로 최악의 상황을 가정하게 된다면, 그게 그렇게 나쁜 상황이 아니라고 이유를 들어가며 스스로 설득하고 달래는 것이다. 목표 수익에 가까워지기 위해서 지금 당장 할 수 있는 일이 무엇인가와 같은 생산적인 생각을 한다. 대니얼 길버트와 팀 윌슨은 "사람들은 참신하고 감정적인 사건을 일반적이고 일상적인 사건으로 바꾸는 능숙한 감각 조작자다"라고 말한다.

달리 말하면, 최악의 상황이 발생하면 그 상황을 이해하고 앞으로 나아가는 방도를 찾을 것이다. 물론 최악의 상황을 겪는 것이 재미있지는 않을 것이다. 하지만 그것은 *생각한 만큼 그렇게 나쁘지도 않을 것이다.* 미래에 무슨 일이 일어날지 알 수 없다. 그 누구도 앞으로 좋은 일이 생길지 아니면 나쁜 일이 생길지 알지 못한다. 하지만 무슨 일이 일어나든, 과거에 그랬던 것처럼 최선의 결과를 얻을 수 있도록 최선을 다할 것이다.

재앙이 혁신과 적응으로 이어질 수 있다는 것을 기억해둬라. 예를 들자면, 여기 거래 계좌가 완전히 바닥나서 일시적으로 다른 일을 해야 하는 트레이더가 있다. 다른 일을 하면서 감정적으로 안정되고 절제력이 향상된다. 다시 트레이딩을 시작할 때, 이 향상된 기술이 장기적인 성공의 촉매가 된다. 그 누구도 재앙을 빠져나오면 성공으로 가는 길이 나올진 예측할 수 있다. 하지만 재앙의 끝에는 성공에 필요한 무언가가 기다리고 있을 것이다.

실수에 대한 두려움

일부 트레이더에게 실수는 학습 과정에서 필요불가결한 부분이다. 그렇기에 어떤 면에서 실수를 두려워한다는 것은 실제로 배움을 두려워한다는 의미다. 그런데 정신이 멀쩡한 사람은 자신에게 이로운 것을 두려워하지 않는다. 이게 핵심이다. 실수할까 봐 두려워지는 순간에는 정신이 멀쩡하지 않은 것이다. 거래할 기회에 과잉 반응하거나, 일찍 거래를 끝낸다거나, 거래 시점을 놓치는 것은 학습 과정을 바라보는 시각에 오류가 있음을 말해준다. 이런 오류 또는 근본적인 결함이 트레이더가 실수를 두려워하게 만든다.

대체로 실수에 대한 두려움은 미묘해서 잘 느껴지지 않는다. 표면적으로 그것은 손실에 대한 두려움처럼 보이기 때문이다. 그래서 실수에 대한 두려움을 암시하는 시그널을 포착하기가 쉽지 않다. 이와 관련해서 여기 눈여겨볼 만한 몇 가지 요소가 있다.

- 자신의 결정이 틀린 것은 아닌지 끊임없이 의문을 품는다.
- 불확실성의 고통을 끝내고자 포지션에서 급하게 빠져나온다.
- 모든 실수를 똑같이 취급한다. 완벽에 못 미치는 것은 그게 뭐든지 용납할 수 없다.

- 결정하길 주저하고, 결정하기 전에 지나치게 고민하고, 많은 결정에 대해서 사후 비판한다.
- 할 수 있다면 모든 것을 배우고 최선을 다해서 모든 실수를 방지하려고 한다.
- 실수 한 번으로 트레이딩을 접는다.
- 비난받거나 멍청하게 보일 만한 일을 절대 하지 않으려고 한다.
- 마무리해야 할 때 실수를 피하려고 거래를 마무리하지 않는다.

두려움이 가장 단순한 형태일 때, 두려움의 핵심은 예측이다. 일반적으로 거래일, 하루 중 특정한 순간이나 거래 기회를 예측하면서 초조함, 불안감 그리고 두려움을 느끼게 된다. 그런데 성과의 관점에서 실수를 예측하는 것은 유난히 어렵다. 왜냐하면 실수가 트레이딩 실행에 영향을 줘서 자신이 두려워하는 것 즉, 실수할 가능성이 커지기 때문이다.

주저하거나 사후 비판하는 등 실수는 일시적일 수 있지만, 트레이딩 실행에 부정적인 영향을 주기에는 충분하다. 이런 순간에 스스로는 인지하지 못하지만, 신경이 곤두선다. 왜냐하면 실수할까 봐 두렵기 때문이다. 하지만 왜 주저하는지 또는 결정하고 나서 때늦게 비판하는지 또는 자신의 직감을 신뢰하지 못하는 *이유*를 찾아서 들어가면, 실수에 대한 두려움이 도사리고 있다는 증거가 발견될 것이다.

모든 결정에는 실수할 가능성이 있다. 하지만 그렇다고 모든 결정이 실수에 대한 두려움을 초래하지는 않는다. 근원적인 결함의 존재를 암시하는 단서를 찾아라. 아마도 특정 조건이나 거래에서 실수할까 봐 두려워질 수 있다. 경제적 압박을 느낄 때 실수를 더 자주 할 수도 있다. 또는 거래량을 늘리기로 결정한 뒤에 실수할 가능성이 커질 수도 있다.

그리고 어닝 시즌이나 뉴스 속보처럼 타이밍과 관련되어 있을 수도 있다. 일부 트레이더에게는 실수에 대한 두려움이 하루 중 특정 시간대와 관련이 있을 수도 있다. 지루하거나 주의가 산만해지면 실수가 잦아져서 실수에 대한 두려움이 촉발될 수도 있는 것이다. 또는 거래를 시작하거나 종료하는 데 어려움이 있는 등 실수에 대한 두려움이 트레이딩 전략에 약점이 있다는 큰 시그널일 수도 있다.

이런 경우에 해야 할 일은 실수에 대한 두려움이 초래될 가능성이 큰 상황이 있는지를 파악하고 이해하는 것이다. 이렇게 하면, 실수하게 만드는 기술적 이유를 파악할 수도 있다. 다시 말해서 실수를 하고 실수할까 봐 두려워하는 것이 트레이딩 전략, 시스템 또는 실행에 약점이 있다는 시그널일 수 있는 것이다. 불필요하게 실수에 대한 두려움을 초래하는 성과 결함이 발견될 수도 있다. 그런데 기술적으로 잘못된 부분이 발견되지 않는다면, 실수할까 봐 두려워하는 것은 논리적이지 않은 것 같다. 실수를 잘못된 방식으로 되돌아보고 평가하면서, 실수해선 안 된다는 압박감이 커지는 것이다.

일단 결함이 파악되면, 실수에 대한 예측 수준을 일상 수준으로 되돌릴 기회가 생긴다. 보통은 실수할지도 모른다는 생각을 조금씩 서서히 줄여나가야 한다. 이 생각이 작아지면서, 과잉 생각, 주저함 그리고 사후 비판이 제거되고, 예전처럼 매끄럽게 트레이딩을 실행할 수 있게 된다.

과거 성과를 잘못 평가하면 실수에 대한 두려움이 초래될 수 있다. 그러면 잘못된 평가 방식은 뭘까? 실수에 대한 두려움은 학습과 밀접하게 관련되어 있으니, 다음의 결함들은 모두 어느 면에선 학습 과정과 관련된다.

완벽에 대한 기대

절대 실수하지 않으리라 생각하는 것은 완벽하길 기대하는 것과 다를 바 없다. 최고 성과를 위해 완벽해지고 싶은 욕구와 완벽에 대한 기대 사이에는 큰 차이가 있다.

완벽을 기대할 때, 실수를 피해야 한다는 압박감 때문에 가만히 앉아서 멍하니 상황만 관망하게 될 수 있다. 그런데 아이러니하게도 이것이 실수를 초래한다. 차이가 있다면, 실수의 종류가 다른 것이다. 예를 들어서, 거래를 진행할 충분한 지식이나 실수를 피할 정도로 탄탄한 트레이딩 전략이 있다는 확신이 들 때까지, 새로운 거래를 하거나 새로운 시장 영역에 진입하지 않는다. 그런데 이렇게 주저하다 보면 좋은 기회를 잃게 된다.

게다가 두려움이란 것은 스스로 강력해지는 감정이다. 그리고 상황을 관망해서는 충분히 배울 수 없다. 시장에 직접 참여해서 경험해야 한다. 다시 말해서 직접 투자를 해보고 몸소 부딪혀 봐야 한다. 그런데 시장에 뛰어들기도 전에, 가능한 모든 것을 배워서 실수를 피하려고 노력한다. 이렇게 시작하는 것이 이상적인 것 같을 수 있지만, 완벽을 기대하며 흡수한 모든 지식 때문에 차가 꽉 들어찬 도로처럼 의사결정 프로세스가 제대로 돌아가지 않을 수 있다. 트레이딩 전략을 두고 지나치게 생각하거나 사후 비판하고 시장에 뛰어들기를 망설일 수 있다. 이렇게 되면 불안감이 치솟는다. 이를 바로잡아야 하지만, 뇌가 제대로 작동하지 않는다. 그래서 다시 열외로 나가서 더 많은 것을 배워서 트레이딩 전략을 마무리한다. 문제는 이 사이클이 반복되는 것이다.

완벽을 기대하면 실수의 범위와 심각성이 어느 정도인지를 파악할 수도 없게 된다. 모든 실수가 똑같이 나쁘다고 판단하게 된다. 이렇게 되면, 트레이더는 옴짝달싹할 수가 없어진다. 아주 작은 실수마저 큰 실수처럼 느껴지기 때문에 모든 것을 올바르게 해내겠다는 압박감이 믿을 수 없을 정도로 크게 느껴진다.

기본적인 실수를 방지할 거라고 기대하는 게 합리적이지만, 아주 작은 실수를 큰 실수와 같은 선상에 놓고 보면 트레이딩은 자칫 삐끗하면 아래로 떨어져서 죽을 수 있는 공중 외줄 타기를 하는 것처럼 느껴질 수 있다.

완벽에 대한 기대는 흑백논리로 판단할 간단한 문제가 아닌 듯하다. 누구나 언제든지 실수할 수 있다는 것을 알지만, 같은 실수를 두 번 하지 않기를 기대한다. 그 결과 같은 실수를 또 하면 충격을 받는다. 자신이 그 실수를 또 할 거라고는 예상하지 못했기 때문이다. 마음속에 '어떻게 같은 실수를 또 하는 일이 일어날 수 있지? 어쩜 그렇

*게 어리석었던 거지? 뭘 더 해야 했던 거지?'*와 같은 의문으로 가득 찬다. 더 잘하려고 노력했지만, 같은 실수가 반복된다. 트레이딩 성과를 통제할 수 없다고 느껴지고 실수에 대한 두려움이 배가 된다.

실수를 했다면 그때 해야 할 일은 그 실수를 바로잡아서 다시는 실수하지 않도록 해야 한다. 하지만 트레이더는 자신이 뭘 잘못했는지만 알면 실수가 바로잡힐 것이라고 생각한다. 실수의 원인을 이해하려고 노력하지 않으면 같은 실수가 계속해서 반복될 수 있다.

기대가 무엇을 시사하는지를 자세히 살펴봐야 한다. 기대는 보장의 또 다른 표현이다. 언어학적으로 설명하려는 것은 아니지만, 이것은 중요한 포인트다. '나는 나 자신이 완벽할 것이라 기대해'라고 말하는 것은 기본적으로 모든 일을 완벽하게 해낼 것이라고 말하는 거다. 완벽을 기대하지만, 현실적으로는 최악의 상황만을 기대하거나 보장할 수 있다. 이게 한심하게 들릴지도 모르지만, 이것이 진실이다.

초반부에서 A급, B급, C급 멘탈 게임을 하는 게 무슨 의미인지 그 개념을 살피고 각 멘탈 게임을 파악하고 이해해서 지도를 작성했다. C급 멘탈 게임을 하게 되리라 보장할 수 있다. 왜냐하면 이 수준에 존재하는 기술은 좋든 싫든 완전히 숙지했기 때문이다. 그래서 트레이딩에서 이 기술은 쉽고 자연스럽게 사용하게 된다.

반면에 A급 멘탈 게임과 B급 멘탈 게임은 학습과 테스트해야 할 수 있다. 다시 말해서 최적의 신체, 정신 그리고 감정 상태를 유지하려 노력하고 다른 트레이더와 협업하는 시간을 갖고 더 좋은 트레이더가 되려는 여러 노력을 해야지만, 할 수 있는 것이다. 종합적으로 말해서, 매일 C급 멘탈 게임에서 벗어날 힘이 있어야 한다. 이 관점에서 실수를 하면 형사가 되어서 호기심을 갖고 실수한 이유를 분석하고 개선할 방법을 찾아야 한다.

자벌레 콘셉트에서 봤듯이, 완벽은 움직이는 표적이라서 적중시키기 거의 불가능하다. 완벽하길 염원하지만, 기대하지는 마라. 실수는 불가피한 것이다. 여기서는 과거의 실수에서 빠르게 교훈을 얻는 것이 목표다.

그렇다고 기대를 낮추라고 말하는 것은 아니다. 이것은 실수에 대한 두려움을 바로잡는 방법이 아니다. 그 대신에, 기대를 염원으로 또는 목표로 바꿔라. 완벽을 *기대*하는 것이 아니라 완벽이 목표가 되면, 자연스럽게 실수를 제대로 처리하게 된다. 이것은 성장에 필요하다. 그러니 실수는 학습 과정의 일부이나 실수하게 되어 있다고 기대하고 목표는 가능한 빨리 실수를 바로잡는 데 두자.

얻어맞은 개 증후군

실수에 대한 두려움은 오랫동안 자기 비판적으로 생각하고 행동하던 데서 생길 수 있다. 여기서 두려움이 문제의 시작점이 아니라는 것을 이해해야 한다. 자기비판이 지속적으로 고통을 낳고, 시간이 흐르면서 지속된 고통을 피할 방법으로 두려움이 생겨난다. 이것은 주인에게 주기적으로 얻어맞은 개의 행태와 유사하다. 주인에게 지속적으로 맞아온 개는 주인이 방에 들어오는 순간부터 두려움에 떤다. 그 개는 잘못 움직였다가 주인에게 맞을까 봐 긴장하고 초조해 한다. 실수에 대해 냉혹하고 부정적으로 반응하다 보면, 매질로 몸이 움츠러들어 또 다른 실수를 하게 된다.

자기비판이 문제가 되지 않는다고 생각할 수 있지만, 어느 순간에 자기비판에 대한 두려움이 생길 수 있다. 얻어맞은 개 증후군은 이 두려움을 바로잡는다고 해소되지 않는다. 이 두려움은 자기비판을 피하고 싶은 합리적인 욕구에서 비롯된다. 그러므로 자기비판의 근원을 찾아서 그것을 바로잡아야 한다.

본인 스스로 고통을 가할 정도로 강한 자기비판은 일반적으로 분노의 형태를 한다. 자신의 성과에 대해 피드백할 때 자신의 어조가 어떤지 생각해 봐라. 냉담하거나, 자책하거나, 잔인하다고 여겨지나? 그렇다면, 분노가 자기비판의 이면에 존재하는 감정인 것이다. 분노에 관한 다음 장을 읽고 자기비판을 하는 습관을 바로잡아보자. 이 문제를 안고 있는 많은 사람이 자기비판은 자신의 목표를 달성하는 데 필수적인 요소라고 생각한다. 그래서 이 문제와 관련해서 6장의 '자기비판의 미화' 섹션이 제일 도움이 될 것이다.

자기비판에 대한 두려움을 제거하는 프로세스를 인내심을 갖고 완수해내야 한다. 주인에게 맨날 얻어맞던 개를 주인과 분리하고, 따뜻한 보살핌을 받을 수 있는 가정에 보냈다고 해서, 그 개가 즉시 태평스러워지진 않는다. 그 개는 새로운 주인은 자신에게 고통을 주지 않을 거란 사실을 학습해야 한다. 이와 같은 방식으로 자기비판에 대한 두려움이 있는 사람은 자기 실수에 다르게 반응하는 법을 배워야 그 두려움이 사라질 것이다.

자기비판을 강하게 제어한 뒤에야 실수에 대한 두려움을 해소할 준비가 된 것이다. 하지만 얻어맞은 개와 달리, 자기 내면의 비판자(주인)를 그저 새로운 누군가로 대체할 순 없다. 실수에 대한 두려움을 돌파하려면, 두 부분으로 접근해야 한다.

첫 번째, 실수한 뒤에 분노를 억제하려고 노력한다. 두 번째, 분노 수준이 낮아지고 있다고 가정하면서 눈에 보이는 진전에 좀 더 주목하고 억지로라도 다음 실수에는 더 잘 대처할 수 있다고 믿는다. 체계적으로 집중해서 이 프로세스를 이행하면, 다음에는 실수에 더 잘 대처할 수 있다는 믿음이 빠르게 생길 것이다.

분명히 말하면, 실수에 핑계를 대거나 실수를 긍정적으로 받아들이도록 노력하라는 말이 아니다. 실수에 어떻게 대처하느냐가 학습 속도를 결정한다. 자기비판의 빈도와 강도를 낮추고 실수에 더 잘 대처하면 효율성이 향상된다. 자기비판이 잦고 실수할까 봐 두려워할수록 학습 과정이 더뎌지거나 완전히 멈춰서 계속 실수하게 된다. 궁극적으로는 실수에 더 잘 대처하고 싶은 것이고, 그렇게 하면 실수를 더 빨리 바로잡을 수 있다.

다음은 자기비판에 대한 두려움을 중심으로 작성해 본 멘탈 핸드 히스토리다.

1. 문제는 무엇인가 : 실수가 불안과 두려움을 초래한다. 다른 기회가 눈에 들어오면, 내 판단이 맞는지를 의심한다. 투자해도

그 규모는 크지 않다. 나는 그 거래로 이익을 얻을 때까지 안절부절못하고 주저한다.

2. 문제는 왜 존재하나 : 실수를 한 자신을 비판하는 것은 자연스러운 행동이다. 나는 학교에서 작은 실수에도 비난받으며 자랐고, 지금은 나 자신에게 같은 짓을 하고 있다.

3. 무엇이 잘못됐나 : 이래선 안 된다! 더 잘하라고 자신을 독려하기 위해서 하는 행동이라기에 이것은 틀린 시도다. 확실히 자기비판에 동기 부여되어 나의 실수를 바로잡고 싶어진다. 하지만 자기비판을 해도 계속 실수가 생기고, 그 빈도가 점점 늘어나고 있다. 이것은 트레이딩 실행에 도움이 되지 않는다. 하지만 실수와 자기비판이 계속 이어진다. 이것이 스스로 더 잘하도록 만드는 방법이라고 할 수 없다. 물론 나는 더 잘할 수 있다. 하지만 실수할 때마다 나 자신을 꾸짖고 비난하면, 상황은 훨씬 더 악화할 거다.

4. 조정 방안은 무엇인가 : 자기비판은 내가 잠재력을 발휘하는 데 도움이 안 됐다. 나의 학습 상태는 형편없었다. 나는 실수하면 자신에게 뭐라고 말해야 하는지 모른다. 하지만 지금부터 자기비판이 아닌 실수한 나에게 제대로 말하는 방법을 배워나갈 거다.

5. 조정 방안이 옳다고 확인해주는 논리는 무엇인가 : 내가 절대로 끝나지 않을 사이클에 갇혀 있었다는 것을 깨달으면서, 나는 더 큰 실수를 바로잡아야겠다고 다짐했다. 그것은 바로 자기비판이다. 트레이딩하다 보면 좋은 날도 있고 나쁜 날도 있다. 하

지만 이미 일어난 일을 되돌릴 방법은 없다.

결함이 있는 프로세스

실수가 두려움을 초래하는 또 다른 이유는 프로세스의 약점이다. 예를 들면, 의사결정 프로세스, 트레이더로서 경쟁력을 개발하는 프로세스 또는 트레이딩 전략을 시장에서 나타난 변화에 맞춰 조정하는 프로세스에 뭔가 약점이 있는 거다. 불확실성은 이런 약점으로 증폭된다. 그런데 절제력이 약하면 불확실성은 더욱 증폭된다. 프로세스를 개선해야 하지만, 마음 한편으로 자신이 최선을 다하고 있지 않다는 것을 안다.

어느 쪽이든, 뭔가 이상하다는 것을 감지하고 엉망이 될지도 모른다고 걱정하며 거래를 진행할 수 있다. 이런 경우에 트레이더는 많이 망설이게 된다. 일반적인 조건에서도 쉽게 방아쇠를 당기지 못한다. 수익을 빨리 확정하여 이익을 얻었지만, 마음이 불안하다.

알렉스는 일 년에 네 번에서 다섯 번은 큰 수익을 확보할 자신이 있는 거래를 발견했다. 하지만 잘못 판단했을지도 모른다는 두려움 때문에 그 거래를 진행하지 못했다. 그는 '돈을 많이 잃으면 어쩌지? 그렇게 많은 돈을 잃고 싶지 않은데. 내 판단이 틀리면 어쩌지? 그런 식으로 추락하고 싶지 않아'와 같은 생각으로 사고가 마비될 지경이었다. 그럴 때면 그는 경제 뉴스에 더 주의를 기울이고 도움이 안 될 것임을 알면서도 다른 트레이더들에게 의견을 구했다.

알렉스는 며칠 동안 거래를 진행했고, 그 기간에 거래를 제대로 끌고 가야 한다는 것보다 잠재적 리스크에 과도하게 집중했다. 그는 자신이 진행하는 거래 20퍼센트에서 자신이 확보한 수익의 80퍼센트가 나온다는 것을 알고 있었다. 이렇게 수익성이 큰 거래에 투자를 많이 해서 더 많은 수익을 올려야 한다는 것을 알았지만, 거래의 수익성에 따라서 자원을 배분하는 데 애를 먹었다.

그는 큰 거래에서 실수할지도 모른다는 두려움을 안고 있었다. 이 두려움 때문에 큰 거래에서 자신의 경쟁 우위가 사라진 것처럼 느꼈다. 여느 때라면 자신의 핵심 역량을 단 1분 만에 설명해 낼 수 있었다. 하지만 큰 거래 기회를 앞두고 압박감을 느끼는 순간에는 머리가 멍해졌고 자기 경쟁력을 분명하고 간결하게 설명해 낼 수 없었다.

이것이 알렉스의 트레이딩 프로세스의 첫 번째 약점이었다.

필자가 제안한 실천 방법은 간단명료했다. 알렉스는 머릿속에 떠오르는 다양한 생각과 아이디어 모두를 종이에 적었다. 이렇게 하면서 그는 자신의 경쟁 우위가 어디서 나오는지를 더 명확히 이해할 수 있었다. 이런 식으로 생각을 정리하면서 그는 자신의 트레이딩 프로세스에 더 자신감을 가지게 됐고, 이어서 자연스럽게 큰 거래에서 잘못 판단할지도 모른다는 불안감이 줄어들었다.

자신의 경쟁 우위가 뭔지 명확하게 파악한 알렉스는 외부에서 정보나 의견을 전혀 구하지 않으면 어떻게 되는지 알고 싶어서 실험해 봤다. 첫 며칠은 이상했지만, 자기 정신력이 크게 향상됐다는 것은 알 수 있었다. 집중하는 시간이 늘어났고, 쉽사리 주의가 산만해지지 않았다. 이 두 번째 트레이딩 프로세스의 개선은 빠르게 세 번째 개선으로 이어졌다.

외부로부터 정보나 의견을 구하지 않으면서, 그는 자신의 의견과 직감에 오롯이 집중해야 했다. 그러면서 자신의 직감을 점점 더 신뢰하게 됐고, 직감과 자기 발목을 잡는 의구심을 구분해 낼 수 있게 됐다. 그는 직감을 퍼즐 조각 몇 개를 맞춰서 완성된 그림이 무엇인지를 이해해내는 능력이라고 묘사했다. 그는 앞으로 무슨 일이 일어날지 알기에 그저 자신의 예상을 확인할 시그널만 기다리면 됐다.

직감과 두려움은 알렉스에게 완전히 다른 경험을 제공했다. 두려움 때문에 생각이 많아졌고, 자기 회의에 빠졌으며, 가슴이 답답하고 명치에 뭔가 걸린 것 같은 신체적 반응을 경험했다. 직감과 두려움의 특징을 정리했고, 실시간으로 비교하면서 그것이 직감인지 두려움인지를 파악했다. 그 덕분에 직관적인 통찰과 두려움에서 비롯된 반응을 구분해 낼 수 있었고, 상황에 따라서 적절하게 행동할 수 있게 됐다.

알렉스는 거래 규모를 늘렸을 뿐만 아니라, 더 많은 수익을 확보하기 위해서 거래를 더 오래 진행했다. 자신이 전에는 잠재 수익의 1/3 정도만 확보하고 거래를 종료했다고 추정했다. 참고로 이것은 욕심을 촉발하는 큰 계기였다. 이제 그는 출구 계획을 세운다. 수익이 한창 높은 시점에서 2/3 정도의 수익만 챙기고 거래를 마무리한다. 나머지 1/3은 최악의 경우에 손익분기점에 이를 것으로 예측하고 그대로 내버려 둔다.

정확도가 매우 중요한 알렉스와 같은 수준의 트레이더에게는 트레이딩 프로세스의 작은 결함도 생각했던 것보다 훨씬 더 큰 문제가 될 수 있다. 이런 결함들도 내면에 두려움이 존재한다는 시그널이다. 트레이딩 프로세스에 약점이 있으면, 트레이더가 실수할까 봐 두려움을 느끼는 것은 자연스러운 반응이다. 두려움은 트레이딩 프로세스에서 뭔가가 개선되어야 한다는 시그널이다. 실수할까 봐 두려울 때, 그 두려움을 무시하거나 과도하게 자신감 있게 행동하는 것은 이상적인 해결책이 아니다. 그 대신에, 두려움을 트레이딩 프로세스를 개선하고 정돈할 단서로 이용해야 한다.

손실은 실수에서 비롯된다는 생각

트레이딩에서 유일하게 확실한 것은 트레이더가 시장에서 모든 것을 통제할 수 없다는 것이다. 그런데 일부 트레이더는 시장 변동이 자신들의 트레이딩 결과에 영향을 미치지 않는 것처럼 행동하면서 이 현실을 무시하려고 한다. 그들은 손실이나 자신들이 바라는 만큼 이익을 확보하지 못하는 것은 단순히 실수 때문이라고 생각한다.

손실을 경험하거나 원하는 만큼 수익을 확보하지 못하는 것은 실수했기 때문이라고 믿으면, 불필요한 스트레스와 긴장이 초래된다. 이 스트레스는 주저하다가 가격 조건이 나쁠 때 거래를 시도한다거나 수익성 있는 기회를 완전히 활용하지 못하는 등 진짜 실수를 초래할 수 있다. 트레이딩 결과 중에서 일부는 개인의 실수보다는 시장 변수에서 비롯됐다는 것을 인정하지 않으면서, 트레이더들은 자신들의 시장 통제력을 과대평가하고 결과에 지나치게 많은 책임을 진다. 시장 변동성만 탓하는 것보다 경계하면서 거래하고 결과에 책임지는 게 더 낫지만, 시장 통제력을 과대평가하다 보면 하지 않아도 되는 실수를 하게 된다.

보통 거래에서 큰 수익을 내다보면 시장에 대한 자신의 통제력을 과대평가하기 시작한다. 우연히 들어갔던 거래에서 완벽한 타이밍에 빠져나와서 최대 이익을 거뒀던 경험이 있을 것이다. 이런 경우에 다음과 같은 두 가지 일이 일어난다.

1. 자신의 거래에 긍정적으로 작용한 변수가 있었다고 생각하지 않는다. 그리고 자신이 깨닫든 깨닫지 못하든 트레이더로서 자신의 실력 덕분에 큰 이익을 거뒀다고 생각한다.
2. 모든 거래에서 최대 수익을 확보하거나 적어도 최대 수익을 확보하는 일이 자주 일어나야 한다고 생각하기 시작한다.

이제는 나쁘지 않은 수익을 확보했더라도 최대 수익에 못 미치는 이익을 얻으면, 거래하는 과정에서 자신이 실수했을 거로 생각한다. 그런데 최대 수익을 확보하지 못한 것이 실수라는 생각은 잘못됐고, 실수가 원인이라고 단정 짓기에는 상황이 그리 단순하지 않다. 하지만 이런 일이 일어날수록, 다시는 '이런 실수를 하지 않겠다'라는 생각에 거래 진입과 출구에 관한 결정, 리스크 계산이나 다른 요인에 대한 분석을 망설이고 사후 비판하기 시작한다.

시장을 완전히 통제하길 바라면, 트레이딩 성과를 옳고 그름이란 이분법적 잣대로 바라보게 된다. 하지만 트레이딩은 이보다 더 복잡한 일이다. 트레이더가 손쓰거나 통제할 수 없는 많은 요인이 트레이딩 성과에 영향을 미친다. 하지만 트레이딩 성과를 더 잘 통제하고 관리할 방법이 있다. 그중 한 가지는 실수를 바라보는 시각을 바꾸는 것이다. 1장에서 소개한 다음 표가 이분법적 사고를 대체할 좋은 대안을 제시할 것이다. 이 표에서는 실수를 세 가지로 분류하고 있다.

C급 멘탈 게임	B급 멘탈 게임	A급 멘탈 게임
분명한 실수	학습 과정에 나타나는 실수	미미한 실수
원인: 정신적 결함이나 감정적 결함이 감정을 너무나 강렬하게 만들거나 에너지가 너무 낮아서 실수가 생긴다.	원인: 전략적인 의사 결정력이 약해서 나타나는 피할 수 없는 실수다.	원인: 약한 전략적인 의사 결정력과 정신적 결함이나 감정적 결함이 혼합되어 실수가 일어난다.

혹시나 해서 하는 말이지만, A급 멘탈 게임의 실수는 기술적인 요인에서 비롯된다. 예를 들어서, 아직 얻지 못한 지식이나 파악하지 못한 시장의 최근 변화 등이다. 이것들은 막을 수 없고 학습 과정에 내재한 '학습 실수'이다.

B급 멘탈 게임에서는 감정적 요인이 실수를 초래한다. 감정적 요인이 트레이더가 A급 멘탈 게임으로 나아가 최고 트레이딩 성과를

내지 못하게 방해하지만, C급 멘탈 게임에 빠뜨려서 최악의 트레이딩 성과를 내게 만들 정도로 강하지는 않다. 그리고 B급 멘탈 게임에서는 어느 정도 전술적인 실수가 발생하기도 한다. 바로 눈에 띄는 전술적인 실수는 아니지만, 그것이 무엇인지를 분석해서 다음 전에는 그런 실수를 저지르지 않도록 해야 한다. C급 멘탈 게임에서 나타나는 실수는 매우 분명하고 명확하다. 그것들은 전술적인 실수라기보다 트레이딩 성과에 영향을 주는 심리적이고 감정적인 실수다.

　이 문제를 바로잡으려면, 이렇게 세 부류로 실수를 이해하고 분류하는 훈련을 해야 한다. 이 표를 이용해서 실수를 분석하고 정리하면, 실수하지 않았는데 실수했다고 생각할 가능성이 줄어든다. 아직도 자신의 멘탈 게임을 분석해서 A급 멘탈 게임부터 C급 멘탈 게임까지 분류하고 정리하지 않았다면, 눈에 뻔히 보이는 실수(C급 멘탈 게임의 실수)와 가끔 저지르는 사소한 (살짝 덜 나쁜) 실수(B급 멘탈 게임의 실수)를 모두 메모해 보기 바란다. 최근에 있었던 학습 실수(A급 멘탈 게임의 실수)도 확인할 수 있다면, 좋다. 그렇지 않다면, 해당 부분은 빈칸으로 남겨둬라.

　그러고 나서 스스로 실수했다고 생각될 때, 그 실수가 이 목록에서 무엇에 해당하는지를 확인해라. 사소하거나 명확한 실수가 아니라면, 손실이 이해하지 못했던 무언가이거나 자신의 현재 역량을 향상하는 새로운 무언가로 인해서 초래된 것은 아닌지를 고민해 봐라. 만약 그렇다면, 그것은 학습 실수일 가능성이 크다. 그리고 학습 실수를 할까 봐 두려워하는 것은 자신이 무언가를 배우는 것을 두려워한다는 뜻이다.

명백한 실수

명백한 실수에 대한 두려움은 정확하게 말 그대로다. 구체적으로 말하면, 어떻게 그런 실수를 저지를 수가 있는지 도저히 이해가 안 될 정도로 누가 봐도 틀린 실수를 저지를까 봐 두려워하는 거다.

더 짜증 나는 일은 지금 하는 일이 틀렸다는 것을 알면서 할 때다. 잘못된 줄 알면서도 실수를 저지르는 자신을 막을 수 없다는 충격과 불신감이 상당한 불안과 긴장을 불러일으킨다. 이미 신경이 곤두선 채로 하루를 시작하고, 상황이 자신에게 불리하게 돌아가면 빠르게 통제력을 잃고 큰 실수를 저지르게 될 것이라고 우려한다.

이런 유형의 실수를 하지 않으려고 노력하지만, 쉽사리 두려움이 사그라지지 않는다. 헛수고하는 게 싫어서 아무 진전 없이 두려움만 커진 채로 처음 시작했던 곳으로 되돌아간다.

실수하지 않도록 스스로 제대로 제어하지 못하기 때문에 명백한 실수를 저지를까 봐 두려워하는 것은 어찌 보면 당연하다. 트레이더들은 대체로 실수의 원인이 아니라 실수 자체에 초집중한다. 앞에서 논의했듯이, 명백한 실수는 감정적으로 지나치게 동요된 상태에서 일어난다. 감정 동요가 심하면, 실수를 안 하고 싶어도 안 할 수가 없다. 하지만 트레이더들은 대체로 실수를 유발하는 심리적이고 감정적인 요인을 제대로 설명해내지 못한다. 특히 누가 봐도 실수인 실수나 기본적인 실수를 저지르면, 그렇다. 트레이더들은 명백한 실수를 저지르면, 그것을 방지하고자 노력하지 않는다. 왜냐하면 명백한 실수를 막는 데 필요한 지식을 이미 자신들이 갖고 있다고 믿기 때문이다. 그들은 명백한 실수가 아주 우연히 일어난 것이라고 무시하거나 고치기 쉽다고 가정한다.

이를 개선하려면, 이러한 명백한 실수가 트레이딩 실력에 뭔가 약점이 있다는 것을 알려주는 증거라고 생각해선 안 된다. 그보다 그런 명백한 실수를 하게 만드는 심리적이고 감정적인 문제에 집중해야 한다. 예를 들어서, 욕심, 손실에 대한 두려움, 분노, 자신감 부족이나 과잉 때문에 그런 실수를 하는 것인지도 모른다. 바로 이런 문제들이 트레이더가 애당초 명백한 실수를 하게 만든다. 그러곤 스스로 명백한 실수를 저지르지 않으려고 해도 그게 마음대로 안 되면서, 명백한 실수에 대한 두려움이 형성된다. 하지만 진짜 문제를 바로잡으면 명백한 실수를 더 이상 하지 않게 되고 명백한 실수에 대한 두려움은 마침내 사라질 것이다.

이 프로세스의 속도를 높이려면, 한 번에 두 가지 일을 해야 한다. 우선 명백한 실수의 원인을 고칠 전략을 개발하고, 자신의 트레이딩 성과에 대한 신뢰를 재건해서 명백한 실수에 대한 두려움이 잦아들게 만들어야 한다. 처음에는 신경이 곤두서 있기 때문에 명백한 실수가 계속 생길 것이다. 이게 핵심이다. 명백한 실수를 저지를 리스크는 여전히 높다. 여전히 트레이더는 심리적으로, 그리고 감정적으로 미약한 상태다. 하지만 조금씩 개선되면서, 명백한 실수가 언제 그리고 왜 생기는지를 알게 될 것이다. 그리고 실시간으로 명백한 실수가 나오지 않게 막으면서 명백한 실수를 저지를 가능성이 줄어들 것이다.

실패에 대한 두려움

성공과 실패는 이분법적이다. 슈퍼볼에서 우승팀은 오직 하나이고, 마스터스에서 우승자는 오직 한 명이다. 이런 관점에서 스포츠 세계는 대체로 실패로 가득하다고 할 수 있다. 이것이 경쟁의 본성이다. 하지만 실패를 어떻게 해석하고 받아들이냐가 모든 차이를 만들어낼 것이다.

실패는 기술적이고 심리적인 약점을 여실히 드러낸다. 실패하면 기술을 더 단단하게 만드는 데 시간과 노력을 더 많이 들이겠다는 동기부여가 증폭된다. 결과적으로 실패를 통해서 자신의 성공욕이 얼마나 강한지 깨닫게 된다.

최고의 경지에 오르고자 노력하는 사람들은 실패를 두려워하며 피하지 않는다. 그들은 자신이 더 나은 사람이 되고 한 단계 성장하는 데 실패가 무슨 역할을 하는지를 알고 그대로 받아들인다.

트레이딩에서 성공은 스포츠 세계와 비교해서 덜 이분법적이고 더 유동적이다. 실패의 역할을 제대로 이해하고 받아들이는 것은 트레이딩에서도 중요하다. 하지만 트레이더가 실패를 두려워하면, 실패의 의미를 해석하는 데 오점이 생긴다. 과거에 실제로 실패를 경험했느냐 안 했느냐는 중요하지 않다. 문제는 실패를 바라보는 관점이다.

모든 트레이더가 실패를 서로 다르게 받아들인다. 혹자에게 실패는 단순히 목표 수익률을 달성하지 못한 것이다. 또 다른 혹자에게 실패는 그들 자신을 정의한다. 실패에 대한 두려움이 반드시 나쁜 것은 아니다. 그것은 성공하기 위해서 더 열심히 노력하고 할 수 있는 최선을 다하겠다는 동기를 부여하기도 한다. 그리고 신중하지 못한 트레이더는 실패한 뒤에 리스크를 적절하게 관리하게 되기도 한다.

하지만 혹자에게는 실패를 피하겠다는 욕구가 마음을 혹사해서 크나큰 스트레스를 초래한다. 실패할 것이라는 생각이 커지면서, 생각의 생각을 거듭하면서 결정을 내린다. 그리고 스스로 완벽하다고 느낄 때만 거래를 진행하고, 평균보다 적은 금액으로 투자하면서 핑계를 대고 놓쳐버린 기회를 두고두고 아쉬워한다. 거래 포지션이 폭락하면 그 자리에서 얼어붙고, 피해를 수습하고 멍청한 실수를 또다시 저지르지 않는 방법을 찾는 데만 집중한다. 이런 문제를 안고 있는 트레이더에게는 아이러니하게도 실패를 피해야 한다는 압박이 실패할 가능성을 높인다.

이러한 실패에 대한 두려움은 트레이딩 업계와 일반적으로 성과를 내야 하는 분야에서 아주 흔하다. 그래서 이런 문제를 해소하는 방법을 추천하는 책들이 많다. '작은 수익을 추구해라', '실패를 받아들여라.', '실패를 통해서 승리하는 법을 배운다.', '실패에서 교훈을 얻고 앞으로 나아가라' 등과 같은 조언을 많이 들어봤을 것이다. 이것들은 정확하고 논리적인 조언이다. 그러나 그것들은 실패에 대한 두려움의 이면에 밝혀지지 않은 근원적인 결함이 존재한다면 완전히 도움이 되지 않는다. 다음은 반드시 분석해야 하는 아주 흔한 경험들이다.

높은 기대

기대가 높다는 것은 본질적으로 기대의 대상을 손에 넣기가 어렵다는 것을 시사한다. 높은 기대로 오랫동안 기대에 훨씬 못 미치는 성과를 내오고 있다고 생각해 보자. 계속 기대를 충족하는 데 실패하면서, 자신의 기준에 부합하는 성과를 낼 수 있을지 의아해하며 자기 능력을 의심하게 되고, 마침내 두려움을 느끼게 된다.

여기서 결함은 지나치게 높은 기대는 아니다. 자기 상상력이 허용하는 한 포부는 크게 품어야 한다. 진짜 결함은 *한껏 높이 세운 목표를 달성할 수 있을 것이라는 기대*다. 무언가를 열망한다는 것은 목표에 도달할 수 있는 프로세스가 필요하다는 것을 시사한다. 앞으로 밟아나가야 하는 단계를 모두 완전히 알지 못한다면, 이런 프로세스는 더욱 절실하다. 하지만 기대는 프로세스 따위에는 관심이 없다. 그저 아무 의심 없이 결과만 바라고 요구한다.

가령 자기 회사에서 최고의 트레이더가 되겠다는 포부를 품었다고 치자. 이 기대에 부응하고자, 가이드라인을 세우고 주변에서 피드백과 협조를 구하고 모든 거래를 꼼꼼히 살피고 트레이딩 실행에 한 치의 실수가 없도록 최선을 다한다. 이 모든 노력은 기대한 바를 달성하기 위한 것이다. 매일 이 프로세스대로 노력하면서 프로세스를 개선할 방법을 끈질기게 찾는다. 그리고 이 와중에 실패하면 엄청 짜증이 나지만 실패로부터 교훈을 얻어서 다음 해에 세운 목표를 달성하는 데 적용한다.

반면에 노력이나 시장 상황에 상관없이 바라던 결과가 당연히 나올 것이라고 기대할 때는 실패를 경험하면 완전히 충격을 받고 전체 프로세스가 쓸모가 없다고 생각하게 된다. 거듭해서 이런저런 실패를 계속 경험한다면, 실패할 것이라는 두려움이 생겨서 열망하던 목표를 달성하는 데 방해가 된다. 높은 기대는 대체로 동기부여를 위해서 사용되지만, 높은 기대가 자기 자신에게 피해를 줄 수도 있다.

이것이 블라드의 문제였다. 블라드는 사업가이자 트레이더로서 알고리즘에 기반한 트레이딩 시스템을 이용해서 거래했다. 이 시스템은 잘 작동했고 그 자체로 아주 효과적이었다. 그런데 어느 시점에 자신이 개입해야 하는지를 판단하는 데 애를 먹었다. 그는 잘못된 타이밍에 시스템에 개입하는 일이 잦았다. 시장 움직임에 대해서 자신의 편견을 바탕으로 거래를 진행했다. 이렇게 마구잡이로 시스템에 개입해서 거래하면 상당한 비용이 초래된다는 증거도 존재했다.

이런 실수가 발생하는 이유를 명확히 파악하기 위해서 블라드는 자신이 느끼는 두려움을 분석했고 자신의 감정 변화를 기록해서 스프레드시트에 정리했다. 트레이딩 시스템 전문가로서 그는 자신의 감정을 수치로 평가할 수 있어서 흡족해했다. 이렇게 해서 실시간으로 각각의 실수가 어디서 발생하는지를 시각적으로 파악할 수 있었고, 실수에 강조 표시를 했고, 시장이 마감된 이후에 멘탈 핸드 히스토리를 사용해서 분석했다. 자신의 일상적인 루틴을 기록했고, 수면 부족이나 외부 감정이 트레이딩하는 동안에 자신의 감정에 어떻게 영향을 주는지도 파악했다. 그리고 그 반대의 상황도 파악하고 분석했다.

이 과정에서 블라드는 자신이 옳다는 것을 증명하려는 욕구가 지속해서 나타난다는 것을 발견했다. 그는 항상 모든 돈을 잃고 파산하는 최악의 시나리오를 머릿속에 떠올렸다. 잠을 잘 수가 없었고, 설령 잠이 들더라도 트레이딩하는 꿈을 꿨다. 그 당시 상황을 '엔딩 버튼'이 없는 영화같았다고 묘사했다. 끔찍한 기분으로 계속해서 모니터를 뚫어져라 쳐다보며 부정적인 결과가 나올까 봐 두려워했다.

멘탈 핸드 히스토리를 완성해 나가면서 그의 문제를 초래하는 근본적인 원인을 찾아냈다.

1. **문제는 무엇인가** : 나는 투자자들이 우리 회사에 대한 지원이나 투자금을 언제라도 회수할까 봐 걱정된다. 상황은 측정할 수 있는 결과와 수익성으로 판단할 수 없는 상태가 됐다. 더 이상 데이터와 결과를 분석하는 것이 핵심이 아니다. 상황은 순수하게 객관적이기보다는 다른 사람들의 피드백이나 의견 때문에 온갖 감정으로 가득하다. 엄청난 돈이 걸려 있다. 고객들이 걱정하거나 공황 상태에 빠져서 투자금을 회수하면 엄청나게 많은 돈을 잃을 수 있다. 고객이 어떻게 반응할지 걱정하다 보면, 가

치나 연관성을 잃을지도 모른다는 두려움도 커진다.

2. 문제는 왜 존재하나 : 지금까지 해오던 일을 살펴보면 말이 되지 않는다. 왜냐하면 객관적으로 실패한 적이 없기 때문이다. 물론 나는 25살에 백만장자 될 것이라는 목표를 달성하지는 못했다. 하지만 장기적으로 내가 원하는 것을 손에 넣을 것이라고 확실하게 믿고 있다. 그런데 한순간의 실수로 실패할지도 모른다는 두려움이 내 속에 있다. 실패자라고 생각하지 않지만, 실패할 약간의 가능성 때문에 너무나 두렵다.

3. 무엇이 잘못됐나 : 나에 대한 기대가 너무나 높다. 장기적으로 원하는 것을 손에 넣을 수 있다고 정말로 믿지만, 구체적으로 시간대를 설정하고 그 안에서 그 목표를 달성할 것이라고 기대하는 것은 불필요한 부담을 내게 안겨줬다.

4. 조정 방안은 무엇인가 : 나는 하방 리스크를 완화하는 데 뛰어난 실력을 갖추고 있다. 그리고 새로운 시스템을 개발하고 배포하여 훌륭한 CEO가 해야 할 일인 회사를 성장시킨다.

5. 조정 방안이 옳다고 확인해주는 논리는 무엇인가 : 기대가 높은 탓에 전문성, 가치, 회사의 성장에 대한 기여도를 훼손하면서 결과에만 지나치게 집중했고, 그 결과로 가치를 제대로 보지 못하고 있었다.

블라드는 논리적이고 체계적으로 자신이 감정적으로 반응하는 근본적인 원인을 찾고 분석했다. 그래서 해서는 안 되는 순간에 시스템에 개입하지 않게 됐다. 그리고 자신의 감정 상태를 분석해서 알게 된 사실을 이용해서 회사에서 자신의 역할을 재조정할 수 있었다.

블라드는 한 개인으로서 자신이 리스크를 싫어하고 다른 사람들의 감정과 기대에 지나치게 예민하다는 것을 완전히 이해하면서 업무 태도를 바꿨다. 자신이 깊이 개입하고 통제하려고 했던 마케팅과 같은 회사 업무에서 살짝 물러나서 사람들이 회사를 잘 운영할 것이라고 믿기로 했다. 그는 "모델을 다각화하는 것과 같았다. 나는 회사를 운영하는 데 집중하고자 뒤로 물러났고 직원들이 더 좋은 성과를 낼 수 있게 도왔다. 손에 쥐고 있던 것은 놓고 내가 집중해야 하는 부분에 오롯이 집중하면서, 불안감도 많이 줄어들었다"라고 말했다.

물론 기적은 없다. 이것은 블라드가 열심히 노력해서 얻은 결과다. 그는 여전히 통제와 관련된 문제를 안고 있지만, 이제 편안하게 잠들 수 있다. 그의 삶의 질은 대단히 향상됐다. 그리고 일에 대한 집중력도 향상됐다.

블라드가 했던 노력에 더해서, 높은 기대의 부정적인 영향을 완화할 방법이 몇 가지 더 있다. 우선, '실수에 대한 두려움' 섹션에서 완벽을 기대하다가 하게 되는 실수를 예방하는 방법을 설명할 때 말했듯이, 기대를 포부로 바꿔야 한다. 이렇게 하면 기대가 아닌 높은 포부에 집중하기 때문에 계속해서 크게 동기 부여되고, 높은 기대에서 비롯된 압박감을 받지 않는다. 그리고 실수를 성장 과정의 한 부분으로 이해하고 받아들이기 때문에 실수에서 교훈을 더 빨리 얻을 수 있다.

하지만 이러한 시각 변화만으로 충분하지 않다. 실패에 대한 두려움은 부분적으로 과거 실패의 여파로 생겨난다. 이 누적된 감점을 해소하려면 그동안의 트레이딩 이력과 가능하면 개인사를 되돌아보면서 과거의 실패를 조사해야 한다. 이 프로세스가 다음에 도움이 될 것이다.

1단계 : 트레이딩 안팎으로 실패라고 생각되는 일을 모두 작성해본다. 목록을 살펴보면서 계속 머릿속을 떠나지 않는 일이 있는지 확인한다. 어느 것이 머릿속에서 맴도나? 지금에 와서 생각해도 가슴이 찡하게 아려오는 일이 있나? 심지어 몇 년이 흘렀는데도 실패의 고통이 느껴지는 일은 무엇인가?

2단계 : 가장 눈에 띄거나 현재도 가장 부정적으로 느껴지는 일을 집중적으로 살펴보면서 그때 왜 실패를 했는지 고민해 본다. 무슨 실수를 저질렀나? 이전에는 이해하지 못했던 것은 무엇인가? 그 경험에서 무엇을 배웠나? 트레이더로서 아니면 다른 부분에서 자신이 성장하는 데 그 경험이 어떻게 도움이 됐나?

3단계 : 실패의 어느 부분이 제일 마음에 걸리는지 그리고 왜 그런지를 생각해 본다. 그 일이 일어나지 않았다면 내 인생은 어떻게 바뀌었을까? 그런 실수를 해서 후회가 되나? 실패로 이어진 실수를 한 자신을 아직도 용서하지 못하고 있나?

4단계 : 멘탈 핸드 히스토리를 이용해서 과거의 실패를 떨쳐내지 못하는 이유를 찾아본다. 그리고 그 이유에 숨어 있는 결함을 바로잡는다.

과거의 실패에 대해서 최소한 중립적인 감정이 드는 지점에 이를 때까지 멘탈 핸드 히스토리를 주기적으로 꺼내 본다. 그 경험에서 교훈을 배웠거나 그 교훈 덕에 많은 돈을 벌게 돼서 과거의 실패를 기쁜 마음으로 받아들이는 지점에 이르게 될 것이다. 그런데 여기서 첫 번째 목표는 과거의 실패가 부정적으로 느껴지지 않는 지점에 이르는 것이란 점을 기억해야 한다.

자기 성취에 대한 과소평가

성공보다 실패에 더 주목하면서 실패의 고통이 증폭됐고, 결국에 실패를 두려워하게 됐을 것이다. 이런 패턴은 높은 기대를 품고 있는 사람에게서 흔히 나타난다. 기대가 높은 사람은 성공은 당연한 일이라고 여겨서 성공에 충분히 주목하지 않는다. 그래서 무언가를 성취해내도 만족감, 자부심, 성취감, 기쁨 또는 행복이 충분히 느껴지지 않는다. 그런데 이런 긍정적인 감정은 오래 지속되지도 않는다. 긍정적인 감정은 금세 잊고 다음 목표로 넘어간다.

그렇다고 뭔가를 해낸 자신이 대단하다며 자기 만족감에 취해서 안주하거나 자만하게 되는 리스크를 감수해야 한다는 소리는 아니다. 균형을 잡아야 한다. 그렇지 않으면 실패가 실제보다 더 크게 다가오는 상황이 초래될 수 있다. 결과적으로 실패에 지나치게 집중해서 균형 잡힌 시각으로 실패와 성공을 바라보지 못하게 된다.

그렇다면 성공과 실패를 바라보는 시각의 균형을 회복하려면 어떻게 해야 할까? 이전의 성공 경험을 목록으로 작성하고, 목록을 보면서 기쁨을 오롯이 느끼지 못하고 넘어갔거나 제대로 가치 평가를 받지 못했던 일이 있었는지 생각해 보자. 한꺼번에 모든 일을 기억해 낼 수 없으니, 이 주일 정도 시간을 두고 꾸준하게 이 작업을 진행한다. 다음의 질문에 답해본다. 왜 이 성취는 가치가 있고 기념할 만한 것일까? 그 성취를 가치 있게 여기고 기념하는 일을 어렵게 만드는 것은 무엇이었나? 이 성취에서 기분 좋게 생각할 수 있는 부분은 뭘까?

그리고 나서 다시 목록을 훑어보며 당시에 어떻게 성공했는지를 파악해 본다. 성공하기 위해서 무엇이 필요했나? 그 과정에서 무엇을 배웠나?

목표는 성공과 실패를 똑같이 대하는 것이다. 실패에서 교훈을 얻는 게 더 쉬울 수 있다. 왜냐하면 자신이 부족한 부분이 명확하게 눈에 들어오기 때문이다. 하지만 성공에서 교훈을 얻는 것도 똑같이 중요하다. 이렇게 하면 실질적인 이점을 얻을 수 있고, 균형이 무너진 시각을 바로 세울 수도 있다.

성공 경험을 정리한 목록을 자주 들여다 봐야 한다. 이것은 성공에서 배운 교훈과 지식을 보강하고 숙지하는 데 도움이 된다. 이 지속적인 검토와 내재화가 감정적 통찰을 제공하고 새로운 목표를 앞두고 실패할까 봐 두려워할 가능성을 줄일 것이다.

자신은 실패자라는 생각

실패하면 무슨 느낌이 드나? 손실과 실패를 개인적으로 받아들여서 자신이 실패자라는 생각이 드나? 그렇다면 트레이딩할 때 그 결과에 돈보다 더 많은 것이 좌우되고 있는 것이다. 트레이딩은 트레이더로서 자신을 어떻게 생각하고 받아들일지 결정하는 데도 영향을 주게 된다.

자신을 실패자로 제 손으로 낙인찍지 않으려고, 의도하지 않았지만 새로운 아이디어를 생각해 보거나 트레이딩 전략을 보강하는 데 시간을 덜 쓰고 있는지도 모른다. 이것은 자신도 모르게 실패자처럼 느껴질지도 모른다는 두려움이 표현되는 방식이다. 이 두려움 때문에 오히려 트레이딩에 온 힘을 기울이지 않고 있는지도 모른다. 왜냐하면 최선을 다했는데 실패하면, 실패자가 될 수밖에 없는 운명임을 확인하는 셈이 되고 그 결과를 감당할 수 없을 것 같기 때문이다.

여기서 근원적인 결함은 실패자는 영원히 함께하는 자신의 한 부분이라고 생각하는 것이다. 실패하면, 그 실패가 자신의 정체성을 정의한다고 생각한다. 다시 말해서 실패한 원인이 다름 아닌 자기 자신이라고 생각한다. 실패자가 바로 자신이고 언제나 실패자일 것이라고 믿는다. 이런 식으로 생각하면, 성공의 가능성이 눈에 들어오지 않는다. 기껏해야 실패자란 운명에서 잠시 벗어나는 수단으로 성공을 바라볼 뿐이다. 이전에는 이런 식으로 실패를 생각하지 않았을지도 모른다. 실패하는 것을 하나의 성격적인 특성으로 보는 시각은 감지하기 힘들고, 사람들은 대체로 이런 식으로 생각하지 않는다. 하지만 이 두려움과 실패의 위협을 깊이 파고들면, 자신이 그동안 어느 정도 실패를 하나의 성격적인 특성으로 보고 있었다는 사실을 깨닫게 될 것이다.

이런 믿음을 품고 있으면, 실패의 경험이 제공하는 교훈을 받아들이고 생산적으로 실패의 경험을 바라볼 수가 없다. 자신이 실패자라면, 실질적으로 실패의 경험에 대해서 생각하고 고민할 이유가 없다. 실패에 대한 두려움을 없애려면, 실패가 자신의 영원한 성격적인 특성 중 하나라는 오해를 바로잡아야 한다. 왜 그런 믿음을 그토록 고집스럽게 붙잡고 있는 걸까?

이번에도 멘탈 핸드 히스토리를 이용해서 생각을 정리해 보자. 앞선 질문에 대한 답을 구하기 위해서 다음과 같이 멘탈 핸드 히스토리를 작성해 봤다.

1. 문제는 무엇인가 : 나는 거래량을 늘렸다가 실패하면, 그것으로 끝일까 봐 두렵다. 이는 마치 절벽 위에 서 있는 것 같은 기분이다. 절벽 아래로 뛰어내리면, 날아오르거나 아래로 추락하거나 둘 중 하나일 것이다.

2. 문제는 왜 존재하나 : 내 목표를 달성하고 꿈을 실현하려면 거래량을 늘려야 한다는 것을 알고 있다. 이것은 굉장히 중요한 단계이다. 그래서 실패한다면, 모든 것이 끝나는 것처럼 느껴질 것이다. 그래서 나는 거래량을 늘릴 수가 없다.

3. 무엇이 잘못됐나 : 장기적인 성공에는 아주 중요하겠지만, 거

래량을 늘리는 것은 나의 트레이딩 성과에선 중요하진 않다. 이 전략이 효과가 없었다고, 그게 끝이 아니고 내겐 훨씬 더 많은 기회가 기다리고 있을 것이다. 트레이딩에서는 절벽에서 뛰어내렸을 때처럼 날아오르거나 아래로 추락하는 두 가지 결과만 존재하지 않는다. 어떻게 전개될지 알지 못하지만, 그 끝에 언제나 절벽이 기다리고 있는 것만은 아니란 것을 나는 안다.

4. 조정 방안은 무엇인가 : 거래 규모에 상관없이, 모든 거래는 나의 장점을 발휘할 한 번의 기회일 뿐이다. 거래량을 늘리는 것으로 성공과 실패가 단번에 결정되고 끝나는 것이 아니다. 트레이딩은 계속 이어지는 여정이다.

5. 조정 방안이 옳다고 확인해주는 논리는 무엇인가 : 이것은 그저 다음 허들일 뿐이다. 이미 많은 허들을 넘었고, 앞으로 넘어야 할 허들이 많을 것이다. 이번에 이것을 넘지 않아도 더 많은 기회가 기다리고 있을 테지만, 내가 이번에 이 허들을 넘을 수 있는지 한번 시도해 보자!

초킹 현상

트레이딩 실행에서 심리적으로 완전히 무너져 내려서, 말하자면 큰 무대에서 선 운동선수처럼 소위 '초킹(choking)'이 나타나서 실패했던 적이 있나? 짐 퓨릭(Jim Furyk)은 2022년 US 오픈 골프 챔피언십에서 6홀을 남겨두고 연이어서 비정상적이라고 할 만큼 공을 잘못 쳐서 선두를 빼앗겼다. 이런 경험을 하게 되면, 실패를 두려워하는 이유가 완전히 이해될 것이다.

일생일대의 순간에 몸이 얼어붙고 생각할 수 없고 손가락 하나 움직일 수 없었던 적이 있나? 이런 일이 처음 생기면, 그저 어쩌다 한 번 있는 일로 치부하기 쉽다. 하지만 이런 일이 또다시 일어나면, 어떨까. 이런 일을 유발하는 계기라고 할 만한 사건도 없다. 이 일이 언제 일어날지 모르고, 설상가상으로 왜 일어나는지 또는 어떻게 멈출지도 모른다. 아무것도 알지 못하는 상황이 마음속에 숨어 있는 두려움을 수면 위에 불러온다. 아마도 이것이 당대 최고의 골퍼였음에도 짐 퓨릭이 그 사건 이후로 우승컵을 거머쥘 기회가 여러 번 있었음에도 큰 대회에서 단 한 번도 우승 못한 이유일 것이다.

트레이딩에서 초킹(지나친 중압감으로 생각이나 행동이 얼어붙고 극도의 불안이 몰려오는 것-역주)은 트레이더마다 다른 방식과 이유로 생기기 때문에 복잡한 문제다. 하지만 공통점을 하나 꼽자면, 모두가 감정이 강렬한 순간에 일어난다는 것이다. 특히 격렬하게 두려움을 느낄 때, 트레이더는 초킹을 경험하게 된다. 두려움은 빠르게 트레이더를 엄습하고 압도해서 생각을 마비시킨다. 이를 바로잡으려면, 우선 이렇게 자신이 감정적으로 무너지게 만드는 주된 원인이 되는 누적된 감정이 무엇인지, 그 정체를 밝혀야 한다. 그것이 초킹을 유발하는 원인이다.

트레이더는 트레이딩하는 동안에 분노와 자신감 부족 등 여러 감정과 결함에 맞선다. 문제를 분석하고 분해하여, 각각의 결함을 해소해야 한다. 거래량이나 리스크를 줄여서 트레이딩으로 인해 격해진 감정을 누그러뜨려야 한다. 처리해야 하는 감정의 양이 줄어들면, 초킹 현상이 발생할 가능성도 줄어든다. 그러면 실시간으로 감정적 반응을 바로잡을 수 있게, 숨을 돌릴 여유가 생길 것이다.

　감정이 너무나 많이 누적되면, 초킹을 피할 도리가 없다. 감정에 계속 치이고 또 다른 실패를 경험하면서 혼돈 그 자체인 결과를 감당해야 할 것이다. 통제력을 회복하고 자신감을 형성하려면, 감정이 격렬하지 않을 때 트레이딩을 시도해야 한다. 이것은 상처에서 회복되는 과정과 유사하다. 관리할 수 있는 소규모 거래를 진행해서 자기 능력과 기술에 대한 자신감을 되찾는 것이다. 감정이 격렬하지 않을 때는 성과를 낼 수 있다는 확신이 생기면, 심한 압박을 받는 상황에서도 초킹을 피할 수 있을 것이다.

　이번 장에서 살펴봤듯이, 두려움은 여러 모습으로 나타나고 많은 근본 원인을 갖고 있다. 멘탈 핸드 히스토리를 사용하고 자신의 감정 상태를 추적하고 분석하면, 체계적으로 두려움의 근본 원인을 찾고 멘탈 게임에 더 효과적으로 대응할 수 있게 될 것이다.

CHAPTER
6

틸트(Tilt)

"분노는 나쁜 조언자다."

- 체코 속담

'틸트'란 단어가 낯선 사람들을 위해서 설명하자면, 이 단어는 포커 게임에서 흔히 사용되는 단어다. 포커 플레이어가 멀쩡하게 잘하다가 갑자기 흥분해서 실수를 연발하다가 게임을 망치는 것을 의미한다. 일반적으로 '틸트가 왔다'라고 표현한다. 이 단어는 다양하게 변형되어 사용된다. '발광하는 원숭이처럼 틸트가 왔다'라는 것은 포커 플레이어가 경악스러운 결정을 내려서 많은 돈을 잃을 뿐만 아니라 창피한 꼴을 보이는 상황을 의미한다. 이런 상태에 빠진 포커 플레이어를 상대하려고 줄을 서서 기다릴 정도이다.

그런데 '틸트'는 포커 게임에서 유래되지 않았다(영어 단어 '틸트 (tilt)'는 '기울이다'란 뜻-역주). 사실은 핀볼에서 유래된 단어다. 핀볼 플레이어는 플리퍼 사이로 핀볼이 빠져나가지 않게 하려고 또는 자신이 원하는 곳으로 움직이려고 문자 그대로 핀볼 기계를 '비스듬히 기울인다'. 트레이더들 중에서도 일부는 이 단어를 종종 사용한다.

그러니 이번 장에서는 이 단어를 포커 게임에서처럼 트레이딩 업계에서도 널리 사용되는 단어라고 가정하고, 이야기를 풀어나가겠다. '화가 나서 말도 안 되는 결정을 몇 개 내렸어'라고 말하는 것보다 '나 틸트 왔어'라고 말하는 것이 더 재미있고 상황을 직관적으로 설명한다.

트레이더 중에서 일부는 이미 분노가 자신의 트레이딩 성과에 영향을 주고 있다는 것을 인지하고 그로 인해 실제로 치러야 하는 대가도 알고 있다. 분노는 트레이딩하는 동안이나 며칠에 걸쳐서 폭발 일보 직전 상황이 될 때까지 서서히 쌓인다. 분노가 서서히 쌓이면, 투기성 거래에 빠지거나, 수익이 나는 거래와 손실이 나는 거래를 너무 오래 붙잡아두거나, 오히려 지나치게 공격적으로 변하기 쉽다. 분노에 휩싸인 트레이더는 손실이 나면 가격을 쫓아서 급하게 결정을 내린다. 그러다가 아무런 경고 없이 분노가 갑자기 폭발한다.

아마도 자신도 모르는 사이에 틸트가 오기도 한다. 이것은 내재적 틸트다. 좌절감과 분노가 치밀어오르지만, 겉으로 드러나지 않는다. 심지어 본인도 좌절감과 분노가 치밀어오르고 있다는 것을 인지하지 못한다. 왜냐하면 대놓고 분노가 폭발하는 다른 트레이더들과 달리 공공연하게 분노를 표출하지 않기 때문이다. 이런 종류의 틸트는 잘 느껴지지 않는다. 화가 서서히 치밀어오르면, 말이 없어지고 긴장감이 고조된다. 이것은 곧 터져버릴 것 같은 압력밥솥과 같은 상태다.

트레이더마다 트레이딩 스타일이나 성격이나 행동 방식이 달라서 틸트도 다른 양상으로 나타난다. 화가 나면 속으로 삭이라고 배웠기 때문일 수도 있다. 분노를 겉으로 드러내는 것이 용납되지 않는 환경에서 일하기 때문에 트레이딩하는 동안에 화를 억누르는 법을 학습했기 때문일 수도 있다.

틸트는 다양하게 온다. 좌절감을 느낄 정도로 화가 치미는 이유는 트레이딩 결과나 시장 상황이나 자기 자신 때문일 수 있다. 아무 이유 없이 화를 내지는 않을 것이다. 항상 화가 날 수밖에 없는 구체적인 계기가 존재한다. 시장이 자신에게 불리하게 반전됐고 가격이 자신이 원하는 방향과 반대로 움직여서 화가 나는 것인지도 모른다. 아니면 매도하려고 호가를 눌렀고 거래를 마감하려는데 매수 호가가 사라져서 화가 나는 것일 수 있다. 이것도 아니면, 어떤 펀드가 대량으로 주문을 쏟아내서 시장이 극적으로 움직여서 짜증이 나는 것인지도 모른다.

이렇게 틸트를 유발하는 상황에 다음과 같은 반응이 나올 수 있다.

- 좌절감으로 거래 주문을 지나치게 많이 클릭한다.
- '*빌어먹을 시장. 말도 안 돼. 장난해! 지지리 운도 없지*'라고 생각한다.
- 억지로 거래를 진행해서 손실을 만회하고 수익으로 하루를 마무리하려고 애쓴다.
- (자연스럽게 진행되도록 내버려 두는 대신에) 자신의 트레이딩 전략에서 이탈한다.
- 틀렸다는 것을 알면서도 나쁜 조건에 거래를 강행한다.

- '더 오르거나 떨어지지 않을 거야'라고 생각하며 시장을 뒤쫓는다.
- 자신이 시장보다 더 똑똑하다고 믿는다. '이 가격대에 매도나 매수할 수 있지? 말도 안 돼. 다시 오르거나 내릴 거야'라고 생각한다.
- 깊이 생각하지도 않고 연이어서 거래를 진행한다. 나쁜 조건에 거래를 한 번 진행하더니 수문이 열린 것처럼 거래를 마구잡이로 감행한다.

이렇게 반응하고 나서, 심호흡하거나 잠깐 쉬거나, 거래를 멈추거나, 체육관에 가서 땀을 빼거나, 긍정적인 생각을 한 뒤에 본래의 트레이딩 전략으로 되돌아갈지도 모른다. 이것은 일시적으로 틸트를 관리하는 데는 괜찮은 전략이지만, 영원한 해결책은 아니다. **분노는 시그널이 아니고 진짜 문제라는 것을 기억해라.** 이 문제를 제거하려면, 먼저 해결해야 하는 근본적인 결함이 무엇인지를 이해하고 파악해야 한다.

틸트의 본질

분노가 태생적으로 나쁜 것은 아니다. 분노는 실천과 개선의 욕구를 불러일으키는 대단히 강한 동기 부여 요소일 수 있다. 하지만 분노는 트레이딩 성과에 직접적인 영향을 미치기 때문에 틸트라는 문제를 유발할 수도 있다. 그러므로 틸트 문제를 해결하는 첫 번째 비결은 분노를 유발하는 원인이 무엇인지를 구체적으로 파악하고 이해해야 한다. 근본적인 결함이나 편견이나 오해가 현실과 충돌하여 갈등이 생길 때 분노가 유발된다. 기본적인 수준의 분노는 갈등이 존재한다는 시그널이다. 그래서 기본적인 수준의 분노가 폭발하는 순간은 분노의 진짜 원인을 파악할 수 있는 기회가 된다.

트레이딩에서 분노로 격화되는 갈등은 트레이더와 시장 사이 그리고 트레이더와 자기 자신 사이에서 일어난다. 트레이딩하면서 시장과 싸운다는 것이 일리가 있다고 생각될 수 있다. 하지만 자기 자신과 갈등을 빚는다는 게 말이 되나? 이게 무슨 말인지 머리를 긁적이고 있을지도 모른다. '자기 자신과 싸운다'라는 생각이 들었던 적이 있다면, 그게 바로 자기 자신과의 갈등을 꽤 정확하게 설명한다. 본질적으로 말하면, 이 책에서 거듭 언급하고 있는 성과 결함에 맞서 싸우는 것이다. 예를 들면, 자신이 다른 트레이더보다 운이 없다고 믿거나, 절대 실수해선 안 된다고 생각하거나, 무슨 일이 일어날지를 알고 있다고 믿는 것이다.

논리적으로는 어떻게 생각하거나 어떻게 반응하는 게 옳은지를 안다. 그리고 이 지식으로 자신의 성과 결함에 맞서 싸운다. 예를 들어 연이어서 4번 손실을 경험하면 한편으로 또 한 번 더 손실을 경험하지는 않을 것이라고 기대하면서 다른 한편으로는 이 생각이 얼마나 터무니없는지 자각한다. 이것이 자기 자신과 갈등을 빚고 있다는 증거다. 성과 결함 때문에 손실에 과민하게 반응하지 않으려고 자기 자신과 싸운다. 이 싸움에서 이겨서 괴물을 우리에 가둬 둘 수 있는 때가 있다. 하지만 화가 머리끝까지 나서 생각이 마비되어 이성을 잃게 되는 때도 있다.

많은 갈등이 있지만, 자기 자신과의 갈등은 격해질 이유가 없다. 틸트는 불가피한 결과가 아니다. 하지만 갈등의 원인을 모르거나 파악되지 않았을 때, 짜증이 나더니 화가 치밀어오를 수 있다. 분노는 진짜 문제의 시그널이 된다.

안타깝게도, 트레이더들은 일반적으로 분노를 시그널로 보지 않고 그 자체를 문제라고 여긴다. 이런 시각은 '틸트의 틸트'를 유발한다. 본질적으로 말하면, 화가 나서 화가 나는 거다. 화를 억제하지 못해서 화가 나거나, 제정신이었다면 절대 시도하지 않았을 거래를 감행해서 틸트가 왔거나, 자신이 안고 있는 틸트 문제를 어떻게 해결할지 감이 전혀 안 잡혀서 틸트가 오는 거다.

이 이차적인 분노는 활활 타오르는 모닥불에 기름을 붓는 것과 다름없다. 이번 장이 마음을 사용해서 이 분노의 불을 끄고, 분노가 트레이딩 실행에 미친 영향을 분산시키고, 나중에 분노의 불이 되살아나지 않도록 예방하는 데 도움이 될 것이다.

분노는 몇 주 동안, 심지어 몇 년 동안 해소되지 않은 채 계속될 수도 있다. 갑자기 틸트가 온 경험이 있다면, 구체적으로 말해서 침착했는데 갑자기 마음속에서 폭탄이 터졌던 경험이 있다면, 그것은 쌓여 있던 틸트 때문이다. 틸트는 드로우다운을 경험하는 동안에 누적된다. 드로우다운에서는 전날의 분노가 다음 날로 이어지기 때문에 틸트가 오기 점점 쉬워진다. 이것은 꾸준히 물이 채워지는 물컵과 같다. 매일 물을 퍼내지만, 물컵에는 어느 정도의 물이 항상 채워져 있다. 이것은 물컵에 물이 넘치기 전에 물은 따라서 버려야 한다는 것을 의미한다.

특히나 힘든 하루를 보낸 뒤에 분노를 삭일 수 있지만, 감정적으로 완전하게 분노가 해소되는 것은 아니다. 다음날 긍정적인 생각으로 트레이딩을 시작하지만, 전날보다 더 빨리 틸트가 온다. 이렇게 틸트가 꾸준히 누적되고, 마음속 어딘가에 있다가 갑자기 나타나서 트레이딩 실행을 방해한다.

틸트의 흔한 시그널

분노와 두려움은 트레이더에게 정반대로 영향을 준다. 두려움은 리스크를 평가하고, 분명하게 생각하고, 의사결정을 내리고, 자신의 직감을 신뢰하고, 결과를 예측하는 등을 모두 어렵게 만든다. 반면에 분노도 이런 능력을 발휘하기 어렵게 만들지만, 조금 그 방식에 차이가 있다. 분노는 이런 능력에 아예 접근할 수 없게 만든다.

두려움에 장악당하면, 대체로 트레이더는 생각을 지나치게 많이 하고 사후 비판을 할 위험에 놓이게 된다. 분노의 경우에는 반대로 생각을 충분히 하지 않게 돼서 충동적으로 거래를 남발하게 된다. 두려움에 압도되면, 리스크 회피가 큰 문제가 된다. 반면에 틸트가 오면, 리스크를 보지 못한다. 화가 나면, 자신의 결정과 생각은 정당하다고 생각하고 그것이 틀릴 수 있다는 생각은 하지 못한다. 이것은 두려울 때 자신의 직감을 신뢰하지 못하는 것과는 정반대다. 이 경우에는 자신의 직감이 틀렸고 그 반대로 움직여야 한다고 생각하게 된다.

손실이 나고, 실수를 저지르고, 주위 사람에게 예민하게 반응하고, 커피 잔을 깨뜨리는 등 자신들을 둘러싸고 아수라장이 펼쳐지고 있다는 것을 알게 되면 대부분 트레이더는 분노의 시그널을 명확하게 인식한다. 하지만 나중에 틸트가 왔다는 것을 인식하는 것은 놓쳐버린 거래 기회를 아쉬워하는 것과 다를 바 없다.

그러니 틸트의 원인이 무엇이고 어떻게 해소할지를 명확하게 파악하고 있어야 한다. 그래야 제시간에 틸트의 시그널을 인지해서 분노가 폭발하는 것을 막을 수 있다. 틸트가 오면 무슨 일이 생기는지를 더 자세히 파악하고 이해하기 위해서, 분노의 흔한 시그널을 자세히 살펴보도록 하자. 이 시그널이 서로 중복되거나 비슷하게 보일 수 있지만, 틸트가 오는 상황을 정확하게 파악하고 이해하는 데 도움이 될 차이점이 분명히 존재한다.

집착

분노의 전형적인 특징 중 하나는 무언가에 너무 집착해서 설령 그것이 자신에게 해로울지라도 그것을 놓을 수가 없게 되는 것이다. 특정 결과나 과거의 실수에 집착하면 이런 일이 가장 흔하게 일어난다.

결과에 집착한다는 것은 정확하게 말 그대로다. 자신이 원하는 것을 알고 그것을 얻을 때까지 포기하지 않는 것이다. 한편으로 이 외골수적인 사고가 장점으로 여겨질 수 있고, 여러 상황에서 성공의 동력이 되기도 한다. 하지만 분노가 더해지면, 파괴적으로 변한다.

외골수적인 사고 때문에 나쁜 결정을 본의 아니게 내리게 돼서, 실제로 절제력이 없는 사람처럼 보일 수 있다. 또 다른 거래를 진행해서는 안 된다는 것을 알지만, 그 순간에는 손실을 만회하는 것만이 중요했다. 이것은 '터널 비전(tunnel vision) - 눈앞의 상황에만 집중하느라 주변에서 일어나는 현상을 제대로 이해하거나 파악하는 능력이 저하되는 현상'으로도 표현된다. 먹잇감을 끈질기게 쫓는 사자의 눈에는 먹잇감 이외에 그 무엇도 들어오지 않는다. 터널 비전은 트레이더를 이런 사자로 만든다.

실수에 집착한다는 것도 결과에 집착하는 것과 비슷하다. 실수하고 나서, 실수에 집착하게 되고 그 도가 지나친 나머지 그날 내내 실수만 머릿속에 떠오른다. 실수가 마음속에 남아서 며칠 그리고 몇 주 동안 트레이더를 괴롭힌다. 몇 년 전에 했던 오래된 실수마저 분노를 유발할 수 있다. 그때를 떠올리면 얼마나 어리석었길래 그런 실수를 저질렀는지 이해할 수가 없어서 화가 난다. 후회의 마음이 눈덩이처럼 불어나서 그때 도대체 뭘 잘못했는지 찾는 데 집중하게 된다. 이 모든 것이 현재 시장의 움직임을 파악하는 데 영향을 미친다. 그래선 안 된다는 것을 알지만, 과거의 실수를 저지를 원인을 찾는 데 집착한다. 마음속에서 실수했던 일을 떨쳐낼 수가 없고, 점점 괴로워진다.

리스크 불감

분노의 또 다른 시그널은 리스크를 인식하지 못하거나 적절한 리스크 관리에 신경을 쓰지 않는 것이다. 분노는 이 두 가지 유형으로 나타날 수도 있다. 첫 번째로 분노가 명확히 보이는 리스크를 눈에 안 보이게 만들 수 있다. 이것은 운전하고 있는데 정지 시그널을 못 보는 것과 같다. 리스크 불감(不感)으로 정상적이라면 알아차릴 요소를 그냥 지나치거나 자신에게 있는 리스크 요인을 잊어버린다.

두 번째는 리스크가 존재한다는 것을 알고 자신이 하는 일이 틀렸을지도 모른다고 생각하지만, 틸트가 심하게 와서 그저 신경을 쓰지 않고 행동하는 것이다. 자신이 내린 결정에 정당성이 있다고 여기면서 그 순간 추가 리스크가 타당한 것처럼 느낀다. 원하는 것을 손에 넣고 싶으니, 그냥 저지른다.

분노 시그널의 첫 번째 유형을 모든 리스크에 불감한 상태라고 표현했지만, 여전히 자신이 감당할 수 있는 리스크의 양에는 한계가 존재한다. 감수하기 싫은 리스크가 무엇인지 파악한다. 그러고 나서 자벌레 콘셉트에서 배운 대로, 상황을 개선할 수 있는 가장 단순한 조치를 취한다. 두 번째로 리스크를 더 이상 신경을 쓰지 않는 상태에 이르면 그 리스크를 감수하는 것을 정당화하는 일반적인 요소들을 기록해 본다. 분노의 원인과 해결책을 분석하여 작성한 지도에 추가하면, 사실이 아니거나 지나치게 낙관적인 무언가를 시도해야 한다고 스스로를 설득하는 순간에 상황이 좀 더 명확하게 보이면서 자신이 중요한 리스크를 간과하고 있을지도 모른다고 인지하게 된다.

사고 마비

분노에 휩싸이면 사고가 마비되다시피 한다. 그래서 트레이딩할 때 으레 고려하던 요소들을 간과하게 된다. 이거는 단순히 리스크를 인지하지 못하는 수준이 아니다. 이것은 의사결정 프로세스 전체와 관련되고, 분노가 의사결정 프로세스를 사라지게 만든다. 분노는 본질적으로 잘못된 결정을 내리지 않도록 방향을 잡아주고, 지금 당장 돈을 벌려고 거래를 강행하거나, 실수를 고치거나, 부당한 일을 바로잡거나, 다른 사람들이 틀렸다는 것을 증명하고 싶은 충동을 억제하는 가드레일을 없애버린다. 이는 마치 모든 차선이 지워지고 모든 가드레일이 제거된 고속도로를 달리는 것과 같다. 이런 도로에서는 차선을 잘못 들어서 마주 오는 자동차와 충돌하기 쉽다.

마구잡이로 행동하는 듯 보이지만, 자신의 트레이딩 전략을 실행하도록 돕는 요소들을 충분히 고려하지 않았기 때문에 일어나는 상황이다. 생각 과잉과 사후 비판은 두려움에서 비롯된 것들이다. 그러나 분노는 두려움과 정반대로 리스크를 간과하게 만든다.

간단한 TIP

이런 장애 요인이 존재하는 것은 정상적이다. 그래서 의사결정 프로세스의 핵심 요인들을 정리하고, 설령 화가 나지 않은 상태라도 목록을 주기적으로 살펴서 핵심 요인들을 마음에 되새기도록 한다. 이것은 잘못된 결정을 내리지 않도록 방향을 잡아주는 가드레일을 강하게 만들어서, 분노가 가드레일을 부수고 없애려고 할 때 눈앞의 거래 기회를 더 꼼꼼하게 살펴볼 수 있도록 할 것이다.

부정적인 생각

균형 잡힌 시각으로 손실이나 실수나 상황을 분석하고 판단할 수 없다면, 부정적인 생각이 머릿속에 떠오를 수 있다. 구체적으로 말해서 과거의 실수에 집착하게 되면, 자신은 너무나 어리석다거나, 시장이 조작됐다거나 대기업들이 결집해서 자신과 맞서고 있다는 말도 안 되는 생각들이 떠오른다. 그리고 다른 관점에서 생각해보지 못해서 그것이 옳은지 그른지 판단하지 못한다. 이렇게 되면 다른 사람들이 아무리 도와줘도, 스스로 만든 부정적인 생각의 루프에서 빠져나올 수가 없다.

이렇게 되면 객관적으로 사고할 수가 없다. 그래서 자기는 옳고 자기 생각이 정확하다고 믿는다.

틸트 지도

틸트 지도를 작성하면 실시간으로 분노가 격해지는 순간을 인지할 수 있게 될 것이다. 게다가 분노를 유발하는 결함을 찾고 이번 장에서 특별히 집중해서 읽어야 하는 부분이 어딘지를 알게 된다.

다음 단계를 따라가면, 틸트 지도를 작성하는 데 도움이 될 것이다.

1단계

트레이딩하는 동안에 컴퓨터에 문서를 열어놓거나 옆에 메모장을 준비한다. 그리고 하루 종일 있었던 일을 메모한다. 트레이딩을 마무리하는 시점에, 메모한 내용을 살펴보고 필요하면 살을 붙인다. 가능한 포괄적으로 기록한다. 기억할 것은 틸트 패턴을 이해할 최고의 시간 중 하나는 틸트가 온 직후다.

먼저 브레인스토밍으로 시작한다. 처음부터 모든 내용을 완벽하게 파악하지는 못할 것이다. 처음에 트레이딩하면서 심리 패턴을 기록하는 게 어렵다고 해서 걱정할 것 없다. 사람마다 시작점은 다른 법이다. 파악한 내용을 기반으로 천천히 알아가면 된다. 트레이딩하는 동안 심리 변화를 기록해야 한다는 것을 잊지 않는 한, 갈수록 이전보다 자기 자신에 대해서 더 많이 알게 될 것이다. 느리든 빠르든 앞으로 나아간다는 것이 중요하다. 다음은 브레인스토밍과 아이디어를 발전시키는 데 도움이 될 만한 질문들이다.

- 일반적으로 어떤 상황이 짜증이나 분노나 격노를 유발하나?
- 화가 나면 신체적으로 무슨 반응이 나타나나? 예를 들어서 주먹을 꽉 쥐거나, 머리에 열이 나거나, 울컥해서 마우스를 책상에 내려친다.
- 짜증이 과도해지면서 의사결정이나 트레이딩 실행을 방해하는 순간을 설명할 수 있나?
- 구체적으로 머릿속에 떠오르는 것은 뭔가? 무슨 생각이 드나?

- 의사결정 프로세스가 이전과 무엇이 다른가?
- 분노가 문제가 됐다는 것을 알려주는 초기 시그널은 뭔가?

짜증이 나서 거래를 계속 클릭하거나 '빌어먹을 시장, 말도 안 돼'라고 속으로 생각했을 수도 있다. 이것이 틸트의 시그널이다. 운이 나빴고 또다시 거래를 망친 사실을 믿을 수 없다는 듯이 계속 푸념하는 자신을 발견하게 될지도 모른다. 시장이 더 이상 하락할 수 없을 거로 생각하고 시장의 뒤를 쫓기 시작한다.

"시장이 미쳤어! 이 가격에 어떻게 매도/매수를 결정할 수 있지? 말도 안 돼"와 같은 소리를 연신 해댈지도 모른다. 때때로 수문이 열린 것처럼 느껴지기도 한다. 손실이 나고 있음에도 거래량을 빠르게 두 배로 늘리고 깊이 생각하지 않고 앞선 손실을 없었던 일로 만들려고 거래를 감행한다.

시그널이 눈에 들어오기 시작하면, 틸트를 유발하는 계기를 가능한 한 많이 파악해야 한다. 틸트를 유발하는 계기를 찾는 데 도움이 필요하다면, 머릿속에 떠오르는 생각과 입 밖으로 내뱉는 말에 집중해 보자. 여기서는 자기가 하는 말이나 생각을 비난해선 안 된다. 머릿속에 떠오르는 생각은 틸트를 유발하는 계기와 직접 관련된 성과 결함에서 비롯된 것이다.

틸트를 유발하는 계기 몇 가지를 살펴보자.

- 거래를 진행하자마자 가격이 곧장 하락한다.
- 최고가에 매도를 결정했는데, 거래가 곧장 사라진다.

- 연이어서 손실을 경험한다.
- 해선 안 될 실수를 한다.
- 잠시 트레이딩에 집중하지 않고 있는데 다른 트레이더들은 돈을 번다.
- 예상하지 못한 사건으로 손해를 입는다.
- 화가 나 있는 동안에 트레이딩에서 멍청한 실수를 저지르고, 격분하게 된다.
- 다른 트레이더가 자신의 거래에 의문을 제기하고, 마치 멍청하다고 비난을 받는 것처럼 느껴진다.
- 거래에서 벌었어야 했던 금액이 계속 머릿속에 떠오른다.

틸트 지도를 작성하는 것은 반복적인 과정이다. 새로운 내용이 눈에 들어오면, 이미 파악했던 내용이 살짝 변형된 것이라 할지라도 메모해 둬야 한다. 사소한 것에 주목하는 것은 매우 중요하다. 이 사소한 것이 트레이딩 성과에 큰 영향을 미칠 수 있고, 분노를 유발하는 계기를 바로잡을 기회를 제공한다.

2단계

세부 정보가 많이 모이면, **강도를 기준으로 등급을 매겨서** 내용을 정리해 보자. 강도의 범위는 1부터 10까지이고, 각각의 정보에 적당한 등급을 매긴다. 1등급은 살짝 짜증이 나는 정도이고, 10등급은 분노가 격해서 격분하는 순간에 나타나는 시그널이다. 각 등급에 해당하는 정보를 확인해 보면, 각 등급이 다른 등급과 확연히 구분되는 것이 눈에 들어올 것이다.

10개 등급 모두를 자세하게 서술할 필요는 없다. 각 등급의 분노에서 나타나는 차이를 구분하는 데 도움이 될 질문 몇 가지를 살펴보자.

- 1등급에 해당하는 초기 짜증을 유발하는 계기는 무엇인가? 어떻게 이 부정적인 감정은 누적되거나 격해져서 분노나 격노로 변하나? 예를 들어서, 보통의 손실이 발생했는데, 화가 나서 주먹으로 책상을 내려친다. 그리고 나서 또 손실이 발생하고, 부당하다는 기분이 든다. 머리끝까지 화가 치솟고 손실을 만회하기 위해서 거래를 강행해야 한다는 강한 욕구가 생긴다. 겨우 자제했지만, 마음속으로는 대박을 터트릴 기회만 찾으며 거래량을 두 배로 늘린다. 대박 기회가 눈에 들어와서 망설이지 않고 바로 거래에 들어가는데, 갑자기 주가가 폭락해서 완전히 손해를 본다.
- 분노가 그렇게 강렬하지 않아서 관리할 만한 수준일 때 어떤 시그널이 주로 나타나나? 분노가 눈덩이처럼 커져서 괴물이 돼 트레이딩 실행을 완전히 방해할 때는 어떤 시그널이 나타나나?
- 틸트가 격해지면 시장을 보는 시간이 어떻게 변하나?
- 틸트가 1등급일 때 피할 수 있었지만 10등급으로 격해지면 계속 반복하게 되는 실수는 구체적으로 무엇인가?

위 질문에 스스로 답해보고, 분류한 정보를 다음처럼 정리해 본다.

틸트 등급

각 등급에 해당하는 틸트를 암시하는 시그널로 어떤 생각을 하고, 어떤 감정이 떠오르고, 어떤 말과 행동, 그리고 행위를 하는지 자세히 작성하고 최소한 3개 등급으로 분류해 보자.

1등급 : 마우스를 꽉 움켜쥔다. 마치 존재하지도 않는 기회를 찾으려고 마우스를 마구 움직인다. 차트만 계속 클릭할 뿐 분석은 전혀 하지 않는다. "왜 거래할 기회가 나타나지 않지?"라고 궁금해한다. 그러면서 트레이딩하는 내내 긴장한다.

…

3등급: 거래를 중단해야 하는 수준까지 가격이 하락해도 거래에서 빠져나오지 못하고 계속 보유한다. 긴장감이 짜증으로 바뀐다.

…

6등급 : 거래량을 늘리고, 손실을 빠르게 만회하기를 기대한다. '지금 당장 거래에서 빠져나와야 한다'라는 나와 '손해 본 것을 만회할 수 있다'라는 내가 서로 싸운다. 가격 자체에 집착하고, 차트가 해주는 이야기에 주목하지 않는다.

…

10등급 : 리스크를 무시하고 계속해서 공격적으로 거래한다. 마진콜에 도달하는 순간까지도 거래를 멈추지 않는다. 짜증이 머리끝까지 나서 자신에게 욕을 내뱉는다. 무언가를 부수거나 던져버린다. 트레이딩에 완전히 손을 뗄까 하는 생각마저 든다.

기술 등급

각 등급의 틸트에 맞춰서, 의사결정이나 시장이나 기회나 현재 포지션에 대한 인식 등의 수준을 서술해 본다.

1등급 : 여전히 내가 설정한 지표를 보고 차트를 분석해서 수익성이 높은 거래 기회를 찾아낼 수 있다. 하지만 거래를 몇 건 진행하거나 시장에 뛰어들려고 내가 세운 기준에 못 미치는 조건의 거래를 진행하고 싶다.

...

3등급 : 장이 열리기 전에 시장을 분석하고 미리 세웠던 계획에 포함되지 않은 스캘핑 기회를 찾는다. 결국에는 스캘핑을 시도하게 된다. 이런 식의 거래를 반복하거나 이미 손실이 발생하고 있는 거래를 진행한다.

...

6등급 : 전반적인 상황을 살피지 않는다. 거래량을 계속 늘리고 맹목적으로 리스크가 높은 거래에 뛰어든다.

...

10등급 : 거래가 아니고 도박을 한다. 그냥 거래 버튼을 마구 클릭한다. 의사결정 프로세스는 없다. 내가 무엇을 하고 있는지 또는 왜 이러고 있는지 모르겠다.

  틸트의 시그널이 모두 극단적이라면 이렇게 틸트 지도를 만들고 등급을 나누는 것은 불가능하게 다가올 것이다. 만약 그렇다면, 짜증은 서서히 누적되어 분노로 변하지 않는다는 것을 알아야 한다. 갑자기 분노가 폭발한다. 분노가 폭발파기 전에 이 단계에 이르렀다는 사실을 인지하지 못할 수 있다. 이보다 더 작고 미묘한 시그널도 있다. 그저 그 시그널들을 알아차리지 못했을 뿐이다. 특히 분노가 폭발한 뒤에, 서서히 누적되고 있는 감정을 면밀히 살펴야 한다. 시간을 들여서 찬찬히 살펴보면, 단서가 눈에 들어올 것이다.
  그런데 이미 틸트가 쌓일 대로 쌓여 있을 수도 있다. 그래서 곧장 욱하고 분노가 폭발한다. 이것은 이 누적된 감정을 누그러뜨리기 위해서 거래를 마감한 뒤에도 더 많이 노력해야 한다는 의미다.

3단계

이제 트레이딩하면서 패턴을 파악해서 재빨리 대응하는 데 이용할 수 있는 틸트 지도 초안이 마련됐다. 자신의 심리 패턴을 제대로 파악하는 데 많은 경험이 필요하고 그것을 바로잡는 데 훈련이 요구된다. 그러므로 틸트와 관련된 심리 패턴이 영원히 변경됐다는 명확한 증거가 일관적으로 나오기 전까지 틸트 지도를 수정해선 안 된다.

이제 이번 장에서 마련한 수단을 이용해서 자신의 트레이딩에 가장 큰 영향을 주는 분노 유형을 구체적으로 파악하는 데 집중해 보자. 파악된 분노 유형을 꼼꼼히 읽으면서 자신에게 해당되는지 안 되는지를 한 번 더 꼭 살펴보기 바란다. 이렇게 하다 보면 처음에는 인지하지 못한 문제가 발견될 수도 있기 때문이다. 그리고 틸트 지도에 새롭게 파악된 정보를 추가하는 것을 잊지 말자.

손실 혐오

돈 잃는 것을 좋아하는 사람은 없다. 모두가 돈을 벌겠다는 일념으로 트레이딩에 몰두한다. 그러니 손실을 경험한다는 것, 특히 자기 돈을 잃는다는 것이 즐거울 리 만무하다. 일부는 손실이 트레이딩의 일부라고 쉽게 받아들이지만, 손실은 있을 수 없는 일이고 목표가 되어서도 안 된다고 생각하는 이들도 있다. 여기서 우리의 목표는 손실이 났다고 해서 분노하지 않는 것이다. 다시 말해서 손실에 반응하는 방식을 바꾸는 것이다. 손실에 대한 태도를 바꾸지 않으면, 더 큰 손실로 이어지게 될 것이다.

손실이 났다는 사실을 받아들일 수가 없고 시장이 이런 식으로 계속 움직이지 않을 것이라고 생각한다. 시장의 움직임을 역전시키려고 이미 손실이 나고 있는 거래에 더 많이 투자해서 이전 손실을 어떻게 해서든 만회해서 수익으로 하루를 마감하려고 애쓴다. 지금 상황이 좋지 않다는 것을 알지만, 그럼에도 손실이 나는 거래를 손에서 놓지 못한다. 더 많은 돈을 잃고 손실을 만회하려고 무리하게 거래를 강행한다.

분노 때문에 상황을 객관적으로 바라보지 못하고, 가격이 이미 떨어질 대로 떨어졌으니, 지금까지 손실을 만회할 때까지 포지션을 고수하는 것이 낫다고 판단한다. 가끔 가격이 반등해서 손실을 만회하게 되어 자신의 트레이딩 전략을 무시한 무모한 거래에서 이득을 보는 경우도 있다. 그래서 이런 실수를 계속 반복하게 된다. 하지만 손실이 눈덩이처럼 커지고 생각대로 움직이지 않는 시장 때문에 분노가 폭발하는 때도 분명히 있다. 그래도 포기할 수가 없어서, 돈을 벌기 위해서 무슨 짓이든 하거나 손익분기점에서 하루를 마감하려고 애쓴다. 이런 경우에는 다음과 같은 반응이 나온다.

- 특히나 손실이 크게 발생했다면, 며칠 동안 트레이딩을 멀리

한다.

- 손익분기점을 회복한 뒤에 그날의 거래를 마감한다.
- 손실을 막기 위해서 뭔가 더 해야 했다는 생각 때문에 밤에 마음 편히 쉴 수가 없다.
- 손실이 커지면서 예기치 못한 처지가 됐다는 생각에 불끈 화가 치밀어 오른다.

혼돈의 날이 끝나거나 틸트가 오는 것을 막아냈을 때, 손실을 피하기 위해서 무엇을 어떻게 해야 했는지가 뒤늦게 떠오른다. 그제야 그 상황에서 무엇을 해야 했는지를 명확하게 깨닫게 된다. 손실이 나면 취해야 할 행동은 분명하다. 손실이 큰 폭으로 발생하는 시점에 매도를 선택해야지, 이 시점에서 매수해선 안 된다. 이렇게나 간단하다. 자신이 무엇을 해야 했는지를 알게 되면, 비록 그날 큰 손실이 났지만 뭐가 잘못됐었는지를 알게 됐으니 마음이 안정된다.

그런데 이것은 헛고생이다. 소 잃고 외양간 고치는 것은 소를 잃기 전에 미리 외양간을 고치는 것과는 완전히 다르다. 그 차이를 알고 있지만, 뒤늦게 깨닫게 된 사실이 미래의 의사결정에 믿을 만한 가이드라인이 아니지만, 자신이 잘 대처했다면 상황이 나아졌을 거라고 생각하며 안정감이나 만족감을 느낀다.

물론 목표는 틸트를 바로잡는 것이지만, 그렇게 하려면 손실이 발생한 뒤에 핑계를 대거나 그 상황을 합리화하려고 해선 안 된다. 그 대신에 왜 손실을 받아들이지 못하는지를 파악해야 한다. 구체적으로 왜 손실이 싫은지를 이해해야 한다.

- **손실이 발생하고 나서 드는 느낌 때문일까?** 돈을 잃으면 끔찍한 기분이 든다. 이 기분은 오랫동안 지속되고, 심지어 삶의 다른 영역에 영향을 줘서 트레이딩 이외의 다른 영역도 성공적으로 관리하지 못한다는 기분도 든다.

- **경쟁심이 너무 지나치기 때문일까?** 경쟁심이 치열한 것은 많은 성공한 트레이더가 공유하는 특징이다. 하지만 승부욕이 손실을 받아들이는 데 방해가 되면 문제가 생긴다.

- **분산 때문일까?** 패배는 모든 경쟁 상황에서 경험할 수밖에 없는 현실이다. 특히나 트레이더는 시시각각 패배를 경험한다. 그런데 트레이더는 분산을 쉽게 과소평가한다. 분산은 트레이딩과 떼려야 뗄 수 없다. 그래서 분산을 받아들이고 유연하게 대응한다고 생각하지만, 마음속 깊이 분산(트레이닝 셋에 내재된 작은 변동 때문에 발생하는 오차-역주)을 극도로 싫어하고 있을 것이다.

- **돈 때문일까?** 얼마나 벌었느냐가 트레이딩에서 트레이더의 능력을 평가하는 궁극적인 기준이 된다. 그러니 트레이더가 손실을 싫어하는 이유가 이해된다. 그리고 스스로 생계를 유지해야 한다거나 가족을 부양해야 한다면, 돈을 잃었다는 사실을 받아들이기 더욱 어려워진다.

손실을 싫어하는 이유가 무엇이든, 이번 장의 목표는 더 큰 손실을 초래하는 분노를 억제하고 바로잡아서 돈을 적게 잃도록 돕는 것이다. 트레이딩은 긴 시간이 필요한 게임이다. 트레이딩에서 매일의 승패가 중요하지 않다. 그보다 장기적으로 돈을 벌게 하는 트레이딩 전략을 안정적으로 실행하느냐가 중요하다. 손실을 싫어하는 것, 더 정확하게 말해서 손실에 대한 반응이 트레이딩 실행에 방해가 되어 더 큰 손실을 유발할 수 있다.

이 정도로 돈을 잃는 것이 싫다면, 그 원인도 분명히 싫을 것이다! 손실로 끝난 거래나 하루 중 발생한 손실을 축하할 트레이더는 없다. 지금부터는 트레이딩의 일부분인 손실에 잘 대응하는 법을 살펴보자.

지나친 경쟁심

강한 승부욕은 트레이딩 업계에서 문제라기보다는 필요조건이다. 하지만 모든 것은 과유불급인 법이다. 지나치면 문제가 되기 마련이다. 손실이 나면 트레이더는 무리하게 거래하고, 거래량을 늘리고, 리스크를 적절하게 관리하지 못하고, 이익을 얻거나 손익분기점을 맞추려고 잘 알지도 못하는 시장에 뛰어들게 된다. 자신이 졌다는 사실을 받아들이지 못한다. 모든 거래에서 수익을 확보해서 목표 수익을 달성해내겠다는 승부욕이 이를 허락하지 않는다.

매일 거래에서 수익만 얻기를 바란다고 해서 문제가 될 것은 없다. 트레이더는 경기에 나갈 때마다 이기고 싶다고 생각하는 운동선수와 다르지 않다. 그런데 트레이딩에서 문제는 수익은 트레이더가 단기적으로 완전히 통제할 수 있는 영역이 아니라는 것이다. 그러니 매일 수익만 날 것이라고 예상하는 것은 비현실적이다.

거래에서 손실이 날 때가 있다. 그럼에도 장기적으로 수익이 날 것임을 알기에 같은 결정을 반복하게 된다. 논리적으로 이해가 되지만, 손실이 나는 순간에는 큰 그림을 보기 어렵다. 이런 문제가 모든 트레이더에게 일어나는 것은 아니다. 그러면 이런 문제를 경험하는 트레이더는 왜 그런 걸까?

손실이 몸서리쳐질 만큼 싫은 이유를 이해하려면, 거래에서 수익이 나면 돈 말고 트레이더가 얻는 것이 무엇인지부터 살펴볼 필요가 있다. 돈은 득점판이다. 하지만 돈을 잃는 것이 손실을 싫어하는 유일한 이유는 아닐 것이다. 돈이 상징하는 것마저 잃게 되기 때문에 손실이 싫은 것이다. 거래할 때마다 잃거나 얻을 수 있는 것은 돈만이 아니다. 돈보다 더 많은 것이 트레이딩 성과에 달려 있다. 그래서 시간을 내서 트레이딩으로 자신이 얻는 것과 잃는 것이 무엇인지를 생각해 볼 필요가 있다. 트레이더에게 돈 이외에 다음의 것이 중요할 수 있다.

- 개인의 목표
- 트레이더로서 돈을 벌지 못할 거라고 생각하는 사람들에게 그들의 생각이 틀렸다고 증명해 보이는 것
- 생계를 유지하고, 공과금을 내고, 가족을 부양하는 것
- 트레이더로서 자존심
- 사회적 지위
- 동료나 자신이 존경하는 사람의 칭찬
- 트레이딩에 쏟아부은 시간, 에너지 그리고 노력의 가시적 성과

- 트레이더로서 더 좋은 경력을 쌓고 더 큰 규모의 거래를 관리할 기회
- 조기 은퇴해서 극심한 생존 경쟁에서 탈출하는 것

자신에게 중요한 것들이 트레이딩 성과에 의해 좌우된다. 손실이 나면, 그저 돈만 잃는 게 아니다. 트레이더로서 자존심, 다른 사람들의 인정, 목표 달성 전망 등 자신에게 중요한 무언가마저도 잃게 된다. 이렇게 너무나 많은 것들이 걸려 있기 때문에 트레이딩 손실을 싫어하는 것이다.

분명하게 말하면, 경쟁심이 있고 승부욕이 강한 것은 문제가 아니다. 목표가 있고, 많은 것이 걸려 있고, 생각대로 되지 않아서 짜증이 나는 것은 원하는 것을 손에 넣는 데 진심이란 뜻이다. 게다가 약간의 짜증은 일을 더 열심히 해서 성과를 높이는 동력이 될 수 있다. 그러니 이건 문제가 아니다. 문제는 경쟁심과 승부욕이 통제 불능의 상태가 되게 만들고 손실 때문에 생기는 짜증이 심해져서 분노, 혐오 또는 격노로 변하게 만드는 원인이 된다.

손실을 극도로 싫어하게 된 근본적인 이유를 파악하려면, 트레이딩 성과에 달린 것들을 하나씩 적어보고 그것들을 손에 넣을 방도를 정리해 봐야 한다. 예를 들어서, 동료로부터 칭찬을 받는 것이 목표이고 수익률이 높아야 그들이 내 트레이딩 아이디어와 전략을 높이 평가하고 내 말에 귀를 기울일 것이란 것을 안다. 다른 사람의 인정을 받는 방법을 정확하게 정리해 놓으면, 그 목표를 달성하는 데 돈은 그저 기본값에 불과하다는 것을 깨닫게 된다. 하지만 유능한 트

레이더 사이에서 순익률만으로 인정을 얻을 수는 없다.

　동료의 인정을 받는 것이 목표이거나 다른 것이 목표이든, 트레이드할 때 성과에 따라서 잃거나 얻는 것이 무엇인지를 분명하게 정리하면 잠재적으로 틸트가 올 가능성이 줄어든다. 트레이더는 자연스럽게 하루의 트레이딩으로 얻을 수 없는 것들이 있다는 것을 알게 되고, 그것들을 얻기 위해서 장기적인 시각에서 전략을 세우게 된다. 트레이딩 성과는 엎치락뒤치락할 수밖에 없다는 사실을 인정하고 받아들이면, 매일의 트레이딩 성과로 자신의 사회적 지위, 트레이더로서 자존심이나 목표 달성 가능성이 위협을 받는다고 느껴지지 않을 것이다.

　매일 트레이딩을 시작하기 전에 정리해둔 내용을 읽고, 트레이딩 성과로 돈을 얻느냐 잃느냐가 결정된다는 단순한 생각에서 벗어나 그날 수익과 손실을 바라보는 시각의 기준틀을 잡는다. 이 새로운 시각에서 트레이딩 성과를 바라보겠노라 다짐한다. 물론 예전부터 해오던 방식에서 벗어나기는 쉽지 않다. 돈을 잃느냐 버느냐가 중요했던 과거의 시각에서 쉽게 벗어나기는 어렵다. 타고난 승부욕과 몸에 깊이 밴 습관 때문에 트레이딩 성과를 평가했던 과거의 시각으로 곧장 회귀할 수도 있다.

　전반적으로 패배에 대처하는 방법을 근본적으로 바꾸는 것이 마지막 목표다. 그저 트레이딩에만 국한된 것은 아니다. 오랫동안 패배가 치가 떨릴 정도로 싫지 않았나? 어렸을 때 패배를 경험하고 지나치게 과민 반응을 나타냈었다는 이야기를 가족과 친구한테서 들은 적이 있나? 그렇다면, 많은 반복 행위를 통해서 오랫동안 갖고 있던 습관, 즉 패배에 대처하는 태도를 고쳐야 할 때다. 몇 년 동안 쌓였던 막대한 손실로 누적된 틸트도 바로잡아야 할지도 모른다.

손실의 쓰라림이 수익의 기쁨보다 더 크다

거래를 시작하면, 거래 결과에 따라서 돈만 잃고 얻는 것이 아니라 거래 결과가 감정 상태에도 영향을 준다. 패배는 아프다. 대부분의 경우 돈을 잃었다는 손실의 쓰라림이 돈을 얻었다는 수익의 기쁨보다 훨씬 더 강렬하다. 이것은 '행동 경제학'의 아버지라 불리는 대니얼 카너먼(Daniel Kahneman)과 아모스 트버스키(Amos Tversky)가 제일 처음 발견하고 정의한 현상이다. 그들은 이것을 전망 이론 (Prospect Theory)이라고 부른다.

전망 이론은 돈을 잃고 얻는 것에서 비롯된 가치가 손실과 수익의 규모에서만 비롯되지 않는다는 생각을 바탕에 둔 의사결정 패턴을 설명한다. 사람들은 손실의 고통을 피하는 것을 중요하게 생각한다. 그래서 사람들은 손실 규모를 줄이는 결정을 내려서 손실의 고통을 조금이나마 줄이려고 한다. 며칠, 몇 주 또는 몇 달 동안 손해를 봐서 자금이 줄어들고 있음에도 손실을 만회하려고 위험한 거래를 시도하는 것도 여기에 해당된다.

손실이 아픈 이유는 이미 살펴봤다. 그런데 대다수의 경우에 돈을 얻었다는 수익의 기쁨이 돈을 잃었다는 손실의 고통을 상쇄시키지 못하기 때문에 손실을 경험하면 괴로워한다. 수익은 그저 좋은 기분을 일으키는 것이 아니라 손실의 끔찍한 고통에서 벗어나는 것 이상의 의미가 있다. 사람들이 손실의 고통을 수익의 기쁨보다 더 강렬하게 느끼는 이유는 많다. 그 고통을 피하고자 오히려 위험하거나 리스크를 회피하는 결정을 내리게 된다.

이 패턴을 끊어내기 위한 첫 단계는 전망 이론이 인간 본성이 아니라 인간의 행동을 관찰한 것임을 이해하는 것이다. 물론 이런 행동 패턴은 존재한다. 하지만 그것은 중력과 같은 변하지 않는 사실이 아니다. 이 행동 패턴을 바꿀 수 있다고 믿으면, 실제로 이 패턴에서 벗어날 가능성이 생긴다.

전망 이론을 바탕으로 후속 논문을 발표하면서, 대니얼 카너먼과 아모스 트버스키는 이러한 패턴이 개인이 승리와 패배의 가치를 구분하는 기준이 되는 개인의 '준거점'에 바탕을 두고 있다고 강력하게 주장했다. 이번 장에 담긴 조언이 이 준거점을 변경하는 데 도움이 될 것이다. 손실의 고통이 수익의 기쁨보다 더 클 이유는 없다. 손실의 아주 고통스러운 원인을 해소하고 수익의 기쁨을 높이면, 더 많은 가치를 얻어낼 수 있다.

수익이 생길 거라고 기대할 때, 실제로 돈이 생겼다고 그 일을 축하할 만한 이유는 그리 많지 않다. 그것은 그저 기대했던 일이 현실이 됐을 뿐이다. 해야 할 일을 했고, 거기서 더 많은 가치를 뽑아내는 데 집중했다. 하지만 시장에서 자신의 경쟁 우위를 이용해서 수익을 얻는 것은 충분히 인정하고 축하할 일이다.

수익이 날 때마다 축하 파티를 열라는 말은 아니다. 그러나 자신이 역량을 제대로 발휘했고 보람이 있었다는 사실을 인정해야 한다. 그리고 시간을 내서 좋은 기분을 만끽해야 한다. 열심히 일했고 잘 거래를 이끌어갔으니 스스로 자랑스러워하거나 만족감을 느끼며 하루를 마무리하는 것이 당연하다. 내일도 똑같이 최선을 다하고 거래를 잘 이끌어야 하지만, 더 자신감 있고 트레이더로서 좋은 성과를 내고 성장하겠다는 마음가짐으로 새로운 하루를 시작할 수 있게 될 것이다.

모든 거래에서 수익이 날 것이라고 기대한다

트레이더가 모든 거래나 트레이딩 세션에서 돈을 벌 것이라고 기대하는 것은 터무니없다고 생각할 수 있다. 하지만 생각보다 이런 기대를 품고 있는 트레이더는 많다. 손실을 경험했다고 이런 기대가 사라질까? 손실이 나자, 곧장 그 손실을 피할 수 있었다고 스스로 속이고 설득하는 자신을 발견하지는 않았나? 다시 한 번 말하지만, 논리적으로는 모든 거래에서 수익을 얻거나 매일 수익을 얻는 것이 불가능하다는 사실을 안다. 하지만 이 책에서 거듭 말하는데 성과 결함이 이 논리를 압도해버린다.

성과 결함이 논리적 사고를 압도하는 이유는, 트레이더들은 언젠가는 자신이 아주 유능해져서 절대로 손실을 보지 않는 경지에 이를 것이라는 생각에 매달리기 때문이다. 열을 내며 열심히 거래를 하다 보면, 시장이 돈을 찍어내는 기계처럼 돈을 생산해서 자기 계좌로 보내는 것 같은 기분이 든다. 그러면 트레이더는 한껏 들뜬다. 페라리를 몰고 해변에 있는 별장으로 가는 자신의 모습을 상상한다. 트레이더는 큰 수익이 난 거래를 보면서 자신이 얼마나 많은 돈을 벌게 될지 그리고 그 돈으로 무엇을 할지 고민하고 상상하게 된다. 이것은 복권에 당첨되면 그 당첨금으로 무엇을 할지 상상하는 것과 다를 바 없다.

돈을 좀 편하게 벌어보겠다는 생각에 흥분한 상태인데, 불가피하게 손실이 발생하면 싫을 수밖에 없다. 그것은 자기 꿈을 파괴하는 것이다. 트레이딩으로 쉽게 돈을 벌 수 있다는 환상이 현실과 충돌하면서 분노가 일어나게 된다.

돈을 잃으면서 온 틸트 때문에 이 책을 집어 들게 됐지만, 이 문제에 대한 해결책은 단순히 틸트를 극복하는 것이 아니라, 돈을 버는 방법도 개선해야 한다. 이것은 트레이딩으로 쉽게 돈을 벌 수 있다는 환상에 빠져들기 시작하는 시점을 인식하는 데서 시작된다. 트레이더는 단기적으로 트레이딩하면서 돈을 벌지, 아니면 잃을지를 완전히 통제할 순 없다. 트레이더는 그저 최선을 다해서 거래를 효과적으로 진행하는 데 집중해야 한다. 왜냐하면 이것만이 트레이더가 통제할 수 있는 것이기 때문이다.

감정이 격해지지 않도록 제어할 수 있다면, 손실이 불가피할 때 과민하게 반응할 가능성이 줄어든다. 돈을 벌 때 덜 흥분하면, 돈을 잃을 때도 덜 분노한다.

일반적으로 단기적으로 통제할 수 있는 것에 감정을 더 쏟고, 통제할 수 없는 것에 감정을 덜 쏟도록 계속 노력해야 한다. (사람들은 그렇게 되어야 한다고 주로 생각하지만) 감정 기복에 로봇처럼 대응하거나 무감각해지지는 않을 거다. 결국에는 돈을 벌든 또는 잃든 상관없이 트레이딩 전략을 실행하는 것이 갈수록 쉬워질 것이다. 더 균형 잡힌 시각에서 상황을 바라보게 되고, 마침내 손실로 장을 마감했어도 거래를 잘 이끌었다는 데 자부심을 느끼는 날이 올지도 모른다.

반대로 거래에서 수익이 나고 있더라고 실수는 할 수 있다. 수익을 내서 거래 계좌 잔고가 커졌더라도, 승리감에 취해서 판단력이 흐려지거나 현실에 안주해선 안 된다. 오늘 저지른 실수에서 교훈을 얻어서 내일은 어떻게 더 잘할지에 집중해야 한다. 그리고 오늘 돈을 벌었으니, 내일도 돈을 벌 것이라는 생각에 휩쓸려선 안 된다.

다음은 이 문제를 추적하며 정리해 본 멘탈 핸드 히스토리이다.

1. 문제는 무엇인가 : 손실이 나고 있으면, 손실을 빨리 회복할 수 있는 방법을 찾으려고 애쓴다. 위기 상황이 일어나면 대체로 이런 반응이 나온다. 말하자면 최대한 빨리 행동해서 손실을 만회하거나 없애려고 한다.

2. 문제는 왜 존재하나 : 손실을 빨리 만회할수록, 더 빨리 거래에 다시 집중해서 효과적으로 대응할 수 있을 것이다. 내 전략으로 돈을 벌었으니, 다른 거래를 내 전략에 따라서 진행하면 손실을 빨리 회복할 수 있을 것이다.

3. 무엇이 잘못됐나 : 내가 진행하는 모든 거래가 수익을 낼 거라

고 기대한다. 왜냐하면 내 트레이딩 전략은 수익을 내기에 효과
적이기 때문이다. 하지만 최고의 조건을 가진 거래만 한다고 해
도, 모든 거래에서 이익을 얻지는 못할 것이다. 감정에 휩쓸려
판단력이 흐려지면 좋지 않은 거래에 투자하게 된다.

4. **조정 방안은 무엇인가** : 내 전략은 손실을 초래할 수 있다. 그
러므로 모든 거래에서 이익을 얻을 것이라는 생각은 환상이고,
이런 생각이 실패에 취약하게 만든다.

5. **조정 방안이 옳다고 확인해주는 논리는 무엇인가** : 두어 차례
의 손실이 내게 주는 부정적인 영향은 크지 않다. 하지만 분노
가 내게 주는 부정적인 영향은 상당할 수 있다.

실현되지 않는 이익에 대한 집착

손실에 대한 혐오는 단 한 번도 자신의 것이었던 적이 없는 무언
가와 관련되어 있을 수 있다. 매도나 매수 포지션을 취한 뒤에 주가
가 자신의 목표치를 향해 빠르게 움직이는 것을 보면서 몹시 흥분한
다. 이전에 너무 앞서서 축배를 들어서 혼쭐난 적이 아무리 많아도,
이런 상황에 들뜨지 않을 수가 없다. 실현되지 않은 이익은 이미 자
기 것처럼 느껴진다.

시장이 반전해서 주가가 자신의 목표치에서 멀어지면, 트레이더
는 슬슬 화가 난다. 왜냐하면 자기 돈을 시장이 빼앗아 가는 것처럼
느껴지기 때문이다. 화가 나서 거래를 즉시 중단해 버렸는데, 그 순
간 시장이 역전해서 자신이 세운 목표치에 주가가 도달했다. 아무것

CHAPTER 6 I 틸트(Tilt)

2
3
7

도 하지 않았다면 목표 수익을 달성했을 거라는 생각에, 화가 머리 끝까지 치밀면서 폭발한다. 잃은 돈을 만회하겠다는 생각에 거래량을 두 배 늘리거나 다른 거래를 급하게 진행한다.

중요한 경기에 출전한 운동선수처럼, 트레이더는 지금 눈앞에서 벌어지고 있는 상황에 냉정하게 대응할 수가 없다. 하지만 이익이 실현되기 전까지 그 이익은 트레이더의 것이 아니다.

실현되지 않은 이익이 이미 자기 것인 것처럼 흥분하고 있는 순간을 인지하고 눈앞의 거래에 집중하도록 마음을 바로잡는 훈련을 하면, 이 문제를 해결할 수 있을지도 모른다. 그리고 실현되지 않은 이익을 두고 설레발쳐서는 안 되는 줄 알았지만, 지금까지 그것이 틸트를 유발할 수 있다는 것을 알지 못했다.

혹자에게 이 조언은 너무나 간단하게 여겨질 수도 있다. '현재 상황에 집중해라'라고 말하는 것과 다름없게 받아들여질 수 있다. 실현되지 않은 이익을 두고 설레발치지 않도록 마음을 다잡을 수 없다면, 그럴 수밖에 없는 이유가 있다. 그러니 그 이유를 파악해야 한다. '지나친 경쟁심' 섹션에서 거래에서 이익을 얻는 것은 그저 돈을 번다는 것 이상의 의미를 지닌다고 설명했다. 이 경우에 실현되지 않는 이익에 집착하는 이유는 주위 사람들에게서 존경받거나, 경제적 안정을 확보하거나, 최고의 성과를 달성할 필요가 있기 때문이다.

과도한 경쟁심을 해결하면, 실현되지 않은 이익에 흥분하는 일을 피할 수 있다. 다음은 이와 관련된 멘탈 핸드 히스토리다.

1. 문제는 무엇인가 : 거래의 수익률이 3퍼센트 정도면, 그게 이

미 내 돈인 것처럼 느껴진다. 나는 트레이딩 전략에 따라서 옳은 결정을 내렸기 때문에 수익률이 오르는 것은 정당한 것이고, 수익률이 떨어져서 그 돈이 사라지는 것을 보고 싶지 않다. 수익률이 다시 떨어지기 시작하면, 차트에 집착하게 된다. 차트를 너무 많이 봐서 정신적으로 탈진 상태에까지 이른다. 이는 마치 가격이 내 목표치에 도달하도록 가격 움직임을 통제하려고 하는 것 같다.

2. **문제는 왜 존재하나** : 그 돈을 어디에 쓸지를 생각하기 시작한다. 7개월 치 임대료는 족히 번 셈이다. 그리고 눈앞의 수익률에 만족하고 수익률이 떨어져서 그 돈이 사라지도록 내버려 두지 않겠다고 생각한다.

3. **무엇이 잘못됐나** : 거래는 아직 내가 목표한 수익률에 이르지 못했다. 그러니 지금의 수익률로 발생한 차액은 아직 내 돈이 아니다. 나는 실현되지 않은 이익에 집착하고, 그게 이미 내 돈이라고 생각한다.

4. **조정 방안은 무엇인가** : 실현된 이익만이 중요한 수익이다.

5. **조정 방안이 옳다고 확인해주는 논리는 무엇인가** : 이는 사실이다.

실수가 유발하는 틸트

뭔가를 배운다는 그것은 실수한다는 의미다. 실수가 없다는 것은 이미 정답을 알고 있기 때문이라는 의미이다. 학습 과정에서 실수의 역할을 이해하고 있더라도, 실수를 하면 여전히 짜증이 난다. 실수는 비용을 초래한다. 트레이딩하는 목표가 있을 것이다. 그것은 아마도 돈을 버는 것일 거다. 그런데 실수해서 돈을 잃게 된다면, 기분이 상할 수밖에 없다.

실수해서 짜증을 내는 것이 반드시 문제가 되는 것은 아니다. 실수를 고치겠다는 동기를 제공한다면 실수하는 것이 좋은 일일 수도 있다. 그리고 동기부여가 되어서 실제로 실수를 바로잡게 된다. 실수해서 경험하는 틸트가 문제가 되는 순간은 실수하고 나서 느끼는 짜증이 심해져서 더 많은 실수를 하게 되고 그 실수를 고치는 것이 더 어려워지는 순간이다. 이런 종류의 분노는 단기적으로 트레이딩 실행을 방해하고, 장기적으로 학습을 방해한다.

실수로 유발된 틸트와 다른 요인으로 유발된 틸트의 중요한 차이는 손실에 대한 반응이다. 실수하고 틸트가 오는 트레이더에게 자신이 올바른 결정을 내렸다고 생각하는 한 손실은 문제가 되지 않는다. 손실은 트레이딩의 일부분이라고 확실히 받아들이고 무조건적으로 손실을 싫어하지 않는다. 하지만 잘못된 결정을 내리고 돈을 잃게 되면 분노가 폭발한다.

즉각적으로 돈을 잃었다는 이유로 자신이 멍청하다고 느끼고 과거의 실수를 머릿속으로 되짚어본다. 갑자기 '스스로 세운 규칙을 따르지 않았다니, 어쩜 그렇게 멍청할 수가 있지'와 같은 자기 비판적인 생각과 함께, 과거에 저질렀던 실수가 머릿속에 마구 떠오른다. 과거에 했던 실수를 잊을 수가 없다. 그리하여 한 번 더 손실이 나는 상황을 받아들이지 못하게 된다. 손실이 다시 발생했다는 것은 자신이 틀렸다는 것을 확인해 주는 것이기 때문이다. 그래서 자신은 틀리지 않았다는 것을 증명하겠다는 욕심에 손실이 나고 있음에도 포지션을 고수하고 심지어 거래량을 늘릴지도 모른다.

실수가 다음 거래에 영향을 미치고 지금 처음 한 실수가 반복된다. 그러면 다시는 그 실수를 하지 않겠다고 입을 꽉 깨물고 다짐한다. 그렇다고 다시 실수하지 않게 될까?

실수는 고치기 쉽다고 생각해서, 실수를 바로잡으려고 노력하지 않는다. 아니면 왜 계속 실수하는지를 정말로 이해하지 못한다. 그래서 실수가 계속 반복된다. 문제가 눈덩이처럼 커져서 다음 트레이딩 전략에 대한 확신이 단기적으로나마 흔들리거나 거래를 실행하길 주저하게 된다. 전반적으로 자신감이 떨어져서 꽤 괜찮은 아이디어마저 포기하게 될 수도 있다.

실수하고 나서 짜증이 나는 이유는 부분적으로 그 실수에서 무엇을 배울지 확신하지 못하기 때문이다. 실수 때문에 돈을 다 날렸다고만 생각하게 된다. 하지만 트레이딩 요정이 나타나서 이런 실수를 한 덕분에 앞으로 돈을 더 많이 벌게 될 변화나 통찰이 생길 거라고 말해준다면, 그 말을 듣자마자 실수가 다르게 느껴질 것이다. 기억해

라. 실수는 트레이더로서 성장하는 데 필수적이다. 실수하는 게 싫으면, 트레이더로서 성장하는 게 싫은 거다.

자신이 실수 때문에 틸트가 왔다는 사실을 인지하지 못할 수도 있다. 보통 손실, 부당한 대우 그리고 손해를 보란 듯이 만회하겠다는 복수심과 같이 좀 더 명확한 이유에 가려지기 때문이다. 실수 때문에 틸트가 왔고 그것이 문제가 되는지를 파악하려면, "실수 때문에 왜 이렇게 화가 나지?"를 스스로 묻고 답해봐야 한다. 다음의 이유로 실수하고 화가 날 수 있다.

- 자신의 무능 때문에 기가 막힐 정도로 좋은 기회를 놓친 것 같은 기분이 든다.
- 한 번의 멍청한 실수로 하루의 노고가 물거품이 되었다.
- 이 정도 경력을 가진 트레이더가 이렇게 뻔한 실수를 한 것에 대해서 댈 수 있는 핑계가 없다.
- 퇴보하는 것처럼 느껴진다.
- 이런 실수를 한 자신을 다른 사람들이 어떻게 생각할지 걱정되고 싫다.

위 문장에 내포된 공통된 이유로 실수한 뒤에 틸트가 온다. 각각의 이유는 어느 면에서 서로 연결되어 학습 과정과 트레이딩 성과의 본질에 대한 근본적인 오해로 귀결된다. 지금부터 어떤 오해들을 하고 있는지를 자세히 살펴보면서 그 오해들을 좀 더 해결하기 쉽게 만들어보자.

이 오해들이 바로잡히면, 실수가 유발한 틸트가 사라질 뿐만 아니라 트레이딩 실수를 더 잘 바로잡고 더 유능한 트레이더가 될 것이다. 5장의 '실수에 대한 두려움'을 읽어봤다면, 지금부터 다룰 주제가 거기서 다뤘던 주제와 비슷하다고 느껴질 것이다.

완벽에 대한 기대

트레이더로서 최고의 나날을 보내고 영원히 완벽한 트레이더로 남을 수 있을 거라고 믿는 순간, 다시 말해서 절대 실수하지 않고 트레이딩이 아주 쉬운 파라다이스에 있다고 생각하는 순간에 실수하면 틸트가 오게 된다. 문제는 이것이 한낱 허상에 불과하다는 것을 잊었다는 거다.

완벽은 움직이는 과녁이다. 두 가지 이유에서 완벽을 유지한다는 것은 불가능하다. 가장 명확한 이유는 시장이 계속 변하기 때문에, 트레이더는 자신의 트레이딩 전략을 계속해서 다시 정의할 수밖에 없고 그래서 완벽에 대한 정의도 변한다는 것이다. 조금 덜 명확한 이유는 자벌레 콘셉트로 확인했듯이 장기적으로 완벽한 트레이딩 실행은 불가능하다는 것이다. 종 모양의 곡선이 보여주듯이, 트레이딩 실행에는 언제나 변수가 존재한다.

물론 거래에 오롯이 집중해서, 정확한 타이밍에 최고의 기회를 포착하고, 돈을 쉽게 버는 나날도 있다. 문제는 논리적으로는 알지만, 마음의 한편으론 매일 이런 날뿐이어서 모든 거래에서 이익을 얻을 수 있다고 믿는 것이다. 마음속으로는 그 비결을 찾아냈고, 트레이딩의 미스터리를 풀었고, 돈을 기계로 찍어내듯이 거래를 통해서 벌 수 있는 새로운 전략을 발견했다고 믿는다. 이제 이것이 트레이더의 기준치가 된다.

'완벽'에 이르는 것은 새로운 A급 멘탈 게임이 만들어졌다는 뜻이다. 최고 성과를 갱신하면서, 완벽에 대한 기준이 더 높아졌다. 완벽하길 계속 기대한다는 것은 트레이딩 실행과 기술이 계속해서 향상되고 점점 더 높은 목표치를 달성해 나간다는 의미다. 다시 말해서 정확하게 예측하고 알지 못하는 영역으로 움직이는 목표치를 맞춰야 한다는 것이다. 이것만으로도 완벽을 유지하는 것은 불가능하다. 그런데 완벽에 대한 기대치가 계속 올라가게 돼서 완벽을 유치하는 것이 훨씬 더 불가능해진다.

자벌레 콘셉트를 완전히 숙지하고 기억해야 한다. 다시 말해서 앞으로 나아가서 최고의 성과를 계속 달성하려면 강점을 강화할 뿐만 아니라 약점을 바로잡아야 한다는 것을 기억해야 한다. 약점이 개선되어야지만 앞으로 나아가서 최고의 성과를 다시 달성할 수 있게 된다. 완벽을 기대하는 대신에, 실수를 지속해서 바로잡으면서 완벽해지려고 계속 노력해야 한다.

명백한 실수

명백한 실수는 누가 봐도 실수라고 할 수 있을 만큼 확실하고 부인할 수 없다. 명백한 실수는 누가 봐도 잘못된 것이고 그런 실수를 저지른다는 것은 너무나 어리석은 짓이기 때문에, 어떻게 그런 실수를 했는지도 이해할 수 없는 실수다.

자신이 곧 실수를 저지를 것 같은데 그것을 막을 수 없다는 것을 알게 되는 순간이 간혹 있다. 조건이 맞지 않다는 것을 분명히 알면서도, 억지로 거래를 진행한다. 틀렸다는 것을 알면서도 거래하게 되면, 자신이 왜 그런 결정을 내렸는지 이해할 수가 없어서 스스로 충격을 받고 "틀린 줄 알면서도 왜 그 거래를 감행했지?"라며 자신에게 되묻게 된다.

장이 마감됐지만, 그 실수를 머릿속에서 지울 수가 없다. 쉴 수도 없고, 밤에 잠도 잘 못 잔다. 이런 실수를 처음부터 안 할 수는 없었는지 자기 능력에 의문을 품는다. 이것으로 기가 팍 죽고, 모든 부정적인 감정이 다음날의 트레이딩 세션까지 이어져 명백한 실수를 다시 저지르기 더 쉽게 만든다.

분명히 틀렸다는 것을 아는데, 실수를 왜 저지르게 되는 것일까? 여기에는 크게 두 가지 이유가 있다. 첫 번째 이유는 틸트가 왔지만, 이를 인식하지 못하기 때문이다. 이미 틸트가 와 있었다거나 두려움이나 자만심과 같은 다른 감정이 의사결정 능력을 훼손시켰다는 것이 첫 번째 시그널이 된다. 두 번째 이유는 생각 없이 로봇처럼 트레이딩하거나, 트레이딩이 지루해지거나, 극심한 피로감을 느끼거나 절제력 문제가 있어서 성과 수준이 하락했기 때문이다. 이유가 무엇이든, 심리적이고 감정적인 기능이 훼손되어 제 기능을 다 하지 못하고 있다.

이 문제를 바로잡는 첫 번째 단계는 명백한 실수를 절대 저질러선 안 된다는 생각을 바꾸는 것이다. 트레이더로서 경력을 쌓는 내내, C급 멘탈 게임의 실수는 언제나 일어날 수 있다. 지금으로부터 3년 뒤에는 C급 멘탈 게임을 (바라건대) 훨씬 더 잘 해낼 것이고, 그 결과 명백한 실수에 대한 정의도 바뀔 것이다. 하지만 그 시점에서도 명백한 실수는 충분히 일어날 수 있다. 언제나 명백한 실수가 생길 수 있다. 하지만 절대 명백한 실수를 저질러서는 안 된다는 생각을 바꾸면, 기분 좋게 트레이딩에 임하고, 감정적으로 균형을 유지하고, 멘탈 게임의 오류를 바로잡을 준비를 하는 데 더 집중하게 될 것이다.

두 번째 단계는 이 실수를 바라보는 시각을 바꾸는 것이다. 여기서 실수는 실수가 아니다. 진짜 실수는 감정이 격해지거나 사그라드는 것을 보지 못해서 트레이딩 실수를 불가피하게 만든 것이다. 사고력을 저하하는 오류를 바로잡는 데 우선순위를 둬야 한다.

이를 위해서는 자신의 감정 패턴을 인지하고 면밀히 분석해서 멘탈 지도를 작성하는 데 집중해야 한다. 감정이 격해지거나 사그라들어서 로봇처럼 트레이딩하거나 트레이딩이 지루해지는 시점에 이르는 순간을 포착할 수 있어야 한다. 보지 못하는 것을 멈출 순 없다. 심리와 감정 상태의 변화를 언제나 쉽게 인지할 수 있어야 한다. 그렇지 않으면, 명백한 실수를 하는 것이 문제가 발생했다는 첫 번째 시그널이다.

자기비판의 미화

목표를 달성하려고 노력할 때, 자기 자신의 코치가 스스로 되어줘야 하는 순간이 있다. 대다수에게 이런 내면의 대화는 확실히 자기비판적이다. 가시가 돋친 말로 피드백을 주면서 동기를 부여하던 부모나 코치나 교사와 함께 성장해서 어렸을 때부터 자기 비판적인 사람이 됐을지도 모른다. 아니면 선천적으로 자기 자신에게 비판적인 태도를 가지고 있었을지도 모른다.

어느 쪽이든, "어쩜 이렇게 멍청할 수가 있지? 왜 계획대로 당연히 해야 할 일을 하지 못한 거지?"라며 자신을 질책한다. 아니면 "왜 매도하지 않았지? 내가 세운 규칙을 따랐다면, 돈을 벌었어. 그렇지 않으니까 돈을 잃지."라고 생각하면 스스로 꾸짖는다. 자기비판이 문제라면, 그것이 어떤 것이고 무슨 말을 하는지를 정확하게 알고 있다.

자기비판은 어느 정도 효과적인 동기부여 수단이 된다. 문제는 성과를 개선하거나 성장하거나 실수로부터 교훈을 얻기위해서는 자기비판이 필요하다고 생각하는 것이다. 하지만 그렇지 않다. 실제로 자기비판 때문에 스스로 개선하는 능력이 둔화하거나 마비될 수 있다. 대다수에게 자기비판은 효율적인 학습 도구가 아니고, 오히려 역효과를 낳는다. 자기비판 때문에 부정적인 생각에 갇히고, 자기혐오에 빠지고, 지나간 일을 후회하고, 잠을 자지 못하고, 시간, 에너지와 기회를 낭비하게 된다. 아주 이상하게 들리겠지만, 결국에는 더 나아지겠다는 동기부여를 위해서 자기비판이라는 이 내면의 분노에 의존하게 된다.

오래지 않아서 자기비판은 저절로 생기고 계속되는 문제가 된다. 자기비판을 하기 위해서 실수를 저질러야 한다. 예를 들어서 트레이딩에 완전히 몰입하거나 최고의 기량을 발휘한 뒤에, 살짝 자만심에 차거나 집중력이 흐려지거나 심리적으로 둔해질 수 있다. 자기비판이 줄어들면, 개선에 대한 동기부여가 부족해져서 퇴보하게 된다. 그리하여 마침내 실수하고 자기비판을 유발한다. 이 과정이 계속 반복된다.

자기비판이 동기부여가 될 수 있지만, 그 대가로 실수를 저지른다. 실수는 교훈을 얻는 데만 사용되어야 한다. 실수는 동기부여와 아무 상관 없다. 더 나아지겠다는 동기부여에 자기비판은 필요 없다. 그런데 자기비판 이외에 다른 방법으로 스스로 동기부여 할 생각을 하지 않았기 때문에 이런 문제가 생기는 것이다.

자기비판이 아닌 동기부여의 다른 방법을 찾으려면, 두 단계로 접근해야 한다. 첫 번째로 분노나 자기비판의 강도는 낮추고, 두 번째로 동기부여를 위해서 자기 목표에 더 깊이 몰입한다. 완벽을 기대하거나 명백한 실수를 저지르고 짜증을 내는 것처럼 자기비판의 근본적인 원인을 찾아서 바로잡는다. 또한 단기 목표와 장기 목표를 수립하고, 그것이 왜 자신에게 중요한지를 메모해 둔다. 그리고 트레이딩 세션을 시작할 때마다, 그리고 주기적으로 이 메모를 읽어본다.

사후 과잉 확신 편향

이미 지나가 버린 일에 대해서 왈가왈부해봤자 소용없다. 더 열심히만 했다면, 신문에서 그 기사만 읽었다면, 다른 트레이더의 의견을 무시하지만 않았다면 등 '…만 했더라면 실수하지 않았을 것'이라고 생각하기 때문에, 화가 나는 것이다. 뭐든지 핑계가 될 수 있고, 핑계는 끝이 없다.

자신은 뭐가 잘못됐는지 명백히 안다고 생각할 수 있지만, 현실적으로 실수를 하는 그 순간에는 뭐가 실수인지가 명확하게 눈에 들어오지 않는다.

트레이딩한 뒤나 장을 마감한 뒤에 자기 행동을 되돌아보고 실수했다는 것을 알게 되면, 실수로 이어진 결정을 내리던 순간보다 더 많은 정보가 생긴다. 이것은 그 결정을 내릴 때보다 실수하고 난 뒤에 정보적 우위가 생긴다는 뜻이다.

이 관점에서 결과를 바꿀 수 있었던 것에 집중할지도 모른다. 하지만 처음부터 그 정보를 어떻게 이용할지에 대해서는 제대로 생각하지 않는다. 다른 트레이더의 말을 듣지 말았어야 했고, 그 대신에 자신의 직감을 신뢰했어야 했다고 후회한다. 2008년 자산 시장이 거의 고점에 이르렀을 때 자산을 매도하거나 2018년에 비트코인에 투자해서 큰돈을 벌 기회가 있다는 것을 알았지만, 그 기회를 잡지 못했다. 기회를 놓치면서 잃어버린 돈을 아쉬워하며, 다르게 행동했더라면 지금 상황이 얼마나 달라졌을지를 생각한다.

그리고 "만약 …했었더라면"이라고 말하면서 자책한다. 그러면서 자신의 감정을 되돌아보고 화가 난다거나 조급함에 거래해선 안 됐다는 것을 알게 된다.

과거의 실수를 분석하지만, 지금에서야 쉬워 보이는 일을 그 당시에 하려면 무엇이 필요했는지를 고민하지는 않는다. 과거의 실수에서 교훈을 얻어서 더 나아지려고 적극적으로 노력하지 않기에, 개선은 없다. 그래서 같은 실수를 반복하게 된다. 미래의 어느 시점에 다른 실수나 놓친 기회를 두고 같은 말을 반복하는 자기 자신을 발견하게 된다. 과거의 실수를 후회하면서 다른 선택을 했었기를 바라고 같은 실수를 반복하는 자신이 아주 멍청하다면 자책한다.

이 문제를 바로잡으려면, 우선 자신이 어느 날 뻔한 실수를 절대 하지 않는 천재가 될 것이라는 헛된 생각을 품고 있다는 것을 반드시 깨달아야 한다. 이런 생각을 의식적으로 하지 않았더라도, 마음속에 이런 생각이 어느 정도 존재할 것이다. 거래한 뒤에는 뭐가 잘못됐는지를 정확하게 알 수 있다. 하지만 거래하기 전에는 그렇게 정확하게 알 수 없다. 이런 사고방식은 자신 안에 있는 천재성이 발휘되어 완벽하게 거래하는 법을 알게 될 것이라고 믿는다는 것을 시사한다. 하지만 확실하게 말하면, 이런 식으로 일이 진행되지 않는다.

옛 지식 위에 새로운 지식이 쌓인다. 좋은 거래 기회를 놓치고 난 뒤에 다음과 같은 질문에 스스로 답해봐야 한다.

- 어떻게 했으면 '옳은 조건으로' 거래할 수 있었을까?
- 무슨 단계를 밟았어야 했을까?
- 무슨 관점을 간과했을까?
- 의사결정 프로세스에 무슨 변화를 시도할 수 있을까?
- 멘탈 게임에서 개선이 필요한 곳은 무엇일까?

앞으로 더 나은 트레이더가 되는 법을 적극적으로 생각해 봐야 한다. 그렇지 않으면, 그저 좋은 조건의 거래를 놓치지 않기만을 막연히 바라게 된다.

항상 정확하기를 바란다

혹시 자신이 한 모든 실수에 핑계를 대는 부류인가? 주의가 산만해서 집중을 못했었다거나 손실을 감당할 수 있다거나 뒤늦게 거래에 뛰어드는 게 때로 효과가 있다는 등 왜 자신이 틀리지 않았는지를 설명하는 이유가 수없이 많이 준비되어 있다. 실수하고 나서 반사적으로 핑계를 늘어놓는 행위는 자신이 옳았다는 것을 스스로 확신하고 싶은 마음 때문에 나타난다. 언제나 옳아야만 한다.

정확해지려는 욕구는 추구할 가치가 있다. 하지만 자신에게 한계가 있다는 것과 사람은 틀릴 수밖에 없다는 것을 인정하고 두 시각이 균형을 이뤄야 한다. 이상적인 것은 정확하고 싶은 욕구에서 강하게 동기 부여되고, 틀렸을 때 거기서 교훈을 얻고 조정해 나가는 것이다.

실수에 반사적으로 나오는 반응을 제어하고 옳은 시각을 받아들이는 비결은 무엇 때문에 항상 정확하기를 바라는지를 이해하는 것이다. 왜 정확해야 하는 걸까? 정확해서 얻는 것이 뭘까? 왜 틀려선 안 되는 걸까? 틀렸다는 것은 자신에게 무슨 의미일까?

정확해지고자 하는 욕구는 자신감 문제에서 비롯된다. 정확하다는 것이 자기 정체성의 일부여서, 틀렸다는 것은 자존심에 고통스러운 타격을 준다. 그래서 생존을 위해 음식이 필요한 것처럼, 정확할 필요가 있는 것이다. 음식이 없으면 굶어 죽게 된다. 이와 비슷하게 정확하지 않으면, 자신의 일부를 잃어버린 것처럼 느껴진다. 그래서 틀리는 일이 없도록 극렬하게 자신을 방어한다.

정확하고 싶은 욕구가 과한 것이 프란츠가 경험하는 틸트의 근본 원인이었다. 프란츠는 2장에서 소개한 아내와 세계 여행을 할 돈을 트레이딩으로 벌고 싶어 했던 트레이더다.

틸트가 너무나 심하게 와서, 프란츠의 사고는 완전히 마비됐다.

프란츠는 트레이딩하는 동안에 자기가 무슨 소리를 내는지를 영상으로 촬영하기로 했다. 이 작업 덕분에 그는 틸트가 왔을 때 자신이 어떻게 사고하는지에 관해서 귀한 통찰을 얻었다. 유난히 트레이딩 성과가 나쁜 날에 찍은 영상을 보면서, 그는 자신의 멘탈 핸드 히스토리를 완성했다. 바로 이 순간에 돌파구가 마련됐다. 그는 왜 그가 정확하고 싶은 욕구를 느끼는지를 이해하게 됐다. 다음의 그의 멘탈 핸드 히스토리의 일부다.

1. 문제는 무엇인가 : 손실에 다양한 반응이 나올 수 있다. 나는 손실을 만회하기 위해서 가능한 다른 거래를 시도한다. 나는 공격적으로 변한다. 이때 내가 세운 시장 진입 기준과 기본적인 트레이딩 규칙은 더 이상 중요하지 않다. 분노에 압도돼서 판단력이 흐려지고 충동적으로 변한다.

2. 문제는 왜 존재하나 : 내가 저지른 실수를 만회하려고 몸부림

친다. 상황을 수습하고 싶다. 충분히 성공하지 못하고 실패했다는 생각과 내가 만든 시스템을 잘 운영하지 못한다는 생각을 참을 수가 없다. 그래서 지금 당장 손해 본 돈을 되찾아야 한다고 속으로 말한다. 내가 최선을 다했는데도 상황이 내 생각대로 흘러가지 않으면 참을 수가 없다. 나는 손실을 받아들이지 못한다. "손실이 나선 안 됐어. 내가 손실을 경험하고 있다니 믿을 수가 없어. 왜 이런 거지? 수익만 낼 수 있다면, 그저 수익만 얻을 수 있다면 다시 기분이 좋아질 텐데. 내가 실패하고 있다는 생각도 더 이상 안 할 텐데. 내가 패배자라는 생각도 안 할 텐데. 왜 이게 생각한 대로 안 풀리는 거지? 상황을 바로잡으려면 무엇을 해야 하지?"라고 생각한다.

3. **무엇이 잘못됐나** : 내가 항상 정확하다고 생각하기 때문에 비판이나 도전을 받아들이지 못한다. 내 생각과 다른 트레이딩 성과가 나오면, 내 자신이 가치없는 사람처럼 느껴진다. 이것을 받아들이기에는 너무 엄청난 일이다. 항상 내 능력에 대해 비현실적인 기대를 품는다. 이는 마치 내가 항상 정확하고 옳아야 한다고 느끼는 것 같다. 사전 지식이나 미리 연습한 적도 없는데 말이다.

4. **조정 방안은 무엇인가** : 나는 박사학위를 땄고 박사 후 과정 연구 장학금을 두 번 받았다. 옳은 사고방식으로 정확하게 한다면, 내가 목표한 바가 무엇이든지 이뤄낼 수 있다. 항상 정확해지려고 노력하는 것은 스스로 초인적인 힘을 가지고 있다고 생각하는 것과 같다. 트레이딩의 도전을 받아들이고 합리적인 수

준에서 정확하게 거래할 방법을 찾아야 한다.

5. 조정 방안이 옳다고 확인해주는 논리는 무엇인가 : 나의 능력을 정확하게 알아야지, 내 꿈을 실현할 수 있다.

프란츠는 실수하면 분노하고 자존심에 상처받았다. 그는 항상 정확하고 싶은 욕구가 트레이딩하고만 관계된 것이 아니라 사생활과도 관련 있다는 것을 깨달았다. 이를 이해하게 되자, 그는 자신이 실수하면 왜 그토록 화가 나는지를 알 수 있었고 트레이딩과 사생활 모두에서 그 문제를 해결하려고 노력했다. 이것은 운동선수가 주 종목 외에 다른 종목도 함께 훈련하는 것과 비슷하다. 그는 여기서 얻은 통찰로 일과 가정에서 자신의 분노를 다스리는 법을 개선했다.

프란츠는 트레이딩 실행에 미묘하게 방해가 되고 초기 실수를 유발하는 집중력, 에너지 그리고 기분에 영향을 줄 수 있는 다른 요소들도 찾아냈다. 요약하면 그는 실수한 후 그 문제를 자세히 들여다보기 전까지 왜 실수하는지를 이해할 수 없었다. 이 모든 노력 덕분에, 그의 틸트는 50퍼센트 이상 완화됐고 그는 계속 이 과정을 되풀이했다.

마지막으로 프란츠의 문제는 단일 범주로 깔끔하게 분류되지 않았다. 그는 자신의 문제를 해결하기 위해서 5장의 '실패에 대한 두려움' 섹션에서 다룬 해결 방안 일부를 이용할 필요도 있었다. 그리고 자존심을 다룰 7장에 담긴 해결 방안을 이용해서 과도한 자신감도 해결해야 했다.

프란츠처럼 항상 정확하고 싶은 욕구가 문제가 된다면, 이 문제의 핵심에 도달해서 완전히 해소할 수 있도록 다음 장을 참고하길 바란다. 자기 정체성을 확장하거나 재정의하는 법을 찾아서, 정확하다는 것을 더 균형 잡힌 시각에서 바라볼 수 있도록 하자.

부당함에서 비롯된 틸트

부당함에서 비롯된 틸트는 공정함, 공평함 그리고 정의와 관련된다. 트레이딩 바닥에 공정함이란 없다는 것을 이미 알고 있지만, 부당하다고 생각되는 상황이 닥치면 다음과 같이 반응하지 않을 수가 없다.

- "이런 일이 또 일어나다니 믿을 수가 없어. 난 그냥 운이 없나 봐"라고 말한다.
- 시장이 조작됐다고 생각하거나 개인적으로 누군가가 자신에게 피해를 주려고 시장을 조작한다고 생각한다.
- 운이 나빠서 손실이 났다고 생각한다.
- 자기는 모든 것을 똑바로 했지만, 항상 운이 나빠서 타이밍을 제대로 못 맞췄다고 생각한다.
- 몇 차례 손실을 경험한 뒤에, 시장이 자신에게 빚을 졌다고 믿는다.

트레이딩은 복잡하고, 경쟁이 굉장히 심하며, 혼란스럽다. 트레이딩은 실력에 따라서 항상 합당한 보상이 주어지는 공정한 경쟁이 아니다. 이 사실을 알고 있지만, 부당한 대우를 받거나 당연히 자기 것이어야 하는 것을 손에 넣지 못한다고 생각하면, 제어할 수 없을 정도로 과민한 반응이 나온다. 사람들은 확률에 집중하고 단기적인 결과에 휘둘려선 안 된다고 말한다. 하지만 이것은 이런 것으로 쉽게 해결될 문제가 아니다. 그렇지 않으면 이 문제는 벌써 해결됐을 것이다.

모든 트레이더가 부당함에서 비롯된 틸트로 고전하지 않는다. 그러니 부당한 대우를 받고 있다고 느낄 때 오는 틸트에는 숨겨진 뭔가가 분명히 있다. 신생아에게서도 관찰되는 공정함에 대한 자연스러운 욕구의 이면을 봐야 한다. 그리고 무엇이 공평하고 무엇이 부당한가에 대한 관점을 왜곡시키는 편견과 결함을 조사해야 한다.

기본적인 사례부터 살펴보자. 시장에서 계속 운이 없는 것처럼 느껴질 수도 있다. 하지만 이 책을 읽고 있다면 선진국에서 살고 있을 가능성이 있다. 다시 말해서, 기본적인 욕구가 충족되고 거래할 자본이 있다는 의미다. 이런 행운에 대해서 생각해 본 적은 있나? 아마도 없을 것이다. 선진국에서 살고 있다는 것을 행운으로 여기고 감사한 마음을 갖는 것이 부당함에서 비롯된 틸트에 대한 해결책이란 말은 아니다. 트레이딩이나 삶에서 누리는 다른 형태의 행운을 설명하지 못한다는 것은 시각이 왜곡됐다는 의미다.

부당하게 대우받는다고 느끼는 감정인 '부당함에서 비롯된 틸트'를 경험할 때, 상황을 보는 관점이 왜곡될 수 있다. 무엇이 상황을 바라보는 관점을 왜곡시키는지를 이해하면, 공정함에 관해서 논리적으로 알고 있는 지식보다는 감정(분노)을 바탕으로 다음의 질문에 스스로 답해봐라.

- 자기 몫의 행운을 단 한 번도 누리지 못했거나 항상 곤란한 상황에 부닥치게 된다고 느껴지나?
- 손실이 나면서 자기 주머니에 들어있던 돈을 빼앗기는 것처럼 느껴지나?
- 어떤 상황에서 불운에 발목 잡히나?
- 자기보다 더 운이 좋다고 생각되는 트레이더를 보면 질투심이 생기거나 분개하게 되나?

자기 행동으로 손실이 더 발생하게 되면, 그 상황을 받아들이기는 특히나 더 어렵다. 운은 통제할 수 없다. 하지만 운이 나빴다고 해서 화가 나는 이유를 이해하면, 트레이딩 실행에서 주도권을 되찾을 수 있다.

자신이 불운하다고 믿는다

불운에 어떻게 반응해야 하는지를 생각하는 것을 넘어서, 자신이 화가 나는 이유를 솔직하게 생각해 봐야 한다. 자신이 자기 몫의 행운을 누리지 못하거나, 저주를 받았거나, 지나치게 불운하다고 느끼나? 만약 그렇다면, 그것은 트레이딩을 시작한 이후로 자기도 모르게 진행해 온 장기 연구 프로젝트를 통해서 도출한 결과일 수 있다.

문제는 그 연구가 나쁜 데이터로 오염됐고 그래서 결론이 틀렸다는 것이다. 저주받지 않았고, 자기 몫의 행운을 누리고, 느끼는 것만큼 불운하지도 않다. 그저 정확하게 상황을 평가하지 못했을 뿐이다.

이런 오류를 발생시키는 원인은 크게 두 가지다. 첫 번째는 운이 나빠서 실수했다고 생각하는 것이고, 두 번째는 운이 좋을 때 좋은 성과는 전부 자기 실력 덕분이라고 생각하는 것이다. 이것들은 트레이딩에서 공정함을 바라보는 관점을 왜곡시켜서 사실이 아님에도 부당하다고 생각하게 된다. 다음 두 가지 그림이 이 문제의 핵심을 잘 보여준다.

그림 1

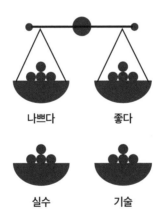

나쁘다   좋다

실수   기술

그림 1은 이론적으로 이상적인 상황을 보여준다. 여기서는 트레이

더로서 자신의 역량에 대한 이해 그리고 자기가 저지른 실수에 대한 평가가 정확하다. 공정함에 대해서 균형 잡힌 시각을 갖고 있다. 비록 이것은 이론적으로 이상적인 상황이지만, 다른 트레이더에 비해서 이런 상황에 좀 더 가까운 트레이더도 있다. 실질적으로 말해서, 이것은 불가피한 외부 요인을 이해하고, 트레이딩 시스템에서 설정이 최상이라도 손실이 날 수 있다는 것을 알고, 몇 번의 거래 결과가 아니라 큰 그림에 더 집중한다는 의미다. 이런 식으로 상황을 더욱 정확하게 볼 수 있고 자신이 통제할 수 있는 요인에 집중할 수 있게 된다.

그림 2

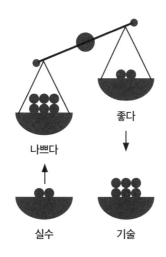

그림 2는 앞에서 언급한 두 가지 오류가 분산에 대한 시각을 어떻

게 왜곡하는지 그리고 부당함에서 비롯된 틸트를 어떻게 유발하는 지를 보여준다. 첫 번째 실수가 손실의 가장 큰 이유지만, 쉽사리 불운 탓을 하면서 운이 없어서 손실 규모가 더 커졌다고 생각한다. 두 번째, 운이 좋아서 수익이 났지만, 전적으로 자기 실력이 좋았기 때문에 수익이 난 것이고 운이 좋았다는 생각은 거의 하지 않는다.

이런 편견이 오랫동안 반복되면 무슨 일이 일어날지 상상할 수가 있다. 불가피하게 자신에게 부당함이 작용했다고 믿거나 자신은 저주받았다고 믿는다. 행운을 자기 실력이라고 오인하고 실수는 운이 나빠서 일어났다고 믿으면, 시각이 한쪽으로 편향되고 분산은 자신에게 불리한 요인인 것처럼 여겨진다. 운이 나쁠 때가 더 많은 것처럼 느껴지고, 틸트가 와서 이번 거래는 망했다고 믿는다. 하지만 실제로는 자기가 심리적으로 자기 발등을 찍은 격이다.

이런 심리 패턴은 트레이더들이 특히 정서적으로 압박감을 느끼고 있을 때 운이 좋은 경우보다 운이 나쁜 경우를 더 잘 기억하기 때문에 더 심화한다. 무언가에 좀 더 집중하면, 그것을 더 잘 배울 수 있는 법이다. 하지만 행운보다 불운을 더 기억하고 집중하면, 이런 단순한 사실이 눈에 보이지 않는다. 그래서 불운에 더 집중하게 되는 것이고, 불운이 행운보다 더 도드라져 보이는 것이다. 기본적으로 불운을 찾아내는 실력은 좋지만, 행운을 포착하는 실력은 나쁘다고 해석할 수 있다.

설상가상으로 행운보다 불운에 조금 더 집중하게 되면 전반적인 시각이 왜곡될 뿐만 아니라, 드로우다운으로 정서적으로 압박감을 느낄 때는 운이 나쁘다는 것만 기억난다. 눈에 보이는 것은 불운뿐이니 "난 운이 없어"라는 말을 할 법하다. 이런 순간에는 정말로 자신은 단 한 번도 운이 좋았던 적이 없었다고 느껴진다. 그런데 이것은 대체로 행운을 인지하는 실력이 형편없어서 일어나는 일이다.

겉으로는 복잡하고 혼란스럽게 느껴지겠지만, 상황을 바라보는 시각과 왜 그런 결과가 나왔는지를 분석하는 방법을 바꾸면 해결될 문제다. 먼저 긍정적인 변화(행운)와 실수(불운)를 모두 인지하는 능력을 키우자. 운이 좋았다고 생각될 때 노트, 워드 프로그램, 스프레드시트 등 자신이 편하게 느끼는 방식으로 기록해 보자. 예를 들면, 수익을 최대화할 수 있는 정확한 시점에 매수나 매도했거나, 분명 매도나 매수했을 텐데 자리를 잠깐 비운 덕분에 손실이 나는 거래를 피할 수 있었거나, 장 마감 직전에 가까스로 목표 수익에서 거래를 마무리했을 수도 있다. 이런 사례와 비슷한 일이 자신에게 생긴다면, 잊지 말고 기록해 두자.

이와 반대로 운이 나쁘다고 생각될 때마다 하던 일을 잠깐 중단하고 실수한 것은 아닌지 살펴보자. 처음 목표는 실수했을 수 있고 그것이 손실의 원인인지 아닌지를 고민하는 습관을 들이는 것이다. 때때로 운이 나빠서 손실로 거래를 마무리하게 되는 경우도 있지만, 실수가 원인인 경우도 있다. 단기적으로는 운이 나빴기 때문에 또는 자신이 파악한 다른 이유로 손실이 발생했다고 자연스럽게 반응하게 될 것이다. 하지만 그저 실수했는지 그리고 그게 손실의 원인은 아닌지를 스스로 묻고 답하는 것만으로 모든 것을 불운 탓으로 돌리는 패턴을 끊어내고 결과를 분석하는 방식을 바꾸고 균형 잡힌 시각에서 바라보기 시작할 수 있다.

마지막으로 거래 이력을 살펴본다. 트레이더로서 그동안 쌓은 경력을 훑어보자. 이때 트레이딩 이외의 사생활이나 트레이더 이전의 다른 직업을 갖고 있었을 때도 살펴보는 것이 좋다. 그리고 자기 실력 덕분에 운이 좋아서 좋은 결과를 얻었던 때를 찾아보자. 그리고 망했다는 생각이 드는 순간에 실수했거나 그 뒤에 개선할 점을 찾고 실력을 향상하려고 노력하지 않았던 때도 찾아보자.

편향된 시각을 바로잡는 것은 과거의 편향된 시각도 바로잡을 때 더 쉽다. 물론 과거에 일어난 일은 바꿀 수 없다. 하지만 과거의 행운과 불운을 바라보는 시각을 바꾸면, 현재 좀 더 정확하고 안정적인 시각을 가질 수가 있다.

과정보다 결과에 더 집중하는 사고방식

습관이나 과정을 강조하는 것이 새로운 일은 아니지만, 결과만 중요하다는 관점이 업그레이드되어 과정을 더 중요하게 생각하는 사고방식이 등장하게 됐다는 것은 사람들은 잘 알지 못할 것이다. 지금 당장 자기가 생각했던 결과가 나오지 않으면 '나는 망했구나'라는 생각이 자동으로 떠오를 것이다. 결과보다 과정에 집중하는 성향이 강하다면, 불운, 손실 그리고 실수에 더 쉽고 냉정하게 대처할 수 있는 균형 잡힌 시각에서 결과를 바라보게 된다.

하지만 여느 트레이더와 같다면, 과정에 더 주안점을 두는 것은 좋은 이야기지만 그렇다고 결과보다 과정에 집중하려고 적극적으로 노력하지는 않을 것이다. 이것은 다른 기술처럼 학습 과정을 거쳐야 한다기보다는 굳이 노력하지 않아도 결과보다 과정에 더 집중할 수 있다고 생각하고 있다는 의미다.

매일 장이 마감된 뒤에 트레이딩 일지를 작성하면, 틸트를 줄이거나, 트레이딩 실행을 개선하거나 집중을 방해하는 요인을 줄이는 등 과정에서 목표하던 바를 얼마나 달성했는지를 확인할 수 있다. 손실이 난 뒤에 침착함을 유지하는 것, 즉 틸트를 줄이는 것이 목표라면, 곧장 틸트에 빠지지 않고 손실이 난 거래를 검토할 수 있는지, 하루 동안 자신의 손익을 확인하는 빈도가 줄었는지, 비록 손실은 났지만 트레이딩 전략을 잘 이행한 날에 성취감이 느껴지는지 등에 주의해야 한다. 그렇게 했다면 손실이 발생해도 침착함을 유지할 수 있다. 다시 말해서 틸트가 줄어들고 트레이딩 과정에 집중하는 데 어느 정도 성과가 있었다는 의미다. 이러한 비금전적 단계에 집중하면, 한꺼번에 두 가지 목표를 달성하게 된다.

궁극적으로 진전이 있다는 것을 알려주는 시그널에 집중하는 것이 제2의 천성이 되어야 한다. 그렇게 될 때까지 과정에 집중하는 사고방식을 배워나가야 하고, 결과에 너무 집중해서 때때로 틸트가 올 것이다. 과정보다는 최종 결과에만 집중하게 되는 옛 습관으로 회귀하기는 쉽다. 그러니 자연스럽게 과정에 집중할 수 있게 될 때까지, 이 사고방식을 계속 훈련해야 한다.

무슨 일이 일어날지 알고 있다고 생각한다

자신의 트레이딩 포지션이 생각했던 것과 다르게 움직인다고 생각되면, 자연스럽게 손실은 불 보듯 뻔하니 이번에는 손실 규모가 얼마나 될지만을 생각한다. '또 시작이네' 또는 '정말 이럴 거야?!?' 등과 같은 생각이 들기 시작한다. 앞날을 감지하고, 일이 일어나기도 전에 이미 짜증이 나고 분노한다.

이런 심리 패턴은 일반적으로 이미 트레이딩 포지션에서 손실이 발생하고 있고 그동안에 누적되고 분출되지 않은 틸트가 존재할 때 나타난다. 이런저런 상황을 예측하고 손실이 실현되면 '이렇게 될 줄 알았어'라고 이야기'하는 패턴이 형성된다. 이것은 무의식적으로 자신은 정확하게 예측할 수 있다는 믿음을 만들어내고 자신이 시장을 완전히 장악하고 있다고 착각하게 만든다.

손실에서 비롯된 분노의 일부는 자기 자신에 대한 분노다. 자기 트레이딩 포지션에서 손실이 날 것임을 알았으면서 즉시 빠져나오지 않았기 때문이다. 이렇게 되면 틸트가 눈덩이처럼 커지기 시작한다. 너무나 화가 나서 손실을 피할 수만 있다면 무슨 일이든 하게 된다. 시간이 흐르면서 이런 심리 패턴은 영속적으로 굳어지고 자신은 저주받은 트레이더라는 생각을 강화한다. 지금까지의 트레이딩 경력을 봤을 때, 부당할 정도로 자신은 운이 나빴다는 가설에 근거해서 말하자면, 이것은 사실일 수 있다.

설령 사실이더라도, 이 현실이 앞으로 운이 좋을지 또는 나쁠지를 말해주지 않는다. 앞으로 무슨 일이 일어날지는 알 수 없다. 하지만 자신은 앞날을 예측할 수 있다고 생각한다. 이런 문제가 발생하는 근본적인 원인은 무슨 일이 일어날지 안다는 믿음이다.

우리의 몸처럼, 마음도 앞으로 일어날 일을 예측한다. 예를 들어서 걸을 때 우리 몸은 넘어지지 않고 매끄럽게 움직이기 위해서 앞으로 몇 발짝이 남았을지 예측한다. 계단을 오르고 있는데 몇 개의 층계가 남았는지 신경을 쓰지 않는다고 치자. 계단을 다 올라왔는데, 층계가 하나 더 남았다는 생각에 발을 들어 올린다. 몸의 예측이 틀리면서 몸의 예측과 현실에 격차가 발생하여, 앞으로 넘어지게 될 것이다.

몸과 마음은 그저 그 순간에 주어진 정보를 바탕으로 앞날을 예측한다. 드로우다운에 빠졌을 때, 마음은 손실만 보여주는 편향되고 왜곡된 정보만을 바탕으로 앞으로 무슨 일이 일어날지 예측하려고 한다. 최근에 줄곧 손실만 나고 있으므로 주어진 정보는 이것밖에 없기 때문이다. 그러면 자연스럽게 더 큰 손실이 날 것으로 예측하고 손실 쪽으로 마음이 기울어진다.

반대의 상황도 있을 수 있다. 계속 수익이 나면, 앞으로도 수익만 날 것으로 예측한다. 예를 들어서, 트레이딩 포지션이 자신의 목표 수익을 향해서 빠르게 움직이고 있다면, 목표 수익을 곧 달성하리라고 예측한다. 상황이 역전될 수 있다는 생각은 전혀 하지 않는다.

어느 쪽이든 예측이 실현되면 앞으로 무슨 일이 일어날지를 자신은 알고 있다는 믿음이 더 강화된다. 이때 드로우다운에 빠지면 틸트는 더 강렬하게 온다. 왜냐하면 손실이 더 크게 날 것이라고 이미 확신하고 있기 때문이다.

이 문제의 근본 원인은 자신은 미래를 예측할 수 있다는 믿음이다. 정말로 앞날을 보는 초자연적인 능력을 지닌 게 아니라면, (그런 능력이 있다면 이 책을 왜 읽고 있겠나?) 기대 손실이나 기대 수익과 관련해서 자신이 앞날을 예측할 수 있다고 믿는 것은 바로잡아야 할 착각이다.

트레이딩하는 동안에 자신이 한 긍정적인 예측과 부정적인 예측을 빠짐없이 기록하고, 나중에 그 예측이 실제로 맞았는지를 확인해야 한다. 실시간으로 이를 파악하고 확인하는 것이 이런 말도 안 되는 믿음을 바로잡는 유일한 방법이다.

질투심

자신은 운이 유난히 없다고 생각하고 운이 정말로 좋은 사람을 부러워할 때, 질투심은 운과 특별히 관련된다. "너처럼 운이 좋았다면 좋겠어"라고 생각하거나 다른 트레이더에게 말한 적이 있나? 그런데 그들이 자신보다 더 운이 좋다는 것을 실제로 증명할 증거는 무엇인가? 아니면 그저 그렇게 느끼고 있는 것 아닌가?

앞에서 트레이딩 업계에서 정당함의 크기에 대해 살펴봤다. 다른 트레이더들을 보면서, 실제로는 자신이 생각했던 것보다 그들이 더 실력이 있어서 좋은 결과를 얻었는데 그저 자신보다 운이 좋아서 결과가 좋았다고 잘못 생각하고 있는지도 모른다. 트레이딩에서 그들이 정당한 대우를 받는 게, 다시 말해서 수익을 얻는 것이 그저 '운'

이 좋기 때문이라고 넘긴다. 여기에 더해서 자신이 저지를 실수는 생각지도 않고, 자신은 너무나 운이 없다고 믿는다. 그래서 사실이 아닌 것을 두고 다른 트레이더들을 질투하고 있는지도 모른다.

기본적으로 다른 사람의 행운을 부러워하고 신경을 쓰면 주의가 흐트러진다. 자신에게 도움이 되는 무언가를 그들에게서 배우고 있지 않다면, 자기보다 운이 좋아 보이는 트레이더를 보면서 부러워하는 것은 시간을 낭비하는 어리석은 행동일 뿐이다. 그런데 이런 질투심의 원천은 생각했던 것보다 훨씬 더 깊다. 다른 트레이더와 자신을 비교할 때 그저 누가 더 운이 좋은지 나쁜지만을 보나? 그렇지 않다면, 다른 비교 대상은 무엇인가? 혹시 트레이더로 쌓은 경력 정체를 비교하지 않나? 그들이 번 돈을 부러워하진 않나? 틸트나 기회의 관점에서 그들이 취한 트레이딩 포지션을 부러워하지는 않나?

부당함에서 비롯된 틸트는 질투심보다 더 큰 문제가 존재한다는 시그널이다. 예를 들면 자기 능력이 부족하다고 생각하거나 기대한 수준으로 경력을 쌓지 못했다고 생각하거나 전반적으로 자신감에 문제가 있다는 시그널이다. 질투심이란 문제를 개선하려면, 먼저 다음의 질문에 스스로 답해보자.

- 다른 트레이더들을 보면서 뭐 때문에 억울하다는 생각이 드는가? 아니면 자기도 갖고 있었으면 좋겠다고 생각하는 것은 무엇인가?
- 그것을 가지게 된다는 것은 자신에게 무슨 의미인가?

- 감정 기복을 더 잘 조절하려면 무엇을 해야 하나? (인내심을 갖고 기다리는 것이라 할지라도, 항상 할 수 있는 뭔가가 있다.)
- 자신의 성취 중에서 충분히 기념하고 축하하지 않은 것은 무엇인가?

위 질문에 대한 답이 앞으로 나아갈 방향을 제시해 줄 것이다. 그러면 다른 사람이 자기보다 운이 더 좋은지 나쁜지에 덜 신경을 쓰게 될 것이다. "그런 거에 신경을 쓰지 말고 자기 자신에게 집중해"라고 말하기는 쉽다. 하지만 다른 사람들이 자기보다 운이 더 좋은지 나쁜지에 신경을 쓰는 이유를 찾고 바로잡지 않으면, 남 신경을 안 쓰고 자기 자신에게만 집중하기는 어렵다.

.ılı.

보복성 거래

복수심이 불타오르면, 자기 행동이 손실로 이어질 수 있다는 생각은 절대 하지 못한다. 모니터에 찰싹 붙어서 가격 움직임에만 집중하면서 자기 것이라고 믿었던 실현되지 않은 이익을 되찾고 말겠다는 욕구에 불타오른다. 이는 마치 금융 시장에다 대고 "아 안돼. 이렇게 날 골탕 먹이고 아무 일 없다는 듯이 가버리면 안 되지"라고 말하는 것 같다. 아무 생각도 안 나고 그저 돈을 벌겠다는 단순한 충동만 존재한다.

손실이 나서 돈을 잃거나, 실수하거나, 운이 나쁘다고 생각되는 순간에, 복수하고 싶은 욕구가 고개를 들기 시작한다. 자기 자신을 통제하려고 노력하고 과거처럼 큰 실수를 저지르지 않으려고 애쓴다. 하지만 복수심을 그저 잠깐만 억제할 수가 있을 뿐이다. 결국에는 이성을 잃고 탈선한다. 그리고 다시 정신을 차리면 도대체 무슨 일이 일어났던 것인지 의아해하고 그렇게까지 통제력을 상실할 수 있었는지가 이해가 안 돼서 혼란스러워진다.

일상에서 그렇게 행동하지 않기 때문에 복수심에 불타서 행동하는 것이 유난히 놀라울 따름이다. 하지만 살면서 다른 경쟁이 치열한 분야에서 자신이 어떻게 반응하고 행동했는지 생각해 보길 바란다. 언제나 자신을 능가하는 특정 상대 때문에 보복하고 싶다는 욕구가 생기지 않았었나? 손실이 나고 나서 자존감을 회복하거나 다른 사람들에게 자기 능력을 보여주고 싶어서 복수심이 들끓었나?

인생에서 복수심은 특정 사람을 향한다. 하지만 트레이딩에서는 구체적으로 복수하고 싶은 사람이 있는 것이 아니다. 대체로 복수의 대상은 금융 시장 전체다. 분노가 논리와 이성을 잡아먹고 마비시킨다. 복수하고 싶다는 생각으로 전혀 이해할 수 없는 행동을 한 뒤에, 자기 자신을 맹렬히 비판하게 된다. 하지만 이것이 문제를 해결하는 일은 거의 없다. 그 대신에 시장에 복수하려는 이유를 먼저 이해해야 한다.

보복성 거래는 이번 장에서 다뤘던 세 가지 유형의 틸트와는 다르다. 왜냐하면 그 원천이 단순히 분노가 아니기 때문이다. 보복성 거래에는 비밀 한 스푼이 들어가 있는데, 그것은 바로 자신감 문제다.

분노와 자신감 문제가 함께 나타나면 폭발이 일어난다. 그래서 분노와 자신감 문제가 뒤섞인 복수심이 강렬한 감정을 만들어낸다.

7장에서 자신감에 대해서 상당히 많은 것을 알게 되겠지만, 지금은 자신감이 모 아니면 도라는 태도로 판단할 수 있는 것이 아니라는 것을 분명히 말하고 싶다. 자신감은 가지고 있거나 가지고 있지 않은 것이 아니다. 퍼즐 조각처럼 자신감에는 많은 면이 있다. 인정받고 싶은 욕구가 과도하거나, 결과에 지나치게 집중하거나 자신의 통제력을 오해하는 것처럼 사소한 결함이 분노와 결합하면, 보복성 거래를 유발할 수 있다.

틸트 지도를 완성하고 나면 이것이 확실하게 눈에 보일지도 모른다. 예를 들어서, 1, 2, 3등급에 해당하는 틸트가 자신감과 관련되어 있다는 것을 깨닫게 될 것이다. 많은 거래 포지션이 수익을 내고 있었는데, 갑자기 역전되면서 손실이 발생하면 분노가 치밀어 오른다.

아니면 이와 반대일 수 있다. 등급이 낮은 틸트는 분노와 관련되고, 복수심과 절박함(자신감 문제)이 뒤섞이면 6등급부터 10등급까지의 틸트가 올지도 모른다. 어느 쪽이든, 보복성 거래를 해결하려면 분노와 자신감 문제의 근본 원인을 이해하고 바로잡아야 한다.

다음은 보복성 거래로 힘들어 하고 있는 전업 트레이더인 조(Joe)의 멘탈 핸드 히스토리 요약본이다.

1. 문제는 무엇인가 : 나는 트레이딩 경험이 많다. 트레이딩하다

보면 손실이 날 수밖에 없다는 것을 알지만, 하루 동안 트레이딩하다 보면 근시안적으로 변한다. 트레이딩하면서 어떤 거래에서는 수익이 나고 어떤 거래에서는 손실이 날 수 있다. 나는 내가 하는 거래들을 하나의 포트폴리오로 보지 못하고, 하나씩 별개로 봤고 단일 거래의 결과에 집착한다. 그래서 어떤 거래가 내게 불리하게 진행되거나 어느 거래에서 예상하지 못한 일이 일어나면, 나는 평정심을 잃고 가만히 거래를 지켜보지 못하고 개입하게 된다.

2. **문제는 왜 존재하나** : 나는 내가 이 거래가 어떻게 진행될지 정확하게 안다고 확신한다. 가격이 곧장 폭락 또는 폭등하거나, 역전될 것이다. 하지만 내가 매수포지션일 때 다른 투자자들이 주식을 매도하는 것처럼 상황이 예상한 대로 전개되지 않으면, 나는 나의 초기 판단을 의심하기 시작한다. 시장이 매번 똑같이 움직이지 않고 시장은 본래 예측할 수 없는 존재라는 것을 알면서, 심지어 이를 뒷받침하는 명확한 증거를 가지고 있으면서도, 매수포지션에서 매도포지션으로 전환해서 시장에서 빠져나와야 할 것 같다.

3. **무엇이 잘못됐나** : 나는 모든 거래가 정확하게 내가 예상한 대로 진행될 것이라는 비현실적인 기대를 한다. 그리고 트레이딩할 때 50퍼센트의 확률로 상황이 내가 예상한 것과 다르게 흘러갈 수 있다는 사실을 받아들이지 못한다. 이런 기대가 나의 판단력을 흐리게 만들고, 트레이딩하는 동안에 객관적인 태도를 유치하는 것을 어렵게 만든다. 시장을 분석하는 데 너무나

집중한 나머지, 시장에서 무슨 일이 일어날지 예측해낼 수 있다고 확신하기에 이른다. 그리고 모든 거래에서 수익을 내고 싶은 마음도 있다. 그래서 나는 모든 거래에서 수익을 낼 만큼 거래를 제대로 잘 해내려고 한다. 10건의 거래에서 모두 수익이 날 것이라고 기대하지는 않지만, 8건의 거래에서는 수익을 낼 정도의 지식과 경험은 있다고 믿는다. 이 정도로 거래를 잘하는 트레이더가 되고 싶을 뿐이다. 이런 바람 때문에 비현실적인 믿음에 매달리고 쉽게 그것을 버리지 못한다. 이 믿음에 위협을 가하는 일이 일어나면, 가령 아주 작은 손실이 나면, 그 즉시 나 자신을 증명해 보여야 한다고 느낀다. 일단 거래를 진행하면, 내가 제대로 하고 있다는 것을 확인받고 싶다. 상황이 내 예상과 다르게 흐르기 시작하면, 불가능하다는 것을 알면서도 가격의 다음 움직임을 예측하려고 부단히 애쓴다. 거래를 해야 한다고 생각한 이유가 거래에서 빠져 나와야 한다고 생각하는 이유와 같다. 문제는 그 이유가 자주 비현실적이고 정당하지 않다는 것이다.

4. **조정 방안은 무엇인가** : 그 거래가 나의 트레이딩 전략과 일치하는지와 장기적으로 수익성이 있는지만 확신할 수 있다. 나의 목표는 승률을 80퍼센트가 아닌 대략 60퍼센트로 유지하는 것이다. 80퍼센트 승률은 나의 트레이딩 전략을 놓고 봤을 때 비현실적인 목표치라는 것을 이제 안다. 나는 지금도 크게 성공할 수 있다. 하지만 완벽함을 추구해서는 성공할 수 없다. 나는 모든 것을 통제하려고 시도하지 말고, 거래가 자연스럽게

진행되도록 내버려 둘 줄도 알아야 한다.

5. **조정 방안이 옳다고 확인해주는 논리는 무엇인가** : 내게는 나의 트레이딩 전략을 뒷받침해주는 탄탄한 데이터가 있다. 그 데이터에 따르면, 장기적으로 나의 트레이딩 전략은 수익을 낼 수 있지만, 내가 진행하는 거래의 절반 정도에서만 수익이 날 것이다.

기본적으로 조는 일일 손익과 장기 수익성을 혼동하고 있었다. 그리고 손익을 기준으로 자신이 거래를 제대로 하고 있는지 없는지를 판단했다. 코칭 세션을 진행하면서 필자는 그에게 프로세스에 집중할 것을 주문했고, 그는 생각만 했지 진지하게 고민하고 시도하지 않았던 트레이딩 전략에 대해서 다시 생각해보기 시작했다.

조는 종이에 체크박스 100개를 그렸다. 각 상자는 그가 진행한 각각의 거래를 의미했다. 그가 트레이딩 전략을 제대로 이행할 때마다, 하나의 체크박스에 체크 표시를 했다. 잇달아서 최소한 25개의 체크박스에 체크 표시가 되기 전까지, 그는 거래 결과에 관해서 생각조차 하지 않았다. 25건의 완료된 거래를 한꺼번에 확인하면, 그는 그것들을 하나의 포트폴리오로 보고 객관적으로 주식 거래의 결과를 평가할 수 있었다. 그는 옵션 거래에서도 이 같은 방법을 썼다. 자신이 진행하는 옵션 거래들을 서로 독립된 별개의 거래로 보지 않고 하나의 포트폴리오로 생각했다. 이렇게 하면서, 단일 옵션에 지나치게 집중하지 않게 됐고, 주식 거래와 마찬가지로 좀 더 객관적으로 옵션 거래의 결과를 평가할 수 있게 됐다.

조는 자신에겐 트레이더로서 경쟁력이 있다는 것을 알았다. 그리고 단일 거래에 집중하는 것이 아니라 자신이 진행하는 모든 거래를 하나의 포트폴리오로 생각하는 전략 덕분에 시간이 흐르면서 자신의 경쟁력이 발휘될 것이란 것도 알았다. 개별 거래에 집중하는 대신에 하나의 포트폴리오로 생각하고 거래를 관리하면서 그는 그토록 원했던 성공에 대한 확인을 얻어냈다. 그는 이 전략으로 트레이딩하면서 자신이 승자라고 느끼기 시작했다.

이것으로 조가 해야 할 일이 모두 끝난 것은 아니다. 물론 프로세스에 집중하면서 그는 자신의 트레이딩 전략을 더 잘 이행할 수 있게 됐고 감정적으로 반응하는 횟수가 줄어들기는 했다. 하지만 여전히 그는 트레이딩하면서 자신이 원하는 것 이상으로 감정에 자주 휘둘렸다. 프로세스에 집중하는 일이 루틴이 되면, 보복성 거래를 일삼는 감정적인 문제를 해소하려고 노력했던 것처럼 남아 있는 감정을 해소하는 데 집중할 마음의 여유가 생길 것이다.

조처럼 보복성 거래를 하는 게 문제라면, 어떤 거래를 했을 때 보복성 거래를 하게 되는지 자세히 살펴볼 필요가 있다. 매번 손실을 볼 때마다 보복성 거래를 하고 싶다고 느끼지는 않을 것이다. 엄격한 규칙이나 전략이 아니라 개인적인 결정이나 판단에 따라서 거래했을 때, 또는 자신의 트레이딩 전략에 확신이 없을 때, 또는 거래 결과가 불확실할 때 보복성 거래를 하고 싶다는 생각이 들지 않나? 이것은 트레이딩 전략이나 트레이딩 기술이 약하다는 시그널이지 않을까? 이런 질문들이 자신감이 약한 원인뿐만 아니라 화가 나는 이유를 이해하는 데 도움이 될 것이다.

특권의식에서 비롯된 틸트

당연히 내 것이라고 믿었던 것을 빼앗길 때도 틸트가 오는데, 이 것이 특권의식에서 비롯된 틸트다. 승리하는 행위, 다시 말해서 트레이딩에서 수익이 나는 것은 무언가를 소유하는 것과 비슷하다. 그래서 수익이 나던 거래에서 손실이 쌓이기 시작하면, 시장이 자기 것을 빼앗아 가는 것처럼 느껴진다.

당연히 수익을 내고 마무리할 것이라고 예상했던 첫 번째 거래에서 손실이 나면, 트레이더는 충격을 받거나 불신감을 느낀다. 어이가 없어서 헛웃음이 날 수도 있다. 왜냐하면 눈앞의 트레이딩 결과를 도저히 믿을 수 없기 때문이다. 하지만 이것은 그렇게 큰일이 아니다. 트레이딩이라는 것이 이렇다는 것을 이미 트레이더는 알고 있기 때문이다. 하지만 손실이 누적되기 시작하면, 틸트가 오고 이성을 잃는다.

특권의식에서 비롯된 틸트에는 자신은 다른 트레이더들보다 더 열심히 했다거나 더 똑똑하다거나 더 오래 트레이딩했기 때문에 수익을 낼 자격이 있다거나 마땅히 거래에서 수익을 내야 한다는 믿음이 깔려 있다. 아마도 "나는 실적이 좋고 모든 것을 제대로 하고 있어" 또는 "내 노력은 마땅히 보상을 받아야 해" 또는 "나는 그 누구보다 고생했으니, 이제 대박을 터트릴 자격이 있어"라고 생각하는지도 모른다.

같은 상황에서 자기보다 실력, 지식 그리고 경험이 부족한 트레이더보다 돈을 덜 벌 수도 있다는 생각을 못한다. 자신보다 못한 트레이더들도 수익을 내는데, 자신이 큰 수익을 내지 못하는 것이 말이 안 된다고 생각한다. 이런 생각을 하는 것만으로도 기분이 언짢고 짜증이 난다. 이것은 마음속으로 자기 거라고 생각하는 것은 그게 무엇이든지 손에 넣을 자격이 자신에게 있다고 믿고 있다는 것을 보여준다. 무언가를 얻거나 누릴 자격이 자신에게 있다는 믿음은, 자신이 이런 믿음을 갖고 있다는 사실을 모르면 문제가 된다. 이런 믿음은 의식하기에 아주 미묘할 뿐만 아니라, 그 누구도 이런 믿음을 갖고 있다고 인정하지 않는다. 듣기만 해도 감당하기 어려운 믿음이다. 하지만 자신이 왜 그렇게 화를 내는지를 더 자세히 들여다보면, 트레이딩에서 당연히 수익을 내야 한다거나 손실은 당연히 자기 것을 빼앗아 가는 것이라고 생각하는 자기 자신을 발견하게 될지도 모른다.

솔직히 말해서, 누구나 개선하려고 노력해야 하는 약점을 갖고 있다. 그리고 자신의 약점을 솔직하게 인정해야 한다. 약점이 있다는 것을 인정하면, 그것을 고치고 더 나은 자신이 될 수 있기 때문이다. 자신에게 특권의식이 있다는 사실을 인정하고 그 사실을 숨기려고 거짓말을 하지 않게 되면, 실제로 안도감이 느껴질 것이다.

분노가 자신이 특권의식을 갖고 있는지 없는지를 알려주는 가장 흔한 시그널이지만, 진짜 문제는 과도한 자신감 때문에 생긴다. 자신감이 지나치다는 것은 자신의 실력이나 성과를 과장하거나 지나치게 확신하는 것이다. 다시 말해서, 사실이 아닌 것을 사실이라고 믿는 것이다. 과거에 수익을 냈다고 해서, 과거에 최선을 다했다고 해서, 또는 과거에 고통받았다고 해서 이제는 트레이딩에서 돈을 벌 자격이 생겼다고 생각하는 것은 말이 되지 않는다. 물론 이것을 알고는 있지만, 트레이딩이라는 것은 이런 그릇된 생각 혹은 믿음을 키우는 데 선수다.

트레이딩으로 많은 돈을 벌었던 기간은 트레이더의 계좌 잔고를 늘릴 뿐만 아니라 자신감도 부풀린다. 과거를 회상하면 자신이 눈앞의 거래로 얼마나 많은 돈을 벌 수 있을지를 상상하고, 마음 한편으로 그 돈이 이미 자기 것인 것처럼 생각한다. 이렇게 풍선처럼 부풀어진 자신감 때문에 진행하고 있는 거래에서 손실이 나면 시장이 자기 돈을 빼앗아 가는 것처럼 느끼게 돼서 틸트가 오기 쉬워진다.

이때 표출되는 분노는 그릇된 자신감을 보존하려는 시도인 경우가 많다. 자신이 많은 돈을 벌 능력이 있는 트레이더라고 믿고 싶은 것이다. 그런데 왜 이렇게 믿고 싶을 것일까? 이 질문에 대해 답할 수 있도록, 다음 장으로 넘어가서 트레이더가 과도한 자신감에 빠지게 되는 근본적인 원인을 파악해보도록 하자.

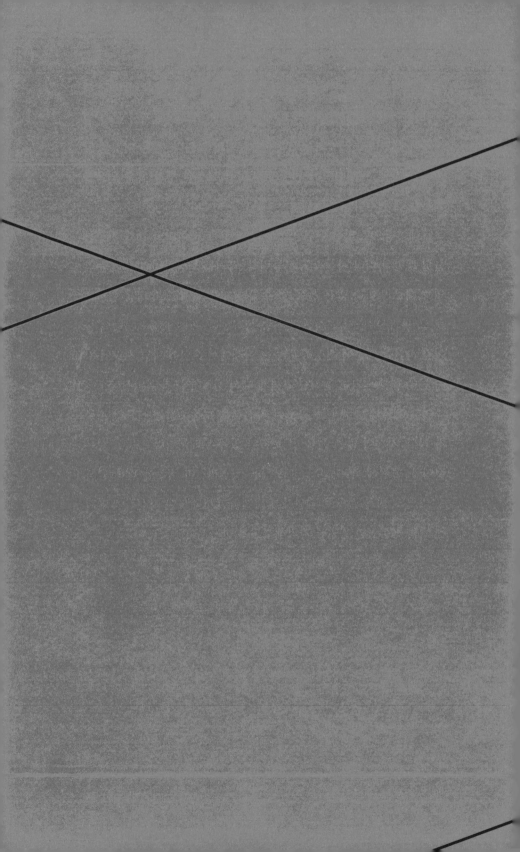

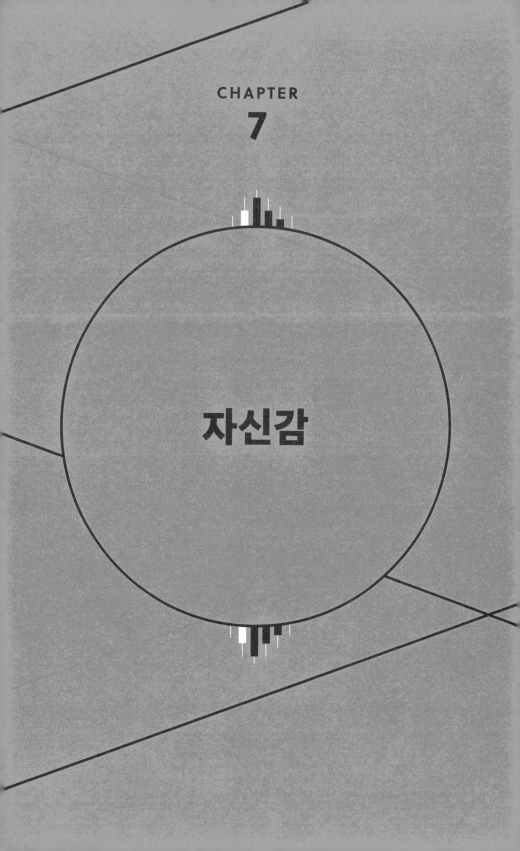

CHAPTER

7

자신감

"자신감은 정보의 일관성과 정보를 처리하는 인지적 용이성을
반영하는 감정이다.

- 《생각에 관한 생각의 저자》, 대니얼 카너먼

THE MENTAL GAME OF
TRADING

20년 경력의 베테랑 트레이더들보다 더 자신만만한 새내기 트레이더들이 있다. 어떻게 그럴 수 있을까? 트레이딩 기술에서 둘의 격차는 엄청나다. 만약 1년 안에 돈을 더 많이 벌 것이라고 생각하는 그룹에 돈을 걸라고 한다면, 도박할 생각이 아니고서야 새내기 트레이더들에게 돈을 걸지는 않을 것이다. 이상하게도 그들은 트레이딩 실력에 비해서 자신감이 너무 크다.

대다수의 경우에 트레이딩에 대한 자신감이 트레이딩 기술 수준과 일치하지는 않는다. 만약 둘이 일치한다면, 큰 거래를 마무리하고 나서 극도의 행복감에 휩싸여서 손실이 날 수가 없다고 생각하며 의문투성이의 거래를 시도하지 않을 것이다. 드로우다운을 경험하더라도 수익이 날 것이 분명한 거래에 대한 확신을 잃지도 않을 것이다.

그런데 자신감은 이 책에서 다룬 여러 감정들처럼 하나의 감정이다. 그래서 자신감은 결함과 편견의 영향에 취약하다. 의사결정을 내려야 하는 순간에 자기가 느끼는 자신감의 정도를 바탕으로 의사결정을 내린다. 자신감이 있으면, 거래 규모를 늘리고 더 많은 리스크를 감수한다. 그런데 자신감이 과한 상태에서 이런 행동은 문제가 될 수 있다. 반면에 자신감이 낮으면, 의사결정을 주저하고 거래 규모를 줄이고 다른 트레이더들을 따라가거나 새로운 트레이딩 전략을 찾게 된다.

트레이딩 성과에서 자신감의 역할에 회의적인 사람들이 있다. 물론 자신감이 성공에 필수적인 무언가로 포장됐고 지나치게 강조되어 왔다는 데 동의한다. 그런데 그렇게 단순한 문제가 아니다. 자신감과 돈을 많이 버는 것과는 아무런 인과관계가 없다. 수익률이 높은 트레이더가 되려고 자신감을 가질 필요는 없다.

자신감이 부족하다고 해서 돈을 못 버는 게 아닌 것처럼, 돈을 벌 수 있다고 자신한다고 해서 반드시 돈을 버는 것도 아니다. 트레이더로서 자신감이 얼마나 크냐보다 더 중요한 것은 트레이더로서 얼마나 유능하냐이다. 자신의 능력에 대해서 *어떻게 생각하고 느끼든지*, 장기적인 결과가 진실을 알려줄 것이다.

물론 자신의 트레이딩 기술이 성과를 내는 데 얼마나 유용한지를 정확하게 모르는 상황에서 자신감은 단기적으로 성과를 내는 데 도움이 된다. 그리고 자신감이 있으면, 자신감이 부족할 때보다 최고의 기량을 발휘할 수 있다. 자신감은 부품들이 마찰을 덜 일으키면서 돌아가게 만드는 엔진에 들어가는 윤활유와 같다. 자신감은 트레이더로서 기술과 지식을 최대한 활용할 수 있도록 돕는다. 하지만 자동차에 들어가는 윤활유처럼 자신감이 과하거나 부족하면 문제가 생긴다. 그러므로 최고의 기량을 발휘할 수 있도록 자신감을 잘 조절해야 한다.

자신감 부족을 고치고 싶다고 생각하는 것은 자연스러운 반응이다. 하지만 때때로 지나친 자신감이 부족한 자신감보다 훨씬 더 큰 문제를 일으킬 수 있다. 그러므로 이 두 가지 상황을 동시에 자세히 살펴보자.

요즘 시기에 **지나친 자신감은 문제**라고 제안하는 것이 특히 자신감이 가장 중요하게 여겨져 온 서구 사회에서 이상하게 들릴지도 모르겠다. 자신감이 중요하게 여겨지는 사회에서 자신감이 지나치면 문제가 된다는 생각은 이상하다. 하지만 자신감이 감정이란 것을 잊어선 안 된다. 감정이 격양되면, 다시 말해서 흥분하거나 욕심내거나 극도의 망상에 빠지면, 뇌의 고기능이 떨어져서 실수가 나온다.

자신감이 과도하다는 것이 거만하거나 건방지거나 욕심 많은 허풍쟁이처럼 행동한다는 의미는 아니다. 많은 트레이더가 자신감 과잉 때문에 힘들어하지만, 겉으로는 자신감이 지나치지 않는다는 시그널만 보낸다. 특히나 시장 분석을 완전하게 마무리하지도 않고 시장이 어디로 움직일지 확실히 예측할 수 있다고 생각한다면 자신감이 지나친 것이다. 시장을 완벽하게 이해했고 소위 대박을 터트릴 거라고 흥분하는 것도, 자신감 과잉이다.

자신감 과잉은 실수를 인정하길 거부하거나 매사 정확해지려고 욕심을 부리는 형태로도 표출된다. 연이어서 수익을 내면, 순전히 거래를 하면서 느끼는 스릴 때문에 거래를 감행하게 된다. 또는 차입금으로 트레이딩 포지션을 설정하는 것이 리스크를 높이고 있다는 생각을 하지 못한다. 프로세스를 생략하고 장이 열리기 전과 마감된 이후에 중요한 트레이딩 루틴을 무시한다. 게다가 타이밍을 정확하게 맞춰서 최대 수익을 얻는 것은 자신의 실력 덕분이지 절대 운이 아니라고 생각하고 있는지도 모른다.

트레이딩 성과의 관점에서 자신감 과잉은 자신의 진짜 트레이딩 실력을 과대평가하고 있다는 의미다. 기본적으로 현실이 아닌 환상 속에서 살고 있는 것이다. 하지만 모든 트레이더가 성공하려면 어느 정도의 자신감은 필요하다.

단기적으로 자신의 경쟁 우위가 무엇인지를 정확하게 알 수는 없다. 그리고 반박하는 사람도 있겠지만, 자신감이 약간 지나친 것은 단점보다는 장점이 더 많다. 예를 들어서, 자신감이 조금 지나치면 불확실성에 직면하여도 트레이딩 전략을 실행하는 데 도움이 되고, 실수에서 교훈을 얻을 수 있고, 시장에서 일어나는 변화에 더 빨리 적응할 수 있다.

반면에 **자신감이 결여되면** "자신이 없어"라고 말하며 보통 때는 쉽게 들어갔던 거래를 피하게 된다. 아마도 평상시보다 자신감이 덜 느껴지기 시작하고, 시간이 지나면서 이 감정은 서서히 커진다. 그 결과로 주저하거나, 불안해하거나, 우울해지는 등 자신감이 없는 사람에게서 나타나는 감정에 빠지게 된다.

어느 순간에 이 모든 감정이 더 강하게 느껴지고 모든 것을 압도하기 시작한다. 자신에게 문제가 있는 것은 아닌지 또는 자신은 트레이딩과 맞지 않은 것은 아닌지 고민하게 된다. 갑자기 모든 것이 완전히 암울해진다. 옴짝달싹 못 하게 되고, 그 상황에서 빠져나올 수가 없다. 아니면 결국에 자신감 결여가 문제라는 것을 부인하면서 자신에게 자신감 문제가 있다는 생각을 하지 않으려고 애쓴다.

트레이딩 성과와 관련 있는 자신감을 더 현실적으로 바라볼 필요가 있다. 자신감을 하나의 덩어리로 보고 자신감이 있느냐 없느냐와 같은 이분법적 사고가 아니라, 자신감이 여러 조각으로 이뤄진 퍼즐처럼 많은 부품으로 구성된 장치라고 생각해보자. 필자의 경험상, 전체 퍼즐 조각이 사라지는 것보다 자신감의 어느 한 부분에 결함이 있거나 불완전하거나 사라져서 문제가 되는 경우가 더 흔하다. 이런 자신감 문제를 해결할 비결은 이 책에서 다른 감정 문제들을 해결해온 방식과 마찬가지로, 구체적으로 약점이 되는 부분을 하나씩 찾고 바로잡는 것이다. 결함을 조심스럽게 찾고 바로잡음으로써, 자신감이 회복될 수 있다.

자신감 과잉이나 결여 때문에 고통받는 트레이더들이 있지만, 자신감의 큰 기복으로 고통받는 트레이더들도 있다. 자신감이 기본적으로 트레이딩 결과에 바탕을 둘 때 이 문제가 특히나 잘 생긴다. 롤러코스터를 타듯이 수익을 얻으면 자신감이 하늘을 치솟고 손실이 나면 자신감이 바닥을 친다. 이렇게 되면 매일, 매시간마다 손익의 변화에 더 집착하게 되고, 자신감은 이 변화에 따라서 오르고 내리길 반복한다. 돈을 많이 벌면 자신감이 높이 오르고, 자신감 과잉에 빠질 가능성이 커진다.

그러면 자신은 깨닫지도 못한 채 트레이딩 실행력이 떨어진다. 여전히 운이 좋아서, 작은 실수를 저지르거나 실행력이 미묘하게 떨어졌다고 트레이딩 성과가 그 즉시 타격을 받지 않는다. 그러면 앞으로도 계속 돈을 벌 것이라고 믿기 시작하고, 성공에 취해서 손실이 날 가능성을 파악하지 못한다. 그러다 갑자기 시장이 반전해서 손실이 나면, 발밑에 깔려 있던 카펫을 누가 확 잡아당기기라도 한 듯이 휘청이다가 처음으로 바닥에 털썩 주저앉게 된다. 다시 말해서 자신감이 큰 타격을 받고 뭉개진다. 상황을 이해하고 긍정적인 태도를 유지하려고 노력한다. 다음날 낙관적인 생각으로 거래할 준비가 되어 컴퓨터 앞에 앉지만, 손실이 다시 나면 기가 확 꺾이면서 자신의 트레이딩 전략에 의문을 품게 된다.

이렇게 감정 기복이 심해지는 것을 막는 방법은 소위 '안정된 자신감'을 키우는 것이다. 자신감이 안정적이란 것은 자신감이 트레이딩 결과보다 더 탄탄하고 독립적인 요소를 바탕에 두고 있다는 의미다.

안정된 자신감이 있으면 실수 그리고 통제할 수 없는 것들로 인해 발생한 혼란스러운 상황을 더 잘 견뎌낼 수 있게 된다. 그래서 트레이딩 전략을 시장 변화에 더 빠르고 정확하게 조정할 수 있다.

안정된 자신감이 생기면 단기적으로 손익보다 트레이딩 실행에 훨씬 더 집중할 수 있게 된다. 물론, 수익성은 아주 중요하다. 하지만 단기적으로 트레이딩 실행에 집중하는 것이 돈을 더 많이 (또는 더 적게) 버는 법이고 학습 과정을 가속할 수 있다.

자신감의 본질

자신감은 멘탈 게임의 기반이다. 왜냐하면 자신감은 직접적으로 트레이딩 기술에 나타나는 감정이기 때문이다. 자신감을 하나의 감정으로 보는 것이 신기할 수도 있다. 자신감은 견고한 것처럼 느껴지고, 자신감이 있거나 없는 두 가지 경우만 존재할 수 있다고 생각되기 때문이다. 하지만 자기 자신과 다른 트레이더들이 자신감을 두고 무슨 말을 하는지 한 번 생각해보자. '나는 자신감이 느껴져'라고 말하거나 '나는 자신감이 느껴지지 않아'라고 말하는 등 주로 '느끼다'라는 동사와 같이 사용할 것이다. 트레이딩 기술은 견고하고 바꾸기가 훨씬 더 어렵다. 자신감은 유동적이고 다른 감정처럼 순식간에 바뀔 수 있다.

자신감 문제는 트레이딩 기술에 대한 관점을 달라지게 만드는 믿음, 결함, 편견, 소망 그리고 오해로 인해 발생한다. 이번 장에서는 이 부분을 집중적으로 살펴볼 것이다. 하지만 먼저, 자신감이 떨어지는 것은 개별적인 트레이딩 기술 중에서 무언가가 부족하다는 시그널이라는 것을 이해하는 것이 중요하다.

여기에는 집중력, 절제력, 강한 직업 윤리의식, 감정적 통제력 등 트레이더로서 지녀야 할 심리적 능력뿐만 아니라 조사하고 연구하고, 네트워킹하고, 다른 트레이더들과 협업하는 등도 포함된다.

좀 더 경험이 많은 트레이더들은 먼저 자신감 하락을 기술 하락의 시그널로 받아들이고 원인을 규명해야 한다. 슬럼프에 빠져서 시장 흐름에 맞지 않게 행동하고 있는지도 모른다. 게임의 규칙이 변했지만, 변화를 아직 따라잡지 못한 것이다. 아니면 트레이딩 전략을 일관성 있게 실행하지 못해서 자신감이 떨어졌을지도 모른다. 최선을 다하지만, 절제력이 부족하거나 마구잡이로 움직이는 시장을 잘 파악하고 거래를 진행할 세심한 기술이 부족해서 소소한 거래만 계속하게 된다. 어느 경우든, 자신감 하락은 문제가 아니다. 그것은 진짜 해결해야 할 문제가 있음을 알리는 시그널이다.

이렇게 자신감이 하락하면, 사실 기술적인 부분에서 해결책이 나오는 데 뭔가 심리적인 문제가 원인이라고 쉽게 오인하게 된다. 기술적인 부분에서 뭔가 문제가 있으므로, 트레이딩에서 자신감이 하락하는 것은 당연하다. 그저 문제가 무엇인지 파악하지 못했을 뿐이다. 하지만 자신감이 지나쳐서 잘못된 것은 없다는 듯이 맹목적으로 거래하는 것보다 자신감이 살짝 하락하는 편이 더 낫다.

핵심은 자신감 문제에 비관적이거나 부정적으로 과민하게 반응하지 않는 것이다. 그렇지 않으면 자신감이 더 떨어지게 된다. 안정된 자신감을 지닌 트레이더들은 마침내 문제가 무엇인지 밝혀낼 것임을 알기에 당황스러운 상황에서 객관적인 태도를 유지할 수 있다.

반면에 자신감이 커졌다는 것은 기술이 향상됐고 좀 더 유능해졌다는 의미다. 뭔가가 딱 들어맞고, 수익을 내는 지름길을 찾아낸 것처럼 느껴진다. 열심히 노력했더니 상황이 너무나 분명하게 눈에 들어온다. 이전에는 상황을 파악하는 것이 어려웠다는 것이 믿어지지 않을 정도다. 실질적으로 말하면, 자신감이 커졌다는 것은 트레이더로서 성장하고 있고 점점 좋아지고 있다는 시그널이다.

하지만 조심해야 한다. 이것은 자신감 과잉으로 이어지기 쉽다. '모든 것'을 이해했다고 생각하고 계속 돈을 벌거나 미래의 목표 달성은 따 놓은 당상이라고 믿게 되면서, 자신감이 과도해진다. 자신감이 생기는 것을 그동안의 노력이 의미가 있었다는 확인으로 인지하고 앞으로도 계속 노력해나가야 한다. 자신감이 생겼다고 그저 수동적으로 시장 흐름에 몸을 맡겨도 된다고 생각해서는 안 된다. 그렇게 하면 결국에는 난처한 상황에 처하게 될 것이다.

⑴⓵⑴

자신감이 과하면
흔히 나타나는 시그널

자만하는 것은 뜬구름 잡는 생각에 빠져있으면서도 자신은 굉장히 현실적으로 생각하고 있다고 착각하는 것과 같다. 자만에 빠진 사람을 보면, 절벽을 향해 내달리다가 아래로 떨어지기 전에 공중에 붕 뜬 만화 캐릭터 같다. 뭔가 잘못됐다는 것을 알아차리는 순간 아래로 곤두박질친다.

자만심에 빠지면, 인지력, 분석력 그리고 실행력이 저하되기 시작한다는 것을 깨닫지 못한다. 이런 능력이 저하되면, 철저하게 분석하지 않고 더 큰 리스크를 감수하기 시작한다. 새로운 트레이딩 기회를 찾거나 트레이딩 시스템을 조정하는 데 쏟는 집중력과 에너지가 줄어들고, 그저 그런 거래만 하는 상황을 정당화하기 시작한다. 자만은 부주의한 의사결정과 주의해서 계획하지 않은 그저 그런 트레이딩으로 이어진다.

자만심은 주로 수익이 큰 폭으로 증가했을 때 생긴다. 하나의 거래에서 최대 수익을 올렸거나 한 달동안 그 어느 때보다 수익률이 최고였다면 자만심이 생기기 쉽다. 자신이 시장을 완전히 파악하고 제어하고 있다고 느끼거나 트레이더로서 성장했다고 생각하면, 자만심이 생길 수 있다. 실제보다 더 많이 안다고 착각하고 시장의 방향을 정확하게 예측할 수 있다고 확신하기 시작할지도 모른다. 이렇게 되면 고집이 세지거나, 실수했다는 것을 인정하기 꺼리거나, 작은 손실을 감수하거나 경험이 더 많은 트레이더들의 조언을 귀담아 듣지 않는다.

손실은 일시적이고 기계로 찍어내듯이 돈을 계속 벌 것이라고 생각한다. 지나치게 흥분하고, 극도의 행복감을 느끼며 '이게 날 부자로 만들어 줄 거야'라거나 '시장을 이제 완전히 파악했어!'라고 생각하기 시작한다. 자만심이 가득 차서 자신이 그 누구보다 우월하다고 생각하며 '사람들은 자기가 무슨 짓을 하고 있는지 전혀 몰라'와 같은 말을 하면서 다른 트레이더나 시장 전체를 얕잡아보기 시작한다.

돈을 벌 거라고 기대할 때, 보통 수준의 집중력과 에너지를 쏟는 것은 논리적으로 맞지 않는다. 차트를 분석하는 시간이 줄어들거나 차트를 보고 있어도 최상의 상태일 때와 비교해서 덜 날카롭게 차트를 살펴볼 것이다. 자만심에 빠지면 아드레날린이 분비되어 흥분하게 되고, 이 세상이 자기 발아래 있는 것 같은 착각에 빠진다. 아니면 현상에 안주하고 쉬엄쉬엄 거래한다.

트레이더들이 자만심을 느끼는 방식은 다양하다. 자만심이 노골적으로 드러나지 않으면, 자신은 자만심에 빠지지 않았다고 생각할 수 있다. 하지만 자만심은 다음과 같이 눈에 보이지 않게 은근히 드러나기도 한다.

- 특정 거래의 결과를 지나치게 확신한다.
- 목표 수익에 도달했는데도 수익이 계속 오를 것이라고 생각하고 빠져나오지 않는다.
- 열정적으로 거래하지만 철저하게 준비하고 전략을 이행하지 않는다.
- 손실이 날 것 같으면 너무 빠르게 의사결정을 내린다.
- '가격은 오르게 되어 있어'라며 더 많은 리스크를 감수한다.
- 리스크가 존재해도 항상 거래에 뛰어들고자 한다.
- 중요한 시그널을 간과하고 몇몇 정보만 이용해서 매도나 매수 결정을 내린다.
- 충동적으로 거래에 들어가거나 빠져나온다.

브렌든은 자만심 때문에 생기는 문제들로 곤란했다. 그는 오전 전략을 제대로 이행하지 못했고, 그 탓에 오전 수익률이 상대적으로 전략을 제대로 이행하는 오후에 비해서 낮았다. 거래가 자신에게 유리하게 진행되리라고 확신했고, '100퍼센트 확신해. 여기서 잘못될 수가 없어'라고 생각했다. 하지만 가격은 계속 하락했고 수익률은 폭락했지만, 그는 지나치게 확신한 탓에 그 거래에서 빠져나오지 못했다. 자신이 틀렸다는 것을 인정할 수가 없었다.

이것은 큰 손실로 이어졌고, 거래 계좌의 30퍼센트가 넘는 잔고가 사라지기도 했다. 이런 일이 있고 나면, 브렌든은 보복성 거래를 시도했다. 매일 수익으로 장을 마감하겠다는 욕심에 무리하게 거래를 감행했다.

브렌든은 목표 수익을 확보하는 데도 애를 먹었다. 논리적으로 최고 수익을 얻으려고 리스크를 감수하는 것은 의미가 없다는 것을 알고 있었다. 하지만 완벽을 추구하려는 그의 욕구가 최대한 많은 수익을 얻어내도록 자기 자신을 몰아붙였다. 그러다가 가격이 하락하면 손해를 얼마나 보는 것인지 계산하느라 머릿속은 혼란스러웠고, 거래 기회가 자연스럽게 나타나기를 기다리기보다는 손실을 만회하고자 또 다른 거래 기회를 찾기 시작했다.

그리고 브렌든이 자만하고 있다는 마지막 시그널은 놀랍게도 그의 목표 설정에서 확인됐다. 한 달에 1만 달러를 벌었다면, 그는 지난달보다 10퍼센트나 20퍼센트 정도를 다음 달의 목표 수익으로 설정하지 않고 그 대신에 10만 달러를 목표 수익으로 잡았다. 목표 수익을 이렇게 높게 설정함으로써 자신에게 얼마나 큰 압박감을 주는지를 깨닫지 못했다. 오전에는 몇 개의 거래만 진행하겠다는 규칙을 세웠지만 목표 수익을 달성해야 한다는 압박감에 이 규칙을 무시한 채 거래를 감행했다. 이 비현실적인 목표로 인해서 실패 가능성이 커졌고, 결국에는 최대 손실을 보면서 스스로 세운 규칙을 무시하고 보복성 거래를 감행하길 반복하게 됐다.

　필자가 이런 사례를 하나씩 제시하자, 브렌든은 자만심에 빠졌다는 시그널을 확실하게 인지했지만, 매일의 루틴이 한참 진행되는 동안에 그 시그널을 눈치채지 못했다. 하지만 자만심으로 비롯된 문제를 살펴보기 시작하면서 자신감 과잉, 완벽해지려는 욕구 그리고 비현실적인 목표라는 문제가 있다는 것이 명확해졌다.

　그 모든 문제의 핵심에는 두 가지의 주요 결함이 존재했다. 하나는 모든 거래를 정확하게 해낼 수 있다는 맹목적인 믿음이고, 다른 하나는 완벽하길 기대하는 것이었다. 브렌든은 이번 장에서 제시하는 조언과 9장에서 다룬 전략을 받아들여서 이런 문제를 해결할 수 있었다.

　브렌든은 수익이 날 때마다 단 한 번도 제대로 기념한 적이 없다는 것을 알았다. 완벽주의에 관해서 했던 조언이 특히나 그에게 도움이 됐다. 자신은 실력이 있다는 것과 그 실력으로 수익을 냈다는 것을 인정하는 습관을 서서히 들여 나갔다. 비록 이 새로운 사 고방식이 자연스러워지기까지는 상당한 시간이 걸렸지만, 여러 거래를 통해서 자신의 승률이 60퍼센트 정도라는 것을 증명하는 데이터가 모였다. 이제 그는 손실이 나면, 그저 '이번 거래는 40퍼센트의 확률에 해당할 뿐이야. 나는 계획대로 할 거고, 장기적으로 전략대로 거래하면 돈을 벌 거야'라고 생각했다.

　브렌든은 훨씬 더 일관성 있게 트레이딩 전략을 이행했고, 감정 기복도 상당히 줄어들었다. 쉽게 손실을 인정할 수 있게 됐고, 손실이 났다고 거래를 무리하게 감행하지 않았고, 그의 말처럼 '위험에서 벗어날 수 있게' 됐다. 앞선 거래에서 수익 대신 손실이 나더라도, 그는 즉시 더 좋은 기회를 찾고자 시장을 객관적으로 바라볼 수 있게 됐다.

이와 비슷하게 완벽해지고 싶다는 욕구를 해결하면서 브렌든은 목표 수익에서 거래를 마무리할 수 있게 됐다. 그리고 처음부터 끝까지 완벽한 타이밍에 의사결정을 내려서 최대 수익을 확보하는 대신에, 가격 움직임이 자신에게 가장 유리할 때 이익을 확보하는 데 만족할 수 있게 됐다.

종합적으로 말하면, 자만에서 비롯된 소소한 문제들을 해결하면서 브렌든의 트레이딩 성과가 상당히 개선됐다. 그의 승률은 변함없었지만, 손익에 큰 타격을 주는 큰 손실은 나지 않았고 감정 기복도 사라졌다. 그 결과로 그의 손익은 꾸준하게 상승하고 있다.

자신감이 부족할 때
흔히 나타나는 시그널

자신감이 부족하면 진흙탕에 빠진 차와 같은 신세가 된다. 간혹 약간의 노력과 행운으로 진흙탕에서 빠져나올 수 있다. 하지만 빠져나오려고 애를 쓰면 쓸수록 진흙탕에 더 깊이 빠지고 절망하게 된다. 다시 말해서 가속페달을 밟아서 진흙탕에서 빠져나오려고 애쓰면, 상황은 더 악화되고 더 깊이 진흙탕에 빠져든다.

큰 손실이 몇 번 나거나, 드로우다운이 계속 이어지거나, 자신은 돈을 잃는 데 다른 트레이더들은 돈을 벌거나, 계속해서 기회를 놓치면, 자신감이 떨어질 수 있다. 갑자기 자신이 뭘 하든지 아무 효과가 없다고 느껴진다. 창의력을 발휘해서 새로운 전략을 시도하지만, 더 큰 손실만 날 뿐이다. 왜 일이 잘 안 풀리는지 이해하려고 노력하지만, 그 답을 알 수가 없다. 의구심과 불안감만 커진다. 거래를 감행하지만, 손실만 더 날 뿐이다. 부정적인 생각이 들고 '*여기서 빠져나오지 못할 거야! 단 한 건도 수익을 올리지 못하겠지. 계속 손실만 날 거야*'와 같은 생각만 하게 된다.

남은 시간은 거래하지 않고 쉬기로 했는데, 수익이 크게 날 기회가 나타나자 자신감이 훨씬 더 하락한다. 그러자 감정을 제어하거나 마음가짐을 다잡는 것이 어려워진다. 왜 이렇게 감정을 제어하거나 마음가짐을 다잡는 일이 어려운지 이해할 수가 없고, 다른 트레이더들은 자신과 같은 문제가 없는 것 같다. 자신이 생각했던 만큼 실력 있는 트레이더인지 의구심마저 생긴다. 그리고 '이런 좋은 기회를 놓쳤다면, 실력 있는 트레이더라고 할 수 없지 않나'라는 생각을 하게 된다.

생각했던 것만큼 유능한 트레이더가 아니라고 해서 어쩔 건가? 여기서 트레이딩을 포기할 수도 없다. 너무나 많은 시간을 트레이딩에 투자했다. 하지만 그렇게 많은 시간을 투자해서 여기까지 왔다.

그게 아무 의미가 없는 걸까? 이렇게 실패하는 것일까?

일부에게 지금까지의 이야기가 가슴에 강하게 와닿을 것이다. 이 이야기가 가슴에 비수처럼 꽂히는 사람들도 있을 것이다. 분명히 말하면, 트레이더들은 자신감이 떨어지면 다양한 반응을 경험하게 된다. 자신감이 떨어지면, 다음과 같은 반응이 나올 수도 있다.

- 전반적으로 손익이나 거래 계좌 잔고나 드로우다운의 규모에 비생산적으로 집중한다.
- 흥미가 떨어지고 핑계를 대며 거래하지 않거나 기회를 찾지 않는다.
- 자신의 트레이딩 전략이 더 이상 효과가 없는 것은 아닌지 의문을 품는다.
- 새로운 거래 전략을 생각해내지 못하고, 자신의 새로운 전략이 효과가 있을 것이라고 신뢰하지 못한다.
- 다른 트레이더들과 자신을 비교한다.
- 트레이딩에서 성공하는 데 필요한 자질을 갖추고 있지 못한 자신을 비난한다.
- 자신감이 없고 이전 기준에 맞춰서 성과를 더 이상 낼 수 없을 거라고 생각한다.
- 진전이 없다는 생각에 의기소침해진다.
- 자신의 트레이딩 성과 때문에 우울해하거나 낙담한다.
- 일전의 성공이 아무 의미가 없는 것처럼 느껴진다.
- 절박한 심정으로 돈을 벌 수 있을 것처럼 보이는 트레이딩 시

스템을 전전한다.

위 시그널 중 일부는 쉽게 인지해낼 수 있지만, 명확하지 않은 시그널들도 있다. 이렇듯 자신감이 부족해서 문제가 발생하고 있다는 시그널이 명확하지 않아서, 자신감 부족과의 연관성이 쉽게 파악되지 않는 사례를 살펴보도록 하자.

한 번에 대박을 터트리려고 애쓴다

자신감이 결여됐다는 것을 알려주는 숨겨진 시그널은 큰 수익이 날 수 있는, 다시 말해서 대박을 터트리려고 극단적인 조건에서 거래에 들어가는 것이다. 이런 조건의 거래를 하는 것은 자신의 트레이딩 전략이 효과가 있을 것이고 일관성 있게 수익을 낼 수 있으리란 신뢰나 미음이나 자신감이 없기 때문이다. 자신이 하는 일이 맞는다는 자신감을 얻기 위해서 일확천금을 얻을 기회를 찾고 있는 것이다. 하지만 이런 종류의 거래는 보통 트레이딩 전략을 벗어나고 도박에 가깝다.

설령 이런 종류의 거래로 큰 수익을 얻더라도, 자신의 실력에 확신은 생기지 않고 사실 앞으로 더 심리적으로 취약해진다. 물론 거래 계좌에는 돈이 더 많이 들어 있을 것이다. 하지만 순전히 운이 좋았기 때문에 가능한 것이었다. 본인 자신은 이것을 알고 있다. 이것이 자신감을 약하게 만들고, 불가피하게 자신감을 또 잃게 되면, 비슷한 조건의 거래를 찾게 될 가능성이 커진다. 하지만 다음에는 이번처럼 운이 좋지 않을지도 모른다.

일확천금을 얻을 수 있는 거래를 강행하는 것은 앞선 손실을 만회하고 자신의 실력에 대한 부정적인 생각에서 벗어나려는 무의식적인 시도이다. 큰 수익을 얻으면, 자신이 유능하다고 느껴지고 자신의 실력에 대한 모든 의구심이 사라질 것이다. 이런 유형의 거래를 시도할 때 의식적으로 하는 생각은 아니지만, 주로 트레이더들은 자신이 왜 그런 조건의 거래를 하는지 이해하지 못한다. 남들에게는 욕심 때문에 일확천금을 노리고 무리하게 거래하는 것처럼 보이고, 심지어 그들도 스스로 탐욕스럽다며 비난할지도 모른다.

하지만 이 문제를 분명하게 분석하는 것은 중요하다. 사실상 자존심 결여로 고통받고 있다는 것을 보여주는 시그널들이 눈에 보인다면, 대박을 노리면서 무리하게 거래하는 진짜 의도를 자세히 살펴봐야 한다. 그것은 한 번의 거래로 큰 수익을 얻어서 빨리 자신감을 회복하기 위한 선택인지도 모른다.

간단한 TIP

자신감이 낮다고 느껴질 때에는 트레이딩 전략을 전반적으로 정비할 때가 아니다. 왜냐하면 전략을 옳게 점검하지 못할 가능성이 있기 때문이다. 기존 전략을 이행하는 데 좀 더 집중해야 한다. 그 전략으로 수익을 확보할 수 있다는 것을 알고 있고, 더 지속적이고 장기적으로 자존심을 재건할 수 있다. 스스로 다시 일어서게 되면, 그 과정에서 얻은 교훈을 바탕으로 트레이딩 전략을 정비할 수 있게 된다.

트레이딩 멘탈 게임

자신감 결여는 집중력을 방해할 수 있다

자신이 놀라울 정도로 잘하고 있다고 느껴지는 때가 있다. 이것은 평소에 자신감이 부족해서 자신이 그 정도로 실력 있는 트레이더라는 생각을 그동안 못했다는 시그널이다. 다시 말해서 실력과 자신감이 일치하지 않는 것이다.

자신이 많은 돈을 벌거나, 일 년 동안 높은 수익률을 기록했거나, 다른 트레이더들에게 좋은 피드백을 받았거나, 소름 끼칠 정도로 시장을 잘 분석해서 놀랐을지도 모른다. 이것은 자신의 능력을 인위적으로 과소평가하고 있다는 의미다. 연이어서 수익을 내거나 최고의 한 달을 보냈지만 이제 거래할 때마다 손실이 나서 고전을 면치 못하는 트레이더들에게서 주로 나타난다. 자신의 실력만큼 자신감이 있으면, 자신이 이뤄낸 성과나 시장을 분석해낸 결과를 두고 놀라지 않을 것이다. 예상했던 일이 일어나면, 사람은 놀라지 않는다. 반대로 정말로 예상하지 못한 일이 일어났을 때 사람은 크게 놀란다.

자신의 트레이딩 성과에 진심으로 놀란다면, 자신이 실제로 그렇게 좋은 성과를 올릴 수 있다고 믿지 않았다는 의미가 된다.

큰 피라미드를 짓고 싶다면, 기반을 크게 다져야 한다. 자신이 좋은 성과를 내거나 유능한 트레이더가 됐다는 사실에 놀랐다고 해서, 자신의 능력을 넘어선 행동을 하거나 불필요한 리스크를 감수하지 마라. B급 멘탈 게임에 집중하고 C급 멘탈 게임의 기술적 실수나 심리적 실수를 고쳐서 기반을 탄탄하게 다져나가야 한다.

안정된 자신감

어느 면에서 안정된 자신감은 자만심과 자신감 결여의 중간에 위치한다고 할 수 있다. 안정된 자신감을 느낀다고 해서, 중립적이거나 로봇처럼 느끼거나 무감각하다는 의미는 아니다. 실제로는 그와 정반대다. 감정에 북받치지만, 그것은 결함이나 편견이나 일시적인 성과가 아닌 진짜 실력에서 나오는 감정이다.

자신감이 안정됐다고 해서 자신감이 들쑥날쑥하는 일이 없다는 의미는 아니다. 물론 자신감이 소소하게 변하지만, 트레이딩 성과가 나빴다가 좋았다가 하는 것은 자연스러운 일이기 때문에 자신감은 대체로 안정적인 상태를 유지하게 된다. 주된 결함이나 잘못된 습관이나 편견을 바로잡았기 때문에, 다음을 쉽게 할 수 있다.

• 최고의 기량을 발휘할 수 있다.

- 자신의 장점과 약점을 평가할 수 있다.
- 시장이 혼란스러울 때도 맑은 정신을 유지할 수 있다.
- 자신의 직감을 활용하고 신뢰할 수 있다.
- 큰 실수를 피할 수 있다.
- 시장 변화에 적응할 수 있다.
- 기회를 찾고 전략을 이행하는 데 집중할 수 있다.
- 산만해지지 않고 거래하는 데 유의미한 것에만 집중할 수 있다.

자신감의 수준이 전략 이행, 트레이딩 아이디어 발굴, 전략 조정, 시장 이해 그리고 기타 트레이딩 결정에 영향을 주기 때문에 가능한 자신감을 안정된 수준으로 유지하는 것이 중요하다. 자신의 트레이딩 실력의 결함과 편견을 해소하면 자연스럽게 안정된 자신감이 생길 것이다.

자신감 지도

자신감이 치솟거나 바닥을 쳤다는 것을 알려주는 시그널을 인지하게 되면, 트레이딩 실행을 방해하기 전에 부정적인 영향이 커지는 것을 막고 피해를 최소화할 수 있다. 자신감 기복을 알리는 시그널을 파악하고 자세히 기록하는 과정은 자신감이 불안정한 순간을 실시간으로 파악하여 빠르게 안정감을 회복하는 데 필수적이다. 게다가 이 과정은 자신감을 널뛰게 만드는 결함에 대한 통찰력을 제공하고 이번 장에서 집중해서 읽어야 하는 부분을 알려준다. 다음의 단계를 따라가면, 자신감 지도를 작성하는 데 도움이 될 것이다.

1단계

앞선 3개의 장들과는 달리, 이번 장에서는 문제가 있음을 알려주는 시그널을 인식하는 데만 집중하지 않을 것이다. **자신감이 안정되거나 최상의 상태일 때** 어떤 일이 일어나는지 이해하고 자신감 지도를 작성하기 시작할 것이다. 이렇게 하면 목표가 분명해지고, 자신감이 치솟거나 바닥일 때를 인지하는 데 도움이 될 것이다.

자주 경험하는 것은 아니지만, 모두가 나름대로 자신감이 안정된 순간이 있다. 다음의 질문에 답해보면서, 안정된 자신감은 무엇인지 스스로 간략하게 서술해보자.

- 자신감이 너무 높거나 낮지 않고 균형이 잡혔을 때 어떤 기분인가?
- 이때 의사결정은 어떻게 이뤄지나?
- 그리고 질적 측면에서 집중력을 평가해보자.
- 에너지 수준에 대해서도 생각해보자. 차분하거나 흥분했나? 아니면 이 둘의 중간 어디쯤인가?
- 몰입 상태에 도달했나?
- 정신이 말짱한가?

- 시간이 빨리 흐르는 것 같나, 아니면 더디게 흐르는 것 같나?

자신감이 안정됐을 때의 경험을 하나씩 기록한다. 참고로 새롭게 추가할 내용이 없을 때까지 반복적으로 기록한다. 그러면서 안정된 자신감이 무엇인지 이해하게 될 것이다. 지금 일이 잘 안 풀리고 자신감이 너무 낮거나 높은 시기라면, 이 단계가 어렵게 다가올지도 모른다. 그렇다면 지금 당장 할 수 있는 최선을 다하고, 자신감이 안정될 때 좀 더 자세하게 기록하도록 하자.

2단계

안정된 자신감을 서술하는 것에 더해서, **자신감 기복**에도 주의를 기울인다. 주로 자만하게 되나, 아니면 자신감을 잃나? 아니면 이 둘 사이를 주기적으로 오락가락하는가?

자신감 기복을 유발하는 원인이 무엇인지 찾고 분석하자. 자만하거나 자신감이 부족할 때 그리고 이 두 가지 상황에서 나타나는 시그널을 파악하고 구체적으로 기록하자.

심지어 자신감이 낮을 때도 미래를 지나치게 확신하거나 현상에 안주하는 등 자만의 미묘한 시그널도 살펴보면 좋다.

트레이딩하는 동안에 자신감이 지나치게 높거나 낮다는 것을 알려주는 시그널이 인식되면 바로 기록한다. 장을 마감하고 난 뒤에, 하루 동안의 기록을 살펴보고 추가할 내용이 있으면 첨가한다. 가능한 포괄적으로 기록해야 한다. 이런 멘탈 지도를 작성하는 과정은 반복적인 과정이다. 처음부터 모든 것을 완벽하게 파악해서 자세하게 기록할 수는 없다. 새로운 시그널이 있는지 없는지 항상 주의하고, 새로운 시그널이 눈에 들어오면 잊지 않고 기록해 둔다. 작은 시그널이 중요하고, 트레이딩 실행을 개선하고자 할 때 큰 차이를 만들어낼 수 있다.

처음에 이 단계가 어렵다고 걱정할 것 없다. 모두가 같은 출발선에서 출발하지 않는다. 자신이 발견한 시그널을 이용하고, 그것을 바탕으로 자신감 지도를 서서히 완성해 나가면 된다. 잊지 않고 자신감이 지나치게 높거나 낮은 상태를 알려주는 시그널을 찾고 메모해 나가면, 자신의 자신감에 대해서 이전보다 더 많은 것을 계속 배우게 될 것이다. 느리더라도 앞으로 나아간다면, 그것은 진전이다. 이 단계를 시작하는 데 도움이 될 만한 질문 몇 가지를 소개하겠다.

낮은 자신감

- 일반적으로 어떤 상황에서 자신감을 잃게 되는가? 예를 들어서, 자신의 전략에 대한 신뢰를 잃거나, 다른 트레이더들이 수익을 내는 것을 보거나, 새로운 트레이딩 아이디어가 생각나지 않을 때인가?
- 자신감이 없을 때 몸에서 어떤 반응이 일어나는가? 행동이 느려지거나 의자에 몸을 잔뜩 웅크리고 앉는가?
- 자신감이 너무 떨어져서 문제가 되는 순간을 설명할 수 있는가?
- 구체적으로 자신감이 낮을 때 마음속으로 무슨 생각이 드는

가?

- 자신감이 낮아지면, 의사결정 과정은 어떻게 달라지는가?

자만심

- 일반적으로 어떤 상황에서 자만하게 되는가? 예를 들어서, 큰 수익을 냈거나, 주변에서 칭찬을 많이 들었거나, 한 달 동안 목표치를 초과하는 성과를 냈을 때인가?
- 자만에 빠지면 몸은 어떻게 반응하는가? 안절부절못하고 가만히 앉아 있지 못하거나 잔뜩 흥분하거나 아드레날린이 혈관을 타고 흐르는 것이 느껴지나?
- 자신감이 과도해져서 문제가 되는 순간을 설명해볼 수 있는가?
- 자만에 빠지면 구체적으로 무슨 생각이 머릿속에 떠오르는가?
- 자만할 때 의사결정 과정은 어떻게 달라지는가?
- 자신감이 낮은 시기도 보내고 있다면, 자신감이 낮아지기 전에 자만에 빠졌던 것은 아닌가?

트레이더들은 자신감이 치솟거나 바닥일 때를 번갈아 가면서 경험하는 일이 잦다. 자신감 지도를 정확하게 완성하려면, 자신감이 오르내리는 것을 몇 번 반복해서 경험해야 할 것이다. 자신감 기복을 유발하는 일부 계기가 생각만큼 자주 생기지는 않는다. 그래서 자신감 지도를 '완성'하는 데 처음에 생각했던 기간보다 더 오랜 기간이 소요된다. 그래서 자신감에서 생기는 작은 변화나 소소한 계기를 파악해내는 것이 더 중요하다. 이런 것들이 큰 변화나 중대한 계기와 관련되기 때문이다.

3단계

자신감이 약하다면 이상적인 수준의 자신감을 10등급으로 둔다. 여기서 1등급은 자신감이 가장 낮은 상태다. 자만하는 경향이 있다면, 이와 반대로 하면 된다. 1등급이 이상적인 수준이고, 10등급은 자만심이 하늘을 찌르는 수준이다.

마지막으로 자신감 과잉과 부족을 오간다면, 자신감 과잉과 자신감 부족의 정도에 따라서 각각 등급으로 정리하거나 둘을 합쳐서 5등급이 자신감이 적정한 상태이고 1등급부터 4등급까지가 자신감이 부족한 상태이고 나머지 6등급부터 10등급까지는 자신감이 과잉인 상태를 의미하도록 기준을 세우면 된다. 어떤 식으로 등급을 매기든, 각 등급은 다른 등급과 확연하게 구분될 것이다.

심각한 수준에 따라서 등급으로 나누면서, 동시에 두 가지 범주로 분류해 볼 수도 있다. 바로 자신감의 심리적이고 감정적인 측면과 기술적인 측면이다. 이 둘은 나란히 움직인다. 자신감의 심리적이고 감정적인 측면에서 1등급은 기술적 측면에서의 1등급과 상응하는 식이다.

다음 사례는 자신감이 이상적인 수준일 때 5등급으로 본다. 여기서 1등급부터 4등급까지는 자신감 부족을, 나머지 6등급부터 10등급까지는 자신감 과잉을 의미한다.

자신감 등급

각 등급의 자신감을 나타내는 생각, 감정, 입 밖으로 내는 소리, 행동과 행위를 서술해 보자. 최소한 3개는 완성해 보자.

10등급: 천하무적처럼 느껴지고 극도의 행복감에 취한다. 앞으로 벌게 될 돈으로 무엇을 할지를 생각한다.

...

8등급: 내가 하는 것은 모두 맞다. 손실의 가능성은 전혀 생각하지 않는다. 흥분한 상태이고 피가 혈관을 타고 흐르는 것이 느껴질 정도다.

...

6등급: 다음 거래에서 큰 수익이 날 것이라고 기대한다. 신이 난다.

5등급: 자신감이 있고 침착하다. 불필요한 생각은 하지 않는다. 내 목적이 무엇인지 확실히 안다. 나의 직감을 신뢰할 수 있고 손실이 난 기억이 거의 없다.

4등급: 비관적이고, 거래하면 손실이 날 것이라고 예상한다.

...

2등급: 자기 비판적이고 의기소침하다. 내 전략의 실행 가능성에 대해 의문을 제기한다. 포기하고 싶은 것 같지만, 계속 거래한다.

1등급: 마음이 불편하다. 돈을 어떻게 벌지 알 수가 없다.

기술 등급

의사결정, 시장이나 기회나 현재 포지션에 대한 분석력을 질적으로 평가하고 자존심의 어느 등급과 상응하는지 정리해 보자.

10등급: 목표 수익을 달성할 것이라 확신하면 훨씬 더 공격적으로 목표 수익을 달성하기 위해서 거래한다.

...

8등급: 포지션을 더 키운다. 손실이 나는 거래를 포기하지 못하고, 가격역지정거래완료할 때까지 매달린다. 보통 때보다 거래를 더 많이 한다.

…

6등급: 의사결정을 더 빨리 내리고 이상적인 수준보다 더 많은 리스크를 감수한다.

5등급: 시장의 변화를 파악하고 그 변화에 적응하면서, 쉽게 전략에 따라서 거래한다.

4등급: 살짝 주저하지만, 여전히 전략에 따라서 거래를 잘 실행한다.

…

2등급: 완벽한 조건의 거래를 찾는다. 그래서 거래를 많이 하지 않는다. 거래할 때 상황이 역전될까 봐 지나치게 걱정한다.

1등급: 거래를 중단한다.

이렇게 정리한 내용을 바탕으로 거래하는 동안에 자신감이 치솟거나 낮아지는 심리적 패턴이 나타나면 빠르게 대응할 수 있을 것이다. 자신감 과잉이나 부족으로 야기되는 심리적 결함을 바로잡으려면 많이 노력해야 한다. 그러니 심리적 결함이 완전히 해소됐다는 증거가 일관성 있게 나올 때까지 자신감 지도를 수정해서는 안 된다.

이제 완성한 자신감 지도를 바탕으로 트레이딩과 가장 크게 관련되고 자신감을 불안하게 만드는 구체적인 원인을 집중적으로 살펴보도록 하자. 다음에 이어질 내용을 모두 꼼꼼하게 읽어보길 바란다. 이전에는 몰랐던 문제가 눈에 들어올지도 모르기 때문이다. 그리고 자신감 지도에 추가할 새로운 정보를 얻을 수도 있을 것이다.

트레이딩 멘탈 게임

인지 착각과 편견을 바로잡다

트레이더들에게 영향을 주는 편견과 인지 착각은 많다. 온라인 검색을 해보면, (확률을 파악하는 방식에 변화가 생기는) 도박사의 오류와 (최근에 들은 정보의 관련성에 큰 비중을 두는) 최신 효과 등 수백 가지는 쉽게 찾을 수 있다. 여기서는 가장 흔하게 심리적 불안정을 낳고 트레이더들의 자신감에 영향을 주는 편견을 집중적으로 살펴볼 것이다.

통제에 대한 인지 착각

통제력을 갖추는 것은 트레이더로서뿐만 아니라 한 인간으로서 필수적인 일이다. 우리는 항상 자기 삶에 더 큰 통제력을 발휘하려고 노력한다. 이것은 트레이더들도 마찬가지다. 하지만 트레이딩이나 시장이나 사고방식에서 자신의 통제권 안에 있다고 생각했던 요소가 사실 통제권을 벗어나 있을 때 문제가 발생한다. 예를 들어서 가격 움직임을 예측하거나, 돈을 벌 기회를 포착하거나, 제대로 대응하기 전에 틸트와 같은 감정적 반응을 관리하려고 하는 것이다.

트레이더들은 이런 것들에 실제보다 더 큰 통제력을 행사한다고 착각하고, 이 착각이 나아가서 자신감에까지 영향을 준다. 단기적으로 자신의 통제력이 한계가 어디인지를 확실하게 아는 것은 어렵다. 바로 이 불확실성 속에서 인지 착각이 늘어난다.

실제보다 트레이딩이나 멘탈 게임에 더 많은 통제력을 행사한다는 착각은 자신감을 불안정하게 만드는 주된 이유다.

지금부터 흔히 자신감을 불안정하게 만드는 원인을 살펴보자.

1. 모든 거래에서 수익이 날 것이란 믿음

모든 거래에서 수익이 나기를 원하는 것과 모든 거래가 수익성이 있어야 한다고 믿거나 기대하는 것은 분명히 다르다. 매번 거래에서 수익이 나면, 모든 거래가 수익성이 있어야 한다는 믿음이 강해질 수 있고 결국 자만으로 이어진다. 하지만 상황이 나빠져서 손실이 나면, 손실을 만회하고 계속 돈을 벌려고 무리하게 거래를 강행할 수 있다.

드로우다운 초기에 일부 트레이더들은 반항심과 자만심에 빠져서 더 많은 실수를 하고 더 큰 손실을 경험하게 된다. 이성을 잃고, 자신들에게 자신감을 줬던 믿음이 산산이 부서진다. 심리적으로 위축되다가 심연에 빠지게 된다. 이런 순간 이후에 자신감이 산산이 부서질 때 트레이더들은 조각을 하나씩 모아서 이전의 자존심을 재건하려고 한다. 하지만 자신감이 (부분적으로) 인지 착각에 바탕을 두고 있을 때는 새로운 방식으로 자신감을 재건해야 한다.

표면적으로 모든 거래에서 수익이 나서 돈을 벌 수 있을 것이란 생각이 문제다. 모든 거래에서 수익이 나도록 시장이나 결과를 통제할 수 있는 트레이더는 아무도 없고, 우리 모두 그 사실을 알고 있다.

그런데 왜 모든 거래에서 수익이 날 것이라는 믿음이 마음의 뒤편에 존재하는 것일까? 한편으로 모든 거래에서 수익이 날 수 있다고 믿거나 그럴 수 있기를 바라는 데는 깊은 이유가 틀림없이 있을 것이다. 아마도 자기 자신을 증명하고 싶은 욕구나 자신은 특별하다는 믿음 때문인지도 모른다.

아니면 다음의 멘탈 핸드 히스토리에서 보듯이, 완벽하고 싶은 욕구가 원인인지도 모른다.

1. **문제는 무엇인가** : 트레이딩 성과가 저조한 날을 인정하고 받아들이기가 몹시 어렵다. 그래서 무리하게 거래하고 평균치를 끌어올리고 목표 수익을 조정해서 매일 수익을 올리면서 마감하려고 한다.

2. **문제는 왜 존재하나** : 매일 돈을 벌고 싶다. 나는 지금 버는 돈의 5~10배 더 돈을 벌 실력이 있다. 나에게 이것이 완벽한 것이고, 나는 이 완벽함에 도달할 능력이 있다.

3. **무엇이 잘못됐나** : 나는 지금 버는 것보다 5~10배 더 많이 돈을 벌 수 있는데, 돈을 잃는 날들이 있다. 그런데 이것은 지금 당장 나의 문제가 아니다. 문제는 내가 이성을 잃고 내가 생각하는 완벽함에 도달하려고 애쓴다는 것이다.

4. **조정 방안은 무엇인가** : 완벽함은 매일 수익을 낸다는 의미가 아니다. 완벽해지고 싶다면 완벽한 결정을 내리는 데 집중해야 한다.

5. **조정 방안이 옳다고 확인해주는 논리는 무엇인가** : 나는 단기적으로 시장이나 내 결과를 통제할 수 없다. 그래서 설령 완벽하게 전략을 이행했더라도 나는 자주 손실을 경험하게 될 것이다. 하지만 내가 세운 전략에 따라서 의사결정을 내리는 데 집

중하면 손실의 규모를 줄일 수 있을 것이다.

이러한 인지 착각을 바로잡는 것을 최우선 과제로 삼아야 한다. 인지 착각을 바로잡는 출발점은 자신이 통제할 수 있는 것과 없는 것이 무엇인지를 매일 상기하는 것이다. 트레이딩 준비, 트레이딩 실행, 집중력 등은 트레이더가 통제할 수 있는 것들이다. 통제력의 한계를 명확히 이해하면, 자신이 통제할 수 있는 것에 더 집중하고 통제할 수 없는 것에는 에너지를 덜 쓰게 될 것이다.

2. 감정을 통제할 수 있다는 착각

본격적으로 멘탈 게임을 경험해 본 적 없는 트레이더들은 자신이 감정을 잘 통제할 수 있다고 종종 착각한다. 간단하게 말해서, 감정이 아무리 격렬해도 자신은 언제나 자기감정을 제어할 수 있다고 생각한다. 이것은 감정이 격해지면 뇌가 스스로 고도의 뇌 기능, 즉 사고 기능을 차단할 수 있다는 것을 이해하지 못하기 때문에 생기는 착각이다.

감정이 격해지면 감정을 통제하는 뇌 영역이 작동을 멈춰서 감정을 제어할 수 없게 된다. 그리하여 욕심에 눈이 멀어서 무리한 거래를 감행하거나 리스크를 극도로 싫어해서 좋은 기회를 놓치거나 틸트가 와서 비논리적으로 거래하게 되면서, 자신감을 잃게 된다. 그리고 더 잘할 수 있으면서 그러지 못했다고 생각하거나 충분히 피할 수 있었던 상황인데 그러지 못했다고 생각한다. 그러면서 자신에게 뭔가 문제가 있는 게 분명하다고 생각하지만, 그게 뭔지 알 수가 없어서 자신감이 하락하게 되는 것이다.

감정을 통제할 수 있다는 착각이 문제다. 자기감정을 통제할 수 있을 것이란 숨겨진 믿음 때문에 언제든지 문제가 생길 수 있다. '주변에서 능력을 인정받는 것과 자기감정을 통제할 수 있는 것은 다르다'라는 생각을 머리에 깊이 각인시키길 바란다.

다행히도 이 문제에 대한 해결책은 꽤 단순하다는 것이다. 하지만 이 문제를 완전히 해결하려면 반복 학습을 자주 해야 할 수도 있다. 사람들은 마음속 깊이 자기감정을 제어하는 것이 숨쉬기만큼 쉬워야 한다고 믿는다. 이러한 감정 통제에 대한 인지 착각을 해소하려면 '마법처럼 감정을 통제할 수 있을 것'이란 터무니없는 생각부터 고쳐야 한다. 감정 통제에 대한 인지 착각을 해결하는 것은 마법이 아니다. 뇌가 어떻게 기능하는지와 감정적 반응을 어떻게 바로잡는지를 확실히 이해하고, 그 능력을 키워야 한다. 이 부분은 9장에서 좀 더 자세히 살펴보기로 하자. 감정적 반응을 바로잡는 기술이 약하다는 것을 솔직히 인정하고, 이를 바로잡는 데 어느 정도의 노동, 시간 그리고 노력이 소요된다는 것을 이해하고 받아들여야 한다.

3. 결과를 예상할 수 있다는 확신

우리는 마음속으로 언제나 미래를 예상하려고 노력한다. 하지만 자신이 예상한 일이 정말로 일어날 것이라고 무조건적으로 믿기 시작하면 문제가 생긴다. 예를 들어서, 드로우다운을 경험하는 와중에 절대 빠져나오지 못할 거라고 예상하거나, 연이어서 수익이 나자 람

보르기니를 갖게 되는 것은 오직 시간 문제라고 생각하면, 문제가 생긴다.

이게 아니면, '오늘은 나의 날이 될 거야!'와 같이 좀 더 두루뭉술하게 예상하는 경우가 자주 있다. 이런 예상을 하면서 잔뜩 신이 난 상태로 하루를 시작하고 시장을 이겨 먹으려고 애쓴다. 하루가 잘 풀릴 거라는 과도한 확신이 소소한 손실이나 수익이 낮을 때 침착하게 행동하는 데 도움이 될 수 있다. 하지만 손실이나 수익이 크게 나면, 오늘이 자신의 날이 될 것이라는 자만심 때문에 절제력을 잃고 감정적으로 반응하게 된다.

반대로 미래에 대해서 부정적으로 생각하면, 지치게 된다. 오늘은 일이 잘 안 풀릴 거고 돈을 못 벌 거라고 예상한다. 마음속으로 계속 상황을 점검하고, 집중력을 잃고, 노력을 덜 하고, 거래 기회를 놓치고, 좋은 거래에 투자를 최소한으로 한다. 이렇게 되면 '오늘은 거래할 기분이 아니야'라고 말하면서 손실을 피하고자 거래를 중단하기에 이른다. 그저 자신의 부정적인 예상이 정확했다고 믿는 이유로 자신감이 떨어진다.

두 가지 상황 모두 지금 일어나고 있는 일이 무한정으로 계속될 것이라는 착각 때문에 발생하게 된다. 마치 반복 재생 버튼을 누른 것처럼 미래에도 오늘 일어난 일이 똑같이 일어날 것처럼 느껴진다. 연이어서 큰 수익이나 손실이 계속 날 것이라고 예상하고, 그 결과로 자신감이 오르거나 떨어지게 된다.

예상과 확실성은 다르다는 것을 확실히 이해하는 데서 이 문제에 대한 해결책이 나온다. 예상은 그저 추정일뿐이다. 사람들은 발생할 수 있는 결과를 생각해 보고 발생 가능성에 따라서 확률을 계산해서 예상하지 않는다. 확률은 고작 75퍼센트에 불과하더라도, 그저 거래해서 돈을 벌 것이라거나, 그날에는 손실이 날 것이라거나, 거래에서 목표 수익을 달성할 것이라고 확신한다.

정말로 일어날 것 같아서 자신의 예상이 정당하다고 느낀다. 이 느낌이 인지 착각의 존재를 알려주는 시그널이다. 앞으로 무슨 일이 일어날지 예상하는 게 해야 할 일이 아니다. 자기가 세운 트레이딩 전략에 따라서 수익이 날 확률을 계산하고 그에 따라서 시장에 내재하는 불확실성을 관리하는 것이 트레이더가 해야 할 일이다.

(긍정적인 예상이든 부정적인 예상이든) 자신이 예상한 일이 실제로 일어날 거라고 지나치게 확신하고 있다는 것을 깨닫고 인정하는 것이, 부분적으로 미래를 예상할 수 있다는 인지 착각을 바로잡고 안정된 자신감을 형성하는 방법이다. 미래에 대한 확신이 지나칠 때와 적정할 때 자신이 무슨 생각을 하는지 또는 무슨 말을 하는지를 목록으로 작성해 보자. 실시간으로 둘의 차이를 파악하고 이해하는 데 도움이 되고, 불확실한 상황일 때 확신의 정도를 적정하게 조절할 수 있을 것이다.

자신이 예상한 일이 미래에 반드시 일어날 것이라고 지나치게 확신하게 되는 사례 몇 가지를 살펴보자.

- 자신의 의사결정 프로세스에 문제가 있다는 사실을 숨기고 싶은 욕구가 있다. 하지만 의사결정 프로세스를 대충 만들었기

때문에, 그것이 탄탄하지 않을 수 있다.

- 자신이 존경하고 닮고 싶은 트레이더들의 자신감을 흉내 내려고 한다.
- 앞으로 무슨 일이 일어날지를 알 수 있기를 바란다. 확실히 이런 바람을 갖고 거래하면서 상당히 많은 돈을 벌었을 것이다.

예상한 일이 일어날 것이라고 지나치게 확신하게 되는 근본적인 원인을 파악하는 것이, 꾸준하게 예상을 사실이 아닌 예상으로 대하는 능력을 기르는 비결이다. 당연히 예상은 그저 예상으로 봐야 한다는 것을 알지만, 실제로 예상을 정해진 사실이 아닌 예상으로 볼 수 있게 되려면 노력해야 한다.

4. 실현되지 않은 잠재력

이 문제는 베테랑 트레이더들보다 새내기 트레이더들에게서 더 흔히 나타난다. 그들은 자기 잠재력을 깊이 확신하고 성공한 자신을 그려본다. 덧붙여서, 트레이더로서 아주 크게 성공한 자기 모습을 상상해 볼 것이다. 그러면 자기 능력을 증명해서 잠재력을 실현하고 말겠다고 크게 동기 부여된다. 트레이더로서 성공할 것이란 믿음이 너무나 깊은 나머지, 아직 성공하지 못했는데 이미 성공한 트레이더가 됐다고 생각하면서 성공에 취할 수도 있다. 실제로 트레이더로 성공하려면 오랜 시간이 필요하지만, 상상 속에서 트레이더로 성공한 자기 모습을 보면서 긍정적인 감정이 생성되고, 자신감이 인위적으로 올라간다. 실현되지도 않은 잠재력이 자신감에 영향을 준 것이다. 과열된 시장처럼, 인위적으로 치솟은 자신감이 바닥으로 떨어지는 데 많은 것이 필요치 않다. 이미 트레이더로 성공했다는 착각 때문에 생긴 자신감은 위태롭고, 보통 수준으로 손실이 나는 날에도 자신은 이미 성공한 트레이더라는 착각으로 인해서 자신감이 크게 떨어지게 된다.

자기 잠재력을 생각하니 신이 나고, 그래서 자신감이 생기고 영감이 떠오를 수 있다. 그런데 새내기 트레이더들은 이런 자신감과 영감에 취하기 쉽고, 실현되지도 않은 잠재력이 이미 실현됐다는 착각을 하고 있다는 사실을 간과하게 된다. 이 착각에서 비롯된 결과가 즉각적으로 나타나지 않으니, 이것이 얼마나 해로운 일인지 알지 못한다. 성공한 것 같은 느낌에 취해서, 자신감이 불안정해진다는 것을 인지하지 못한다. 예를 들어서, 오늘 거래 규모를 바탕으로 통상적인 리스크를 계산한다고 가정하자. 자기 잠재력이 이미 실현된 거나 마찬가지라고 착각한다면, 수익이 나서 자신의 거래 계좌 잔고가 늘어날 수밖에 없다고 생각하기 때문에 설레발치고 더 많은 리스크를 감수하게 된다.

실현되지도 않은 미래 성공에 취해있을 때, 손실이 나면 더 고통스럽기도 하다. 왜일까? 아직 자신의 것이 되지도 않은 이익이지만, 시장이 자신의 이익을 빼앗아 가는 것처럼 느끼기 때문이다.

그러므로 자기 잠재력에 대한 강한 믿음과 그 잠재력을 실현하는 데 큰 노력이 필요하다는 이해가 균형을 이루는 것이 중요하다. 자기 잠재력을 실현하기 위해서 노력해야 한다는 것을 인정하고 정말로 노력하면, 미래 성공의 기쁨에 취하는 실수를 줄일 수 있게 된다.

트레이더로 성공하겠다는 포부를 갖고 현실적으로 임해라. 미래에 대한 확신의 수준을 적정하게 조절하고, 머릿속에서 상상하는 트레이더로서 성공한 자기 모습이 현실이 되도록 결과, 지식 그리고 경험이 충분히 쌓일 때까지 노력해야 한다.

5. 피드백 처리

우리가 다른 사람들을 어떻게 생각하는지 그 사람들이 우리를 통제할 수 없듯이, 우리도 남들이 우리를 어떻게 생각하는지 통제할 수 없다. 그런데 남들에게 칭찬을 듣거나 비난을 받을 때, 과민하게 반응하기 쉽다. 남들의 피드백이 자신에게 어떤 식을 과하게 영향을 주는지를 주의 깊게 살펴볼 필요가 있다. 이것이 자신감에 어떤 부분이 취약한지를 여실히 보여주기 때문이다.

부분적으로 다른 사람들의 인정과 칭찬이 필요한 트레이더는 인위적으로 자기 자신을 칭찬하고, 기대를 높여 자만에 빠질 위험이 있다. 반대로 칭찬을 받아야 자신감이 생기기 때문에 부정적인 피드백을 들으면 자기 자신을 방어하거나, 자신의 판단에 더 큰 의문을 품거나, 반항심이 생겨서 그들이 틀렸다는 것을 증명하려고 할 수 있다.

긍정적이든 부정적이든 외부의 피드백이 자신감에서 아주 작은 비중을 차지하는 것이 이상적이다. 그렇지 않으면, 사고방식, 감정 상태와 트레이딩 실행이 다른 사람들의 피드백에 크게 좌지우지되고 통제력을 포기하게 된다. 자신감에 문제가 있다는 시그널로 자기 방어하거나 남들의 칭찬에 흠뻑 취해있는 순간을 정확하게 인지해야 한다.

6. 언제나 최고의 기량을 발휘할 것이란 기대

최고의 기량을 발휘하려면 열정, 강점과 심리를 요동치게 만드는 변수를 완전히 파악하고 통제해야 한다. 자주 자신의 최고 기량을 발휘해서 좋은 성과를 내는 트레이더들은 안정된 자신감을 바탕으로 거래한다. 그들은 자신이 항상 최고의 기량을 발휘하리라고 기대하지 않는다. 그저 최고의 기량을 발휘하는 데 필요한 노력을 할 뿐이다. 이와 반대로, 맹목적으로 자신이 최고의 기량을 언제나 발휘할 수 있다고 생각하는 트레이더가 있다. 이런 생각은 자신감의 불안정으로 이어질 수 있다.

3장에서 자벌레 콘셉트를 살펴볼 때, C급 멘탈 게임만 예측할 수 있다고 했던 부분을 기억하는가? 다시 말해서, 우리가 예측할 수 있는 것은 자기 실력을 바탕으로 자신이 낼 수 있는 최악의 결과뿐이다. 그 외에 최고의 기량을 발휘하는 데 필요한 실력은 여전히 배워 나가는 중이고, 그 실력을 개선하기 위해서 노력하고 집중해야 한다.

자기가 원한다고 A급 멘탈 게임, 즉 최고의 기량을 발휘할 수 있는 것은 아니다. 최고의 기량을 발휘하는 A급 멘탈 게임을 원한다면, 의식적으로 지금 익히고 있는 기술에 집중해서 실수를 줄여야 한다. 최고의 기량이 자동으로 발휘된다고 믿어서, 이에 방해가 되는 변수를 완전히 이해하고 통제해야 한다고 생각할 수 있다. 하지만 아이러니하게도 일관되게 최고의 기량을 발휘할 것이라고 기대하면, 오히려 최고의 기량을 발휘하지 못하도록 막는 셈이다. 그러니 기량을 제대로 발휘하지 못해서 최악의 결과가 나올 수 있다고 생각하고, 최고의 기량을 발휘할 수 있도록 최선을 다해야 한다.

2017년 초반부터 암호화폐를 거래하기 시작한 일본에서 온 고로 가 경험한 감정 통제에 대한 인지 착각은 많은 새내기 트레이더가 경험하는 감정 통제에 대한 인지 착각의 유형 중에서 극단적인 유 형이었다. 그래서 반드시 바로잡을 필요가 있었다. 암호화폐 거래를 시작할 무렵에 그는 정규직 엔지니어로 일하고 있었다. 하지만 그해 말에 퇴사해서 암호화폐 트레이더로 전업할 생각이었다.

하지만 트레이딩을 시작한 이후 얼마 지나지 않아서, 고로는 엄청 난 압박감을 느끼기 시작했다. 당시 암호화폐 시장은 강세장이었다. 첫 번째 거래에서 수익이 났고, 오래지 않아서 정규직 엔지니어로 일 해서 버는 돈보다 훨씬 많은 돈을 암호화폐 거래로 벌었다. 그러자 다 니던 회사를 관두고 하루에 한 시간씩 암호화폐 거래만 해도 억대 연 봉에 달하는 큰돈을 쉽게 벌 수 있겠다는 생각이 스멀스멀 들기 시작 했다. 하지만 암호화폐 시장은 변동성이 컸고 여러 번의 대규모 시 장 조정(상승세에 있던 자산 가격이나 지수가 일시적으로 내림세로 돌아서며 균형 을 찾아가는 과정-역주)이 일어났다. 이것은 이제 새내기 암호화폐 트레 이더가 기술적으로나 정신적으로 감당할 수 없는 일이었다.

아내가 첫 아이를 임신하고 친구나 가족이 아무도 없는 미국에서 살고 있었기 때문에, 고로의 심리적 압박감은 심해졌다. 그는 암호화 폐 시장에 강박적으로 집중했고, 긴장 상태가 밤새도록 유지되면서 잠도 잘 못 잤다. 이것은 그의 결혼 생활에도 영향을 줬다. 아내의 임신 기간과 첫째 아들이 태어난 몇 달 동안 아내와 아들 곁에 있어 주지 못했다. 설상가상으로 암호화폐 거래는 번번이 손실이 났다. 그는 자신이 가족의 기대를 저버렸다고 느꼈다. 이렇게 최악의 순간일 때, 필자와 만났다.

그리고 고로의 문제를 유발한 근본 원인을 파악했다. 그것은 암호화폐 거래로 돈을 쉽게 벌 수 있고, 매번 거래에서 수익이 날 수 있고, 언제나 최고의 기량을 발휘할 수 있다는 인지 착각이었다. 그러던 어느 날 우리는 그가 이 세상에서 가장 운이 좋은 트레이더가 되고 싶은지 아니면 가장 노련한 트레이더가 되고 싶은지에 대해서 이야기했다. 그는 자신은 운이 좋은 트레이더가 되고 싶다고 망설이지 않고 답했다. 이것이 바로 터닝포인트였고, 다음의 멘탈 핸드 히스토리가 자신에게 무슨 문제가 있는지를 분명하게 파악하는 데 도움이 됐다.

1. 문제는 무엇인가 : 나는 비현실적이게도 매번 거래할 때마다 수익을 극대화하고 손실을 제거할 수 있는 초인적인 능력을 갖추게 되길 원한다.

2. 문제는 왜 존재하나 : 오랫동안 초인적인 능력을 얻을 수 있다는 인지 착각이 내게 존재했고, 마음속 깊이 이게 가능하다고 생각했음이 틀림없다.

3. 무엇이 잘못됐나 : 나는 25년이란 세월 동안 이런 능력을 갖추는 것은 불가능하다는 것을 증명해 주는 경험을 충분히 많이 했다. 그러니 내가 초인적인 능력을 얻을 수 있다고 계속 믿는

다면 내 사고 수준이 고작 7살 어린아이 수준에 불과하다는 것밖에 안 된다. 이 인지 착각이 내 인생에서 얼마나 큰 혼란을 초래했는지를 봐라. 근본적으로 이것은 복권에 당첨되기를 바라는 것과 같다. 하지만 복권에 당첨된다고 뭐가 달라질까? 돈 말고 의미 있는 무언가를 얻게 될까? 그리고 복권에 당첨되지 않으면, 아무것도 내게 남지 않을 것이다.

4. 조정 방안은 무엇인가 : 내게는 거래를 할 때마다 최고의 수익을 낼 수 있는 초인적인 능력이 없다. 그래서 내가 할 수 있는 일은 노련한 트레이더가 되는 데 필요한 실력을 키우는 것밖에 없다. 그리고 내가 아무리 유능한 트레이더가 되더라도, 언제나 최고의 기량을 발휘할 수 없고 모든 트레이더가 수익을 내는 것은 아니라는 사실을 인정하고 받아들여야 한다.

5. 조정 방안이 옳다고 확인해주는 논리는 무엇인가 : 이것이 트레이딩을 통해서 경제적 자유를 얻는 유일한 방법이다. 그저 운이 좋아서 복권에 당첨된 행운아 취급을 받고 싶지 않다면, 이 인지 착각을 바로잡아야 한다. 그렇지 않으면 내 인생을 망치게 될 수 있다.

이 순간부터 고로는 트레이딩에 진지하게 임하기 시작했다. 그로부터 3년이 지났고, 나는 이 책을 쓰고 있고 그는 다른 자산 거래뿐만 아니라 암호화폐 거래를 계속하고 있다. 그는 감정적으로 새내기 트레이더가 주로 경험하는 인지 착각에서 벗어났고, 일반적으로 베테랑 트레이더가 경험하는 실질적인 문제를 경험하고 있다. 포모와 분노가 때때로 문제가 됐고, 순간적으로 자만에 빠지기도 했다.

고로는 자신의 감정 기복이 대략 75퍼센트 정도 줄어들었다고 추정했다. 나머지 25퍼센트의 경우에 그는 감정 기복이 일어나면 곧장 인지해서 바로잡는 법을 알았다. 예를 들어서, '*나는 천재야*'라고 생각하는 순간에, 그는 자신이 계획을 고수하고 수익을 확보하거나 거래를 마무리할 좋은 기회를 찾는지를 확인했다.

학습에 대한 착각

자벌레 콘셉트를 몰랐던 시기에는 학습 과정을 오해하고 있었을 수 있다. 학습에 대한 오해가 자신감 문제 등 감정 기복으로 이어질 수 있다. 트레이더로서 성장하는 방법에 대해서 잘못 생각하고 있는 것이 있을 수 있고, 이것은 혼란을 초래하고 부정적인 감정을 유발할 수 있다.

반면에 자신의 실력을 과대평가하고 더 많은 시간과 노력이 필요한 데도 특정 영역에서 필요한 기술을 완전히 익혔다고 생각할지도 모른다. 안정된 자신감을 형성하려면 이런 오해를 바로잡는 것이 중요하다. 다음은 사람들이 흔히 가지고 있는 학습에 대한 오해로, 이것은 개인의 자신감에 영향을 줄 수 있다.

1. 학습이 완료됐다는 착각

트레이딩 성과가 연이어서 괜찮게 나오면, 배우고 있는 트레이딩 기술이나 기법을 이미 완전히 숙지해냈다는 착각에 빠지기 쉽다.

몇 주 동안 기분이 좋았고, 돈도 좀 벌었다. 그리고 틸트가 해결됐다고 생각하니 긴장이 살짝 풀렸는지도 모른다. 그런데 틸트를 바로 잡아야 한다는 생각을 적극적으로 하지 않은 탓에 예상치도 못한 순간에 틸트가 갑자기 다시 왔다. 두 차례 손실로 틸트가 왔고, 뇌가 오작동을 일으켰고, 실수를 남발하게 됐다.

진짜 문제는 지나치게 앞서 나간 것이었지만, 이 일련의 사태로 자신감이 떨어지면서 틸트를 제어하는 자신의 능력과 그것을 바로 잡는 전략에 대해서 자신도 없어졌다. 더 이상 하지 않는다고 생각했던 트레이딩 실수를 하고 트레이더로서 자신의 실력에 의문을 가지기 시작할 때 이와 같은 일이 일어난다.

학습 과정에서 이 단계에 이르면, 학습 대상이었던 기술을 완전히 익힌 것과 다름없다고 느낀다. 하지만 어느 순간에 어떤 이유로 기술을 제대로 활용하지 못하게 되면, 학습 과정은 여전히 진행 중이고 그 기술을 온전히 숙지해내는 데 더 많은 노력이 필요하다는 의미다.

이 문제를 피하는 데 도움이 되는 방법 중 하나는 지금 연마하고 있는 트레이딩 기술을 완전히 익혔을 때 나타나는 시그널을 이해하는 것이다. 결정적인 시그널은 예전이라면 망설이거나 틸트가 오거나 두려워하거나 욕심을 부리거나 감정 기복에 시달렸을 압박이 심한 상황에서도 실수 없이 트레이딩 기술을 일관되게 구현해내는 것이다. 또 다른 시그널은 예전의 자신이라면 실수하거나 틸트가 오거나 무리하게 거래를 진행했겠지만, B급 멘탈 게임에서 이런 실수를 하는 일이 전혀 없는 것이다.

이런 시그널이 나타나지 않는다면 언제나 실수할 수 있으므로, 계속 기술을 익히는 데 매진해야 한다. 그리고 실수하게 되면, 형사처럼 왜 그런 실수가 나왔는지 호기심을 갖고 들여다보고 원인을 바로잡기 위해 공격적으로 덤벼야 한다.

아직 멀었는데도 기술을 완전히 익혔다는 착각에 계속 빠지는 이유 중 일부는 성공을 간절하게 원하기 때문인지도 모른다. 그 결과 유능한 트레이더가 될 것이라거나, 회사를 관두고 전업 트레이더로 활동할 수 있을 것이라거나, 엄청나게 많은 돈을 벌 것이라는 생각에 집착하게 된다. 그래서 자신의 목표를 달성하려는 절박함 때문에 숙지하려면 아직 시간이 더 필요함에도 기술을 완전히 숙지했다는 착각에 빠지게 된다. (이번 장의 주제가 바로 이 '절박함'이니, 반드시 이번 장을 끝까지 읽기를 바란다.)

2. 자신이 남들보다 잘났다는 착각

트레이더들은 자신감을 높이려고 다른 사람들보다 자신이 더 똑똑하다고 생각한다. 이는 감지하기 어려운 문제이지만, 자기 자신이 아닌 다른 트레이더들이 자신의 큰 경쟁 상대라고 생각하는 트레이더들에게는 큰 문제가 된다.

항상 어깨 너머로 회사나 업계에서 자신의 위치를 확인하는 트레이더는 수익을 내려고 시장과 경쟁할 뿐만 아니라 자신이 다른 트레이더들보다 더 똑똑하다는 증거를 찾으려고 애쓰게 된다. '그 사람은 멍청이야. 연말에 그렇게 많은 수익을 올렸다니 믿을 수가 없어'와 같은 말을 다른 트레이더를 두고 할지도 모른다.

다른 트레이더들이 수익을 낸 기회를 놓치거나 손실이 쌓이면, 핑계부터 댄다. 자신의 잘못을 인정해버리면 회사에서 자신이 제일 잘난 트레이더가 아니라는 것을 인정하는 셈이고, 그리하여 자신감이 상처 입는 것을 내버려 둘 수가 없다.

이 문제의 주요 원인은 '똑똑하거나 멍청하다'처럼 지능을 이분법적으로 바라보는 올드한 사고방식이다. 수익으로 지능의 높고 낮음을 판단한다면, 자신감은 손익에 따라서 오르거나 떨어지게 된다. 그리고 최근 트레이딩 성과가 트레이더로서 자신의 가치를 결정한다고 생각하기 시작하면서 불안정해진다. 자신에게 이런 문제가 있다는 것을 인정하지 않고, 언제든 부서질 수 있는 자신감을 보호하려고 고집을 부리거나 거만하게 행동하는 트레이더들이 있는 반면에, 이러한 감정 기복을 더 강렬하게 경험하는 트레이더들도 있다.

지능에 대한 시각을 바꾸는 것이 중요하다. 손익이 자신의 지능을 결정한다는 잘못된 생각이 다른 트레이더들과의 경쟁에 부정적인 영향을 줄 수 있다. 자신의 능력을 제대로 발휘하지 못하게 되고, 손실이 나고 실수한 경험에서 아무것도 배우지 못하거나 효율적으로 거래하지 못하게 된다. 지능을 트레이딩 전략을 이행하고 손실이나 실수의 경험에서 교훈을 배우는 데 도움이 되는 도구라고 생각하기보다는, 자신이 회사에서 가장 똑똑한 트레이더라고 인정받고 그 지위를 보존하는 데 더 집중하게 된다.

단기적으로 자신의 능력을 평가하면서 자신감을 유지하는 비결은 자벌레 콘셉트를 받아들이는 것이다. 주변에서 가장 똑똑한 트레이더라고 가정해 보자. 운동 능력에만 지나치게 의지하는 운동선수들처럼, 자기 지능만 믿는 트레이더는 더 열심히 노력하고, 실수하면서 더 빨리 배우고, 더 개방적인 사고를 지닌 트레이더들에게 경쟁에서 밀리게 될 것이다.

손익이 곧 트레이더의 지능이라는 생각을 끊어내야 한다. 자신의 약점을 있는 그대로 인정하고, 모두가 약점을 갖고 있다는 생각이 머릿속에 확실히 뿌리내리게 해야 한다. 자신에게 약점이 있다는 것을 빠르게 인정하고 받아들일수록, 더 빨리 그 약점을 바탕으로 성장하고 트레이딩 실력을 전반적으로 향상시킬 수 있을 것이다.

3. 사후 과잉 확신 편향

더 심사숙고했거나 남들은 다 본 뉴스를 나도 읽었더라면, 망설이지 않았더라면 등 이런저런 핑계를 대면서 실수나 손실을 피할 수 있었을 것이라고 생각한다. 이외에도 지금 머릿속에 떠오르는 다른 핑계들이 있을 것이다. '실수가 유발하는 틸트' 섹션에서 논의했듯이, 사후 과잉 확신 편향은 '그때 다른 방법은 없었을까'라고 상상하는 비현실적인 사고가 수반된다. 실수하고 나서 지금 생각해보니 옳은 방법이 눈에 확실히 들어오니까 그 실수를 고치는 것은 쉬우리라 생각한다. 하지만 그렇지 않다. 그게 그렇게 쉬웠다면, 처음부터 다른 결정을 내렸을 것이다. 이런 사고는 자신의 능력을 과대평가한 결과이다.

이것은 '사후' 과잉 확신 편향이라 불리지만, 실제로는 자신이 미래를 안다는 착각에서 비롯된 문제이다. 마치 결정할 때 고려해야 할 요소가 무엇이지, 필요한 정보가 무엇인지, 행동을 언제 해야 하는지 또는 실수를 피하려면 무엇을 해야 하는지를 확실하게 알았어야 했다고 생각한다. 뒤를 되돌아보면 무슨 실수를 했는지가 확실히 눈에 들어오듯이, 이런 문제가 있으면 자신이 더 잘 알고 결정을 내렸어야 했다는 후회가 밀려온다. 하지만 이런 후회를 하지 않으려면 실수나 손실을 경험하기 전에 그 일이 일어날 것임을 알아야만 한다. 그런데 알다시피 미래를 안다는 것은 불가능하다. 그렇다면 도대체 뭔가 진짜 문제일까?

자신이 실패할 수밖에 없었던 이유에 솔직해지면 어떨까? 실수하고 나서 핑계를 대기보다는 더 잘했어야 했다고 인정하면 어떨까? 이렇게 하면 기분이 나쁠까? 자신감을 잃게 될까? 트레이더로서 성공할 수 없을 거라고 비관적으로 변하게 될까? 자신은 완벽하기를 기대하거나 완벽할 수 있다고 믿나?

위 질문에 대한 대답을 통해서, 자신이 사후 과잉 확신 편향으로 무엇을 보호하려고 하는지를 알 수 있을 것이다. 자신이 무엇을 보호하려고 하는지를 이해하면, 그게 바로 해결해야 할 진짜 문제가 된다.

확증 편향

성공한 트레이더들이 갖춘 기본적인 역량 중 하나가 자기가 실수한 순간을 아주 빠르게 인지해내는 것이다. 확증 편향이 있는 트레이더는 자신은 언제나 맞는 결정을 내려야 한다는 욕구를 바탕으로

트레이딩 멘탈 게임

자신감을 형성하기 때문에 이 역량이 부족하다. 그래서 자연스럽게 자기 능력에 대한 기존 믿음이 옳다는 것을 확인하는 정보만을 찾고 그에 반하는 정보나 의견은 무시한다.

　현실에서는 거의 모든 것에 대해 확증 편향이 생길 수 있다. 다른 트레이더들에 대한 자기 의견, 이번 분기 시장에서 대한 자기 평가, 또는 CEO의 업무 수행에 대한 자기 생각 등에서도 확증 편향이 나타날 수 있다. 자기는 운이 없고 손해를 볼 운명이라거나 앞으로 큰 돈을 벌 것이라고 믿고 있을지도 모른다. 개인적으로 좋아하는 제품을 만드는 회사이니까 회사의 주가가 오를 것이라고 확신할 수도 있다. 예를 들어서, 긍정적인 언론보도를 언급하면서 IT 주식이 떠오를 것이라고 믿고, 너무나 확신해서 광고비가 하락하거나 고객층이 줄어드는 등과 같은 중요한 정보를 간과하게 된다.

　확증 편향은 개인적으로 주관이 확실하다는 의미라기보다는 자기 믿음에 집착하고 있다는 의미다. 자기 생각에만 집착하는 것은 자기 생각과 반대되는 의견이나 정보는 철저히 외면하고 객관적인 분석을 방해한다. 더 극단적으로 말하면, 확증 편향 때문에 무슨 일이 있더라도 자신은 언제나 맞아야 한다고 생각하게 될 수 있다.

　트레이더로서 성공은 시장 현황을 분명하고 정확하게 인지하는 능력에 달려 있다고 해도 과언이 아니다. 이 능력이 자신의 욕구나 기대가 아니라 현실을 바탕으로 시장 기회를 평가할 수 있게 한다. 현실적인 시각으로 유지하면, 장기적으로 성공할 수 있는 최적의 여건이 마련된다.

확증 편향을 없애려면, 확증 편향을 유발하고 심각하게 만드는 원인부터 이해해야 한다. 왜 실제로 진실인 것을 찾기보다 스스로 진실이라고 믿는 것이 옳다고 확인하고 싶을까? 왜 무언가를 더 배우기를 거부할까? 기본적으로 자기 관점을 유지하면서 자기 생각과 반대되는 의견을 적절하게 평가하는 능력이 부족한지도 모른다. 아니면 다른 사람들의 의견에 너무나 쉽게 휘둘리기 때문인지도 모른다. 아니면 남들에게 멍청하게 보일까 봐 두렵기 때문인지도 모른다. 자기도 모르게, 자기가 생각했던 것만큼 자기가 실력 있는 트레이더가 아니고 트레이딩 성과가 자기 실력보다는 순전히 운이 좋아서 괜찮았다는 사실로부터 자기 자신을 보호하고 있는지도 모른다. 회사나 업계에서 최고 실력자가 되고 동료의 인정과 존경을 받고 싶지만, 자신에게 그런 자격이 있다는 것을 아직 증명하지 못했기 때문인지도 모른다. 그래서 자기 자신감을 높이기 위해서 자기 생각에 반하는 의견이나 정보를 무시하는지도 모른다.

확증 편향은 자기 실력, 지적 능력 그리고 자기 관점의 약점을 파악하고 이해하는 데 방해가 된다. 그리고 확증 편향이 있으면, 더 이상 무엇인가를 배우려고 노력하지 않게 된다. 확증 편향을 바로잡는 가장 기본적인 방법은 자신이 지나치게 집착하는 믿음이 있는지를 파악하는 것이다. 변함없이, 며칠, 몇 달 그리고 심지어 몇 년 동안 자신의 머릿속에 맴도는 믿음이나 생각이나 의견이 무엇인지를 생각해 보자.

정보를 객관적으로 평가했더라면 분명히 변화나 진화가 있었을

트레이딩 멘탈 게임

것이다. 그렇지 않고 모든 것이 그대로라면 확증 편향이 있고 자기 생각에 반하는 의견이나 정보는 배척하고 있다는 증거다.

자기 의견과 반대되는 의견과 정보를 철저하게 살피면서 분석력을 키워야 한다. 의문을 제기하지 않고 추측해서 자기 생각과 다른 의견은 틀렸다고 판단해서는 안 된다. 다른 관점을 이해하려고 노력하면서 자기 생각이 성장하거나 진화할 수 있게 해야 한다. 결국에는 자신의 믿음이 바뀌지 않을지도 모르지만, 그 믿음을 뒷받침하는 논리는 다른 의견을 철저히 분석한 덕분에 더 탄탄해질 것이다.

이것만으로 확증 편향을 바로잡을 수 없다면, '언제나 맞아야 한다'는 욕구가 원인은 아닌지 살펴볼 것을 추천한다. 자신은 언제나 옳아야 한다고 생각하는 이유를 찾아보자. 앞에서 소개한 사례들이 원인이거나, 자기도 틀릴 수 있다는 생각을 부정하기 때문일 수도 있다. 참고로 이것은 내면의 깊은 불안감이나 자신감 부족을 보여주는 시그널이다.

이런 경우라면, 실수하거나 틀릴 수 있다는 생각이 자신에게 그렇게 위협적으로 다가오는 이유를 찾아내는 것이 중요하다. 이 문제는 단지 트레이딩에만 국한되지 않고, 사적인 문제와도 관련될 수 있다. 다음의 멘탈 핸드 히스토리가 그 이유를 찾는 데 도움이 될 것이다.

1. **문제는 무엇인가** : 나는 스스로 이 일을 할 수 있다는 것을 증명해내고 싶다. 나는 트레이딩에서 큰 수익을 내고 더 좋은 성과를 낼 수 있다는 것을 보여주기 위해서, 리스크가 큰 거래를 시도해서 큰 수익을 얻으려고 한다.

2. 문제는 왜 존재하나 : 큰 수익을 얻는다면, 내가 옳게 하고 있다는 증거이고 더 노력해야 한다는 확인이다.

3. 무엇이 잘못됐나 : 사실은 그렇지 않다. 그것은 진정한 증거가 아니다. 나는 그저 운이 좋았을 수 있다. 그리고 확증 편향의 영향으로 내 생각만 뒷받침하는 정보를 모으고 있었던 것이라면, 나도 모르게 큰 손실을 향해 나아가고 있었던 것일 수 있다. 이 것은 단기적으로 트레이딩 전략에서 벗어나서 거래했다면 수익을 얻었을지도 모르는 거래 기회를 놓친 것보다 훨씬 더 고통스러운 일이 될 것이다. 그리고 나중에라도 반드시 고쳐야 할 나쁜 습관을 들이고 있었는지도 모른다.

4. 조정 방안은 무엇인가 : 나는 내 트레이딩 전략을 통해서 내가 맞게 하고 있다고 확인하고 싶고, 확인해야 한다. 나는 다음 몇 달 동안은 오롯이 트레이딩 전략을 이행하는 것에만 집중해야 한다. 전략을 잘 이행한다면, 역량을 기르고 한 단계 성장할 기반을 마련할 수 있을 것이다.

5. 조정 방안이 옳다고 확인해주는 논리는 무엇인가 : 여기까지 해낸 것 자체가 내가 제대로 해오고 있다는 것을 확인해준다. 나는 내가 맞게 하고 있다는 확인을 결과를 통해서 매일 얻을 필요는 없다.

더닝 크루거 효과

더닝 크루거 효과(Dunning-Kruger Effect)는 능력이 부족한 사람은 자신의 능력을 과대평가하고 반대로 능력이 좋은 사람은 자신의 능력을 과소평가하는 경향을 뜻한다. 트레이딩 업계로 치자면, 실력이 보잘 것 없는 트레이더들은 자만하기 쉽다. 그들은 자기 실력을 제대로 인지할 능력이 없기 때문이다. 그리고 자기 실력이 얼마나 형편없는지를 모르고, 자기가 다른 트레이더들보다 더 많이 안다고 착각한다.

반면에 실력이 좋은 트레이더들은 다른 트레이더들도 자신만큼 잘 안다고 생각하고 자기 실력을 과소평가해서 자신감이 부족하다. 그래서 자신감이 개인의 역량이나 미래 성공 가능성을 평가하는 정확한 기준이 되지 못하는 이유다. 그래서 결론적으로 말하면, 실제로 두 유형의 트레이더들은 현재 자신들이 느끼고 있는 것과 정반대로 느껴야 한다.

두 유형에서 나타나는 공통점은, 자신의 지식 수준을 다른 트레이더들과 비교하고 잘못된 결론을 내린다는 것이다. 자신감이 부족한 실력 있는 트레이더의 관점에서, 이 분석에서 왜 결함이 있는지 살펴보자. 자라오면서 항상 겸손해야 한다거나, 자기 자신, 자신의 성과나 자신이 아는 것을 과시하지 말라고 배웠는지도 모른다. 아니면 불안이나 초조함이나 눈에 띄게 될지 모른다는 두려움이나 주변의 관심이나 기대를 받고 싶지 않기 때문인지도 모른다.

성공한 트레이더와 투자자가 아주 많다는 것도 알 것이다. 그들만큼 성공하지 않으면, 자연스럽게 자기 실력을 과소평가하게 된다. 이 왜곡된 인식은 강화될 수 있다. 자신보다 성공하지 못한 트레이더들이 더 많다고 생각하는 것보다, 언론에 등장하는 더 큰 성공을 거둔 트레이더들과 자기 자신을 비교하는 것이 훨씬 더 쉽기 때문이다.

반대로 실제 실력에 비해서 자신감이 지나치면 자기 약점을 잘 인지하지 못하는 이유가 무엇일까? 최선을 다하면 뭐든지 원하는 것을 이뤄낼 수 있다는 사회에 만연한 믿음이 하나의 이유일 수 있다. 이 믿음에는 약점은 부인하고 강점은 강조하는 일반적인 경향이 수반된다.

아니면 자기 자신감을 높이려고 다른 트레이더들을 비하하는 불안한 감정 상태에서 자만이 비롯되는지도 모른다. 다시 말해서 '자신이 대단하게 보이도록 다른 사람을 밟고 올라서려는 경향' 때문일 수 있다. 그래서 자기와 다르게 생각하는 다른 트레이더들은 설령 자신보다 훨씬 더 성공했더라도 멍청하다고 생각한다.

실력은 없으면서 자신감만 지나친 트레이더든, 반대로 실력은 좋은데 자신감이 부족한 트레이더든, 이 문제는 고쳐야 한다. 그래서 3장에서 살펴본 A급, B급 그리고 C급 멘탈 게임 분석을 완료할 것을 추천한다. 결함 없이 완전하게 분석해낼 수는 없겠지만, 자신의 강점과 약점을 더 명확하게 파악하면 오해로 인한 자신감 과잉이나 부족을 피할 수 있을 것이다.

그리고 자신감 과잉이나 부족으로 이어지는 불안감이나 더 깊은 자신감 문제가 있는 것은 아닌지도 확인해봐야 한다. 여기서는 멘탈 핸드 히스토리가 도움이 될 수 있다. 이러한 자신감 문제는 주로 트레이딩을 넘어선 개인적인 문제와 연결된다.

그 사적인 문제를 해결해야 트레이딩에서 자신감을 안정시킬 수 있을 것이다.

흑백논리

흑백논리 또는 모 아니면 도는 지금까지 살펴본 많은 인지 착각과 편견의 기저에 숨겨진 원인일 수 있다. 무언가에 자동반사적으로 양극화된 반응이 나올 때, '언제나'와 '절대'라는 단어가 포함되는 경우가 많다. 아니면 자신의 트레이딩 성과를 완벽하다거나 형편없다고 평가하고, 거래 결과를 바탕으로 이 둘 사이를 오락가락하며 극심한 감정 기복을 경험하게 된다. 거래 결과는 수익 아니면 손실이지만, 트레이더로서 자기 자신을 이렇게 흑백논리로 평가할 수는 없다. 그렇지 않으면 모든 것에 과민반응하게 될 것이다.

이게 자신의 문제인지를 확인하려면, 자기 자신이나, 다른 트레이더들이나, 거래 기회에 대해서 극단적인 발언을 하지는 않는지 살펴봐야 한다. 중간이나 미묘한 차이는 생각하지 않고 극단적으로 모든 것을 바라보거나 분류하고 있다면, 자신에게 이런 문제가 있다는 분명한 시그널이다.

자신감이 치솟았다가 바닥으로 떨어지거나 그 반대의 경우를 자주 경험하는 트레이더들이 있는데 원인 중 일부가 이 흑백논리에 바탕을 둔 사고방식일 수 있다. 동전을 뒤집듯이 감정, 즉 자신감이 양극단을 오가는 것이다. 자신감이 있으면, 자기 자신을 천재라고 생각하지만, 반대로 자신감이 없으면 그저 운이 좋은 사기꾼이라고 생각한다.

　이런 모 아니면 도라는 식의 사고방식이 맥스가 경험하는 욕심과 궁극적으로 자신감 문제의 주된 원인이었다. 그는 외환 스윙 트레이더였고, 욕심 때문에 무모한 거래를 하게 되는 감점 패턴을 파악하고자 10단계 욕심 지도를 작성했다. 거래에서 손실이 나면, 그는 트레이더로서 자기 실력과 돈을 버는 능력을 의심하기 시작했다. 그는 다른 트레이더들에게 자신이 성공할 수 있다는 것을 증명하기 위해서 더 많은 수익을 내고 싶었다. 그는 다른 트레이더들에게서 자신의 능력을 인정받고 싶었고, 무엇보다 스스로도 자신이 실력 있는 트레이더라고 인정하고 싶었다.

　외환 거래에서 손실이 나면, 맥스는 다른 거래를 주저하게 됐다. 자신이 무엇을 잘못했는지에 집착하고 자기 실력을 의심하고 자신은 유능한 트레이더가 아니었다고 생각하기 시작했다. 그러면 그는 마음을 가다듬고 새롭게 시작하려고 며칠 동안 거래를 중단해야 했다.

　다음은 그의 멘탈 핸드 히스토리다.

1. 문제는 무엇인가 : 욕심이 정점에 달하면, 당장 최고 수익을 내야 한다는 강렬하고 통제할 수 없는 충동이 생긴다. 그러면 결과나 전략을 생각하지도 않고 지금 당장 돈을 버는 데만 집중한다.

2. 문제는 왜 존재하나 : 드로우다운을 경험하고 있을 때, 자신감

이 떨어지고 나의 능력과 목표에 의심이 들기 시작한다. 내 목표 수익을 달성할 수 있다는 확신이 없어진다. 나는 손익분기점에 이르거나 수익을 내고자 빨리 돈을 벌어야 하고 모든 의심을 없애고, 결국에는 투자를 이끌어 낼 수 있는 일관되게 수익을 내는 트레이더라고 나 스스로 말할 수 있을 정도로 자신감을 회복해야 한다.

3. **무엇이 잘못됐나** : 나는 내가 이 일을 할 수 있다는 것을 반드시 증명해내고 싶다. 이 일로 생계를 꾸려나갈수록, 내가 이 일을 할 수 있다는 것을 더 증명하게 될 것이다. 이것은 건전한 욕구이지만, '지금 당장' 내가 트레이딩으로 먹고살 수 있다는 것을 증명해내고 싶다. 1년이나 2년 안에 이를 증명해내고 싶지 않다. 지금 당장 증명해내고 싶다.

4. **조정 방안은 무엇인가** : 그렇다고 해서 단계를 뛰어넘을 수 없다. 큰 집을 짓는다고 했을 때, 2층을 올리지도 않고 3층을 올릴 수 없다. 나는 내가 무엇을 할 수 있는지와 내가 이미 무엇을 증명해냈는지를 알고 있다.

5. **조정 방안이 옳다고 확인해 주는 논리는 무엇인가** : 내 역량을 지나친 흑백논리로 바라본 탓에 나의 자신감은 약해졌다. 내 역량의 기초가 어떤지 확실히 안다면, 설령 내가 고전하는 순간에도 사라지지 않고 언제나 활용할 수 있는 나의 역량이 무엇인지를 알게 될 것이다. 다시 말해서 내 강점을 정확히 알면, 꾸준히 성장하며 인내심을 발휘해서 충동적인 결정을 내리지 않게 될 것이다. 리스크가 큰 거래에 무리하게 뛰어들기보다는 최고

의 거래 기회에만 집중할 수 있게 될 것이다.

맥스가 자신의 역량을 흑백논리로 바라보는 사고방식에서 벗어나도록 돕고자, 그에게 지금까지 트레이딩하면서 완전히 숙지한 기술과 지식을 모두 정리하도록 했다. 다시 말해서 아주 능숙해져서 생각하지 않고도 자연스럽게 활용할 수 있는 기술과 지식을 모두 정리해 보는 것이다. 예를 들면, 시장 구조, 주요 추세선 그리고 저항선과 지지선 등이 있었다.

그리고 그 목록을 하루에 3~5분 동안 읽고 그것들에 대해서 생각해 볼 것을 제안했다. 이렇게 하자, 맥스는 빠르게 자신이 시장에 참가하면서 수천 시간의 테스트를 통해서 다진 탄탄한 기반을 지닌 유능한 트레이더란 사실을 깨달았다.

이를 실천하고 얼마 지나지 않아서, 그가 성장하고 있다는 것을 보여주는 첫 번째 시그널이 나타났다. 맥스는 장기적인 관점에서 단기적인 결정을 바라보기 시작했다. 그러면서 장기적인 시각으로 단기적인 결정을 평가하지 않았더라면 피했을 거래에 도전하고, 당장 손실을 만회하겠다는 충동을 느끼지 않고 손실을 겸허하게 받아들일 수 있게 됐다.

맥스는 그의 목표 수익에 못 미치는 거래를 당장이라도 마감하고 싶은 충동을 제어할 수 있게 됐고, 자신의 모든 기준을 충족하지 않는 거래를 자제할 수 있게 됐다. 이것은 상당한 발전이었다. 특히나 두 경우에서 맥스는 "목표 수익에 못 미치는 거래와 내가 세운 기준에 전혀 맞지 않는 거래 모두에서 수익이 나고 있더라도, 성급하게 거래에 뛰어들지 않고 객관적으로 시장 상황을 지켜보는 것이 훨씬 더 쉬워졌다. 두 경우에서 성급하게 거래하지 않게 되어서 기쁘다. 뭐 하러 수천 시간을 들여서 세운 트레이딩 계획을 어기겠나?"라고 말했다.

맥스는 트레이딩할 때 여전히 욕심과 자신감 부족이라는 문제를 경험하고 있지만 이제 이 두 문제가 일어났다는 것을 알려주는 시그널을 금방 인지해낸다. 그래서 이 두 문제가 그의 트레이딩 전략을 이행하는 데 방해가 되는 일은 이제 거의 드물다. 게다가 손실에 대처하는 능력이 향상되면서, 그는 예전보다 거래 횟수가 늘었다. 그리고 심지어 예전이었다면 감정 기복 때문에 절대 제대로 해내지 못했을 데이 트레이딩(당일 매매 또는 일 중 거래라고 하며 분, 초 단위로 주가 흐름을 지켜보며 주가의 상승이나 하락에 따라 투자하는 것으로 하루를 넘지 않는 트레이딩 방식-역주)도 하고 있다.

모 아니면 도라는 극단적인 사고방식을 조정하려면, 맥스처럼 어떤 상황에서 이 사고방식이 가장 도드라지는지 파악해야 한다. 그리고 상황을 단계적으로 바라보는 연습을 해야 한다. 극단적으로 반응하는 이유가 자신의 역량과 관련된다면 A급, B급 그리고 C급 멘탈 게임 분석을 마무리할 것을 제안한다. 이미 A급 멘탈 게임(최고의 기량이 발휘되는 경우)과 C급 멘탈 게임(최악의 기량이 발휘되는 경우)에 대한 분석이 끝났을지도 모른다. 아마도 B급 멘탈 게임(자기 기량이 중간 정도로 발휘되는 경우)을 분석하는 것이 이 흑백논리에 기반한 사고방식을 조정하는 데 상당한 도움이 될 것이다.

자포자기

　강렬한 분노와 욕심에 휩싸여 "알 게 뭐야"라는 생각이 들면 트레이딩 전략은 안중에도 없어진다. 분 차트로 전환해서, 주가가 하락하면 거래량을 세 배로 늘리고, 결과는 생각하지 않고 동시에 여러 거래를 진행한다. 일부 트레이더는 이러한 자포자기의 심정에 빠져서 사고가 마비되는 경험을 한다. 그리고 정신을 차렸을 때는 무슨 영문인지도 모른 채 엄청나게 많은 돈을 잃었다는 사실만 확인하게 된다.

　두려움과 싸우고 확실성이 절실한 트레이더는 아무것도 소용없다고 느끼고, 손실이 계속 커지면서 공황에 빠진다. 그러면 새로운 전략이 혁신적이어서 좋은 성과를 낼 것이라고 믿으며 트레이딩 전략을 이것저것 왔다 갔다 하면서 거래에 적용해 본다. 하지만 현실적으로 말하면 너무 불안한 나머지 그저 성공할 무언가를 정신없이 찾고 있을 뿐이다.

　손실이 쌓이면서, 욕심이나 분노나 두려움이 생겨난다. 그래서 무언가 또는 뭐든지 해야 한다는 욕구를 억누르는 게 불가능해진다. 긁지 않고는 참을 수 없는 가려움처럼 이 욕구는 점점 강해진다. 혹자에게는 수익만이 그 가려움을 없앨 수 있는 유일한 해결책이다. 몇몇 거래에서 수익을 쥐어짜거나 손실보다 수익을 더 많이 내서 하루를 마감해야, 그나마 숨 쉴 여유가 생긴다. 하지만 이것은 일시적인 해결책일 뿐이다. 손실이 다시 쌓이면, 결코 헤어 나올 수 없을 것만 같은 자포자기의 심정에 다시 빠지게 된다.

일부 트레이더는 불안감을 달래기 위해서 더 큰 손실을 경험해야 할 것처럼 느낀다. 실제로 그들은 손실을 기분 좋게 느낄 수 있다. 왜냐하면 손실이 나면 뭔가를 해야 할 것 같은 강한 욕구를 빠르게 해소하고, 지속적인 압박감과 불확실성에서 벗어나 안도감을 느끼게 되기 때문이다.

자포자기는 돈을 벌거나 더 이상의 손실을 피하려고 뭐라도 해야 한다는 강한 욕구가 수반된다는 특징을 갖고 있다. 자신이 자포자기 했다는 것을 인지하기는 어렵다. 왜냐하면 두려움 때문에 사고가 마비됐거나 분노나 욕심에 눈이 멀어서 상황을 제대로 바라보지 못하기 때문이다. 두려움, 분노와 욕심과 같은 감정은 너무 크고 명확해서, 쉽게 인식된다. 하지만 자포자기에 욕심이나 두려움이나 분노가 포함되어 있느냐는 중요하지 않다. 자포자기하는 근본적인 원인이 자신감의 약점과 연결된다는 것이 중요하다. 이러한 감정은 자신감이 안정되면 극단적인 수준으로 격해지지 않을 것이다.

자신감은 감정적 기반이다. 그런 자신감에 약점이 있다는 것은 감정적 기반에 금이 생겼다는 의미다. 자신감의 약점은 문제가 되기는 하지만, 그 규모가 상대적으로 작다. 반면에 자포자기는 자신감에 생긴 엄청나게 큰 구멍이다.

여기서 고민해 봐야 할 문제는 '왜 자신감에 이렇게 커다란 구멍이 났을까? 그리고 이 구멍을 더 크게 만든 결함은 무엇일까?'이다. 이런 문제를 일으킨 원인은 하나가 아니다. 자신감에 이 정도로 큰 구멍이 나서 자포자기하게 됐다는 것은, 문제가 복잡하다는 의미다.

이번 장에서 찾아낸 결함이나 편견을 복수로 갖고 있을 수 있다. 이뿐만 아니라 두려움이나 틸트를 다룬 장에서 찾아낸 결함이나 편견도 갖고 있을지도 모른다. 보통 자기비판도 자포자기라는 감정을 바로잡는 것을 더욱 어렵게 만드는 문제의 큰 부분이다.

자포자기는 강렬한 감정들로 가득 찬 상태이다. 욕심, 두려움 그리고 분노에 압도되어 곧장 사고 기능이 마비된다. 강렬한 감정에 빠져서 허우적대면서 이성적으로 이해할 수 없는 행동을 하게 된다. 이토록 강렬한 감정이 단절감으로 이어지고, 말도 안 되는 일을 하게 되는 것이다.

마우스 위에 놓인 손을 통제할 수 없거나 똑바로 하라고 악을 쓰는 등 아주 비합리적인 행동을 하고 있다는 것을 인지하지만, 터무니없을 정도로 나쁜 결정을 계속 내리게 된다. 이런 심리 상태는 극장에서 공포영화를 보면서 '그 문 열지 마!'라고 비명을 지르면서 영화 속 등장인물이 문을 여는 장면을 지켜볼 때의 심리 상태와 다를 바 없다.

이런 문제가 상당히 오래됐다면 욕심, 두려움 그리고 분노와 같은 감정들이 수년 동안 쌓이고 있었을 가능성이 있다. 설령 이것이 최근에야 트레이딩에서 큰 문제를 일으켰을 뿐이다. 그러니 이런 문제가 트레이딩에서 벗어난 영역에서 나타났더라도, 문제를 당장 해소해야 한다. 그렇게 하면 묶은 감정을 해소하고 이렇게 감정적인 상황에서도 감정을 억누르고 침착함을 유지하는 데 필요한 절제력을 키울 수 있을 것이다.

무방비 상태로 덤비기보다는 트레이더로서 자신의 생명이 걸렸다는 절박한 심정으로 자포자기에서 벗어나려고 노력해야 한다. 그렇게 하면 자포자기에서 실제로 벗어날 수 있다.

트레이더가 자포자기하게 되는 경우는 드물지만 성과가 극단적으로 저조하면 트레이더는 자포자기하게 될 수 있다. 그런데 노련한 트레이더가 저조한 성과로 자포자기하게 되면, 자신이 얼마나 형편없는 성과를 냈는지를 쉽게 이해하지 못한다. 그가 평소에 하는 행동과 자포자기했을 때 하는 행동이 급격하게 달라서, 그가 악마에게 씐 것은 아닌가 하는 생각마저 든다.

마약에 중독된 사람이 마약을 얻으려고 무슨 짓이든지 하는 것처럼, 자포자기한 트레이더는 돈을 벌려고 거의 무슨 짓이든지 할 것이다. 그런데 '거의'라는 단어가 중요하다. 무엇을 기꺼이 하고 무엇을 기꺼이 하지 않느냐가 이 책을 읽고 해소할 수 있는 성과 문제가 있는지, 아니면 치료사나 심리학자의 도움을 받아야 해소할 수 있는 더 심각한 트레이딩과 관련 없는 문제가 있는지를 구분한다.

이 문제가 최악에 이르렀다고 가정하자. 이 상황에서 트레이더로서 제 역할을 할 만큼 감정을 제어할 수 있나? 아니면 이 문제를 해결하는 와중에 생긴 금전적 손실을 감당할 수 있나? 아니면 이 문제가 사생활에까지 부정적인 영향을 미친다면, 그것을 감당해 낼 수 있나? 이 책만 읽고 이 문제를 해결하기로 결심했다면, 그 과정에 존재하는 리스크를 인정하고 더 열심히 노력할 준비가 되어 있어야 한다. 이것은 아주 어려운 싸움이 될 것이다.

다른 부분에서 자신감에 영향을 주는 결함이나 편견이 개인적인 원인에서 생겨났을지도 모른다고 살짝 언급했다. 이 상황에서는 거의 확실하다. 성과 문제를 깊이 파고들면서, 왜 감정에 압도돼서 감정적으로 반응하는지, 어떻게 그 감정이 과거의 경험과 연결되는지, 그리고 트레이딩에서 벗어나 사생활의 영역에서도 이런 일이 일어나는지도 살펴야 한다. 사생활의 영역에서 이 문제를 해결해야, 어디서든 성공할 수 있다. 그런데 이 책만으로는 이 문제를 해결할 수 없다.

받아들이기 어려울 수 있지만, 자신감이 떨어져서 자포자기하는 일이 많은 사람들에게 도움이 됐던 것이 자기 자신을 부상당한 운동선수로 생각하는 것이었다. 이 문제를 해소하고 해결하기 위해서 며칠이나 몇 주, 심지어 더 긴 시간 동안 트레이딩에서 손을 떼야 하는 심각한 '부상'을 입었을 수 있다. 다시 말해서, 자신이 자포자기하게 되는 원인을 더 잘 이해하고, 고객들이 자포자기해서 트레이딩을 완전히 망치는 일이 없도록 하려면 트레이딩과 거리를 두는 시간이 필요하다.

1. 절박감을 유지한다

자포자기나 이를 바로잡는 단계를 지나치게 가볍게 생각하는 것은 심각한 실수다. 하룻밤 자고 일어나면 이 문제가 씻은 듯이 사라지리라 생각한다면, 그것은 완전히 정신 나간 생각이다. 이 정도로 심각한 문제는 하룻밤 만에 고쳐지지 않는다. 이 문제를 바로잡을 기회를 얻으려면, 이 문제를 고치는 것이 자신의 최우선 과제가 되어야 한다.

2. 자포자기 지도를 만든다

매일 느끼는 욕심, 두려움 그리고 틸트를 추적해야 한다. 이 감정들이 쌓이고 싸이면 결국에 자포자기로 이어질 수 있기 때문이다. 이 감정을 자세히 추적해서 지도를 만들면 자포자기하게 될 위험을 조기에 알려주는 경보 시스템이 생기는 셈이다. 욕심, 두려움 그리고 틸트가 심해져도 자포자기하지 않는다고 완전히 확신하기 전까지, 트레이딩하는 날이면 거의 매일 자포자기하게 될 것이다. 설령 이게 심각한 문제로 불거지지 않았더라도 자포자기에 빠지는 일을 막기 위해서 자포자기의 위험을 알리는 경보 시스템이 울리면, 공격적으로 나가야 한다.

3. 엄격하게 일일 손절매 기준을 세운다

물론 이전에 손절매 기준을 세워놓고 무시했겠지만, 그렇다고 이것이 나쁜 전략은 아니다. 아마도 손절매 기준과 감정이 격해지고 손절매 기준을 지키도록 자기감정을 억제하는 방법을 혼합해서 사용하지 않은 게 문제였을 것이다. 일일 손절매 기준을 세우고 지키는 것은 자본을 보존할 뿐만 아니라, 자신감을 보호하고 손실로 자신감이 심각하게 훼손되는 일을 막는 데 대단히 중요하다.

4. 수익을 기록하거나 실현한다

정신 상태가 온전하다면, 수익이 날 때 확 밀어붙이고 싶을 것이다. 이제 막 자포자기에 빠지는 문제를 해소하겠다고 마음먹은 시점에서, 큰 수익이 난 뒤에 발생한 손실은 트레이딩 세션 초반에 발생한 손실보다 심리적인 타격이 훨씬 더 크다. 큰 수익을 낸 뒤에 생긴 자만과 두려움은 트레이딩 전략 이행에 영향을 줄 수 있다. 그러니 수익이 나면 트레이딩을 중단하고 잠시 휴식 시간을 갖는 게 좋다. 큰 수익이 난 뒤에도 쉬지 않고 트레이딩했을 때 입을 수 있는 정신적이고 감정적인 실이 득보다 더 크기 때문에, 이 전략이 감정을 더 잘 관리하도록 도움이 될 수 있다.

욕심이 생겨서, 앞뒤 안 가리고 트레이딩에 더 몰입하게 될 수도 있다. 즉시 자신감 문제를 바로잡겠다는 욕구 때문에 무리하게 거래를 감행할 수도 있다. 아니면 수익이 소폭 하락하면 틸트가 오고 기준에도 못 미치는 거래를 감행하게 될 수 있다. 이러면서 좌절을 경험하고, 그로 인해서 자신감이 다시 상처를 입게 된다. 그러니 자신감을 유지하기 위해서, 수익이 나면 수익을 실현하고 잠시 휴식을 취하는 것이 좋다. 그러면 다음 날에도 자신 있게 거래를 시작할 수 있다. 오늘의 행동이 내일 거래에 어떤 영향을 미칠지를 항상 생각해 봐야 한다.

5. 정기적으로 쉬는 시간을 갖거나 타이머로 트레이딩 시간을 조절한다

트레이딩 세션 동안 감정을 꾸준하게 통제하는 것은 중요하다. 욕심이나 두려움이나 분노에 압도되어 사고 기능이 마비된다면, 그 뒤에 이어지는 강렬한 감정에 굴복하기 쉬워진다. 타이머가 이런 문제가 나타날 수 있는 흐름을 끊고 문제를 바로잡는 데 큰 도움이 될 수 있다. 이 전략 때문에 트레이딩 흐름이 끊겨서 트레이딩 성과에 영향이 있을 수 있지만, 감정에 압도되는 것보다 훨씬 낫다.

6. 작은 진전 사항을 확인한다

트레이딩 세션에서 진전 사항이 있었다면, 그것을 인지하는 것만으로도 자신감이 올라가고 더 열심히 할 힘이 생긴다. 기억할 것은 트레이딩에 부정적인 영향을 줄 수 있는 감정을 즉각적으로 제어하는 것보다 작은 진전 사항을 의식하고 알아보는 능력을 키워야 한다. 이 능력으로 자신이 앞으로 나아가고 있다는 시그널을 제일 먼저 포착하게 된다. 자포자기에 빠지는 문제를 해결하는 것은 큰일이다. 이 문제를 해결하려면 오랫동안 꾸준하게 노력해야 한다. 그 과정에서 작은 진전을 인지하지 못하고 지나치면, 자포자기에 빠지는 문제를 바로잡는 데 실제로 효과를 내는 전략을 포기하게 될지도 모른다.

7. 매일 쌓이는 감정을 해소한다

욕심이나 틸트 또는 두려움이나 자신감 문제를 제어하고 바로잡는 초기 단계에서 압력밥솥과 같은 효과가 나타나게 된다. 트레이딩 세션이 진행되는 동안에 감정을 제어하는 데 점점 능숙해지지만, 억누른 감정을 해소하지 않으면 며칠 동안은 자신이 정신적으로나 심리적으로 나아지고 있다고 느끼지만, 어느 날 한순간에 이성을 잃고 느닷없이 감정이 폭발하는 일이 일어날 수 있다.

트레이딩 세션이 마무리될 때마다 멘탈 핸드 히스토리를 작성해서 이 억눌린 감정을 소화하고 해소해야 한다. 간신히 자포자기에 빠지는 일은 피했지만, 유난히 감정적이었던 날에는 반드시 멘탈 핸드 히스토리를 작성해 봐야 한다. 자포자기에 빠지지 않았다는 사실은 축하할 일이다. 하지만 반드시 트레이딩 세션이 진행되면서 자포자기로 이어지지 않도록 억누르고 제어했던 감정들을 적당히 소화하고 해소해야 한다. 그렇지 않으면, 다음날 억눌렸던 감정이 폭발해서 자포자기에 빠지고 실수할 가능성이 크다.

8. 자기비판을 하지 않는다

자신을 자책하는 태도는 자포자기에 빠지는 문제를 해결하는 데 아무런 도움이 안 된다. 자신이 왜 실패했는지 그리고 왜 자포자기하게 됐는지를 현실적으로 생각해 봐야 한다. 여기서 교훈을 얻고 자포자기에 빠지는 문제를 해결하기 위해서 세운 전략을 개선해야 한다. 그리고 이 문제를 해결하기 위해서 계속 실질적으로 노력해야 한다. 이것을 빨리할수록 이러한 일이 반복될 때마다 더 잘 대응해서 앞으로 나아갈 수 있다.

9. '에라 모르겠다'는 생각을 버린다

손실이 크게 나서 굉장히 난처한 상황에 부닥치면, 흔히 '에라 모르겠다'라고 생각하고 손실을 한방에 만회할 큰 기회를 노리게 된다. 이게 성공하면, 덕분에 난처한 상황에서 벗어나게 됐다고 생각하게 된다. 그런데 이것은 큰 수익만 나면 난처한 상황이 완전히 해결된다는 믿음을 강화한다. 그리고 이런 믿음 때문에 처음부터 난처한 상황에 빠지지 않기 위해서 해야 하는 일들에 충분히 신경 쓰지 못하게 된다.

그리고 심리 상태가 온전하지 않을 때 한 번에 큰 수익을 노리면서 거래하는 것은 최악의 트레이딩 전략이다. 이 전략으로는 양질의 의사결정을 내릴 수 없다. 오히려 트레이딩을 도박하듯이 하게 된다. 추가 투자로 손실을 만회할 수 있는 자본이 있을 때, 손실을 받아들이기는 어렵다. 특히나 손실 규모가 크다면, 결과를 인정하기는 더욱 어렵다. 하지만 장기적인 시각에서 트레이딩 결과를 평가하고 자기 행동이 내일 트레이딩에 어떤 영향을 미칠지를 생각해야 한다.

내일을 위해서 남겨둔 자본과 자신감의 가치는 뭘까? 손해를 보고도 다음날 자신 있게 트레이딩 책상에 앉을 수 있을 만큼 강하다면, 다음 단계로 나아갈 수 있는 토대가 마련된 것이다. '에라 모르겠다'라는 생각으로 거래했는데 큰 수익을 냈다면 좋은 이야깃거리가 될 수는 있을 것이다. 하지만 이렇게 무모하게 거래하려고 지금 이 책을 읽고 있는 것은 아니지 않나?

각 트레이딩 세션을 시작하기 전에, 마치 일어날 가능성이 큰 비상사태에 대비해서 리허설하듯이 자포자기에 빠지는 일을 막으려고 세운 전략을 마음에 되새겨야 한다. 이렇게 하면 전략의 세부 사항을 생생하게 기억할 수가 있어서, 자포자기에 빠질 위험을 알리는 시그널이 포착됐을 때 바로 행동할 수 있다. 수익이 며칠 또는 몇 주 동안 이어질 때 더욱 확실하게 전략을 숙지해야 한다. 자신이 완벽하게 준비됐다고 안일하게 생각하는 것은 위험하다. 현실적으로 말해서, 자포자기에서 많이 빠져나왔다거나 더 이상 이게 문제가 되지 않는다는 확실한 증거를 얻기 전까지, 몇 번의 시장 주기 또는 최소한 3~6개월 동안 이 일을 반복해야 한다.

이것은 중요한 문제이다. 전방 십자 인대가 끊어진 것과 같은 심각한 부상을 입으면, 길고 고통스러운 재활치료가 필요하듯이, 이 문제도 오랜 시간을 노력해야 해결할 수 있다. 그러니 마음 단단히 먹어야 한다. 트레이딩을 계속 할 생각이라면 이 문제는 반드시 해결해야 한다.

영국 출신의 구르딥은 감정이 격해지면 자포자기하게 되는 문제를 바로잡는 데 시간과 노력이 필요하다는 것은 보여주는 사례다. 이 문제를 해결하는 데 진전이 생기기까지 대략 3개월이 걸렸다. 그리고 분노 등의 강점이 격해져서 자포자기하게 되는 일 없이 거래할 수 있게 되기까지 6개월이 더 걸렸다.

구르딥이 분노 등의 감정이 격해져서 자포자기하게 되는 문제를 어떻게 극복해냈는지 좀 더 자세하게 살펴보자. 그는 3년 동안 데이 트레이딩(특정 종목을 저가에 매수한 다음 곧바로 수수료 비용을 제하고 1~2%의 이익이 남는 선에서 매도주문을 내는 것-역주)과 스윙 트레이딩(보통 며칠에서 몇 주 동안 지속되는 단기 시세 변동으로 수익을 내는 것이 목표인 주식 또는 기타 금융상품을 거래하는 것-역주)을 했지만, 돈을 단 한 푼도 벌지 못했다. 그에게는 멘토가 있었다. 그의 멘토는 그를 잠재력이 풍부한 트레이더이지만 감정을 통제할 줄 알아야 한다고 충고했다.

구르딥은 계속해서 수익과 손실을 오고 갔다. 예를 들어서 1만 달러를 벌면 곧장 1만 달러를 잃고, 또다시 돈을 벌면 돈을 잃기를 반복했다. 어느 순간에 손실로 하루를 마감할지도 모른다는 불안감이 보복성 거래로 이어지기 시작했다. 잃은 돈을 복구하고 수익으로 하루를 마감하겠다는 일념으로 손실이 나고 있는 거래에 투자 규모를 두 배로 늘렸고 이어진 거래에서도 투자 규모를 늘렸다.

코칭 세션을 시작하자마자, 구르딥과 필자는 그의 보복성 거래 패턴을 분석하고 복수심 지도를 만들었다. 복수심은 자포자기로 이어질 수 있는 큰 문제였다. 분명하게 복수심 지도를 만드는 데 대략 한 달이 걸렸고, 그 과정에서 몇 차례 자포자기에 빠져 무모한 거래를 하기도 했다. 그리고 한 달을 더 투자해서 지도를 정교하게 만들었다. 여기서 그는 큰 깨달음을 얻었다. 자신의 감정 상태를 지도로 만들어갈 때마다 그의 자신감은 커졌고 마침내 자포자기하게 되는 문제를 극복할 수 있을 정도로 자신감이 강해졌다. 그는 이 문제를 완전히 해결하는 데 큰 노력이 필요하리라고 알고 있었지만, 복수심이나 틸트와 같은 감정에 소진되고 압도당한다고 느꼈다. 이제 그는 이런 감정이 쌓이고 있다는 것을 알 수 있게 됐고, 그에게 강력한 무기가 됐다.

이 시점에서 우리는 무관용 정책을 세웠다. 예를 들어서 구르딥이 틸트의 강도가 3단계에 도달했다고 판단되면, 그 즉시 거래를 중단했다. 바로 이 단계에서 감정에 대한 통제권을 되찾으면, 큰 손실을 피하고자 행운을 바랄 필요가 없어졌다. 그로부터 두 달 동안, 수익이 나면 바로 손실이 나는 일이 이어졌다. 하지만 그는 이 일이 일어날 때마다 조금씩 상황을 개선해 나갔다.

때때로 구르딥은 강렬한 감정을 유발하는 성과 결함이나 개인적인 문제를 좀 더 확실하게 이해할 수 있었다. 어떨 때는 손실을 만회하고자 돈을 되찾겠다는 생각에 보복성 거래를 하려는 충동을 인지하고 트레이딩 세션을 중단할 수 있었다.

구르딥이 복수심과 같은 감정이 격해져서 자포자기하게 되는 근본 원인은 낮은 자존감이란 개인적인 문제였다. 돈을 잃으면 절망했고, 스스로 자신의 가치가 없다고 느꼈다. 감정을 통제하지 못해서 보복성 거래를 하고 손실이 나면 이런 생각은 더 심해졌고, 그는 트레이딩으로 돈을 벌 시간이 자신에게 없다고 생각하게 됐다. 그에게 모든 거래는 자신의 정체성처럼 느껴졌고, 미래가 거래 결과에 달려 있다고 생각했다. 높은 기대치, 심각한 자기비판과 흔한 성과 결함이 추가되면서, 전형적인 자포자기 문제를 갖게 됐다.

이 문제를 해결하려고 함께 고민하는 동안에, 구르딥이 서서히 자포자기에서 빠져나오면서 감정 상태가 안정되기 시작했다. 우리는 그의 루틴을 바짝 죄어서 진전에 좀 더 힘을 보탰다. 트레이딩 세션에 들어가기 전에 시뮬레이션으로 트레이딩 전략을 1~2시간 동안 연습했다.

트레이딩 세션이 진행되는 동안에 15~30분 간격으로 알람이 울렸고, 그때마다 구르딥은 자신의 감정 상태를 점검하고 결함을 조정했다. 그리고 트레이딩 세션이 종료될 때마다 트레이딩 과정을 평가하고 개선해야 하는 실수와 칭찬해야 할 개선 사항이 있는지 확인했다. 틸트가 오면, 그는 틸트가 온 자기 자신에게 화를 내기보다는 왜 틸트가 왔는지 그리고 무엇 때문에 분노가 격해졌는지를 이해하려고 노력했다.

7개월이 지나자, 자포자기에 빠지는 빈도가 줄어들고 강도가 약해졌다. 하지만 구르딥은 이 점을 개선하려고 계속 노력했다. 그는 개인적인 문제로 자신이 제어할 수 없을 정도로 감정 기복이 심한 날에는 트레이딩에 손을 뗐다. 시간 압박을 완화하려고 현실적인 목표를 수립했다. 자신의 자신감 문제를 해소하려고 계속 노력했고, 자신이 유능한 트레이더가 되는 데 필요한 일을 더 잘 이해하려고 노력했다. 그리고 이러한 루틴을 지켜나가려고 애썼다.

이렇게 노력한 보람이 있었다. 무엇보다도 그는 자신이 트레이더로서 성공할 수 있다고 믿게 됐고, 자기 잠재력을 실현하고자 노력하게 됐다.

.ıⅡ.

희망과 소망

자포자기와 같은 강렬한 감정에 대해 살펴본 뒤에, '희망과 소망'이란 제목을 읽으면 긍정적이고 희망적인 메시지를 기대하게 된다. 사실은 그와 정반대다. 이번 섹션의 목표는 희망과 소망을 없애는 것이다.

단도직입적으로 말하면 트레이딩이나 성과를 내야 하는 분야에서 희망이나 소망을 위한 자리는 없다. 물론 인생의 다른 영역에는 희망과 소망을 품을 수 있다. 하지만 트레이딩과 같은 경쟁이 치열한 환경에서는 희망과 소망은 위험하고, 자신감을 훼손하고, 성장을 방해한다.

희망과 소망에 자주 의지하는 사람은 너무나 자주 그런 감정에 기대거나 그것이 너무나 자연스러워서 자신이 그런다는 것 자체를 인지하지 못할 수 있다. 희망과 소망은 특별한 순간에 나타난다. 그것도 느닷없이 나타나서 자신과 상관없는 것처럼 느껴진다.

희망

희망은 우리가 통제할 수 없는 것과 연결된 감정이다. 사회에서 희망은 유용한 감정이다. 왜냐하면 우리의 통제력을 벗어난 것에서 영향을 너무나 많이 받으면서 살기 때문이다. 바비큐 파티나 야외 결혼식을 할 때 날씨가 좋기를 희망할 수 있다. 비행기가 안전하고 정시에 착륙하기를 희망할 수 있다. 하지만 성과와 관련된 부분에서 희망이 설 자리는 없다.

스스로 통제할 수 없는 것에 집중된 시간과 에너지는 낭비될 뿐이다. 방향을 바꿔서 시간과 에너지는 전략을 이행하거나 감정을 처리하는 것처럼 통제력을 개선할 기회가 있는 영역에 쏟아야 한다. 희망은 다음의 방법으로 트레이딩에 스며든다.

- 목표 수익에 도달하거나, 손실이 나는 거래가 손익분기점까지 회복하기를 희망한다.
- 한달 내내 큰 수익을 올리거나 손익분기점을 넘을 것이라는 희

망을 가져본다.

- 난관을 극복하고 목표를 실현할 수 있을 것이라는 희망을 잃는다.
- 자기 잠재력에 지나치게 희망적이어서 꿈꾸던 미래가 이미 실현된 것처럼 느낀다.

최악의 상황일 때는 절망적이라고 느꼈을지 모른다. 이런 경우에는 기본적으로 자신이 아무것도 할 수 없다고 믿고, '어떻게 해야 상황을 역전시킬지 모르겠어. 그냥 관둘까 봐'라거나 '내가 무슨 짓을 해도 상황은 달라지지 않을 거야. 이게 무슨 소용이야'라고 생각할 수 있다. 상황에 대하여 통제력을 상실했고 앞으로도 상황을 어떻게 할 수 없을 것이라고 믿는다. 그리하여 희망은 처참히 부서진다.

이 문제를 바로잡으려면, 처음부터 희망에 기대게 된 이유부터 생각해 봐야 한다. 아마도 사회에서 희망을 품는 것은 흔한 일이니 트레이딩하면서 희망을 품어도 괜찮다고 생각했을지도 모른다. 아니면 자신의 성공 가능성에 대해서 깊은 의구심을 품었을지도 모른다. 자신이 무능할지도 모른다는 두려움을 해결하려고 노력하기보다, 본능적으로 두려움이란 감정에 대응하기 위해서 희망에 기대게 됐을지도 모른다. 희망이 어디에 있는지를 이해하려고 노력하면서, 도대체 자신이 희망을 품어서까지 감추려고 하는 것이 무엇인지 고민하게 된다. 다시 말해서, 자신이 무엇을 통제하지 못한다고 느끼는지 그리고 왜 그렇게 느끼는지에 대해 고민한다.

희망은 개나 줘라. 희망에 대해서 이것 말고 할 말이 없다. 자신이 통제할 수 없거나 더 심한 경우 통제해야 하는 부분에서 통제하길 포기하고 쓸데없이 에너지를 쓰는 것은 위험하다. 아주 작은 것이고 겉으로 봤을 때 해가 없다고 해도, 희망하던 일이 일어나지 않는다면 어떻게 할 것인가? 희망을 품어서 감추려 했던 것이 무엇이든지, 그것의 정체는 결국에 드러난다. 이는 마치 상처에 붙인 대일밴드를 단숨에 뜯는 것과 같은 고통을 안겨준다.

그 즉시 자신의 통제력이 부족하다는 것이 만천하에 드러난다. 손실, 실수 그리고 좌절에 과민하게 반응하면서 감정 기복이 심해진다. 아니면 희망하던 바가 실현되면 성공 여부를 통제할 수 있다는 착각을 하게 된다.

더 큰 의미에서 희망에 기대면 실제로 통제할 수 있는 모든 것을 통제하지 못하게 된다. 대부분의 경우와 마찬가지로, 상황 인식이 먼저다. 자신감 문제가 있거나 지금까지도 그 문제의 원인을 파악하지 못했거나 뭔가 놓치고 있다고 느껴진다면, 스스로는 깨닫지 못할 만큼 미묘하게 희망의 영향을 받는 것인지도 모른다.

소망

자신의 마음속에 숨은 소망을 찾는 것은 중요하다. 소망은 자신감을 불안정하게 만들 뿐만 아니라, 자신감에 이미 영향을 주고 있는 결함, 편견 그리고 인지 착각을 바로잡는 데 방해가 된다. 항상 최고의 기량을 발휘하거나, 시장의 움직임을 예측하거나, 쉽게 배울 수 있기를 바라는 등 소망은 보통 트레이더의 마음속 깊숙이 숨어 있다. 놀랍게도 그렇다.

많은 트레이더가 자기 자신감이 이러한 소망의 영향을 받는다는 것을 알고 깜짝 놀란다. 이런 소망을 품는 것은 비논리적이다. 이런 소망을 품는다는 것은 아주 비현실적이지만, 많은 트레이더가 이러길 바란다.

언제나 최고의 기량을 발휘하거나, 시장이 어디로 움직일지를 알거나, 쉽게 배우기를 원하는 것과 실제로 이렇게 되기를 바라는 것은 다르다. 이러기를 바라는 것은, 실제로 그것이 가능하다고 믿고 언젠가 현실이 될 수 있다는 희망을 품고 있다는 의미다.

마음속 깊이 시장의 방향을 예측할 수 있다고 믿으면서 트레이더로서 성장하기 위해서 열심히 노력할 이유가 있을까? 자신의 감정 문제가 쉽게 해결될 수 있다고 믿으면서 멘탈 게임에 대해서 개방적인 태도를 보이거나 알려고 노력할 이유가 있을까? 자신이 바라는 일이 이뤄질 것이라고 믿는다면, 열심히 노력하는 것은 비논리적인 행위일 것이다.

자신이 어떤 것을 바라는지 잘 모르겠다면, 심호흡하고 마음을 편안하게 한다. 그리고 논리적인 사고는 잠시 중단한다. 논리적으로 사고하면, 이런 일을 바라는 것은 터무니없다는 것을 깨닫고 소망의 존재를 부정하게 된다. 잠시 논리적인 사고를 담당하는 뇌 영역은 없는 셈 치고, 직감적으로 다음 질문에 답해보자. 최대한 솔직하게 답해야 한다.

- 절제력을 완벽하게 발휘해서 언제나 전략을 정확하게 이행할 수 있기를 바라나?
- 기계로 돈을 찍어내듯이 돈을 많이 벌게 해줄 완벽한 방법이나 시스템이나 장치가 있기를 바라나?
- 시장을 능숙하게 통제하여 수백만 달러를 벌기를 바라나?
- 매달 또는 매일 또는 매 거래에서 돈을 벌 수 있기를 바라나?
- 영상을 보거나 책을 읽고 익힌 지식을 곧장 실전에 적용할 수 있기를 바라나?
- 거래에서 큰 손실이 나고 있을 때, 단 한 번의 기회로 손익분기점으로 되돌아올 수 있기를 바라나?
- 직접 이런 일들이 일어나기를 바라는 것은 아니지만, 하나씩 읽어보니 이런 일이 일어난다면 정말 멋지리라 생각하나?

단호하게 아니라고 답하거나 흔쾌히 그렇다고 답하거나, 이 둘 사이의 어딘가에 있는 답을 내리게 될 것이다. 이처럼 소망은 예나 아니요로 딱 잘라서 대답할 수 있는 것이 아니다. 소망은 다양한 강도로 나타난다. 아무리 보잘것없어 보이는 소망이더라도, 그 소망을 바로잡는 것은 안정된 자신감을 개발하는 데 필수적이다.

소망은 제거하기 어렵다. 소망은 한 발짝도 움직이지 않으려고 버티는 고집불통 노새와 같다. 소망을 사라지게 하려고 노력할수록, 소망은 마음속에 딱 달라붙어서 떨어지지 않을 것이다. 강제로 소망을 없앨 수 없다. 소망이 사라지기를 바란다면, 이게 무슨 말인지 이해가 될 것이다. 그런 일을 바라게 된 근본적인 원인을 파악하고, 그 원인을 해소해야 한다.

닉은 영국에서 살고 있는 풀타임 트레이더 지망생이다. 그는 지방
정부에서 일하는 공무원이었다. 코로나 팬데믹 때문에 그는 미국 시
장이 열린 한 시간 동안만 트레이딩할 수 있었다.

다음은 멘탈 핸드 히스토리의 1단계와 2단계에 닉이 작성한 글
이다.

1. 문제는 무엇인가 : 나는 하루 최고의 기회를 놓치고 싶지 않다.
   그래서 기회를 놓치면, 어디선가 다시 그 기회를 찾기를 원하
   고 내가 벌었어야 하는 돈을 되찾을 수 있는 거래를 찾기 시작
   한다. 포모는 다음날까지 이어지기도 한다. 나는 잔뜩 흥분해서
   트레이딩 세션을 시작하고, '오늘은 아주 중요한 날이지만 큰
   손실로 마무리할 거야'라고 생각한다.

2. 문제는 왜 존재하나 : 기회가 너무나도 명확하게 보이는 날이
   면, 나는 그 기회를 붙잡을 수 있을 정도로 거래를 잘 이끌어야
   한다. 전략을 제대로 이행하지 않았으면서도, 그동안의 거래 내
   용을 훑어보며 내 전략이 효과적이었는지를 살핀다. 거래가 종
   료되고 나서 곱씹는 것은 아무 소용 없다는 것을 알지만, 다음
   날에 시장이 똑같은 기회를 다시 내게 줄 것이고 그때는 기회
   를 잡고 큰 수익을 낼 것이라고 기대한다.

닉이 '시장이 똑같은 기회를 다시 내게 줄 것이라고 기대한다'라

고 했을 때, 소망이 원인일지도 모른다고 생각했다. 그에게 직관적으로 생각하라고 했다. 심호흡하고 논리적인 사고를 담당하는 뇌 기능을 정지하고 매일 시장이 같은 기회를 주기를 바라지는 않는지 직관적으로 생각해 볼 것을 제안했다. 그는 즉시 그렇다고 답했고, 완벽하게 거래하고 큰 수익이 끊임없이 계속 나기를 바란다고 덧붙였다.

이런 소망을 바탕으로 멘탈 핸드 히스토리를 처음부터 다시 작성해 봤다.

1. 문제는 무엇인가 : 부분적으로 시장이 내가 완벽하게 거래할 수 있는 좋은 기회를 매일 제공하기를 바라고, 큰 수익을 끊임없이 낼 수 있기를 바란다.

2. 문제는 왜 존재하나 : 시장이 내게 완벽한 기회를 주고 완벽하게 기회를 잡아서 거래해냈다면, 나는 큰 수익을 내고 내가 성공한 트레이더임을 증명해 낼 수 있을 것이다. 시장이 거저 준 돈을 가져가지 못하는 것은, 내가 그날의 기회를 완벽하게 잡아서 수익을 실현한 다른 트레이더들에게 뒤처졌고 손실을 만회해서 그들을 따라잡아야 한다고 생각하게 된다.

3. 무엇이 잘못됐나 : 결과가 나오고 나서 생각해 보면, 기회가 쉽게 눈에 들어온다. 나는 자주 트레이딩 세션이 종료되고 나서 뒤늦게 차트를 분석하고, '이렇게나 확실한 기회였는데'라고 생각한다. 하지만 앞으로 무슨 일이 일어날지를 미리 알고 있어서, 그것이 기회였다는 것이 확실하게 눈에 들어오는 것이다. 결과가 나온 뒤에 기회였다는 것을 깨닫게 된다고 해서, 내가

미래의 기회를 포착하고 잡을 수 있을 것이란 의미는 아니다. 나는 풀타임 트레이더로서 성공했다고 말할 수 있을 정도로 돈을 벌 수 있을지를 의심하는 마음이나 불확실성을 없애야 한다.

겹겹이 쌓인 문제를 한 꺼풀씩 풀어가면서, 표면적으로 닉은 트레이더로서 성공할 수 있을지 없을지 불안해서 포모를 경험하게 됐다는 것이 눈에 들어올 것이다. 4단계와 5단계에서 이 문제에 대한 해결책을 파악해 가면서, 포모와 소망을 동시에 바로잡는 방법을 찾는 것이 중요했다. 다음은 우리가 찾아낸 해결책이다.

4. **조정 방안은 무엇인가** : 불확실해도 괜찮다. 트레이딩에는 불확실성이 존재할 수밖에 없다. 꾸준히 배우면서 자기 실력을 키워나가야 한다. 그렇게 하면, 모든 기회를 잡는 것은 불가능하겠지만 더 많은 기회를 붙잡을 수 있게 될 것이다.

5. **조정 방안이 옳다고 확인해 주는 논리는 무엇인가** : 나는 완벽할 수 없고, 완벽해지려고 노력하는 것이 오히려 내 꿈을 위태롭게 만든다.

닉의 입장에서는 이런 소망이 얼마나 터무니없는 것인지를 깨닫는 것만으로 큰 성과였다. 그는 논리적으로 사고할 수 있게 된 자신을 자랑스럽게 생각한다. 그리고 이런 비현실적인 소망이 사로잡혀 있었다는 것을 인정하면서, 그 소망이 얼마나 비논리적인 것인지를 빠르게 깨닫게 됐다. 이것만으로 완벽해야 한다는 압박감이 다소 해소됐고, 더 효율적으로 트레이딩에 집중할 수 있게 됐다. 그는 트레이딩 일지를 작성하는 등 실용적인 일들에 더 집중하기 시작했다.

게다가 닉은 시장을 더 현실적으로 바라보고 거래하게 됐다. 완벽한 기회는 자신이 원하는 방식으로 나타나는 일이 거의 없다는 것도 깨달았다. 좋은 기회가 거의 매일 주어지기를 바라는 비현실적인 기대를 버리자, 그는 이전에는 완벽하게 거래하려고 노력하다가 알아차리지 못한 자기 경쟁력을 이해하게 됐다.

닉은 예를 들어서 "아, 이 이 거래를 진행했어야 했는데"라는 반응처럼 소망이 불쑥 고개를 드는 순간들을 포착하는 데도 점점 익숙해졌다. 그 덕분에 정말로 현실적인 것에 더 집중할 수 있었다. 이렇게 무언가를 바라게 되는 순간을 더 잘 포착할 수 있게 되면서, 현실적인 것과 비현실적인 것을 구분하는 데 더 익숙해졌고, 소망의 영향력을 더 줄여나갈 수 있었다. 게다가, 비현실적인 상황에 대한 헛된 꿈도 더 이상 꾸지 않았다. 그러면서 그는 더 자유로워졌고 이전에 자기 발목을 잡던 헛된 소망에서 벗어나서 시장에서 기회를 더잘 찾아낼 수 있게 됐다.

이런 헛된 소망은 절대 실현될 수 없다. 소망이 실현되리라고 믿는 것은 산타클로스가 하룻밤 만에 수백만 명의 어린이들에게 선물을 준다는 이야기를 믿는 것과 다를 바 없다. 헛된 소망을 현실적인 목표로 바꾸고, 그 목표를 실현하는 전략과 계획을 세워야 한다. 그리고 미묘하게 아니면 대놓고 헛된 소망을 현실로 만드는 데 노력을 헛되이 쓰고는 있지 않은지 경계해야 하고, 그러하다면 실시간으로 그것을 바로잡아야 한다. 오랫동안 이 일에 공을 들이면, 자신감이 더 안정되고 최고의 기량을 발휘하는 것이 훨씬 더 쉬워질 것이다.

자신감 문제의 원인이 무엇이든지 간에, 이제 트레이딩하면서 안정된 자신감을 유지하는 방법을 잘 이해하게 됐다. 멘탈 게임의 이 부분이 개선되면 갈수록 일관되게 의사결정을 내릴 수 있게 될 것이다.

이제 자신감 문제뿐만 아니라 여러 일차원적인 감정 문제가 좋은 트레이딩 성과를 내는 것을 어떻게 방해하는지를 알게 됐다. 그렇다면 이제는 절제력을 좀 더 깊이 살펴볼 때다. 욕심, 두려움, 틸트 그리고 자신감 등의 감정 문제가 트레이딩 전략 이행에 어떤 영향을 주는지를 자세하게 파악하고 나서야, 절제력을 깊이 살펴볼 준비가 된다. 이런 맥락에서 지금 이 순간에 절제력과 관련된 어떤 문제가 트레이딩 성과에 어떤 영향을 주는지를 살펴볼 준비가 됐다. 8장에서 절제력을 주제로, 이 감정이 관련된 문제가 트레이딩 성과에 어떤 영향을 미치는지와 그것을 해결하는 방법은 무엇인지를 살펴보도록 하자.

절제력

"절제력 없는 재능은 롤러스케이트를 신은 문어와 같다.
롤러스케이트가 신겨진 8개의 발이 제멋대로 움직여서,
전진할지 아니면 후진할지 아니면 옆으로 갈지를 알 수가 없다."
- H. 잭슨 브라운 주니어

지금까지 여러 문제를 초래하는 감정들을 살펴봤다. 이전까지 이런 감정들은 절제력이 부족한 탓에 생긴다고 생각됐다. 하지만 이제는 이 감정들 때문에 트레이딩 전략을 무시하고 거래하는 일이 생긴다는 것을 이해했을 것이다. 예를 들어서 이런 감정들에 휘둘려서 전략을 무시한 채 그저 그런 기회를 잡겠다고 시장에 진입하거나, 전략이 빗나가는 시장에 뛰어들거나, 목표치에 도달하기도 전에 거래를 성급하게 종료하게 된다.

절제력을 발휘하는 것만으로는 이런 문제들을 해소할 수 없다. 진짜 문제는 절제력 부족이 아니라, 강력한 감정들이 트레이딩 전략 이행을 방해하는 것이기 때문이다. 강력한 감정에서 비롯된 문제들이 무엇인지 이해하고 해결했으니, 이제 남아 있는 절제력 문제를 해결할 준비가 된 셈이다.

앞 장들을 건너뛰고 이번 장을 바로 펼쳤거나 감정적인 문제를 처리하는 데 충분히 진전이 있었던 것인지 잘 모르겠다고 해서 걱정할 것은 없다. 처리하고자 하는 문제가 감정과 절제력 중에 어느 것과 관련된 것인지를 곧장 파악하게 될 것이다. 2주일 동안 풀타임으로 트레이딩하면서 이번 장에서 제시한 조언을 잘 따라야 한다. 조언을 잘 따라서 이행했음에도 향상될 기미가 없다면 자기 문제의 기반이 되는 감정부터 우선으로 해소할 필요가 있다.

아니면 일시적으로 진전이 있었을 뿐 다시 옛 습관으로 빠르게 회귀한다면, 그것은 이번 장에서 소개하는 조언을 따르면서 먼저 트레이딩에서 문제를 초래하는 감정들을 바로잡아야 한다는 시그널이다. 절제력과 관련된 문제를 본격적으로 다룰 준비가 되어 있는지 잘 모르겠다면, 일단 한번 시도해 보는 것도 좋다. 결과가 절제력이 관련된 문제를 다룰 준비가 제대로 됐는지 아니면 문제를 일으키는 감정부터 집중해서 해소해야 하는지를 알려줄 것이다.

트레이딩 전략 이행을 방해하는 감정을 해소해낸 사람 중 일부는 자연스럽게 절제력이 향상되는 경험을 한다. 기본적으로 모두가 절제력을 갖고 있지만, 강한 감정들이 절제력을 발휘하는 데 방해가 됐다. 그러므로 트레이딩 성과를 훼손하는 감정들이 처리된다면, 절제력은 자연스럽게 향상되고 발휘될 것이다.

감정 해소는 숲속 어느 곳에 나무를 베서 집을 지을 터를 닦는 과정이다. 다시 말해서 새로운 습관을 들이는 공간을 마련하는 것이다. 하지만 나무를 다 베어냈더라도 숲속에 있는 그 공간까지 들어가야 집을 지을 수 있다. 갑자기 반듯하게 닦인 터 위에 아름다운 집이 지어졌고, 그곳에 들어가서 살 수 있는 것이 아니다. 이렇게 숲속에 집을 짓듯이, 감정을 해소해서 새롭게 마련된 공간에 처음부터 절제력을 쌓아야 한다.

절제력 있는 트레이더가 되기 위해 기본적으로 갖춰야 할 것들은 이미 잘 알려져 있다. 그러므로 여기서 그것들을 집중적으로 다루지는 않을 것이다. 그리고 매일 트레이딩 일지를 작성하라거나 거래를 끝까지 추적하라거나 차트를 분석하라는 등의 조언도 하지 않을 것이다.

이번 장에서는 절제력과 관련된 문제들을 해결하는 데 도움이 될 조언을 제공할 것이다. 아마도 이 조언이 적어도 절제력을 바라보는 시각을 조금이나마 바꾸는 데 도움이 될 것이다.

절제력은 자전거 타기처럼 한 번 배우게 되면 영원히 유지되는 능력이 아니다. 다시 말해서, "난 절제하고 있어"라고 말하고 그것으로 끝낼 수 있는 성격의 능력이 아니다. 누군가는 절제력이 있고, 누군가는 절제력이 없다고 단순하게 판단할 수 없다. 모두가 나름대로 절제하고 있다. 다시 말해서 모두가 각자 나름의 절제력을 갖고 있다는 말이다. 최소한의 절제력도 없었다면, 지금 여기까지도 오지 못했을 것이다.

설령 다른 트레이더들과 비교했을 때 약해 보일 수가 있지만, 모두가 각자 나름대로 절제력을 가지고 있다. 어떤 트레이더가 그의 기준에서 C급 멘탈 게임에 해당하는 절제력을 발휘하더라도, 그 수준이 다른 트레이더의 A급 멘탈 게임에 해당하는 절제력보다 한 수위일 수 있다. 그러므로 모두가 각자 자기 능력을 바탕으로 자신의 절제력을 평가해야 한다. 자기 능력을 바탕으로 절제력을 강화하고자 한다면, 현재 자신이 어느 부분이 약한지를 파악하는 것이 중요하다.

자벌레 콘셉트는 절제력에도 적용된다. 다시 말해서 절제력을 계속 향상할 여지와 기회가 모두에게 존재한다는 것이다. 개인의 목표가 변할 때마다, 절제력의 최적 수준은 다르게 정의된다. 많은 트레이더가 스스로 바라는 절제력의 수준과 실제 발휘할 수 있는 절제력의 수준에 큰 격차를 지니고 있다. 이번 장은 C급 멘탈 게임에 해당하는 절제력을 개선하고 스스로 발휘하고 싶은 절제력의 수준과 실제로 발휘하고 있는 절제력의 격차를 줄이고자 마련됐다.

최고의 기량을 발휘할 수 있느냐는 안좋은 상황에 절제력을 발휘해서 잘 극복할 수 있느냐와 연결된다. C급 멘탈 게임에 해당하는 절제력이 발휘되는 순간에 마음을 다잡고 조금이나마 좋은 트레이딩 성과를 내거나 트레이딩 실수를 덜 하는 것이 절제력을 향상하는 데 필수적이다. 이런 사고방식이 절제력을 강화할 동기를 유발할 것이다.

절제하는 사람이 되려고 노력하는 대신에, 구체적인 순간에 구체적인 습관을 개선하는 데 집중하자. 이러한 습관이 생기고 트레이딩 전략을 이행하고 거래하는 데 더 많은 절제력을 발휘하게 된다면, 계속 성장을 가능케 하는 프로세스가 마련될 것이다.

하지만 절제력을 발휘하면 무언가를 희생하게 될 수 밖에 없다.

전업 트레이더는 트레이딩하면서 자유를 느끼고, 그들은 거대한 기회들이 존재하는 전 세계 금융 시장에 참가한다. 물론 금융 시장은 규칙에 따라서 움직이지만, 그들은 금융 시장에서 원하는 대로 거래할 수 있다. 그런데 절제력은 뭔가 자유를 제한하는 것처럼 느껴지고, 절제력이 자신들에게서 신나는 일을 빼앗아 간다고 생각할 수 있다. 그래서 트레이더들은 절제력을 키우는 것이 잠재력이 발휘되도록 돕는 일이라기보다는, 하기 싫은 따분한 일이라고 생각한다.

어느 면에서 트레이더는 예술가와 같다. 예술가도 대체로 제약을 싫어한다. 예술가는 자신의 직감이나 본능이 이끄는 대로 창의력을 자유롭게 발휘할 수 있기를 원한다. 하지만 예술가는 무언가를 창조하려면 붓, 끌 등과 같은 도구가 필요하고, 그의 창의력은 이런 도구를 활용하는 능력의 제약을 받는다. 그래서 예술가에게 이 도구를 활용하는 기술을 개발하는 것이 자신의 창의력을 발휘하는 것이다.

이와 같이 절제력은 트레이더가 트레이딩에서 사용하는 도구다. 절제력을 활용하는 능력과 기술을 계속 업그레이드하지 않으면, 잠재력을 발휘하는 데 한계가 생긴다.

᛫᛫ᛁᛁᛁ

절제력의 본질

절제력은 정신력과 의지력의 혼합이다. 정신력이 근육이라면, 의지력은 정신력이란 근육을 움직이는 에너지다. 정신력은 흔히 사용되는 개념이지만, 명확한 정의를 내리지 않고 사용되는 경우가 많다. 기본적으로 정신력이 강할수록, 사람은 자신이 추구하는 이상이나 개념이나 믿음과 강하게 연결된다.

정신력은 소수만 이해하는 추상적인 개념이 아니다. 운동선수들이 자신의 근력을 평가하듯이, 정신력을 평가할 수 있다. 압박이 가해지는 상황에서 그들의 몸은 얼마나 버텨낼 수 있을까? 어느 부분이 강할까? 어느 부분이 약할까? 어느 부분에서 무너져서 실패하게 되고, 이런 일이 생기는 이유는 무엇일까? 실제 운동 경기나 체육관에서 훈련받을 때, 압박감을 견디지 못하고 무너지는 순간이 온다. 이 순간에 운동선수는 자신의 근력이 어느 정도인지를 알 수 있게 된다. 이는 정신력도 마찬가지다.

마찬가지로 절제력이 무너지면 그 압박을 견뎌내지 못하고 포기하게 되는 이상이나 개념이나 믿음이 무엇인지를 자세히 들여다 볼 수 있다. 왜 그것들의 기반이 취약해졌는지, 무슨 결함이 존재했는지, 그리고 무엇이 그것들을 약화시켰는지를 파악한다.

정신력이 강하다고 생각하는 사람들을 떠올려 보고, 그들의 강한 정신력을 전형적으로 보여주는 사고방식을 생각해 보자. 그들중에는 독실한 사람들이 있을 수 있다. 그들은 자신들의 종교적인 믿음과 강하게 연결되어 있다. 미국 해군의 엘리트 특수부대인 네이비실은 어떤가. 그들은 "쓰러져도 전우를 보호하고 임무를 수행하기 위해서 젖 먹던 힘까지 낼 것이다. 절대로 싸움에서 물러나지 않을 것이다"라는 신조에 따라서 살아간다.

아니면 무슨 일이 있어도, 심지어 이길 가능성이 거의 없더라도 승리할 수 있다고 언제나 믿는 운동선수들을 생각해 보자. 이 생각은 그들의 마음에 깊이 박혀서 경쟁이 치열한 순간을 버텨내고 강한 정신력을 발휘하게 만든다.

금융 시장이 열리기 전에 일과를 준비하고, 금융 시장이 마감된 뒤에 일과를 되돌아보는 것에 대해서 생각해 보자. 트레이더들은 이것이 중요한 루틴이라는 것을 머리로는 이해한다. 하지만 그들은 이 생각을 얼마나 강하게 믿고 행동으로 옮길까? 잠을 제대로 못 잤거나 틸트가 온 날에도 이 루틴을 지켜낼까? 수익이나 손실이 크게 났던 날이나, 드로우다운이 장기화한 날이나, 큰 수익이 몇 달 동안 계속해서 일어났다면 어떨까?

이런 상황은 매일매일의 루틴이 중요하다고 생각하는 믿음을 시험에 들게 한다. 이 루틴의 가치, 루틴을 따르지 않았을 때의 결과, 루틴을 완수하는 데 필요한 단계 그리고 상황에 따라서 루틴을 조정하는 방법을 제대로 이해하고 있다면, 그리고 루틴을 완전히 숙지할 정도로 충분히 연습했다면, 루틴은 제2의 본성처럼 자연스럽게 행해진다. 다시 말해서, 루틴을 따르지 않으려야 않을 수가 없다. 루틴을 따르는 것은 지극히 자연스러운 일이 된다.

절제력에 문제가 있으면
흔히 나타나는 시그널

대다수가 자신이 어떤 경우에 절제력이 부족한지를 이미 알고 있다. 예를 들어서 일일 손절매 기준을 지키지 못하거나 지루할 때 재정비할 겸 잠시 쉬어야겠다는 생각을 못하거나, 장이 마감될 때 거래 일지를 작성하지 않는 경우를 떠올려 보자. 설상가상으로 이런 일을 해야 한다는 것을 알면서도 의지가 부족해서 해야 하는 일을 해내지 못한다. 기회가 없는 것을 알면서도 억지로 거래하고, 최초 계획했던 시점보다 일찍 거래하고, 전략에 벗어난 시장에 눈을 돌린다. 단지 거래하기 위해 거래를 한다.

그것이 해야 하는 일이라는 것을 알면서 의지가 부족해서 그 일을 하지 못하는 것은 절제력이 관련된 문제가 있을 때 나타나는 대표적인 시그널이다. 의지력은 절제력을 발휘하는 데 사용되는 '에너지'이다. 애석하게도 신체 에너지처럼 의지력도 유한하다. 의지력이 떨어지면, 정신을 집중하고 절제력을 유지할 에너지가 부족해진다.

자기 기량을 제대로 발휘하지 못하는 최악의 상황에 빠지려고 의지력을 일부러 발휘할 필요는 없다. 의지력이 없어도 누구나 쉽게 최악의 상황에 직면할 수 있다. 의지력은 강점을 개발하고 절제력을 기르는 습관, 루틴 그리고 프로세스를 만드는 데 사용되는 에너지다. 그래서 의지력은 자유로워야 한다. 단지 '의지력이 부족해'라는 식으로 말하고, 의지력이 모든 것을 아우르는 개념인 것처럼 말하기도 한다. 하지만 우리 모두 의지력을 갖고 있다. 문제는 정확하게 의지력을 사용할 수 있느냐는 것이다.

트레이딩에 관한 한, 결정을 내리는 행위 자체가 사람을 피곤하게 만든다. 결정을 내릴 때마다 에너지가 사용되고, 결국에는 에너지가 소진될 수 있다. 하루 중에 제대로 생각할 에너지가 부족한 때를 떠올려 보자. 에너지가 없어서 제대로 머리가 돌아가지 않으면, 산만해지기 쉽다. SNS에 너무 많은 시간을 쓰거나, 전략에 벗어난 기회를 찾기 시작하거나, 주말에 뭐할지 계획을 세우게 된다.

스티브 잡스는 똑같은 디자인과 색상의 터틀넥과 청바지로 옷장을 가득 채운 것으로 유명하다. 이것은 그저 브랜딩만을 생각해서 한 행동이 아니다. 매일 무슨 옷을 입을지 고민하는 데 에너지를 쓰지 않으려고 의도적으로 한 일이었다. 그 덕분에 매일 남들에 비해서 한 가지 결정을 내리느라 에너지를 쓰지 않아도 됐다. 에너지는 유한하다. 트레이딩하는 동안에 에너지를 보충할 방법이 없는 것은 아니지만 그래도 에너지가 안정적으로 보존되면 트레이딩 전략을 엄정하게 이행할 수 있게 만든다.

따지고 보면 목표를 달성할 수 있을 만큼의 절제력만을 사용해야 한다. 물론 반박하는 사람도 있겠지만, 스스로 지나치게 밀어붙여서 반복적으로 번아웃에 빠지는 트레이더들은 절제력을 과도하게 사용하고 있는 것인지도 모른다. 이것은 트레이딩 성과에 부정적인 영향을 줄 뿐만 아니라, 트레이더의 삶에서 기쁨을 앗아갈 수 있다. 그리고 절망으로 이어져서 트레이더로서의 수명을 단축할 수도 있다.

필요 이상으로 절제력을 발휘할 필요는 없다. 그리고 이 책을 읽고 있는 대다수가 절제력이 부족하다는 어려움을 안고 있을 것이다. 그런데 절제력은 '있다' 또는 '없다'로 판단할 수 있는 대상이 아니다. 어디에 절제력이 더 많이 필요할까? 그리고 어떻게 절제력을 사용해야 할까? 이 질문에 정확하게 답을 내려야 한다. 다른 감정 문제처럼 절제력 문제도 세부 정보가 중요하다.

마지막으로 절제력이 떨어지는 이유가 감정 때문인지 아니면 의지력 부족 때문인지를 정확하게 파악해야 한다. 이유가 뭔지 확실히 모르겠다면, 절제력이 떨어지는 순간에 간단하게 '감정이 지나치게 강렬하진 않은지 또는 에너지가 너무 낮은 것은 아닌지'에 관해서 생각해 봐라.

감정이 지나치게 고조된 상태라면, 절제력 문제가 아니다. 감정이 업무 습관에 압박을 줄 수 있지만, 4장부터 7장까지 살펴봤던 방식으로만 감정은 업무 성과에 영향을 준다. 반면에 에너지가 너무 낮다면, 절제력과 관련된 문제가 있다는 시그널이고 이번 장이 그 문제를 해소하는 법을 알려줄 것이다.

절제력을 개선하는 일반적인 전략

트레이더들은 더 큰 절제력을 가지기를 바라면서, 지속적으로 절제력을 키울 준비는 되어 있지 않다. 절제력을 향상시킬 수 있는 최적의 시간은 자신이 약하다고 느끼고 실패할 가능성이 가장 크다고 생각되는 순간이다. 이것은 특정 시장에서 거래하거나, 특정 유형의 거래를 진행하거나, 하루 중에서 특정 시간대일 수 있다.

어떤 순간이든, 기회가 생기면 그 기회를 잡고 이용할 준비가 되어 있어야 한다. 지금부터 절제력을 향상시킬 수 있는 방법을 몇 가지 살펴보도록 하자.

전적으로 책임진다

절제력을 키우는 첫 번째 단계는 트레이더로서 성공하느냐 마느냐는 전적으로 자신에게 달려 있다는 것을 인정하는 것이다. 자기 자신만이 자기 목표, 결정, 시간 그리고 직업윤리를 지키는 데 책임이 있다. 외부 요인에 의지하거나 핑계를 대거나 누군가나 어떤 사건이 자신의 성공을 결정해 주기를 바란다면, 자신이 원하는 수준의 절제력에 절대 도달할 수 없을 것이다.

회사에서 일하더라도, 성공은 전적으로 개인의 몫이다. 직장의 보고 체계가 어떻든지, 사실상 자신은 자기 상사이고 그렇게 행동해야 한다. 물론 실제로 사무실에서는 직원이 리스크를 얼마나 감수하고 어떤 종류의 거래를 진행할지를 결정하는 사람이 있고 그에게 업무 보고를 한다. 그래서 사무실에서 자신이 자기 상사일 수가 없다고 반박할 수도 있다.

하지만 중요한 결정을 내리는 것은 자신이고 일이 잘못됐을 때 비난을 받고 책임을 지는 것도 자신이다. 자신이 사무실에서 업무와 관련해서 모든 결정을 내리지 않는다고 할지라도, 자신의 상사는 결국 자기 자신이다.

이 생각을 기꺼이 받아들이지 못하고 멀리하는 이유는 다른 누군가가 의사 결정권을 갖고 있으면 결정을 내려야 한다는 압박감을 덜 느끼기 때문이다. 결국에 최종 책임은 의사 결정권이 있는 사람에게 있다. 자신만이 자기 운명을 통제할 수 있다고 생각하면, 스스로 막중한 부담을 느낄 수 있다. 때로는 부담감이 감당할 수 없을 정도로 너무나 무거워지면, 부담감을 어느 정도 완화하려는 시도가 절제력 문제로 이어지기도 한다.

책임질 것이라고 말한다고 저절로 책임을 질 수 있는 것은 아니다. 애초에 책임을 회피하는 이유가 무엇인지를 정확하게 이해할 필요가 있다. 책임지려고 하지만, 스스로 알지 못하는 요인 때문에 책임지는 것이 어려운 경우가 많다. 그 요인들이 무엇인지를 정확히 파악해야지, 그것들을 바로잡을 수 있다.

간단한 TIP

절제력이 언제 어떻게 약해지는지 확인하고, 스스로 세운 규칙을 깨면서까지 자신이 얻을 수 있는 것은 무엇인지 하나씩 적어본다. 절제력이 약해져서 자기가 세운 규칙을 어기면 이득이 생긴다고 생각하는 것이 이상하다고 여겨질 수 있다. 하지만 우리는 언제나 뭔가 이득이 있다고 생각하기 때문에 행동한다. 그러므로 절제력이 언제 어떻게 약해지는지와 절제력이 약해져서 규칙을 어겼을 때 어떤 이득이 생기는지를 알게되면 절제력을 잃고 규칙에서 벗어난 행위를 하게 되는 이유를 알 수가 있다.

트레이딩 멘탈 게임

정신력과 의지력을 높인다

절제력이 있다고 하거나 없다고 하는 이분법적 사고에서 벗어나야 한다. 모두가 절제력이 있지만, 절제력이 더 많아지기를 원하는 것일 뿐이다. 정신력과 의지력을 동시에 높이면, 절제력이 커진다. 앞에서 언급했듯이, 정신력은 습관적으로 하는 행동을 정당화하는 논리를 뒷받침하는 근육이고, 의지력은 습관을 만들기 위해서 특정 행동을 반복적으로 할 수 있게 만드는 에너지다.

절제력을 발휘하기가 쉽지 않은 순간에 더 많은 절제력을 발휘하도록 스스로 밀어붙이면, 정신력과 의지력을 높일 수 있다. 그 방법은 간단하다. 절제력이 약해져서 습관을 만들기 위해 일정 행동을 반복적으로 하다가 힘들어서 포기하고 싶은 순간에, 자기 자신을 더 세게 밀어붙이는 것이다. 그리고 습관이 중요한 이유를 자신에게 상기시킨다.

예를 들어서, 거래 일지를 꾸준하게 작성하지 못하거나, 개장되기 전에 해야 하는 루틴을 꾸준하게 지키지 못하거나, 트레이딩 차트를 꾸준하게 분석하지 못한다면, 먼저 자신이 할 수 있는 최소한의 양을 목표치로 잡아서 실천한다. 목표치가 작아도 상관없다. 무작위로 일어나는 비상사태를 제외하고 무슨 일이 있더라도 자신이 꾸준하게 해나갈 수 있는 양을 목표치로 설정한다.

최소한의 양도 지키기 어려워서 포기하고 싶다는 생각이 들 때, 자신의 목표를 생각하고 그 목표를 향해서 나아가도록 자기 자신을 밀어붙여야 한다. 때로는 작디작은 진전이 모든 것을 완전히 바꿀 수 있다.

　물론 작은 행위가 습관으로 굳어지고 루틴이 되면, 기본적인 행동 뿐만 아니라 더 많은 행동들을 할 수 있게 된다. 시간이 흐르면서 습관이 더 단단하게 뿌리내리면, 서서히 더 노력해서 작은 행위가 자동으로 나오도록 만들 수 있다. 작은 행위가 습관이 되어서 저절로 나오면, 새로운 습관을 기르는 데 집중할 수가 있게 된다. 이것은 하룻밤 만에 이뤄지는 일이 아니다. 작은 행위를 습관으로 바꾸려면, 꾸준하게 노력해야 한다. 꾸준하게 노력하지 않으면, 나쁜 습관이 생길 수 있고 결과적으로 좋은 습관을 형성하는 것이 더 어려워진다.

간단한 TIP

트레이더들은 자주 자벌레 콘셉트에서 앞발에 해당한다고 할 수 있는, 스스로 발휘할 준비가 된 절제력 수준을 넘어선 절제력을 발휘하려고 노력하는 실수를 저지른다. 이것은 150파운드(약 68킬로그램)의 무게만 들어 올릴 수 있으면서, 체육관에서 벤치프레스로 200파운드(약 90킬로그램)의 무게를 들어 올리려고 것과 다를 바 없다. 언젠가는 가능하겠지만, 지금 당장은 불가능하고 현실적이지 않다. 그러니 자신이 할 수 있는 것부터 하고, 거기서부터 차근차근 앞으로 나아가야 한다. 아직 이뤄내지 못한 것보다 지금까지 진전 사항을 기념하고 축하하는 데 집중하자. 그러지 않으면 자기비판에 빠져서 절제력을 키우는 데 진전이 더뎌진다.

절제력이 필요한 곳이 어디인지
지도를 만들어라

자신의 강점과 약점을 현실적으로 평가하고 판단하고 나서야, 절제력을 기를 수 있다. 기억할 것은, 절제력은 '있다'나 '없다'로 표현하는 이분법적 사고의 대상이 아니라는 것이다. 자신이 정신적으로 강인하고 투지가 있거나 의지력이 강하다고 생각하느냐 생각하지 않느냐는 중요하지 않다. 여기서 놓쳐선 안 될 핵심은, 앞에서 자벌레 콘셉트를 통해서 모두에게 개선의 여지가 있다는 사실이다.

절제력 지도를 완성하면, 개선이 필요한 부분이 파악될 것이다. 바로 거기서부터, 자신의 약점을 개선하여 강점으로 만들기 위해서 어떤 노력을 해야 하는지에 관한 계획을 세울 수가 있다. 다음의 단계가 현재 절제력이 어느 수준인지를 파악하는 데 도움이 되는 절제력 지도에 담길 정보를 확보하는 데 도움이 될 것이다.

1단계

먼저 **이상적이거나 최적의 절제력**은 어떤 모습인지를 생각해 보고 간단하게 글로 적어본다. 여기에 해당하는 절제력을 발휘했던 경험을 떠올려 본다. 루틴, 동기 부여, 집중력, 에너지, 트레이딩 전략 이행 그리고 트레이딩 행위를 기준으로 이것이 무엇을 의미하는지를 고민하고 구체적으로 기록한다.

이렇게 글로 정리하면, 자신이 무엇을 얻고자 노력하는지를 명확하게 알 수 있다. 그리고 절제력이 약해지고 있다는 미묘한 시그널을 인지해내기가 더 쉬워진다. 문제가 작을 때 절제력을 되찾기가 쉽다. 최적의 절제력을 발휘한다는 것이 자신에게 어떤 의미인지를 생각하는 데 다음의 질문이 도움이 될 것이다.

- 자신의 의사결정 프로세스와 트레이딩 전략 이행에서 나타나는 독특한 점은 무엇인가?
- 손익 기복을 어떻게 관리하나?
- 자신의 집중력, 동기 부여와 에너지가 어느 정도인지를 설명해 보자.
- 트레이딩 세션과 하루 일과의 시작과 끝에서 무엇을 하는지를 설명해 보자.
- 어떤 조건에서 절제력이 최고인가?
- 이상적으로 생각하는 수준의 절제력에 도달하지 못한다면, 현실적으로 도달할 수 있는 가장 높은 수준의 절제력은 무엇인가?

2단계

옆에 노트를 두고, 트레이딩하면서 나타난 감정 변화 등 특이사항을 기록한다.

장이 마감될 무렵에 어떤 내용이 적혀 있는지 확인하고 필요하면 내용을 추가한다. 가능하면 포괄적으로 기록하는 것이 좋다. 그리고 절제력이 떨어졌을 때가 자신에게 무슨 일이 일어나는지를 파악하고 그 일이 일어나는 이유를 이해하는 데 제일 좋은 시간이다. 이 작업을 시작하는 데 다음의 질문이 도움이 될 것이다.

- (인내심이 없어지거나, 지루해하거나, 주의가 산만해지거나, 게을러지는 등) 절제력이 떨어지면 흔히 나타나는 증상이 있나? 있다면 그것은 무엇인가?
- 절제력이 떨어지면, 원래 하려고 했던 일 대신에 무슨 일을 하게 되나?
- 이런 일이 얼마나 자주 일어나는가?
- 어떤 상황에서 절제력이 거의 바닥났다고 느끼나? 수익이 날 때 문제가 더 많이 생기나? 아니면 손실이 날 때 문제가 많이 생기나? 어떤 유형의 시장에서 절제력을 쉽게 잃나? 트레이딩 세션이 시작했을 때, 한창일 때 그리고 끝났을 때 중에서 절제력이 가장 많이 떨어지는 때는 언제인가? 트레이딩 세션 이후와 이전 중에서 절제력이 크게 떨어지는 때는 언젠가?
- 수면 시간이 불규칙하고, 식사를 제대로 못 하고, 운동을 충분히 못 했을 때 절제력이 많이 떨어지나?
- 절제력을 상실한 때 주로 어떤 핑계를 대나?
- 절제력이 떨어지고 있다는 것을 보여주는 첫 번째 시그널은 무엇인가?

예를 들어서, 가만히 있을 수가 없다. 다시 말해서, 물러나야 한다는 것을 알지만, 모니터를 계속 응시하고 손익에 변화가 있는지 살피고 할만할 거래가 더 있는지 찾는다. 아니면 시장이 잠잠해지면, 지루하다며 SNS를 하다가 눈앞에 나타난 기회들을 놓치게 된다.

계속 손실이 나는 트레이딩 세션을 마무리한 탓에 잠도 제대로 못 자고 다음 날 아침에는 프리마켓(새 채권이 정식으로 발행되기 이전에 형성되는 시장-역주) 데이터를 급하게 살핀다. 잠을 제대로 못 잔 데다가 준비도 충분히 안 된 상태라서 충동적으로 거래하고, 주가 움직임을 뒤쫓고, 자신의 트레이딩 전략에서 벗어난 거래를 무작위로 진행한다.

이런 시그널과 패턴에 예의주시해야 한다. 절제력 지도를 만드는 데 반복 작업이 필요하다. 새로운 정보가 포착되거나 이미 기록한 내용과 뭔가 살짝 달라졌다면, 그 내용을 빠짐없이 기록해야 한다. 아무리 사소한 것이라도 절제력 지도를 만드는 데 중요하다. 이 작은 정보가 진전하느냐 마느냐를 결정하는 중대한 순간에 모든 차이를 만들어낼 수 있다.

3단계

세부 내용을 모두 수집한 뒤에는 1등급부터 10등급까지 내용을 정리해야 한다. 여기서 10등급은 절제력이 최고조일 때를 나타내고, 1등급은 절제력이 최악일 때를 의미한다. 각 등급은 다른 등급과 확연히 구별되는 내용일 것이다.

기록한 내용을 강도에 따라서 등급을 나눠서 정리할 때, 내용을 두 분류로 나눠야 한다. 하나는 절제력의 심리적이고 감정적인 부분에 관한 것이고, 다른 하나는 기술적인 부분에 관한 것이다. 각 등급에서 두 내용은 서로 짝을 이룬다. 말하자면, 심리적이고 감정적인 부분에서 10등급에 해당하는 내용은 기술적인 부분에서 10등급에 해당하는 내용과 상응한다.

10등급까지 전부 세부 내용으로 채울 필요는 없다.

절제력 등급

절제력이 어느 등급에 해당하는지를 보여주는 생각, 감정, 말, 행동 그리고 행위를 파악하고 기록하자. 최소한 세 가지 등급에 대해서는 작업을 완료하는 것이 좋다.

10등급: 에너지는 완전히 충전됐고 프로세스에 오롯이 집중한다. 돈 걱정을 하지 않고 인내심을 갖고 좋은 기회가 저절로 나타나기를 기다린다.

...

8등급: 트레이딩 전략이 효과가 없는 이유를 이해하지 못하고, 전략이 여전히 효과적일 수 있다고 확신한다. 살짝 초조해져서 다리를 떤다.

...

5등급: 심박수가 빨라진다. 마우스를 바삐 움직인다. 다른 트레이더들이 무슨 생각을 하는지 신경 쓰고 뉴스거리가 될 만한 것들을 찾는다. 하루를 수익으로 마감할 방법을 고민한다.

...

2등급: 잠시 거래에서 손을 떼야 한다는 것을 알지만, 그러지 못한다. 10분마다 손익을 확인하고, 불안감에 온몸이 가렵다.

...

기술 등급

각 등급의 절제력에서 의사결정과 시장, 기회, 또는 현재의 포지션에 대한 인식의 수준을 살핀다.

10등급: 미리 계획한 지점에서만 행동하고, 거래가 자연스럽게 흐르다가 마무리되도록 내버려 둔다.

...

8등급: 손실이 나는 포지션을 청산하지 못하고, 전략에 적합하다 싶으면 주저하지 않고 새로운 거래 기회를 잡으려고 한다.

...

5등급: 이상적이지는 않지만 나름 합당하다고 생각해서 거래를 강행한다.

...

2등급: 과다하게 거래한다. 무작위로 거래 포지션을 들락날락하고, 손절매 기준을 이동시킨다.

...

이 사례에서는 조바심이 일차적인 문제다. 하지만 복수의 절제력 문제를 갖고 있다면, 단일 절제력 지도에 그 내용을 포함할 수 있다.

절제력 문제를 깊이 파고들 출발점에 섰다. 이제 절제력 문제가 발생하는 원인을 파악하고 C급 멘탈 게임에 해당하는 절제력을 개선하기 위해서 전략을 마련해야 한다.

조바심

조바심은 다양한 방식으로 나타난다. 하찮은 순간과 중대한 순간 모두를 앞두고 조바심치게 된다. 계속해서 손실이 나거나 시장에 괜찮은 기회가 부족하다고 생각될 때 기분이 어떤지 떠올려 보자. 아마도 기다리다 지쳐서 더 이상 가만히 있지 못할 것이다. 뭐라도 거래하고 싶어서 몸이 근질근질하고, 자기가 세운 기준에 못 미치는 거래를 진행하고 그 행위를 정당화하려고 핑계를 찾기 시작할 것이다. 아니면 목표 수익에 점점 다가가는 포지션을 보면서 애간장이 탈지도 모른다. 가격이 오르고 내릴 때마다 아주 미칠 지경이다. 지금 당장 포지션을 정리해서 목표 수익을 달성하고 싶다! 손에 땀을 쥐고 막상막하의 경기를 보는 스포츠 팬과 같은 심정이다. 긴장감을 견디지 못해서 거래를 한시라도 빨리 마무리해 버린다.

그런데 결정을 너무 빨리 내렸다고 생각하는 순간에 시장이 활발하게 움직이고, 당장 뛰어들고 싶은 충동을 느낀다. 그러면 적절하게 리스크를 관리할 시간을 충분히 갖지도 않고, 시장 움직임에 과민하게 반응하고 결국에는 시장의 뒤를 쫓아가게 된다. 이 모든 것이 **트레이딩 일상에서 소소하게 나타나는** 조바심의 시그널이다.

소소한 일상적인 상황에서 조바심이 생기면, 금방 알아차릴지도 모른다. 하지만 **삶의 중요한 영역에서 나타나는** 조바심은 잘 인지하지 못할 수 있다. 트레이더로서 성장 속도가 더딘 기간을 인내심을 갖고 참아내지 못하거나, 빨리 돈을 벌고 싶은 강한 충동을 느낄 수 있다. 지루한 학습 과정에 실망하고, 더 빠르게 학습 과정이 진행되기를 바란다. 또한 새로운 전략이나 시스템을 시도하면, 얼마 동안 손실이 이어질 수 있지만 이 상황을 감당하지 못하고, 손실이 나면 곧장 다른 전략이나 시스템을 시도한다. 끊임없이 이 과정을 반복한다.

이렇게 **거시적 수준**에서 조바심이 나타났다는 것을 보여주는 시그널로는 자신이 느닷없이 기회를 만들어낼 수 있다고 믿거나(통제에 대한 착각에 해당한다), 자신이 세운 전반적인 트레이딩 전략을 불신하거나 확신하지 못하거나, 돈을 버는 방법을 잊어버리는 것이 있다.

이 책에서 다룬 모든 감정 문제는 조바심을 부추긴다. 대표적인 것이 욕심, 포모와 틸트이다. 그저 가만히 있을 수 없거나, 거래가 자연스럽게 진행되도록 내버려 둘 수 없거나, 결정을 내릴 때 중요한 요소를 모두 적절하게 고려하지 못한다. 왜냐하면 압력밥솥처럼 감정이 쌓이고 당장 뭔가 해야 한다는 강박을 느끼게 되기 때문이다.

조바심을 절제력 문제로 간주하고 해결하려고 하면, 조급하게 굴지 않도록 자신을 통제해서는 조바심을 떨쳐낼 수는 없다. 인내심은 조바심을 해소하는 과정에서 얻게 되는 부산물이다. 경력을 쌓거나, 트레이딩 전략을 이행하거나, 멘탈 게임과 관련된 문제를 해결하는 프로세스를 확실히 이해하고 실행할 때, 자연스럽게 조바심이 사라지고 인내심이 생기게 된다. 이러한 프로세스에 대한 시각을 왜곡하는 근본적인 결함이 없다면, 조바심은 더 이상 문제가 되지 않는다.

말하자면 '조급하게 굴지 마'라고 말하는 사람은 속도를 좀 줄이고 잠깐 시간을 가지라고 조언하고 있는 것이다. 하지만 이것이 조바심을 없애는 옳은 접근법은 아니다. 성공하는 데 필요한 프로세스를 유지하면서 가능한 한 빠르게 움직여야 한다. 조립 공정에서 일하고 있다고 생각해 보자. 조립 공정이 너무 빨리 돌아가면, 최종 상품에 들어갈 부품을 빠뜨리거나 고장 난 부품을 사용할 가능성이 있다. 그런데 작업자는 조립 공정이 지나치게 천천히 돌아가는 것도 원하지 않는다. 조립 공정이 지나치게 천천히 돌아간다면, 제시간에 목표량을 채울 수 없기 때문이다.

조바심 때문에 의사결정 프로세스가 무너진다면, '속도를 늦추는 것'만으로 문제가 해결되지 않는다. 자연스럽게 인내심이 바닥날 때 의사결정 프로세스에서 자주 놓치게 되는 부분이 무엇인지를 확인하는 훈련이 필요하다. 혹자에게는 이것이 실용적이지 않을 수 있다. 원하는 대로 의사결정을 내릴 수 있도록 지나치게 많은 재량권이 주어지기 때문이다. 하지만 조바심이 생기는 부분을 파악해내면, 트레이딩 전략의 약점을 찾는 데 도움이 될 수 있다. 예를 들어서, 자신이 하는 일이 옳거나 틀린 이유를 모두 알지 못해서, 조바심이 나게 된다.

자기 자신에게 '더 빨리 움직여야 한다고 느끼는 이유가 무엇이고 무엇에서 동기를 부여받는지'를 물어볼 필요가 있다. 순전히 경쟁심이 동기부여의 원인이라면 인내심이 부족한 것이 아닐지도 모른다. 자신만큼 의욕적이지 않은 사람들이 자신을 비난해서 조바심이 나는 것인지도 모른다.

빠른 시간 내에 실력이 높아지고 싶어하는 것이 또 다른 이유일 수 있다. 표면적으로는 학습 과정에 전념하고 있는 것처럼 보일지 모르지만, 마음속 깊이 학습 과정의 부침을 경험할 필요가 없기를 바라고 있는지도 모른다.

때로는 트레이더들은 오랜 시간을 들여서 실력의 기반을 탄탄하게 다지는 것이 중요하다는 것을 잊고, 빨리 돈을 버는 데만 지나치게 집중한다. 돈을 빨리 벌지만 그렇게 번 돈을 몽땅 잃을 리스크를 안고 있는, 반짝 성공한 트레이더가 되고 싶은가? 아니면 천천히 리스크가 더 낮은 전략으로 시장에서 영원한 경쟁 우위를 만들어 나가겠는가? 경제적 안정은 돈을 빨리 번다고 해서 얻을 수 있는 것이 아니다. 경제적 안정은 오랫동안 경쟁 우위를 유지할 수 있는 프로세스를 구축할 때 얻을 수 있는 것이다. 트레이더들은 이것을 무시한 채로 경제적 안정만 추구한다.

지루함

지루함은 기회의 부재를 나타내는 시그널이기도 하다. 거래를 이행할 기회나 테크닉을 배우고 개발할 기회가 없다는 시그널이다. 아니면 번아웃이 왔고 보통 때와 다름없이 거래에 집중할 에너지가 부족하다는 시그널이다.

이행의 관점에서 지루하다는 것은 현재 시장 상황이 자기 전략이나 시스템에 유리하지 않다는 것을 시사하는 것일 수 있다. 이런 경우에 흥미를 잃거나 김이 팍 샜을지도 모른다. 눈앞에 기회가 있어도 의욕이 없다면, 지루함은 기대치를 낮춰야 한다는 시그널일 수 있다.

문제는 우리의 마음이 전등 스위치처럼 작동한다는 것이다. 강도에 상관없이, 우리는 지루하거나 지루하지 않거나 둘 중의 하나만 느낀다. 중간 정도로 지루하다는 것은 있을 수 없다. 그래서 기회가 대폭 축소되면 과민하게 반응하기 쉽다. 갑자기 기회가 절반으로 뚝 떨어지면 시장에서 아무것도 일어나지 않는 것처럼 느끼고 거래하지 않는다. 그 결과 기회를 찾는 데 흥미가 없어서 트레이딩 기회를 놓치게 된다.

이렇게 놓친 기회의 비용을 계산하기는 어렵다. 하지만 분명히 그 기회를 놓쳐서 비용이 발생했을 것이다. 그러므로 시장에서 기회를 놓치지 않고 이용할 수 있도록 정신을 바짝 차려야 한다. 물론 정상적인 시장에서만큼 돈을 벌지는 못할 것이다. 하지만 돈을 한 푼도 못 버는 것보다 거래해서 조금이라도 돈을 버는 것이 더 낫지 않나? 게다가 지금 조금이라도 돈을 벌어놓아서, 시장 조건이 자신에게 유리하게 변하면 그 돈이 값지게 사용될 것이고 결과적으로 돈을 더 많이 벌 수 있지 않을까?

이행의 관점에서 보면, 과민하게 반응하고 스스로 할 수 있는 일이 아무것도 없다고 생각하기 쉽다. 몸은 책상 앞에 있지만, 마음은 여기저기 떠돌고 있는 것이다. 이런 경우에는 기회가 시장에 존재한다고 믿고, 그 기회를 잡을 준비를 해야 한다. 그런데 자신이 할 수 있는 일이 전혀 없다고 생각하는 것은 자신이 미래를 안다고 가정하는 것과 다를 바 없다. 그런데 앞으로 무슨 일이 일어날지를 아는 사람은 아무도 없다. 혹자에게 이것은 집중력을 높이고 정신 상태를 바로잡아야 한다는 의미다. 그러니 지루함을 없애는 프로세스를 훈련이 필요한 일종의 기술로 바라봐야 한다.

먼저, 준비됐다는 것이 자신에게 어떤 느낌인지에 대해서 생각해 보자. 예를 들어서, 지나치게 강하거나 낮지 않은 적당한 에너지를 트레이딩에 집중하고 단절됐다는 느낌 없이 시장에 계속 개입하고 있다는 의미인지도 모른다. 그러면 지루함이 느껴지는 시간을 이용해서 이 유형의 시장에서 더 큰 경쟁 우위를 확보하는 방법을 찾아보도록 하자. 경쟁 우위를 확보하기 위해서 스스로 할 수 있는 작은 행동에는 무엇이 있나?

활발하고 의욕적으로 시장에 개입하게 만드는 활동에 집중하고 에너지를 쏟아야 한다. 시장 상황은 계속 변할 것이다. 하지만 매번 시장에 접근하는 방식을 개선할 방법을 찾는다면, 우리는 지루함을 극복할 수 있다. 시장을 통제하고 바꿀 수는 없지만, 시장에 적응하고 활동하는 것은 스스로 통제할 수 있다.

마이클은 자신만의 펀드를 만들어서 운영하기 시작했다. 몇 년 주기로 트레이딩이 굉장히 지루하게 느껴지는 시기가 그를 찾아왔다. 처음에는 이것을 번아웃의 시기라고 오해했다. 그래서 머리를 식히고 에너지를 충전하고자 2~6주 동안 휴가를 떠나곤 했다. 그러면 생기를 되찾았고 지루함을 극복했다. 하지만 몇 년 동안 엄청난 성공을 거둔 뒤에, 마이클은 뭔가가 달라졌다는 것을 느꼈다. 휴가를 가는 대신에 트레이딩을 그만두고 싶었다. 눈코 뜰 새 없이 바쁘고, 역동적이고, 온갖 활동으로 가득 채워진 하루들이 이제는 지루하게 느껴졌다. 원인 중 일부는 시장이었다. 2024년 무렵에 천연가스 시장에서 변동성과 유동성이 사라지면서, 정말로 예전에 비해서 덜 바빠졌다. 전에는 100건이 넘는 거래를 진행했었지만, 이 무렵에는 고작 20건의 거래만 진행했다. 리스크나 보상의 기회가 줄어들었고, 마이클은 이 일에서 손을 떼야 하는 것인지 고민하기 시작했다.

그런데 알고 봤더니, 트레이딩에 대한 그의 열정은 줄어든 기회가 아니라, 아무 일도 일어나지 않을 것이라는 추정 때문에 조용히 식어가고 있었다. 몸은 사무실에 붙어 있었지만, 시장에 기회가 넘치지 않으면 뒤도 안 돌아보고 문을 열고 나가 버리겠다고 마음속으로 생각했다. 이 부분에 관해서 필자와 이야기를 나누면서 그는 자신의 기대치를 재조정했다.

물론 하루에 거래량이 80퍼센트 줄어든 것은 엄청난 일이다. 하지만 20퍼센트가 아무것도 아닌 것은 아니었다. 마이클은 오전 몇 시간 동안 트레이딩에 집중하고, 별일이 없으면 일을 마무리하고 자선활동이나 다른 투자활동에 참여했다.

새로운 활동에 참여하려고 노력하기 시작하면서 열심히 일해야지 얻을 수 있었던 자부심과 만족감이 다시 생겼다. 그리고 마이클은 자신이 여전히 트레이딩을 사랑하고 있다는 것을 깨달았다. 하지만 그가 장기적으로 이러한 노력을 계속할 수 있었던 이유는 자신의 노고를 인정했기 때문이었다. 그는 매일 다음의 영역에서 자신을 평가했다.

- 얼마나 열심히 일했나?
- 일에 쏟은 에너지의 질은 어떤가?
- 시장에 대한 흥미는 어느 정도인가?
- 외부 감정 요인이 거래에 영향을 얼마나 줬나?

매일 이 일을 반복하니까 책무감과 책임감이 강해졌다. 결과가 하루의 노력을 보상해 주지 못하더라도, 마이클은 자신이 최선을 다했다는 것을 알게 됐고 자기 자신과 성과를 더 긍정적으로 바라봤다. 그가 능동적으로 사고하고 적극적으로 시장에 참가했다면, 그 자체로 자신이 생산적이었다고 느꼈고 결과에 상관없이 하루를 더 만족스럽게 마무리 할 수 있었다.

지루함이 과다한 거래로 이어진다

일반적으로 트레이더들이 횡보 시장이나 잠잠한 시장에서 느끼는 지루함은 그들에게 과다한 거래를 하라는 시그널을 의미한다. 이런 경우에 트레이더들은 주로 "내 일은 거래하는 거야. 그러니 거래하지 않는 것은 잘못된 것 같다. 가만히 앉아만 있는 것은 말이 안 돼"라는 생각을 한다. 이런 반응은 일반적으로 지루함이 자신의 트레이딩 전략 이행에 위협이 된다는 미묘한 두려움 때문에 촉발된다. 아니면 자신감 과잉이나 가벼운 절망감에서 뭐라도 해야 한다는 필요성이 원인이다.

지루하다 싶을 때 과다 거래를 하고 싶다는 생각이 떠오르면, 그런 생각을 하게 되는 이유를 깊이 파고들어서 이해해야 한다. 지루하면 생각이 지나치게 많아지나? 자신에게 유리한 시장 상황이 얼마나 오랫동안 지속될지 몰라서 걱정되나? 다른 사람들은 돈을 버는 것 같은데 왜 자신만 돈을 못 벌고 있나 싶어서 걱정되나? 아니면 이 상황이 자신의 목표나 성과급에 어떤 영향을 줄지 몰라서 걱정되나? 지루함이 이런 유형의 질문으로 이어진다면, 이것은 절제력 문제가 아니다. 그것은 두려움과 연결된 문제이므로 두려움을 다룬 5장에서 해답을 찾아야 할 것이다.

과다 거래는 자신감 과잉 때문에도 생길 수 있다. 자신이 결과를 통제할 수 있고 노력만 하면 수익을 낼 수 있다고 착각하고 있거나, 항상 거래를 진행하고 있어야 한다고 느끼고 있는지도 모른다. 이것은 주로 절망감이나 자신감 부족 때문에 나타나는 반응이다. 지루할 때 이런 반응이 나타난다면 7장을 자세히 읽어보는 것을 추천한다.

트레이더는 지루하다고 느껴지는 시기를 과다 거래와 같은 실수로 이어지는 의사결정 프로세스를 바로잡는 기회로 삼을 수 있다. 자신의 의사결정 프로세스가 트레이딩이 지루하다고 느낄 때 구체적으로 어떻게 변하는지를 파악하고, 지루해진다 싶을 때 잘못된 부분을 조정하는 훈련을 해야 한다. 예를 들어서 시장의 전제 맥락을 봐야 한다. 트레이딩이 지루해질 때 이렇게 하지 못한다면, 시장 상황을 전체적으로 보는 훈련을 해야 한다. 그러면 결국에는 본능적으로 시장의 전체 맥락을 읽고 분석하게 될 것이다.

그렇다고 해서 자연스럽게 시장의 전반적인 흐름을 완벽하게 이해할 수 있게 된다거나 상황에 맞게 자연스럽게 결정을 내릴 수 있게 된다는 뜻은 아니다. 지루하다고 느껴질 때 놓치는 요소들을 고려하는 훈련을 함으로써 의사결정 프로세스를 업그레이드할 수 있다는 의미다. 이 노력으로 과다 거래를 삼가하는 것이 더 쉬워질 것이다.

배울 게 없다고 믿는다

트레이딩이 지루하다고 느끼는 것은 자신이 시장에서 배우고 발전할 기회가 없거나 부족하다고 생각하고 있다는 시그널일 수도 있다. 하지만 시장에는 배움의 기회가 언제나 존재한다. 지루함 때문에 기회가 무엇인지를 명확하게 포착해내지 못할 뿐이다. 트레이딩이 지루해진다 싶으면, 스스로 개선하려고 무슨 노력을 하고 있었는지를 잊게 되고 해이해져서 시장 상황에 적합하게 트레이딩 전략을 조정하지 못한다. 도전 의식이 없으면, 지루함이 고개를 든다.

지루하다고 느껴질 만큼 역동적이지 않은 시장에서 거래하는 것은 쉬울지도 모른다. 이런 경우에 지루하다고 느낀다는 것은 생산적으로 활용할 수 있는 여유가 있다는 시그널이다. 개선하고 싶었지만, 여유가 없어서 미루고만 있던 일에 에너지를 쏟는 기회로 삼아야 한다.

시장은 역동적으로 움직이고 언제나 변한다. 이것이 많은 트레이더가 이 직업을 택한 이유일 것이다. 하루하루가 다르다. 시장에서 경쟁 우위를 길러야 하는 영역은 항상 존재한다. 트레이딩은 언제나 진화한다. 그래서 시장에서 배울 것은 많다. 그러니 정신적인 여유를 어떻게 사용할지 고민해 봐라.

번아웃이 오면 지루해진다

지루함은 번아웃의 시그널일 수 있다. 그리고 번아웃이 와서 트레이딩이 지루하다고 느껴진다면, 푹 쉬는 것 말고는 방법이 없다. 자신에게 번아웃이 왔다는 것을 알아차리지 못하고 넘어가기 쉽다. 게을러졌다고 생각하거나 평상시처럼 에너지가 없다며 핑계를 댈 수 있다.

번아웃은 게으름과 같은 절제력 문제와 구분해야 한다. 자기 자신을 밀어붙인다고 해서 해결될 문제가 아니다. 번아웃은 피부 화상과 살짝 비슷하다. 심각도에 따라서 등급이 나뉘고, 심각할수록 회복하는 데 오래 걸린다.

번아웃의 대표적인 시그널 중 하나는 트레이딩의 반복되는 업무 특성에 진절머리가 난다는 것이다. 그저 하찮은 허드렛일처럼 느껴진다. 보통은 관심이 있고 흥미롭다고 느끼지만, 번아웃이 오면 이러한 관심과 흥미가 사라진다. 반면에 게으르면, 핑계를 대고 다른 데 시간을 쓴다. 예를 들어서 게으르면 트레이딩하는 데 아무 문제가 없다. 트레이딩은 여전히 흥미롭다. 그저 조사나 분석이 생각만 해도 골치가 아플 뿐이다. 하지만 번아웃이 오면, 모든 것이 감당할 수 없을 것만 같거나 그저 지루할 뿐이다.

명확하게 말하면, 번아웃은 영구적이지 않고 나쁘지도 않다. 사실 약간의 번아웃이 올 정도로 자기 자신을 밀어붙이는 것도 좋다. 이것은 스스로 한계에 이르렀고, 그 한계를 넓혀나가고 있다는 의미이기 때문이다. 번아웃을 한 번도 경험하지 않으면, 자신이 어디까지 나아갈 수 있는 능력이 있는지를 알 수가 없다. 지루함과 같은 번아웃의 시그널을 인지해내는 능력은 중요하다. 번아웃을 미리 감지할 수 있으면, 자신이 얼마나 더 열심히 일할 수 있고 어디서 물러서야 하는지를 알 수 있게 된다.

.ılıı.

지나치게 결과 지향적으로
사고하고 행동한다

물론 결과는 중요하다. 하지만 결과에 지나치게 집중해서 프로세스가 붕괴되면 문제가 발생한다. 수익에 너무 집착하게 되고, 큰 수익이 날 만한 거래만 찾고, 자신이 세운 원칙을 무시하고, 자신의 시스템이나 전략에 벗어난 거래만 하게 된다. 이런 일이 일어나는 데는 보통 감정적인 이유가 있다. 하지만 절제력의 관점에서 보면, 결과만이 중요하다고 믿는지도 모른다.

궁극적으로는 돈을 얼마나 벌었느냐로 성공이 판가름난다고 생각할 수도 있지만 그렇다고 하루 종일 결과에만 집착하면, 돈을 버는 방법을 잊기 쉽다. 이것은 주의를 산만하게 만든다. 트레이더는 손익이라는 반짝반짝 빛나는 물건에 시선을 빼앗긴다. 그러면 리스크 관리와 같은 의사결정 프로세스를 구성하는 핵심 요소들을 무시하게 되고, 경쟁 우위가 조금 있거나 아예 없는 거래만 하게 된다. 자기 경험 부족을 생각도 안 하고 시장에 겁 없이 뛰어든다. 트레이딩 프로세스 자체를 무시한다.

결과 목표와 프로세스 목표는 상호보완적이다. 결과 목표는 최종점이고, 프로세스 목표는 어떻게 최종점에 도달할 것이냐를 결정한다. 트레이딩 프로세스에 대한 집중도를 높이고 트레이더로서 성취하고 싶은 목표를 실현하는 방법을 고민하고 찾아야 한다. 지나치게 결과 지향적이라면, 목표를 달성하는 데 필요한 프로세스가 명확하게 마련되어 있지 않고 그것에 대한 확신이 부족하기 때문일 수 있다. 예를 들면, 일관성 있는 의사결정 프로세스를 따라가고, 장이 열리기 전과 후의 루틴을 탄탄하게 세우고, 틸트를 줄이는 것 등을 목표로 삼는 것이 좋다. 이렇게 프로세스에 집중된 목표를 세우면, 들쑥날쑥한 결과나 일일 손익보다, 결과를 만들어내는 프로세스에 집중할 수 있게 된다.

확실히 말해서, 결과 목표를 제거할 수는 없다. 그리고 결과에 더 이상 집중하지 말라는 말도 아니다. 좀 더 절제된 방식으로 결과를 얻는 데 매진해야 한다는 소리다. 돈을 버는 것은 여전히 장기적으로 집중해야 하는 주된 목표지만, 단기적으로는 돈을 어떻게 버느냐에 집중해야 한다. 여기서 비결은 프로세스 목표를 우선시하는 것이다. 이것이 장기적으로 더 좋은 결과를 얻는 데 도움이 될 것이다.

트레이더는 이미 돈을 벌겠다는 목표로 트레이딩한다. 그렇다고 나쁜 결정을 연이어서 내려놓고 운이 좋아서 돈을 벌기만을 기대하지 않는다. 스스로 깨닫든 아니면 못 깨닫든, 트레이더는 자신의 트레이딩 프로세스의 질적 수준에 높은 가치를 둔다. 프로세스 지향적 목표를 지향하면, 트레이딩에 대한 집중도가 결과에 좌지우지되지 않을 것이다. 이것을 목표 다변화 전략이라고 생각하자. 트레이더는 단기적으로 프로세스 지향적 목표, 즉 프로세스 목표를 달성하느냐 마느냐를 통제할 수 있으므로, 목표 다변화는 트레이딩에서 특히 중요하다.

이러한 프로세스 지향적 목표는 각각의 목표를 달성할 방안을 결정해 나가면서 훨씬 더 구체적이고 세부적으로 변할 수 있다. 절제력 향상을 예로 살펴보자. 절제력을 어떻게 향상할지, 그 방법을 결정한다. 예를 들어서 A급, B급 그리고 C급 멘탈 게임 분석으로 절제력을 분석하여 명확한 절제력 지도를 작성한다. 이렇게 하면, 절제력이 약해지면 나타나는 조기 시그널을 인지해내는 능력이 향상되고 실시간으로 문제를 적극적으로 조정할 수 있다. 그러고 나서, 절제력을 유지하는 것을 유난히 더 어렵게 만드는 피곤하거나 손실이 연일 이어지는 드로우다운에 빠지더라도, 결과에만 집중했다면 알아차리지 못했을 진전 사항이 눈에 들어오게 될 것이다.

결국에는 결과 목표를 실현하겠다는 강한 욕구 때문에 프로세스 목표를 달성하는 데 에너지를 적극적으로 투입하게 된다. 다시 말해서, 결과 목표를 달성해내겠다는 욕구가 강할수록, 프로세스 목표를 실현하기 위해서 더 열심히 노력하게 된다.

트레이딩 멘탈 게임

프로세스에 기반한 목표는 내재한 변동성 때문에 금전적 결과를 완전히 통제하는 것이 어려운 트레이딩과 같은 업계에서 특별히 중요하다. 장을 마감할 무렵에 목표 수익을 달성하지 못했더라도, 주의가 흐트러지지 않고 5시간 동안 트레이딩에 집중하고 트레이딩 전략을 효과적으로 실행하고 꾸준하게 트레이딩 루틴을 밟을 수 있다면, 적어도 어떤 부분에서 앞으로 나아가고 있고 스스로 통제할 수 있는 것은 제대로 통제하고 있다는 뜻이다.

주의를 산만하게 만드는 것들

요즘 세상에는 주의를 산만하게 만드는 것들이 충격적일 만큼 많고, 트레이더들도 영향을 받는다. 사실 어떤 의미에서 트레이더가 이런 요소들에 특히나 쉽게 노출되어 영향을 많이 받기도 한다. 트레이더는 다양한 출처의 데이터를 계속해서 훑어보고 분석하여 시장을 해독하고 기회를 잡아야 한다.

하지만 데이터가 밀물처럼 마구 밀려들어 오면, 관련이 없는 데이터나 정보도 쉽게 섞여서 들어온다. 차트는 열어놓지만, 다른 일을 동시에 처리하는 바람에 시장에 충분히 집중하지 못하고 결국에는 수준 미달의 거래를 하게 된다.

집중력은 '주목'과 '주의'로 나눌 수 있다. 집중력에 관해서 이야기할 때, 사람들은 이 두 단어를 동의어로 사용한다. 하지만 이 두 단어 사이에는 중요한 차이가 있다. **주목은 집중력의 방향이다.** 목표, 욕구, 동기, 관심, 우선순위 그리고 가치에 의해서 결정된다. 반면에 **주의는 집중력의 양이다.** 궁극적으로 에너지의 양에 의해서 결정된다.

이 미묘한 차이가 명확하게 이해되지 않는다면, 사람들이 집중력에 대해서 어떤 식으로 이야기하는지 생각해 봐라. 누군가가 "주목하세요"라고 말하면, 그는 어디에 집중해야 하는지를 말하고 싶은 것이다. 반면에 "주의하세요"라고 말하면, 집중도를 높이라고 말하고 싶은 것이다. 이 차이가 집중력을 향상하는 두 가지 방법을 알려주기 때문에, 이 차이를 이해하는 것은 중요하다. 집중력을 높이려면, 에너지를 쏟을 방향을 잘 제시하고 그 방향으로 쏟는 에너지의 양을 늘려야 한다.

주목(집중력)

목표나 동기는 중요한 것에 집중하고 주의를 산만하게 만드는 요소엔 관심을 갖지 않는데 도움이 된다. 그것들이 안내자가 되어 좋은 결정을 내리기 위해서 옳은 정보를 모을 수 있도록 어디에 집중해야 하는지 방향을 잡아준다.

그런데 실제로 트레이딩하는 날에 집중력을 어떻게 쓰고 있나? 몇 시간 동안 어느 한 곳에 오롯이 집중력을 쓰다가 배터리처럼 서서히 방전되어 버리나? 아니면 넓게 비추는 빛줄기처럼 한 번에 많은 것에 집중하거나, 한 곳만 잠깐 비췄다가 다른 곳을 비추는 좁은

빛줄기처럼 여기저기 잠깐잠깐 집중하나? 목표가 오래됐거나, 개인적인 의미가 부족하거나, 너무나 요원해서 실현할 수 있을 것 같지 않거나, 명확하게 정의되지 않았다면, 목표를 향해서 강한 집중력을 절대 발휘할 수 없을 것이다. 그리고 집중력을 향상하려고 이용한 모든 전략은 그저 미봉책에 불과할 것이다.

집중하고 싶은 곳에 집중력을 100% 쓰고 싶을 것이다. 문제는 '트레이딩할 때 덜 관련되거나 아예 관련 없는 것에 집중하게 되는 이유가 뭐냐'이다. 주의가 산만하다고 말하고 넘길 만큼 단순한 문제가 아니다.

트레이딩하는 동안에 집중력이 흐트러지는 이유를 찾다 보면, 뭔가 충돌이 일어나고 있다는 것을 알게 된다. 의식적으로는 트레이딩에 오롯이 집중해야 한다는 것을 알고 있다. 하지만 트레이딩에 집중하려고 노력하지만, 다른 것에도 집중해야 한다는 욕구가 집중력을 흐트러뜨린다.

예를 들어서, 트레이딩하는 동안에 트위터나 트레이딩 그룹에서 다른 트레이더들이 제시한 트레이딩 아이디어에 계속 관심이 간다면 왜 그러는지 스스로 물어봐라. 심심해서 즐겁게 지내고 싶거나 친목 도모를 하고 싶은지도 모른다. 트레이딩 차트에 오롯이 집중하고 쭉 집중력을 유지하려면, 트레이딩하는 동안에 주의가 산만해지는 이유를 찾고 해결하는 수밖에 없다. 멘탈 핸드 히스토리를 사용해서 충돌의 근본적인 원인을 찾아보자.

1. 문제는 무엇인가 : 나는 기대치가 높다. 나는 정말 많은 돈을 벌고 싶고 큰 성과를 내고 싶다. 그리고 나는 앞으로 얼마나 벌고 어떤 삶을 살게 될까 궁금해서 자주 상상에 빠진다. 나는 전 세계를 여행하고 싶고 카리브해 지역에서 살고 싶다.

2. 문제는 왜 존재하나 : 트레이딩이 내가 원하는 생활양식을 가능하게 할 돈을 벌어다 줄 주요 수입원이다. 그런데 트레이딩으로 큰돈을 버는 것은 정말 어렵고, 실제로 성과도 시원찮다. 이 목표를 달성하려면 오늘도 열심히 일해야 하는데, 일하지 않고 미래를 상상하는 데 시간을 쓴다. 사실상 나는 장기적인 성공보다는 단기적인 편안함과 쉬움을 선택하고 있는 셈이다.

3. 무엇이 잘못됐나 : 나는 노력하지 않고 내가 원하는 것을 얻을 수 있다고 생각한다. 나는 학창 시절과 전 직장에서 내가 무엇을 했었는지를 안다. 그래서 나는 노력하지 않더라도 똑똑한 머리로 원하는 것을 얻을 수 있을 것으로 기대한다. 나의 과거가 트레이딩 업계에서도 학창 시절과 전 직장에서 성공했던 것만큼 성공할 수 있다는 잘못된 확신을 심어줬다.

4. 조정 방안은 무엇인가 : 나는 과거의 경험에서 비롯된 기대치를 넘어서 성장해야 한다. 트레이딩 업계에서 그 누구도 내게 성공을 보장해 주지 않는다. 그런데도 나는 신념과 욕구만 강하다. 나는 대충 노력하면서 여기까지 왔다. 지금 당장 해야 하는 일에 최선을 다했다면, 트레이더로서 지금보다 많은 것을 성취해냈을 것이다! 나는 노력에 따라오는 불편함을 받아들이고 내 목표를 추구하고 달성하는 데 필요한 집중력을 트레이딩

에 쏟아야 한다.

5. **조정 방안이 옳다고 확인해 주는 논리는 무엇인가** : 나는 이전에도 불확실성과 마주했고 다행히 극복했지만, 불확실성을 정확하게 이해하지는 못했다. 나는 목표한 바를 이루는 데 도움이 되는 트레이딩 프로세스를 갖추고 진지하게 트레이딩에 임해야 한다. 편안하다고 생각되면, 내가 뭔가 잘못하고 있다는 것이다. 리스크를 감수해야 한다. 실패해도 괜찮다. 거래에서 손실이 나도 괜찮다. 도망쳐버리면, 아무것도 배우지 못하고 내 꿈을 이룰 기회마저 놓치게 된다.

종합적으로 말해서, 트레이딩 프로세스를 개선하기 위해 매일 노력하면 시간이 흐르면서 자연스럽게 25분이 넘는 긴 시간 동안 완벽하게 집중해서 트레이딩할 수 있게 된다. 그리고 주의가 너무나 산만해져서 큰 실수를 할지도 모르는 지경에 이를 때까지 집중해서 거래할 수 있다. 겨우 20분 동안만 집중력을 유지해서 트레이딩하는 날도 있지만, 때로는 길게는 몇 시간 동안 집중해서 트레이딩하기도 한다. 그리고 집중력이 떨어질 때면, 5분 정도 휴식을 취하고 기분 전환을 하고 나서 다시 트레이딩을 시작하게 된다.

주의력

일단 목표가 정해지면, 집중하게 되고 주의를 산만하게 만드는 요인들이 제거된다. 그다음에 주의력이 등장한다. 주의력을 높이는 것은 집중력을 쌓는 것과 비슷하다. 두 가지 경우 모두 에너지가 필요한 인내력이 필요하다. 많은 사람이 처음에 충분한 에너지를 갖고 시작하지만, 자기 목표에 깊이 연결되어 있지 않아서, 다시 말해서 자기 목표를 완전히 이해하지 못해서 빠르게 집중력을 잃는다. 이상적이라면, 자기 손바닥을 들여다보듯이 자기 목표를 속속들이 알고 있어야 한다.

반면에 일부 트레이더는 체력이 나쁜 운동선수처럼 인내력이 부족해서 집중력을 잃기도 한다. 인내력을 향상하기 위해서 양질의 집중력이 지속되는 기간을 늘리는 훈련 프로그램을 마련할 필요가 있다. 운동선수가 훈련하는 방법이 다양하듯이, 트레이더도 여러 가지 방법으로 인내력을 향상할 수 있다. 그렇기에 모두가 인내력을 향상할 수 있도록 하나의 훈련 프로그램을 정의하고 마련하는 것은 아주 어렵다. 결국에는 스스로가 인내력을 향상하는 데 자기에게 가장 잘 맞는 방법을 찾아야 한다.

앞에서 절제력 문제를 파악하기 위해서 절제력 지도를 작성해봤으니 집중력이 어떻게 흐트러지는지를 구체적으로 파악할 수 있을 것이다. 다음의 단계에 도움이 될 것이다.

1. 중요도가 낮은데도 집중하게 되는 것들을 목록으로 정리해본다. 다시 말해서 주의를 분산시키는 것들에는 무엇이 있는지 고민하고 정리해보는 것이다. 예를 들어서 동료 트레이더들과 주고받는 정감 어린 농담, 일일 손익, 트레이딩 포지션이나 관련

시장의 일탈 행위 등이 있을 것이다.

2. 집중력을 흩트리는 사건이 가장 많이 발생하는 때가 언제인지 파악한다. 트레이딩 세션의 초반, 중반 아니면 후반에 주의를 산만하게 만드는 요인이 더 많이 발생하나?

3. 약, 중, 강 등 세 가지 등급으로 강도를 정리한다.

4. 강으로 분류된 요인들 중에서 한두 가지를 선택한다.

5. 이 요인들이 발생했을 때 관여하고 싶은 충동이 느껴지면, 지나치지 않을 정도로만 예를 들어서 5분이나 10분이나 20분 정도만 그것들에 할애한다.

트레이더들은 집중에 방해가 되는 모든 요인을 한 번에 제거하려고 시도하고, 그것들의 존재를 인지하고 있는 것만으로도 집중력이 쉽게 향상되리라 생각한다. 하지만 주의를 흩트리는 요인들에 개입하고 싶은 욕구는 강하다. 그리고 그 욕구에 저항하면 할수록, 처음에 느껴지는 욕구의 강도는 세진다. 이것은 단기적으로 정상적인 현상이다. 그래서 집중력을 유지하면서 절제력을 키우고자 한다면, 반복적인 훈련과 경험이 필요하다.

5분이나 10분이나 20분 정도 집중력을 유지하려고 노력하고 또다시 집중력을 유지하려고 노력하거나 잠깐 휴식을 취하고 나서 다시 집중력을 유지하려고 노력해야 한다. 한 번에 3시간이나 4시간이나 5시간이 넘는 장시간 동안 집중하려고 노력해야 한다면, 그 생각만으로 부담이 될 수 있다. 하지만 시간을 짧은 단위로 나누면 집중하기가 더 쉬워지고 집중력을 키우는 연습과 훈련처럼 느껴질 것이다.

시도해볼 수 있는 또 다른 방법은 소위 '완벽에 대비하기'다. 주의가 쉽게 산만해지거나 앞에서 살펴봤던 감정 문제들이 집중력에 영향을 준다면 시도하면 좋은 방법이다. 얼마 동안 무언가에 몰입하지 못했고 그게 어떤 느낌인지를 잊은 사람에게도 이 방법이 집중력을 향상하는 데 유용할 수 있다.

이 방법을 통해서 얻으려는 목표는 트레이딩하는 동안에 최고의 집중력을 발휘할 수 있는 최상의 컨디션을 마련하는 것이다. 다음 트레이딩 세션이 자기 인생에서 가장 중요한 기회라고 상상해보자. 완벽하게 트레이딩 세션에 집중하도록 무슨 준비를 할 것인가? 이것은 그저 가정이고 실험일 뿐이다. 그러니 망설이지 말고 시도해보고 정기적으로 사용하기에 실용적인 방법이 아닐까 봐 걱정할 것 없다.

충분한 수면, 식단 관리, 적당한 운동, 24시간 동안 소셜미디어 차단 등 최상의 컨디션을 확보하는 데 필요한 모든 일을 파악하고 적어본다. 그리고 트레이딩 세션을 준비하는 데 며칠을 빼야 하더라도 자기가 생각했을 때 필요하다 싶은 것을 실제로 해본다.

이 실험의 목적은 최고의 집중력을 경험하는 것이다. 이 실험을 통해서 최고의 집중력을 발휘하고 유지하려면 무엇이 필요한지를 이해하게 될 것이다. 그리고 이보다 더 중요한 자신의 집중력이 약해지는 때를 더 쉽게 인지하고 그 이유를 금방 파악하는 능력이 생길 것이다. 이 능력은 한 번에 5분이나 10분이나 20분씩 집중하는 시간을 늘려나가 훈련에 도움이 될 것이다.

마지막으로 이번 세션에선 하루 동안 집중력을 개선하는 방법을 중점적으로 살펴봤다. 하지만 여기서 언급한 모든 개념과 전략은 트레이딩 이외의 활동에서 집중력을 높이는 데도 유용하게 활용될 수 있을 것이다.

게으름

스스로 게으르다고 생각하면, 실제로 게으른 것이다. 해야 할 일을 할 동기가 부족한 이유를 분석하기보다는, 자신은 그저 게으를 뿐이고 게으름은 불치병이거나 천성적으로 게으름을 타고났다고 단정해버린다. 그런데 어떤 의미에서 게으르다는 것은 일종의 안락함을 추구하는 것이다. 게으름은 자신이 바꿀 수 없는 것이라고 생각하긴 쉽다. 게으른 사람은 최소한의 일만 하려고 한다.

게으름이 설령 자신의 아주 작은 부분을 차지하는 사소한 성격적 특징이라 할지라도 마음속 깊이 게으른 것은 바뀌지 않는 영원한 것이라고 생각한다면, 게으른 성격을 바꾸려고 무언가를 시도하는 것은 논리적이지 않은 생각이 된다. 하지만 게으른 성격은 고칠 수 없는 것이 아니다. 게으른 성격을 고치려면 어느 정도 노력해야 한다. 이번 세션의 목표는 그 노력을 좀 더 쉽게 만드는 것이다.

게으른 것과 무언가를 할 동기나 의욕이 전혀 없는 것을 같은 것이라고 치부할 수 있다. 하지만 사람이 동기나 의욕이 전혀 없을 수가 없다. 그 대신에 게으른 것은 늦잠을 자거나 TV를 보거나 아무 생각 없이 인터넷 검색을 하는 동기가 강한 상태라고 생각하자. 단어만 바꿔서 같은 말을 하는 것이 아니냐고 생각할 수도 있지만, 이렇게 생각을 바꾸는 것이 게으름이란 문제를 이해하고 해결하는 데 중요하다.

사실상 게으름도 좋든 나쁘든 경험을 통해 학습하는 기술이다. 반드시 해야 하는 일 이외의 일을 하면서 게으름이란 기술이 학습됐다. 생산적으로 사는 법을 학습하는 대신에, 게으르게 사는 법을 배웠고 꽤 게으르게 잘 살아왔다.

트레이더는 과거 거래 내역을 검토하거나, 새로운 트레이딩 아이디어를 고민하거나, 시장 조사를 하는 등 트레이딩 자체가 아닌 일을 할 때 게을러진다. 트레이딩은 긴박하게 진행되기 때문에 트레이더는 트레이딩하면서 긴박감을 느끼게 된다. 그래서 트레이딩은 신이 난다. 반면에 시장을 조사하거나 분석하는 것은 따분하고 지루하다. 그러므로 시장 조사가 할 만한 가치가 있도록 이 일을 해야 하는 동기를 만들어내야 한다. 거래 기회를 조사하거나 분석하는 일이 특별한 이유 없이 할 수 있는 쉬운 일이라면, 트레이더가 굳이 에너지를 쏟으면서 그 일을 할 이유는 없지 않을까?

그리고 사람들은 삶의 체계가 무너져도 게을러진다. 가족과 함께 살거나 학교에 다니거나 다른 누군가의 밑에서 일할 때는 해야 하는 일에 대해서 깊이 고민할 필요가 없다. 그저 맡겨진 일을 하기만 하면 된다. 이러한 삶의 체계는 있을 때는 잘 모르다가 사라지고 나서야 사람들은 그 가치를 깨닫는다. 삶의 체계가 사라지면, 무엇을 해야 할지를 결정하고 실제로 그 일을 해야 한다. 이러한 추가적인 노력이 겉으로 봤을 때 별것 아닌 것처럼 느껴질 수 있다. 하지만 삶의 체계가 사라져서 추가로 노력해야 하는 상황이 생기면, 개인적으로 삶이나 트레이딩이 더 어렵게 다가오고 결국에 게으름으로 이어질 수 있다.

아니면 꽤 많은 돈을 벌기 시작하고 어느 정도 성공하게 되면, 긴박감은 더 이상 느껴지지 않는다. 과거에는 삶과 트레이딩 업무에 대한 의욕이 엄청났는지도 모른다. 하지만 다니던 직장을 그만두고 전업 트레이더로 살아가거나 몇 년 동안 먹고살 걱정 없을 정도로 돈을 많이 벌어서 경제적으로 안정되는 등 꿈꿔오던 목표를 달성하면, 예상치 못하게 게으름이 고개를 든다.

이런 경우에는 과거의 성공에 취해서 설렁설렁 일하거나, 계속해서 일이 쉬울 것이라고 기대하거나, 그저 새로운 목표를 설정하거나 새롭게 도전할 대상을 찾지 못하는 등의 문제가 생길 수 있다. 여기서 게으름은 앞으로 나아갈 방향을 상실했다는 시그널이다.

마지막으로 트레이딩 업계는 쉽게 돈을 벌겠다는 환상을 품고 있는 사람들을 끌어당긴다. 그들은 트레이딩 업계에 입문하기 전에 트레이더로서 제대로 된 직업윤리를 형성하는 데 실패하여, 실제 업무에 최선을 다하지 못한다. 트레이딩은 즐거워서 일처럼 느껴지지 않을 수 있다. 그래서 트레이더는 어떻게 성공할 것이냐에 대한 고민을 쉽게 그만둔다. 생산적인 활동을 선택하고 더욱 엄격한 직업윤리를 갖추는 것이 처음에는 재미없다고 느껴질지도 모른다. 하지만 이 일은 트레이더로서 실패를 맛보거나 평범한 직업을 갖거나 자신을 의심의 눈초리로 바라보던 사람들의 생각이 옳았다는 것을 증명시켜 주는 것보다는 훨씬 더 재미있을 것이다.

성공은 보람되고 성공에 필요한 지루하고 일상적인 과업을 덜 고통스럽게 만들 수 있다. 그렇다고 오랫동안 일하는 것이 친구들과 어울려서 놀거나 시간을 내서 여행 가는 것보다 더 즐겁다는 의미는 아니다. 하지만 오랫동안 일하고 노력하면 목표를 달성하기가 수월해진다면, 오랜 시간 일하는 것이 더 쉽게 용인된다.

이 문제를 해결하려면, 먼저 자신을 바라보는 시각부터 바꿔야 한다. 우리는 게으르지 않다. 그저 마땅히 해야 하는 일이 아닌 일을 하겠다는 동기와 의욕이 강할 뿐이다. 동기와 의욕은 목표를 추구하는 데 필요한 에너지에 불과하다. 자신이 어떤 습관을 피하고 어떤 습관을 기르려고 하는지를 자세히 살펴보면, 생산적이지 않은 활동을 선호하는 이유를 더 잘 이해할 수 있을 것이다.

지금쯤이면 게으름이 성격적 특성이라는 틀린 생각이 서서히 바뀌고 있을 것이다. 아니면 다른 사람들이 자기 잠재력을 정의하여 자신을 가두었던 틀에서 벗어나거나, 삶의 체계를 스스로 갖추고 책임지는 법을 배우거나, 트레이딩 업계에서는 돈을 쉽게 벌 수 있다는 환상에서 벗어나고 있을지도 모른다. 이제 자신의 비전을 밀고 나가서 현실로 만들 수 있게 필요한 동기와 의욕을 찾아야 한다. 트레이더로서 아니면 자기 경력을 위해서 자기 목표를 다시 정의해야 한다.

그리고 나서 매일 이뤄지는 소소한 결정들에 모든 관심을 쏟아야 한다. 반드시 해야 하는 일과, 해야 하는 일 대신에 지금 하는 일이 있을 것이다. 반드시 해야 하는 일을 더 많이 하기 위해서 게을러진 이유를 찾고 더 좋은 선택을 하는 능력을 키워야 한다.

1. 해야 하는 일 대신에 다른 일을 하겠다는 게으른 선택을 할 때 자신이 주로 하는 핑계에는 어떤 것들이 있는지 파악한다.
2. 각각의 핑계가 왜 잘못됐거나 틀렸는지를 적어본다.
3. 그 대신에 할 수 있는 생산적인 일에는 무엇이 있는지 정리해 보고, 각 활동의 가치도 살펴본다.

게으름이 고개를 들어서 해야 하는 일 대신에 다른 일을 하고싶은 순간이 오면, 중요도는 낮지만 즉각적인 만족감을 주는 일과 생산적인 일의 장단기 가치를 비교해 본다. 지금 덜 재미있는 일을 하면, 미래에 훨씬 더 재미있는 일을 할 수 있게 된다. 어렵다고 느껴질 때 더열심히 일하면, 결국에는 어렵다고 생각됐던 일은 쉬워질 것이다. 지금 하기 싫고 어려운 일을 해서, 앞으로 얼마나 유능한 트레이더로 성장하게 될지를 상상해 보자.

게으르면 몸은 편할 수 있다. 하지만 이제 더는 게으른 태도나 성격은 절대로 바뀌지 않을 것이라고 자신을 속일 수는 없을 것이다. 게으름을 핑계로 해야 할 일을 하지 않고 계속 미룰 수 없다. 게으른 태도나 성격을 바꿀 수 있고 자신은 게으르지 않다고 생각하면, 자신이 게을러진 이유와 게으름을 피울 때 나타나는 패턴을 파악하고 해소하면, 결국에 더 좋은 습관을 기를 동기와 의욕이 생길 것이다.

미루기

중요한 일을 하지 않고 계속 미루는 것은 습관이다. 트레이딩 일지를 검토하거나 새로운 전략을 조사하거나 차트 분석법을 업그레이드하는 등 지금 당장 할 수 있는 쉬운 일은 많지만, 내일로 그 일을 미루는 것은 더 쉽다. 문제는 미루는 데 일가견 있는 사람들에게 자신들이 원하는 내일은 절대로 오지 않을 환영이란 것이다.

우리는 오늘 할 일을 내일로 미루는 데 대가지만, 내일이 오늘이 됐을 때 미룬 일을 처리하는 데 젬병이다. 그래서 또다시 오늘 할 일을 내일로 미룬다. 내일 그 일을 정말로 하리라는 것은 환상일 뿐이다. 그래서 앞서 말했듯이 내일은 절대 오지 않을 환상의 시간이고, 오늘 할 일을 내일로 미루는 일이 계속 반복된다.

어느 순간에 계속 미루기만 하는 자기 자신에게 진절머리가 나거나, 돈을 좀 벌어야겠다고 생각하거나, 회사에서 해고되거나 달리 걱정스러운 상황과 부닥치게 될까 봐 걱정하게 된다. 이 지경까지 이르게 되면, 뭔가 해야 한다는 동기가 확 생긴다. 그래서 지금까지 미뤄왔던 모든 일에 맹렬히 집중하고 신속하게 처리한다.

그런데 안타깝게도 최악의 상황을 모면한 뒤에는 이전처럼 미루는 습관으로 되돌아갈 가능성이 크다. 시간과 기회를 허비한 것 말고 오늘 할 일을 내일로 미뤄서 손해 본 것은 없다. 그리고 어느 정도의 시간과 기회를 낭비하는 것은 기꺼이 감수할 일종의 업무 경비다. 어쨌든 미루던 일을 처리해서 어느 정도의 보상이 주어진 것 같으니, 미루는 습관을 바꿀 이유는 없다. 그래서 또다시 오늘 할 일을 내일로 미루기 시작하다가, 한계에 이르자 다시 헐레벌떡 일을 처리한다. 이것은 무의식적으로 스스로 미루는 습관이 문제가 된다는 것을 알고, 이제 이 습관을 고칠 때라는 것을 알고 있다는 의미다.

더 이상 미루고 싶지 않다면, 먼저 '언제나 내일이 있다'라는 생각을 버리고 대개 다음으로 미루는 일을 지금 당장 해치우는 습관을 키워야 한다. 이것은 강도 높은 압박감이나 스트레스를 받고 있지 않을 때 일을 하는 법을 배워야 한다는 뜻이다. 미룰 수 있을 만큼 미루다가 더 이상 미룰 수 없는 지경에 이르렀을 때 일은 쉽게 처리될 수 있다. 왜냐하면 지금 당장 그 일을 처리하지 않을 수 없는 상황이기 때문이다. 어찌 보면 미루는 습관이 지금 당장 일을 처리하는 것 말고 다른 선택지는 모두 없었지만, 눈앞의 일에 집중하고 그 일을 처리해야 한다는 동기를 얻기 위해서 엄청난 스트레스나 압박감을 만들어냈다.

이 악순환을 끊어내려면, 선택지에서 미루는 것을 뺄 힘과 의지가 필요하다. 기억해야 할 것은 오늘이 발전할 수 있는 시간이라는 것이다. 다시 말해서, 오늘이 바로 트레이딩 성과가 개선될 뿐만 아니라 미루는 습관이 고쳐지는 순간이며 성장할 수 있는 유일한 기회를 제공한다. 내일은 절대로 오지 않을 환영이다.

일을 꾸준하게 하는 능력은 하루아침에 생기지 않는다. 앞에서 언급했듯이, 하루에 고작 5~10분이라도 꾸준히 할 수 있는 일이 뭔지를 찾고 그 일을 미루지 않고 하는 것부터 시작해야 한다. 물론 이보다 더 많은 일을 할 수 있을 것이다. 하지만 목표치를 너무 높게 잡으면 꾸준하게 하는 것이 어려우므로, 일단 낮은 강도로 시작하는 것이 중요하다.

5~10분 동안 일하는 것이 쉬워지면, 일하는 시간을 늘려라. 이렇게 하다 보면 업무 처리 시간을 최적의 수준까지 연장할 수 있을 것이다. 결국에는 미룰 수 있을 때까지 일을 미뤘다가 한꺼번에 일을 처리하는 것보다 트레이더로서 개인 역량을 훨씬 더 지속 가능한 방식으로 개발하는 방법을 찾을 수 있을 것이다.

이번 장에서는 감정 문제와 절제력 문제를 구분하는 방법, 절제력 문제가 있다는 것을 알리는 많은 시그널 그리고 절제력 문제가 겉으로 발현되는 형태를 살펴봤다. 그리고 집중 시간을 기록하고 시간을 관리하는 것부터 멘탈 핸드 히스토리를 사용하는 것까지 절제력 문제에 대응하는 많은 전략도 알아보고 익혔다. 이제는 각자의 절제력을 향상해 나가고 있거나, 적어도 절제력을 향상하려면 무엇을 해야 하는지를 이해했을 것이다.

이 책의 초반부에 감정 통제가 감정에서 비롯된 문제에 대한 해결책이 아니라고 했다. 각종 문제를 초래하는 감정을 해소하면 욕심, 두려움, 절망, 자신감 과잉, 낮은 자신감, 형편없는 절제력 등과 같은 문제로 더 이상 고통받지 않아도 된다. 감정에서 비롯된 문제들을 관리하는 대신에, 그 기전에 깔린 감정을 완전히 해소하면 트레이딩에 더 집중할 수 있고 돈을 더 많이 버는 방법을 찾을 수 있게 된다. 이 책은 모든 트레이더가 성과 결함을 초래하는 감정을 해소하도록 도왔다.

지금까지 감정과 절제력 문제가 트레이딩 성과에 어떤 식으로 지장을 주는지를 살펴봤다. 그리고 성과 결함을 초래하는 감정과 절제력 문제를 인지해내는 방법과 그것들의 근본 원인을 찾는 방법도 살폈다. 그 덕분에 우리 모두는 이제 마지막 단계로 넘어갈 준비가 됐다. 지금부터는 이런 문제들이 나타날 때마다 바로 대응하고 좋은 의도가 왜곡되는 일을 피할 수 있도록, 성과 결함을 유발하는 감정과 절제력 문제와 관련해서 우리의 뇌가 어떻게 반응하는지를 좀 더 자세히 살펴볼 것이다.

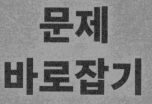

문제
바로잡기

"사람에게 물고기를 주면, 그 물고기를 먹으며 하루를
살 수 있다. 사람에게 물고기를 잡는 법을 가르쳐 주면,
그는 죽을 때까지 먹고 살 수 있다.

- 화자 미상

지금쯤이면 멘탈 게임 문제가 트레이딩 성과에 얼마나 나쁜 영향을 줄 수 있는지를 깨달았을 것이다. 멘탈 게임 문제가 모두 사라졌다고 상상해 보자. 멘탈 게임 문제의 바닥에 깔린 감정을 해소하면, 문제가 자연스럽게 해결된다. 그러니 멘탈 게임 문제를 낳는 감정을 해소하기 위해서 노력해야 한다.

혹자는 지금까지 읽은 내용에 압도돼 부담감을 느낄 것이고, 혹자는 이 책에서 소개한 시스템이 자신에게 가져올 성과를 낙관적으로 바라볼 것이다. 지금쯤이면 자신의 문제가 무엇인지를 인지하고 그에 대한 대응 방식을 바로잡을 기반이 마련됐다고 확신한다. 이제는 성과 결함을 불러 일으키는 감정을 해소하는 데 필요한 일에 철저히 집중해야 한다. 트레이딩 성과를 한 단계 높이려면, 성과 결함으로 이어지는 감정 문제를 해소해야 한다. 그러므로 이런 감정을 해소하는 것이 궁극적인 목표다.

대다수가 쉽게 성과 결함을 초래하는 감정을 해소하지 못할 것이다. 그리고 그 방법이 자신이 예상했던 것과 다를 수 있다. 15년 동안 사람들이 성과 결함을 해소하고 성과를 향상할 수 있도록 조언을 해주는 일을 하면서, 필자는 성과 결함과 연관된 감정을 해소하는 과정에 대해서 많은 것을 알게 됐다. 그리하여 이번 장의 목표는 출발점이 어디든 상관없이 이 과정을 더 쉽고 빠르게 만드는 것이다.

트레이더들이 자주 하는 착각이 있다. 그들은 자신들의 실수, 특히 심리적이고 감정적인 실수는 바로잡기가 쉽다고 생각한다. 모두가 실수가 무엇인지 알게 됐으니 더 이상 실수라는 것을 하지 말자… 어려울 필요가 없는 간단한 전략인듯하다. 하지만 한창 트레이딩하는 동안에는 그리 간단치가 않다. 실수가 계속되니, 실수하는 자기 자신에게 화가 나거나, 압박감을 느끼거나, 자신감이나 의욕을 잃는다. 또는 주의가 산만해지며 현실을 부정하거나, 아무 데나 화풀이하거나, 핑계만 댄다. 아니면 이 모든 반응이 복합적으로 나타난다.

'광기'는 다른 결과를 기대하면서도 계속해서 같은 수준으로 일을 하고, 문제가 쉽게 해결될 것이라고 고집스럽게 믿고 문제를 해결하려고 노력하지 않는 것이라고 정의 내릴 수 있다. 설상가상으로 실수를 훨씬 더 잘 인지하게 됐으니, '같은 실수를 다시 할 리가 없다'라고 생각한다.

며칠이나 일주일 심지어 한 달 동안 같은 실수를 하지 않으면, 허황된 자신감이 생겨난다. 그러다가 실수를 다시 하게 되면, 이전보다 훨씬 더 격하게 감정적으로 반응하게 된다.

이번 장이 이렇게 반복되는 혼란에서 빠져나오는 길을 알려줄 것이다. 뇌가 어떻게 움직이고 실수를 유도하는지를 좀 더 깊이 살펴보고 이해하면, 뇌 작용으로 초래되는 문제를 피할 수 있다. 이번 장에서는 문제가 생기는 즉시 대처하는 방법을 익히고, 문제를 바로잡을 전략을 세워서 습관처럼 매일 실천하는 연습을 하게 될 것이다. 반복이야말로 감정 해소에서 가장 중요한 요인이다.

좋은 의도로 생각하고 행동하고자 할 때 뇌가 어떤 식으로 훼방을 놓는지부터 살펴보도록 하자.

오작동하는 뇌 기능

인간 뇌의 복잡함에 대해서 몇 년이고 이야기할 수 있다. 뇌가 어떻게 작동하는지를 해독하기 위해서 수많은 책과 논문이 쏟아졌다. 하지만 우리는 뇌의 작동과 관련해서 몇 가지 핵심 원리만 이해하면 된다.

뇌는 계층 구조를 지닌다. 첫 단계는 심박, 호흡, 균형, 수면 주기 등 뇌의 가장 중요한 기능이 모두 저장된 곳이다. 자전거 타기나 주문하기 등과 같은 학습을 통해서 습득하는 기술도 바로 이곳에 저장되어 있다.

뇌의 두 번째 단계는 감정 체계이고, 세 번째 단계는 사고, 계획, 자기 인식, 조직, 감정 통제 등 뇌의 고기능이 모두 포함된 심리 체계이다. 그런데 이러한 뇌의 계층 구조에는 숨은 문제점이 있다.

그것은 바로 감정 체계가 지나치게 활성화되면 뇌의 고기능, 즉 심리 체계가 차단되는 것이다.

감정이 격양되어 있을 때, 제대로 된 의사결정을 내리지 못하는 이유가 바로 이것이다. 감정이 격양되면, 뇌는 정확하게 정보를 처리하지 못하도록 방해한다. 감정이 격해져서 감정 기능이 과도하게 활성화되면, 어쩔 수 없이 뇌의 고기능이 차단되기 때문이다.

긍정적인 감정과 부정적인 감정 모두 뇌의 심리 체계에 오작동을 일으킬 수 있다. 예를 들어서, 7장에서 자신감을 느끼는 것은 좋은 성과를 내는 데 중요하지만, 자신감이 지나치면 문제가 생길 수 있다고 배웠다. 자신감이 지나치면, 엄청나게 많은 감정이 뇌로 흘러들어와서 의사결정 기능이 훼손된다. 이것은 의사결정에서 중요한 요인을 간과하거나 자기 의견의 정확도를 과대평가하게 만들 수 있고, 나아가 리스크를 평가하는 데도 부정적인 영향을 줄 수 있다.

감정이 부정적이든 긍정적이든, 감정이 격해지면 다음의 일이 일어날 수도 있다.

- 감정이 최고조에 도달하여 충격, 극도의 행복감, 맹목적인 분노와 같은 감정을 느끼게 되면, 뇌가 완전히 정지하고 아무 생각도 떠오르지 않는다.
- 너무 급하게 정보를 처리해서 중요한 데이터를 놓치면서 의사결정 프로세스가 불완전해진다.
- 어떤 요인을 지나치게 중요하게 여기고 의사결정에 필요한 다

른 유의미한 요인을 간과하게 된다.

- 마치 뇌가 희뿌연 안개에 휩싸인 듯이 정답을 알면서도 정답을 도출할 수가 없다.
- 예전 나쁜 습관이 나오면서, 아직도 그 습관을 고치지 못한 자신에게 놀란다.
- 자신이 하고 있는 행동이 틀렸다는 것을 알고 있지만 그 행동을 멈출 수가 없다. 마치 더 많은 돈을 투자하고 과도한 리스크를 감수해야만 될 것 같은 압박감이 느껴진다.
- 시야가 좁아지고 여러 지표 중에서 한 가지에만 집착하고 나머지 다른 지표들은 무시한다.
- 수익성이 높은 좋은 거래 기회를 찾아내지만, 실제로 거래에 뛰어들지 못한다.

격양된 감정이 뇌의 심리 기능을 어떻게 차단하는지에 대해 잠시 생각해 보자. 이를 고려하지 않고 트레이딩 전략을 세우면, 이 문제를 해결할 가능성은 희박하다.

심지어 감정과 성과의 관계를 설명하는 과학적 원리가 존재한다. 예키스-도슨 법칙(Yerkes-Dodson law)에 따르면, 감정이 고조되면서 트레이딩 성과가 개선되지만, 그 정도에는 한계가 있다.

예키스-도슨 법칙

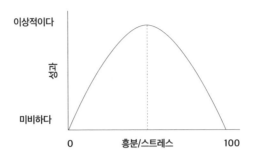

이 법칙의 정의대로, 곡선의 오른쪽에 있는 변곡점이 개인의 감정 역치다. 바로 이 지점에서 감정이 격해지기 시작한다. 변곡점을 지나서 감정이 격양되기 시작하면, 성과가 하락한다. 뇌의 감정 체계가 사고, 의사결정 그리고 감정 통제와 같은 뇌의 고기능을 차단하기 시작하기 때문이다. 이렇게 되면, 감정이 점점 격해질수록 감정의 강도에 비례해서 현재 배우고 있는 지식과 기술을 잊게 된다.

감정 역치를 지나서 더 멀리 움직일수록, 점점 더 많은 지식이 기억나지 않게 된다. 익힌 지 얼마 안 된 지식일수록 먼저 잊혀진다. 아주 잘 알고 거의 통달 수준에 이른 기술이나 지식이 가장 마지막에 잊혀진다.

사고, 행위, 관점 그리고 의사결정 프로세스에 문제가 생기면, 감정이 역치를 넘어서 격양되고 있다는 것을 알게 된다. 물론 사람마다 이 역치는 다르다. 이것은 지극히 개인적인 기준이다. 편견이 평소보다 더 자주 튀어나오고, 의사결정능력이 오락가락하기 시작하고, 특정 정보에 대한 접근성이 떨어지기 시작하는지를 예의주시해야 한다.

곡선의 왼쪽에서는 이와 정반대의 일이 일어난다. 피곤하거나 지루하거나 탈진하거나 절제력이 부족할 때처럼 무언가를 생각하는 데 쓸 감정 에너지가 충분하지 않으면, 뇌의 사고기능이 작동할 수 있도록 충분한 감정 에너지를 만들어내야 한다. 다시 말하지만, 감정 에너지는 성과를 내는 데 있어서 중요한 역할을 한다. 감정이 지나치게 많거나 반대로 적을 때 문제가 생긴다. 이번 장에서 개략적으로 설명할 멘탈 게임 전략은 감정 에너지의 양이 곡선의 꼭짓점에 위치하도록 만들기 위해서 고안됐다. 감정 에너지의 양이 곡선의 꼭짓점에 있으면, 더 자주 최고의 성과를 얻을 수 있을 것이다.

표면적으로 이러한 개념은 간단하게 보일지 수 있지만, 감정 문제를 해결하는 데 큰 영향을 미친다. 감정 체계가 사고력을 차단하는 힘을 지녔다는 사실을 인정하고 그저 주어진 한계 안에서 효율적으로 움직이면 그만이다.

감정 역치를 완전히 넘어서기 전에 감정을 통제하려고 노력해야 한다. 여기서는 타이밍이 아주 중요하다. 감정이 고조되는 것을 인지하지 못해서 감정이 고조되게 내버려 두면, 감정을 통제하기 위해서 치열한 싸움을 벌여야 할 것이다.

전두엽 피질은 감정 통제를 담당하는 뇌 영역으로, 감정이 고조되면서 약해지는 뇌의 고기능 중 하나가 바로 감정 통제다. 격앙된 감정 때문에 절실히 필요한 순간에 이 부분이 제대로 작동하지 않는다. 간단하게 말해서, 감정은 감정을 통제하는 능력을 약화시킬 힘을 갖고 있다. 말하자면, 감점이 역치를 넘어서면, 감정 통제력을 되찾기가 점점 더 어려워진다. 그런데 트레이더들은 사고력이 약해지고 난 뒤에야 자신들의 감정을 통제하려고 시도하는 경우가 너무나 잦다.

뇌의 고기능을 상실하게 된 원인이 자신감 과잉이냐 분노냐 두려움이냐는 중요치 않다. 결과적으로 트레이더들이 감수해야 할 결과가 엄청나다는 것만이 중요하다. 트레이더뿐만 아니라 우리 모두 돈을 벌기 위해서 뇌의 고기능에 의존한다. 뇌의 고기능을 담당하는 뇌 영역은 뇌에서 가장 귀중한 영역 중 일부다. 바로 이곳에서 사고가 일어나고 이전 지식, 경험, 행위 그리고 실시간 시장 데이터 등 다양한 출처에서 얻은 정보를 처리하게 된다.

뇌 기능이 오작동을 일으키는 경위를 제대로 이해하면, 감정을 완전히 해소할 수 있는 또 하나의 수단을 손에 쥐게 되는 셈이다. 그러면 지금부터 앞으로 나아가기 위해서 감정과 전면전을 벌이는 데 도움이 될 실시간 전략을 깊이 살펴보자.

실시간 전략

그렇다면 멘탈 게임 문제는 어떻게 해소할까? 감정적으로 반응할 때마다 실시간으로 감정적 반응을 바로잡을 수 있는 경지에 도달해야 한다.

실수나 약점이 성과에 영향을 주는 순간을 인지할 수 있으면, 그 즉시 성과 결함을 유발한 실수나 약점을 바로 고칠 수도 있다. 이렇게 하다 보면, 자기 생각과 감정에 대해 더 큰 통제력을 행사할 수 있을 뿐만 아니라 성과 결함의 바닥에 존재하는 감정을 완전히 해소하는 데 필요한 전략을 반복적으로 실천하여 마스터할 기회도 얻을 수 있다. 이것은 돌 한 개를 던져서 새 두 마리를 잡는 격이다.

감정적 반응을 바로잡는 것은 먼저 논리적으로 사고하고, 그다음에 이 논리적인 사고가 머릿속에 명확하게 각인되어 감정적 반응이 성과 결함으로 이어지는 패턴을 도중에 멈추게 하는 힘을 기르는 것이다.

4장부터 8장까지 감정 패턴을 자세히 분석해서 멘탈 지도를 만들고 멘탈 핸드 히스토리를 사용해서 감정 문제를 파악했다. 이 과정에서 감정에서 비롯된 성과 결함을 바로잡을 전략이 마련됐다. 그러니 이제는 이 전략을 실전에 사용할 때다. 전략을 실제로 이용하려면, 뒤에 설명하는 4단계의 프로세스가 필요할 것이다. 처음에 설명이 복잡해서 이해하기 어려울 수 있다. 하지만 일단 이 프로세스를 완전히 이해하면, 단 몇 초만에 이 프로세스를 완수해 낼 수 있을 것이다.

감정적인 반응을 통제하는 법을 배우려면 최선을 다해야 한다. 우선 문제부터 파악하고, 그것을 수정할 방법을 찾는다. 실수나 편견이나 거짓된 믿음을 완전히 제거하려면, 반복해서 수정 방법을 시도하고 통달해야 한다. 전문 운동선수들처럼 자신들의 기량을 완벽하게 갈고닦고 경쟁력을 유지하기 위해서 '반복 전략'을 이용해야 한다.

말하자면, 정신 기술을 배우는 것이다. 감정적 반응을 통제하는 법을 통달하면, 감정적 반응이 유발하는 문제를 영원히 고칠 수 있다. 문제가 영구적으로 고쳐지면, 해결책이 나온다. 옛 반응은 사라지고, 자연스럽게 침착함과 집중력이 유지돼서 최고의 기량을 발휘할 수 있게 된다.

감정을 통제하려면 최선을 다해야 한다. 최선을 다하는 것 말고 다른 방법은 없다.

1단계 : 문제 인지

이 단계에서는 감정 패턴을 분석해서 지도를 만드는 프로세스가 정말로 도움이 될 것이다. 2장의 초반부에서 언급했듯이, 존재도 모르는 문제를 막거나 바로잡을 수 없다. 여기서 지금까지 작성한 멘탈 지도를 이용하면, 문제가 촉발됐음을 알리는 시그널이 눈에 들어올 것이다.

궁극적으로 멘탈 지도가 내재화해야 한다. 그러면 감정이 아무리 고조됐더라도, 침착하게 멘탈 지도를 기억해내서 어떤 문제가 촉발된 것인지를 파악하고 대응할 수 있다. 이 경지에 이를 때까지 가까운 곳에 멘탈 지도를 두고 필요할 때 언제든지 펼쳐볼 수 있도록 준비하자.

문제가 발생했다는 시그널을 인지하면 2단계로 넘어갈 순간이다.

2단계 : 모멘텀 교란

뉴턴의 운동 제1 법칙에 따르면, 움직이는 사물은 외부에서 힘이 가해지지 않으면 등속도로 계속 움직인다. 말하자면, 감정적 반응은 일종의 움직이는 물체인 셈이다. 감정적 반응이 최악의 결과로 치달을 때, 분명히 어떤 힘이 작용하고 있을 것이다. 그 힘에 저항하지 않으면, 최악의 결과를 향해서 계속 나아가게 된다. 최고의 방법은 무언가에 감정적으로 반응했고 최악의 결과로 치닫고 있다고 인지하는 즉시, 더 이상 최악의 결과를 향해 나아가지 않도록 감정적 반응을 중단하는 것이다.

감정적 반응이 계속되지 않도록 막는 주된 목적은 감정적 반응과 그것을 바로잡으려는 노력을 분리하는 것이다. 이렇게 하면 감정적 반응을 바로잡고 감정을 통제하려는 노력의 영향력이 커질 것이다. 감정적으로 반응하기 시작했다고 인식되는 즉시, 다음의 네 가지 기법 중 하나를 시도해보길 바란다.

- **심호흡해라.** 이것은 특별한 비법은 아니다. 심호흡을 한 번 하는 것만으로 굳이 자리를 뜨지 않고도 고조된 감정을 어느 정도 진정시킬 수 있다. 가슴이 아니라, 복부를 가득 채울 정도로 숨을 깊이 들여 마셔라. 다시 말해서, 복식 호흡을 해야 한다. 복식 호흡을 하면 몸에 긴장이 풀릴 것이다.
자기 호흡에 집중하면서 복식 호흡하는 연습을 하자. 시간이 흐르면서, 심호흡 한 번으로 문제가 악화하는 것을 막는 힘이 눈에 띄게 향상됐다는 것을 깨닫게 될 것이다.

- **글로 적는다.** 잠깐 시간을 내서 자기 생각이나 감정 등 그 순 간에 머릿속에 떠오르는 것을 적어보자. 머릿속에 떠오른 무 언가를 글로 적어 보는 것이 감정을 진정시키는 데 도움이 될 것이다.

- **잠깐 일어나거나 산책한다.** 흥분하면 트레이더들은 주로 무슨 일이 일어나고 있는지를 파악하고 생각을 정리하기 위해서 자 연스럽게 자리에서 일어나거나 잠깐 산책을 한다. 생각을 정리 하고자 잠깐 산책하고 돌아와서 그 내용을 어딘가에 적어 보는 것도 좋다.

- **누군가와 대화한다.** 일부는 흥분하면 사무실의 동료에게 쏟아 내거나 온라인 포럼에서 자기 생각을 마구 적거나 다른 트레이 딩 친구에게 하소연한다.

이것들은 아마도 이미 본능적으로 하고 있는 일들일지도 모른다. 여기서 핵심은 이것들을 의식적으로 이용하는 기법으로 만들어 그 효과를 높이는 것이다. 이 중에서 이미 사용하고 있는 기법이 있다 면, 그것부터 시작해도 좋다. 감정적 반응이 더 심각해지면, 위 기법 들을 혼합해서 사용할 수도 있다. 예를 들어서, 심호흡은 흥분도가 낮을 때만 효과적이다. 그러니 감정이 고조되어서 심하게 흥분하면 머릿속에 떠오르는 것을 적어보고 생각의 흐름을 끊기 위해서 자리에서 일어나는 것이다.

일주일에 거래를 몇 번 하지 않는 트레이더들은 자리에서 일어나거나 잠깐 산책을 하는 방식으로 자신들의 감정 패턴을 끊어낼 시간적 여유가 있다. 그렇기 때문에 이렇게 해서 수익성 높은 거래 기회를 놓칠 가능성이 작다. 하지만 이런 방식으로 감정을 통제하는 기간이 길어지거나 반복되는 것은 이상적이지 않다. 여기서 목표는 감정을 진정시키기 위해서 책상에서 일어나 자리를 뜨는 시간을 점점 줄이는 것이다.

반면에 한 시간에 여러 거래를 진행하는 트레이더들은 자신들의 감정 패턴을 신속하게 끊어낼 방법을 찾고 개발해야 한다. 그들의 목표는 속도를 높이는 것이다. 이런 경우에 대체로 앞서 살펴본 네 가지 기법 중 하나를 쉽게 사용할 수 있는 경지에 이를 때까지 반복적으로 기법을 시도하는 노력에 추가로 시간을 들여야 한다.

3단계 : 논리 주입

'논리 주입'은 트레이딩 전략 이행 시 실수를 유발하는 감정이 생기는 즉시 그 감정을 해소시키는 일종의 해독제다. 제대로만 사용하면 이 해독제는 멘탈 게임 문제를 해소하는 데 가장 강력한 도구가 될 수 있다. 이것은 사람들이 멘탈 게임 문제를 마주할 때 자연스럽게 하게 되는 행동을 기반으로 한다. 일반적으로 사람들은 자연스럽게 감정적으로 행동하는 자기 자신을 혼잣말로 진정시킨다. 논리 주입은 이런 성향을 의도적으로 이용해서 실수를 유발하는 감정이 촉발되면 논리적으로 자신을 안정시키는 것으로, 훈련을 통해서 습득할 수 있는 일종의 기술이다.

사고는 감정이 고조되는 것을 막는 주된 도구다. 그리고 심리학자들이 '자기 대화'라고 부르는 행위의 힘이 연구에서 증명됐다. 핵심은 감정이 크게 고조되지 않았을 때 자기 대화를 이용하고 갈고 닦은 논리를 이용하는 것이다.

목표는 트레이딩 세션을 시작하기 전에 적고 실천하고 결과를 검토할 명제를 짧게 작성하는 것이다. 이 명제에 담긴 힘이 감정 상태에 즉각적으로 영향을 줄 정도로 커져서, 이차적인 감정이 생겨나는 것을 막고 문제의 기저에 존재하는 감정을 영원히 해소하는 데 도움이 될 것이다. 몇 가지 사례를 살펴보자.

- **포모** : 시장은 끊임없이 기회를 제공한다. 그러니 모든 기회를 전부 잡을 필요는 없다.
- **실패에 대한 두려움** : 때로는 방관하는 태도에서 더 큰 리스크가 나온다.
- **손실에 대한 거부감** : 나는 어떤 거래에서는 돈을 벌 것이고, 어떤 거래에서는 돈을 잃을 것이다. 손실은 트레이딩에서 불가피하다. 하지만 손실이 발생할 때 내 감정을 통제하고 내 전략에 따라서 거래하는 한, 장기적으로 이익을 볼 것이다.
- **실수에서 오는 틸트** : 실수를 싫어하는 것은 배우는 것을 싫어하는 것과 같다. 실수에서 무언가를 배웠다면, 내가 거래에서

잃은 돈은 더 큰 경쟁력을 개발하기 위한 투자금이다.

- **부당함에서 오는 틸트** : 나도 운이 좋을 수 있다. 행운을 찾으면서 나의 트레이딩 전략을 고수한다. 이렇게 하면 장기적으로 봤을 때 수익이 손실보다 더 클 것이다.
- **자신감 부족** : 이 트레이딩 전략을 개발하고 세우는 데 많은 시간을 할애했다. 한 번의 거래에서 돈을 잃었다고, 이렇게 공들여서 만든 전략을 쉽게 바꾸는 게 말이 되나?
- **자만심** : 나는 뜬구름을 잡고 있다. 거래로 내가 무언가를 얻기를 바란다고 해서, 실제로 그것을 얻을 수 있는 것은 아니다. 그냥 내 할 일이나 충실히 하자!
- **지루함** : 그저 거래하고 싶어서 아무 데나 거래한다면, 나는 트레이더가 아니라 도박꾼과 다를 바 없다.
- **집중력** : 트레이딩은 직업이다. 최선을 다해야 하는 나의 사업으로 트레이딩에 임해야 한다. 트레이딩 세션이 종료되면, 다른 일에 집중할 수 있다. 지금은 트레이딩 세션에 집중할 때다!

자신이 세운 논리가 효과적일 때, 감정적인 반응은 순간적으로 확 줄어들 것이다. 처음에는 그 변화가 크게 다가오지 않겠지만, 뚜렷하게 느껴질 것이다. 그리고 시간이 흐르면서, 논리가 더 강력해져서 곧바로 큰 차이가 느껴지게 될 것이다.

머릿속에 주입할 논리를 제대로 세우려면, 자기 명제를 작성하기 위해서 멘탈 핸드 히스토리의 2단계부터 5단계까지 작성했던 내용이 필요하다. 처음에는 "나는 완벽할 수 없다. 그러므로 완벽하기를 기대하는 것은 고통스러울 뿐이다"와 같이 부정적인 언어로 구성된 명제이어도 괜찮다. 때로는 긍정적인 언어가 강력하게 와 닿지 않을 수도 있다. 그러니 부정적으로 생각하는 것은 나쁘다는 생각에 얽매일 필요는 없다.

단숨에 완벽한 명제를 작성해 보겠다고 고집부리지 말자. 그저 자기 나름대로 명제를 짧게 작성해 보고, 그것이 감정 상태를 안정적으로 유지하는 데 효과적인지를 며칠 동안 살펴보자. 감정을 통제하는 능력이 향상되고 있는지를 판단하는 기준은 실수를 덜 하는 것이다.

이 프로세스의 초반에는 뭐라고 말하든 크게 중요하지 않다. 플라세보 효과의 영향을 받아서, 명제라는 사실만으로도 감정 패턴을 중단하는 데 효과가 있을 수 있다. 하지만 이것은 처음에만 해당하는 것이다. 문제가 더 악화하지 않게 관리하는 것은 문제를 완전히 해결하는 것과는 다르다는 것을 잊어선 안 된다.

예를 들어서 시장이 반등해서 가격이 오르기를 바라며 손실이 나는 트레이딩 포지션을 마감하지 않는다고 치자. 가격이 역전되어서 수익이 나기를 바라는 것은 잘못된 욕심이라는 것을 알고, "무언가를 바라는 것은 전략이 아니다. 이 트레이딩 포지션을 마감하고 다음으로 넘어가야 한다"라고 자신에게 말했다. 이것은 합리적인 말이었고, 어쨌든 이 말 때문에 손실이 나고 있는 트레이딩 포지션을 마무리했다. 하지만 손실이 나는 트레이딩 포지션을 마감하길 주저하는 *이유*를 파악하고 해소하지는 않았다.

앞에서 사례로 든 명제들도 마찬가지다. 계속 감정적으로 반응하고 진전의 기미 없이 같은 문제가 이어진다면, 문제를 초래한 감정을 깊이 살펴서 그 원인을 파악하고 해결하지 않았기 때문이다. 이렇게 되면 논리를 주입하는 것이 일시적으로 부인, 회피, 주의산만 또는 불감지 등과 같은 감정을 통제하기 위해서 마련한 단기 전략과 다르지 않게 된다. 문제를 깊이 파고들고, 멘탈 핸드 히스토리에 적은 내용을 다시 살피고 평가하고, 논리를 주입하는 새로운 명제를 만들어야 한다.

논리가 옳고 적시에 그 논리를 사용한다면, 분명 효과가 있을 것이다. 논리를 이용하자. 논리를 바로 세우고 적시에 사용하면, 그 순간의 감정 상태를 안정시킬 뿐만 아니라 그릇된 논리, 편견과 인지 착각을 바로잡아서 감정 해소에 한 걸음 더 가까이 다가가게 된다. 후자는 시간이 좀 걸린다. 도끼로 거목을 찍어서 쓰러트리듯이, 계속해서 반복해야 감정 해소에 이를 수 있다.

옳은 논리를 바탕으로 어떤 명제를 세웠느냐는 중요치 않다. 그 명제를 테스트해서 업그레이드하는 것이 중요하다. 이것이 혼란한 감정 패턴을 끊어내고 두려움이나 욕심이나 자신감 상실과 같은 부정적인 감정을 없앨 수 있는 강력한 논리를 세우는 방법이다. 트레이딩 이외의 시간에 자신의 멘탈 핸드 히스토리와 논리적 명제를 살펴볼 필요가 있다. 그리고 그 둘을 머릿속에 각인시키고, 테스트해 봐야 한다.

감정이 고조될 때 심호흡하고 논리적 명제를 되새기면, 이 두 단계는 단단히 결합된다. 그저 명제에 적힌 글자를 외우는 것이 아니라, 그 명제의 의도를 파악하고 기억하자. 어떤 상황에서든지 명제에 담긴 논리를 되뇔 수 있을 정도로 능수능란해져야 한다. 논리가 마음속에 깊이 각인될수록, 격양된 감정에 논리를 주입할 때 감정을 안정시키는 효과가 더 강력해진다.

때로는 이미 잘 알던 논리였지만 제대로 활용하지 않았던 것일 수도 있다. 감정이 고조되어 뇌가 오작동을 일으키면 훈련을 통해서 머릿속에 깊이 각인되지 않은 논리는 사라질 수 있다. 다시 말해서 격한 감정으로 혼란한 상황에서 떠올리기에는 논리가 약하거나 고조된 감정을 안정시키는 데 효과가 없는 논리인지도 모른다.

고조된 감정에 '논리를 주입할' 명제를 가장 효과적으로 사용하는 방법은 다음과 같다.

1. **자기 언어를 사용한다.** 명제나 구절은 자신이 평소에 실제로 사용하는 말과 생각이 반영돼야 한다. 자신의 말투와 사고방식에 제대로 들어맞는 논리를 사용하도록 해라. 완벽한 명제는 그저 듣기에 좋거나 다른 사람들에게 효과적인 것이 아니라, 자신의 평소 말투와 사고방식에 적합한 논리를 담고 있어야 한다.

2. **시야를 확장시킨다.** 고조된 감정을 바로잡는 방법과 고조된 감정에서 유발된 결함을 중심으로 주제와 생각을 확장시켜서, 한 문단으로 논리적 명제를 작성한다. 그리고 매일 아침 트레이딩 하기 전에 그 문단을 다시 읽고 그날에 필요한 문장, 구문 또는

단어를 뽑아낸다. 그러면 고조된 감정을 안정시키는 데 더 효과적인 논리적 명제가 나온다.

3. 논리적인 문구나 명제를 어딘가에 기록한다. 메모지, 포스트잇, 워드 프로그램, 휴대폰 메모장 등 사용하기 편리한 곳에 논리적 명제를 기록한다. 이렇게 하면, 뇌가 고조된 감정으로 인해서 오작동을 일으킬 때 옳은 논리를 기억해내느라 신경쓸 필요가 없어진다.

4. 필요하면 녹음하거나 적절한 멀티미디어를 활용한다. 논리적 명제를 녹음하거나 사진, 노래나 동영상 등을 활용한다.

5. 매시간 논리를 검토한다. 심각한 실수를 계속한다면, 한 시간이나 30분 등 규칙적으로 논리적 명제를 되새긴다. 이렇게 하면, 감정이 고조되기 시작했다는 것을 더 잘 인지하고 감정이 더 고조되는 것을 막고 빠르게 감정을 통제하여 피해를 최소화할 수 있다.

6. 흔한 실수를 피한다. 옳은 논리만으로 고조된 감정을 해소할 수 없다면, 보통 다음의 이유 때문이다.
- 이미 감정이 고조될 때로 고조되어 역치를 넘은 뒤에야 감정을 통제하려고 논리를 투입했다. 하지만 감정이 역치를 넘어서 감정적으로 흥분한 상태가 되면, 논리적으로 생각하는 것이 거의

불가능하다. 감정이 격양되어 있을 때 논리를 주입한다는 것은 말 그대로 '이성적으로 생각하는 것'이다. 그러므로 감정이 격양되어 사고력이 약해진 상태에서 논리를 주입하려고 시도하는 것은 발목이 삐거나 부러졌는데 달리려고 시도하는 것과 다를 바 없다. 감정이 크게 고조되지 않았을 때 논리를 주입하기 시작해야 한다. 그러려면, 감정 패턴을 다시 살피고 멘탈 지도의 조기 시그널에 해당하는지를 확인해야 한다.

- 논리적 명제가 성과 결함에 대응하기에 효과가 있도록 충분히 조정되지 않았다. 멘탈 핸드 히스토리로 돌아가서 2단계와 3단계를 다시 완성해야 한다. 강력한 명제를 만들어내려면 성과 결함을 유발하는 근본적인 감정을 더 깊이 이해할 필요가 있다.

- 누적된 감정이 순식간에 쏟아져 나와서 명제를 사용할 기회조차 없었다.

- 새로운 문제가 생겼다. 기존 문제가 변해서 그 문제가 촉발됐다는 것을 인지하지 못했거나, 완전히 새로운 문제와 직면했을지도 모른다.

- 고조된 감정을 잠재우는 데 효과적인 논리에 대해서 더 연구해야 한다. 지금의 논리가 고조된 감정을 안정시키는 데 충분히 강하지 않은 것인지도 모른다.

마지막으로 논리를 주입할 순간을 인지하는 능력을 키워야 한다. 감정 패턴을 끊어내야 하는 결정적인 순간을 잘 포착하게 되면, 감정적으로 행동하는 대신에 성과 결함을 유발하는 감정을 바로잡는데 보다 더 적극적으로 임할 수 있게 된다.

예를 들어서 큰 손실이나 연이어서 손실을 입었거나 중요한 기회를 놓쳤거나 목표 수익에 가까워지는 등 감정이 유발됐을 때 논리를 주입하면서, 옳은 관점을 유지하려고 노력해야 한다. 감정이 더 이상 고조되기 전에 일종의 예방주사처럼 사용할 논리를 강하게 만들려는 모든 노력이 모두 이런 순간을 위한 것이다. 결국에는 논리가 탄탄하고 강력해져서 감정적인 반응을 고치고 실수를 막을 수 있게 될 것이다.

초기에는 틸트나 두려움이나 욕심이 뇌의 고기능을 차단하여 실수하고 실패했다. 이를 막으려면 거래에서 실패하는 빈도는 줄이고 트레이딩할 때 전략 실행에서 오류는 최소화해야 한다. 경험이 쌓이고 반복하다 보면 논리는 강력해지고, 그 강력한 논리를 실패하기 전에 뇌에 주입시킬 수 있다.

감정이 고조되어 성과 결함으로 이어지지 않도록 막는 방법을 몰랐기 때문에, 과거에는 감정에 압도되어 번번이 실패했을지 모른다. 이제는 새로운 상황이나 도전적인 상황에서 감정이 고조되는 것을 인지하지 못하고 실수를 할 뿐이다.

4단계 : 전략 알림

지금까지는 트레이딩하는 동안에 감정 상태를 관리해서 실수를 줄이는 데 집중했다. 하지만 침착함을 유지한다고 해서 실수를 항상 피할 수 있는 것은 아니다. 뇌가 제 기능을 다 하지 않으면, 트레이딩 전략을 깡그리 잊고 본래 계획과 어긋나는 결정을 내리게 된다. 트레이딩 전략이 기억나게끔 '전략 알림'을 사용하면, 당초 계획을 고수하고 더 나은 트레이딩 결정을 내릴 수 있게 될 것이다.

전략 알림은 의사결정 프로세스를 보호하고 전략 실행력을 높일 수 있다.

간단하게 전략을 상기시키게 만들 일종의 알림을 설정하는 것만으로도, 트레이딩 전략 실행력을 높이고 의사결정 프로세스의 취약한 부분을 강화하는 데 도움이 될 수 있다. 감정 패턴을 분석해서 멘탈 지도를 작성할 때, 의사결정 프로세스가 왜곡되는 방식을 파악했고, 자신이 흔히 하는 실수 유형을 파악했고, 의사결정에서 무시하는 요소와 시장이나 가격 움직임에 대한 자신의 시각에 나타난 변화를 확인했다. 이제 이 정보를 이용해서 실수할 가능성이 클 때 자신을 보호해보자.

전략 알림을 만들려면, 감정이 고조되면 무슨 일이 일어나는지를 생각하고 다음의 옵션 중 어느 하나를 선택한다. 그리고 선택한 옵션을 따로 기록해 두고 논리를 주입하는 단계에서 작성한 명제에 반영시킨다. 다음은 우리에게 주어진 옵션이다.

- **옵션 1 : 자신이 가장 흔하게 하는 실수를 글로 적어본다.** 흔히 하는 실수 목록을 손이 닿는 곳에 두고 틈틈이 읽으면, 그 실수들을 피하기 위해서 해야 하는 일을 생각하는 기회가 된다. 흔히 하는 실수에 뭐가 있는지를 인지하고 있으면 단기간에 즉

각적인 개선 효과가 발생한다. 일부 트레이더에게는 트레이딩에서 흔히 하는 실수를 바로잡는 방법이 명확하지만, 실수하고 나서야 그 방법이 떠오르는 문제가 있을 수 있다.

- **옵션 2 : 전체 의사결정 프로세스를 글로 적어본다.** 혹자는 이 과정이 지루하고 성가시다고 생각할 수 있지만, 자신의 의사결정 프로세스를 전체적으로 자세하게 파악하는 것을 좋아하는 트레이더들도 있다. 그들은 자신들의 의사결정 프로세스를 적어보면서 전제적으로 조정하고, 운동선수가 테크닉을 연마하듯이 의사결정 프로세스를 완벽하게 익힌다.
- **옵션 3 : 고려하지 못한 기술적 요인이나 데이터를 글로 적어본다.** 옵션 2가 너무나 지루하다 싶으면, 여기 지름길이 있다. 전체 의사결정 프로세스를 적는 대신에, 의사결정을 내릴 때 자신이 놓친 부분이 무엇인지를 파악하고 그것에 집중하여 다시는 그 일이 일어나지 않도록 하는 것이다.

여기서 목표는 전략 실행과 의사결정 프로세스의 수준을 한 단계 높이는 것이다. 이를 위해서는 논리를 주입하는 전략과 전략 알림을 설정하는 전략을 함께 사용해야 한다. 멘탈 게임의 심리적이고 감정적인 측면을 봤을 때 논리적으로 사고하고, 기술적이고 전략적인 측면에서 봤을 때 트레이딩 전략을 고수하는 것이다. 전략 알림을 설정하는 것은 이 책의 주요 관심사인 감정적이고 정신적인 영역과는 또 다르다. 하지만 이것은 트레이딩하는 동안에 실수를 최소화하는 데 결정적인 역할을 하기 때문에, 멘탈 게임을 개선하는 데 직접 영향을 준다.

단기매매를 주로 하는 스캘퍼처럼 일부 트레이더는 트레이딩하는 동안에 전략 알림을 사용할 시간적 여유가 없을 수 있다. 그렇더라도 전략 알림을 설정해서 트레이딩 전략을 고수하는 것이 득이 된다는 점은 그들 역시 마찬가지다. 시장이 열리기 전에 전략 알림을 설정하고 활용하는 습관을 강화할 필요가 있다. 전략 알림을 설정하는 것을 시장이 열리기 전에 항상 하는 일, 즉 루틴의 하나로 만들면, 트레이더들은 자신들의 트레이딩 전략의 핵심적인 부분을 강화하고 실행력을 높일 수 있다. 이러한 준비가 빠르게 돌아가는 트레이딩 세션 동안에 감정이 고조될 때 집중력을 유지하고 더 나은 결정을 내리는 데 도움이 될 것이다.

실시간으로 감정을 관리하는 전략은 다음과 같이 요약할 수 있다.

1. 감정 패턴이 촉발된 순간을 정확하게 인지한다.
2. 감정과 반대로 움직이는 힘을 가해서, 감정 패턴을 끊어낸다.
3. 감정이 고조되어 나타난 성과 결함을 바로잡을 논리를 주입한다.
4. 전략 알림을 설정해서 트레이딩 전략 실행력을 개선한다.

다시 한 번 더 말하면, 이 네 가지 단계를 반복적으로 연습하면 트레이딩하는 동안에 감정적 반응에 더 빨리 대처할 수 있게 될 것이다. 감정이 고조되는 순간을 인지하고 감정 패턴을 끊어내는 데 능숙해지고, 옳은 논리를 투입해서 결함을 바로잡을 수 있게 되면, 트레이딩하는 동안에 발생한 감정적 동요에서 더 빨리 벗어날 수 있게 된다. 예전에는 몇 시간이나 며칠이 걸리던 것이, 단 몇 초나 몇 분만에 감정적 동요에서 벗어나 평정심을 되찾게 될 것이다. 하지만 이 경지에 이르려면, 여느 새로운 기술을 배울 때와 같은 과정을 거쳐야 한다. 처음에는 어색하게 느껴지겠지만, 시간이 지나면서 점점 더 자연스러워지고 효율적으로 변할 것이다.

트레이딩을 그만두는 것을 단기 전략으로 사용해라

멘탈 게임 문제를 해소할 확실한 계획이 있다면, 감정에서 비롯된 성과 결함을 완전히 바로잡을 동안에 트레이딩을 그만두는 것은 단기적으로 실행해 볼 수 있는 전략이 될 수 있다. 언제가 트레이딩을 그만둘 최적기인지를 결정하는 데 정해진 규칙은 없다. 때로는 자기 자신을 한계까지 밀어붙여야 하고, 때로는 심리적으로나 감정적으로 큰 퇴보를 피하기 위해서 잠시 트레이딩을 그만둬야 한다.

트레이딩을 이어가기에 멘탈 게임 문제가 너무 심각해서 잠시 쉬거나 트레이딩에서 완전히 손을 떼야 하는 순간이 있다. 이런 순간에 이 전략을 사용하는 것이다. 물론 때로는 막다른 골목에 이르러서야 자신의 한계를 알게 되는 경우가 있다. 여기서 해주고 싶은 조언은 '지나치다 싶을 정도로 주의해라'이다.

이 책에서 설계한 시스템을 따르면, 자기 자신을 한계까지 몰아붙여서 실패를 밥 먹듯이 하는 지경에 이르지 않는다는 가정하에 시간이 지나면서 개인의 역량을 커질 것이다. 부상을 입고 재활치료를 받는 사람처럼, 도가 지나치면 다시 부상을 입게 된다.

생산적인 루틴을 만들어라

해소할 문제가 뭔지가 파악되면, 그 문제에 치열하게 집중하고 꾸준한 루틴으로 대응해야 한다. 문제에 대응할 만반의 준비를 해주는 루틴이 있으면, 감정이 고조된 순간에도 트레이딩 전략을 잘 실행하고 취약한 부분을 개선해 나갈 수 있게 된다.

반면에 손실이 나면, 그 이유를 이해하고 교훈을 얻어서 앞으로 그런 실수를 하지 않게 될 것이다. 본질적으로 말하면, 트레이딩 세션을 거칠 때마다 강점을 강화하고 약점을 개선하는 선순환을 만들어내는 것이다.

준비 운동을 해라

시장이 열리기 전에 정해진 루틴을 소화하는 것은 트레이딩에 앞서서 마음의 준비를 하는 것뿐만 아니라 트레이딩하는 동안에 경험할지도 모르는 다양한 문제에 대처할 준비를 하는 것이다.

현실적으로 말하면, 준비 운동에 미리 작성한 멘탈 지도를 살펴보는 것도 포함되어야 한다. 트레이딩 세션을 시작하기 전에 멘탈 지도를 살피면, 감정이 격양되면서 문제가 발생할 수 있다는 것을 미리 알려주는 시그널을 실시간으로 더 쉽게 찾아낼 수 있게 된다. 그리고 트레이딩하는 동안에 마주하게 될지도 모르는 문제의 원인과 그것을 바로잡는 방법에 대한 이해도를 높이기 위해서 멘탈 핸드 히

트레이딩 멘탈 게임

스토리와 논리적 명제도 다시 읽어봐야 한다.

지금 최근에 고질적으로 나타났던 문제들이 다시 떠오를지도 모른다. 그 문제가 발생할지도 모른다는 것을 알려주는 시그널을 인지하여 심호흡하거나 잠시 자리에서 일어나 머리를 식히고, 논리적 명제를 명심하고 전략 알림을 이용해서 트레이딩 전략을 고수했다면, 결과가 어땠을지를 생각해봐라.

기본적으로 이것은 감정이 격양되어 감정적으로 반응하게 될 때 감정을 통제하거나 성과 결함을 바로잡기 위해서 해야 하는 행동을 머릿속으로 예행 연습을 하는 것이다. 준비 운동에 필요한 것들이 모두 미리 마련되어 있다면, 준비 운동은 3~5분이면 충분하다. 준비 운동에 우선순위를 두고 열중해야 한다. 절대 준비 운동하는 시늉만 해선 안 된다.

휴지기를 가져라

준비 운동은 성과가 중심이 되는 경쟁 분야에서 활동하는 사람들, 특히 운동선수들은 절대로 빠트리지 않고 하는 루틴이다. 휴지기도 마찬가지다. 운동선수들은 부상을 치료하고 체력을 회복할 수 있도록 치료를 받거나 냉찜질로 근육을 푸는 등 신체 회복에 더 집중하곤 한다. 휴지기는 다음날에도 고된 훈련을 다시 이어갈 수 있도록 마음을 재정비하는 데 반드시 필요한 준비 과정이다.

트레이더가 휴지기를 가진다는 것은 거래 일지를 작성하고 분석하고 손익을 확인하는 것도 포함된다. 하지만 정신적이고 감정적인 측면에서 휴지기를 가지는 데도 집중해야 한다. 예를 들어서 멘탈 지도에 새롭게 알게 된 사실을 추가하고, 감정이 누적되지 않도록 자신의 감정 상태를 기록하여 바로 해소하고, 진척 사항을 분석하는 것이다.

우리의 마음은 각각의 멘탈 게임 문제와 관련된 감정, 생각 그리고 행위 등 많은 데이터로 가득 차 있다. 부지런하게 이런 데이터를 모으고 분석했다면, 5~10분 정도 휴지기를 갖는 것이 다음날의 트레이딩 세션에 큰 도움이 될 것이다.

시간을 내서 문제를 분석해라

트레이딩 세션이 시작되기 전에 책상 앞에 앉아서 감정 패턴을 분석해서 멘탈 지도를 작성하거나, 멘탈 핸드 히스토리를 완성하거나, 감정을 통제하기 위해 적절한 논리적 명제를 세우거나, A급, B급, C급 멘탈 게임 분석을 마무리할 시간은 없다. 트레이딩 세션이 시작하기 전에는 기존의 자료나 정보를 신속하게 검토할 시간만 있을 뿐, 처음부터 새로운 자료나 정보를 모으고 분석할 시간은 없다. 그러므로 효율적으로 성과 결함을 불러오는 부정적인 감정을 해소하길 원한다면, 평상시에 조사하거나 새로운 개념이나 트레이딩 성과를 향상하는 데 도움이 될 새로운 지식을 학습해둬야 한다.

이런 일까지 하면 하루 동안 해야 할 일이 더 많아지고, 그에 반해서 주어진 시간은 제한되어 있다는 것을 깨닫게 된다. 하지만 지금은 멘탈 게임을 향상하는 데 집중하고 있으니, 이 일에 우선순위를 뒤야 한다. 일단 멘탈 핸드 히스토리, 멘탈 게임 분석, 논리적 명제 등 필요한 자료와 정보가 수집되고 탄탄한 계획이 수립되고 나면, 각각의 자료와 정보를 모으고 분석하는 데 소요되는 시간은 대폭 줄어들 것이다. 일정한 시간만 들여서 트레이딩하는 동안에 부정적인 감정인 성과 결함으로 이어지는 것을 미연에 방지할 수 있을 것이다. 기존의 자료나 정보를 검토하거나 업데이트하는 것만으로도 성과 결함을 야기하는 부정적인 감정을 통제하고 바로잡도록 계속 노력할 수 있어야 한다.

진척 사항을 평가해라

최대한 효율적으로 부정적인 감정을 해소하기를 원한다면, 감정을 통제하고 성과 결함을 바로잡으려는 과정에서 진전이 얼마나 있었는지를 파악하고 있어야 한다. 그런데 이것을 파악하는 일은 말처럼 단순하지 않다. 트레이딩은 본래 예측 불가능성을 안고 있고 개인의 심리적이고 감정적인 상태를 평가하는 것은 복잡하기 때문이다.

트레이더들이 흔히 하는 실수 중에 멘탈 게임을 개선하는 과정의 진척 사항을 평가할 때 감정을 하나의 평가 기준으로 삼는 것이다. 진전이 있더라도, 감정적으로는 다르게 느끼고 있을 수 있다. 예를 들어서, 몇 달 전과 마찬가지로 지금도 트레이딩을 시작하는 게 두려울 수 있다. 하지만 좀 더 자세히 들여다보면, 이전에 비해서 비관적인 생각을 덜 하고, 덜 망설이고, 단 하나의 가격 움직임도 놓치지 않겠다는 생각으로 하루 종일 1분 차트만 들여다보지 않는 자기 자신을 발견하게 될 것이다. 이것들은 진전을 나타내는 지표나, 자신의 감정만 들여다봐서는 파악이 안 된다. 그러니 멘탈 지도에서 감정 이외의 다른 시그널들에서 나타난 변화를 눈여겨봐야 한다.

진전이 있는지 없는지를 파악하는 것은 멘탈 게임을 개선하는 노력에 있어서 중요하다. 아무것도 개선되지 않았다고 잘못 생각하고, 실제로 효과가 있는 전략에 대해서 신뢰나 그 전략을 실행해야 한다는 동기를 상실할 수 있다. 아니면 실제로 개선되고 있지 않다면, 이 사실을 인지하고 무엇이 잘못됐는지를 파악해야 한다. 다음은 멘탈 게임이 개선되고 있다는 것을 나타내는 일반적인 지표들이다.

감정 패턴을 인지하는 일이 갈수록 쉬워지는가? 예를 들어서 감정 역치에 이르기 전에 멘탈 게임 문제를 알리는 시그널을 포착하는 실력이 좋아지는 것이다. 아직까지 실시간으로 부정적인 감정을 통제하거나 바로잡는 실력이 부족할 수 있지만, 무슨 일이 일어나고 있는지를 인지하는 실력이 향상됐을 수 있다. 이것이 대수롭지 않아 보이겠지만, 시그널을 인지하는 실력이 개선된 것은 첫 단추가 제대로 끼워졌다는 의미다. 트레이딩 전략을 잊지 않도록 실시간으로 알려주는 전략 알림은 인지력이 향상되지 않으면 아무 쓸모가 없다.

다음으로 멘탈 게임을 개선하는 데 진전이 있음을 나타내는 중요한 지표는 **자신의 감정을 통제하거나 바로잡는 능력**이다. 욕심이나 틸트나 두려움과 같은 부정적인 감정 때문에 이제 막 실수하게 될 순간들을 떠올려보자. 그 순간 하던 일을 멈추고 집중력과 침착함을 유지하기 위해서 논리적 명제를 적시에 투입했다면, 실수를 막았을 것이다. 여기서 핵심은 감정적으로 반응하지 않는 것이 아니라, 감정적으로 반응하려는 순간에 감정을 통제하고 바로잡는 것이다. 이렇게 하면 고조된 잠정이 진정되고 의사결정과 성과가 개선된다. 물론 이렇게 하기까지 많은 노력이 필요할 것이다. 하지만 어쨌든 노력을 통해서 감정을 통제하거나 바로잡아서 실수를 막는 빈도가 높아질 것이다.

초반에는 멘탈 게임이 아주 조금만 개선됐다고 느껴질지도 모른다. 아무리 개선된 정도가 작다 하더라도, 개선됐다는 것은 중요하다. 왜냐하면 그것을 바탕으로 장기적인 개선 방안을 수립하게 되기 때문이다. 장기적으로 자신의 감정을 통제하고 바로잡는 능력이 강해질 것이다. 그러면 감정적 반응에 더 빠르게 대처하는 데도 도움이 될 것이다. 감정적인 반응에 빠르게 대처한 덕분에 실수의 피해를 최소화하고 더 빨리 심리적으로나 감정적으로 회복하게 될 것이다. 그래서 트레이딩하는 동안에 감정이 격양되어 실수가 나온 뒤에 다시 집중력과 침착함을 회복하는 데 많은 시간을 쓸 필요도 없어질 것이다.

마침내 통제하거나 바로잡아야 하는 부정적인 감정이 덜 유발되고, 감정 해소가 눈앞에 보이기 시작할 것이다. 그런데 감정 해소는 전등 스위치를 끄는 것이 아니다. 두려움, 욕심, 틸트 등과 같은 강렬한 감정은 전등 스위치를 꺼서 전등불을 끄듯이 단번에 해소되지 않는다. 그보다 음량 조절 스위치에 가깝다. 예를 들어서, 여전히 욕심이 생기거나 보복성 거래에 뛰어들고 싶은 충동이 느껴지지만, 그 강도는 이전에 비해서 아마도 10퍼센트 덜 할 것이다.

멘탈 게임을 개선하는 데 진전이 이어지고 점점 더 많은 멘탈 게임 문제를 해소하면서, 자연스럽게 감정이 줄어들 것이다. 이것은 감정 상태가 더 안정되고, 두려움이나 분노나 자신감 과잉과 같은 부정적인 감정들이 고조되더라도 쉽게 끊어낼 수 있게 된다는 의미다. 그리하여 마침내 더 이상 부정적인 감정이 촉발되지 않고 멘탈 게임 문제가 오롯이 해소된다.

멘탈 게임 문제가 해소됐음을 인지하는 데 가장 큰 걸림돌은 바로 언제 자신이 결승선을 통과했는지를 모른다는 것이다. 멘탈 게임을 개선하는 것은 결승선이 그어진 육상경기에서 달리는 것이 아니다. 하지만 멘탈 게임 문제를 바로잡는 여정에서 결승선을 통과했다는 것을 알 수 있는 단서가 있다. 다음은 멘탈 게임 문제가 해소됐음을 알려주는 시그널들이다.

- 강한 압박감을 느끼거나 극도로 피곤하더라도 능력이 십분 발휘된다. 멘탈 게임 문제를 바로잡는 여정에서 어디까지 왔는지를 알고 싶다면, 현재와 과거의 최악의 멘탈 게임을 비교하고 의사결정 프로세스가 얼마나 향상됐는지를 확인한다.
- B급 멘탈 게임에서 실수로 이어지는 감정적 충동들이 사라지기 시작한다. 주의를 산만하게 만드는 요인이나 집중을 방해하는 잡음이 줄어들고, 성과 수준이 이전과 확연하게 차이가 있

고 더 명확하다.

- 예전에는 감정적인 반응이 나왔지만, 지금은 같은 상황에서도 부정적인 감정의 강도가 자연스럽게 그리고 의식적으로 노력하지 않아도 줄어들었다.
- 이전보다 A급 멘탈 게임에 더 집중할 수 있게 됐다. 기본적인 일을 완전히 숙지하여 자연스럽게 처리할 수 있게 된 덕분에, 정신적으로 여유가 생겼다. 그 덕분에 좀 더 창의적이거나 혁신적인 일 또는 새로운 것을 배우는 일에 정신 에너지를 쏟을 수 있게 됐다.
- 예전에 알게 됐지만 시작할 엄두가 나지 않아서 미뤘던 프로젝트나 아이디어를 처리하고 싶은 충동이 커진다.

멘탈 게임 문제가 해소됐다는 것을 알려주는 또 다른 지표는 **멘탈 게임의 진화**이다. 멘탈 게임에 능숙해지면서, 최악의 성과 즉 C급 멘탈 게임이 변한다. 오래된 문제들이 덜 심각하게 다가오거나 새로운 문제들이 등장할지도 모른다. 예를 들어서, 낮은 자신감과 그로 인해서 유발되는 문제를 극복했지만, 지금은 가끔 자신감이 지나쳐서 문제가 생길지도 모른다. 아니면 완벽주의를 고쳤고 손실에 대한 두려움이 줄어들면서 더 많은 거래에 투자할 수 있게 됐지만, 이제는 손실이 나면 틸트가 와서 좌절한다.

이런 새로운 멘탈 게임 문제를 멘탈 게임을 개선하는 과정에 진전이 있음을 보여주는 증거로 받아들여야 한다. 새로운 수준의 C급 멘탈 게임이 시작됐다면 이것은 A급 멘탈 게임을 더 높은 수준으로 끌

어울릴 잠재력이 있다는 의미이다. 이미 업그레이드된 A급 멘탈 게임을 경험했을지도 모른다.

하지만 안타깝게도 최선을 다했지만 멘탈 게임을 개선하려는 노력에 진전이 전혀 없을 수도 있다. 멘탈 게임을 개선하는 데 도움이 되는 시스템을 열심히 사용해왔지만, 의미 있는 변화를 만들고 지속시키지 못했다. 그렇다면 마지막 장에서는 멘탈 게임을 개선하는 노력을 방해하는 흔한 장애물들을 파악하고, 그것들을 없애기 위해서 무엇을 해야 하는지 살펴보도록 하겠다.

진전이 없는
상황을
타개하라

"자신이 구덩이에 빠졌다는 것을 알게 되는 순간에
제일 먼저 구덩이 파기를 멈춰야 한다."

—워런 버핏

발전을 방해하는 잠재적인 문제를 모두 해결하기에는 너무나 다양한 문제가 존재한다. 그러므로 이번 장에서는 가장 흔한 문제를 중점적으로 살펴보도록 하겠다.

감정 패턴을 인지하는 것이 어려울 때

어떤 계기로 인해서 감정적인 반응이 불같이 느닷없이 나타난다. 문제가 계속되지만, 그것이 어디서 어떻게 시작됐는지를 알 수가 없다. 실수와 손실이 발생한 뒤의 상황을 보면 뭔가 문제가 있었다는 게 분명하다. 하지만 문제가 생기기 전에 감정이 고조되거나 절제력이 무너지지 않도록 막는 데 필수적인 사전 시그널을 인지할 수가 없었다.

감정 패턴을 인지하지 못하는 이유는 크게 두 가지다.

첫 번째는 감정 패턴을 인지하는 데 필요한 일을 제대로 하지 않은 것이다. 마땅히 해야 할 일을 하지 않았다면, 지금이라도 해야 한다. 다른 방도는 없다.

두 번째는 해야 할 일을 했지만, 매일 감정을 억누르는 데만 익숙해서 부정적인 감정이 존재한다는 것을 알지 못했다. 그래서 갑자기 부정적인 감정이 분출됐지만, 무엇이 그것을 촉발했는지를 알 수가 없다. 이를 해결할 방도는 억압된 감정의 존재를 알리는 시그널에 더 익숙해지고 적절하게 대응하는 것이다.

현재로서 이것들이 욕심이나 두려움이나 분노 등 부정적인 감정에 대해 자연스럽게 나오는 반응이다. 예를 들어보면, 부정적인 감정이 생기면 그 즉시 다른 트레이더에게 이야기하거나 손실이 나도 자기는 아무런 영향을 받지 않는다고 지나치게 합리화했는지도 모른다. 이런 반응은 C급 멘탈 게임 문제가 존재한다는 것을 알리는 시그널이고, 여기서부터 감정 패턴을 분석하고 멘탈 지도를 작성하기 시작하면 된다.

그리고 억눌렸던 부정적인 감정이 갑자기 폭발한 날에는 그런 일이 일어나게 된 근본적인 원인을 찾기 위해서 문제를 깊이 파고들어야 한다. 이 책의 다른 장을 읽어보고 멘탈 핸드 히스토리를 완성하고, 거기서 얻은 아이디어를 매일 부정적인 감정의 존재를 인지하는 데 활용해야 한다.

상황이 나아지기 전에 악화될 때

때로는 여러 가지 이유로 정반대의 상황이 벌어지고 문제가 악화할 수 있다.

먼저, 자세히 들여다보기 시작했더니 애초 생각했던 것보다 멘탈 게임 문제가 실제로 더 나쁘거나 복잡할 수 있다. 쉽게 말해서, 반창고를 확 뜯어내고 상처를 봤더니, 상처가 아물기는커녕 곪기 시작한 꼴이다. C급 멘탈 게임 문제라고 생각했는데, 사실상 더 심각한 F급 멘탈 게임 문제였다. 물론 진실을 알게 되면 고통스러울 수 있다. 하지만 이제는 최소한 뭐가 문제인지를 알게 됐고, 그 문제에 맞춰서 해결 방안을 세울 수 있게 됐다.

감정 패턴을 더 잘 인지하는 것은 뒤로 걷는 것처럼 느껴질 수도 있다. 욕심이나 두려움이나 틸트처럼 성과 결함을 유발하는 부정적인 감정에 집중할수록, 감정이 더 강렬하게 느껴질 수 있다. 이것이 후퇴를 의미하는 것은 아니다. 후퇴라기보다, 이전까지 무시했던 것을 새롭게 인지하게 된 것이다.

멘탈 게임에 관해 수집된 새로운 정보는 감당하기 부담스러울 수 있다. 지금까지 학습과 감정에 관해서 새로운 이론을 많이 배웠고,

그 과정에서 경험할 수 있는 수많은 문제를 살펴봤으며, 그 문제들의 원인과 정정 방법을 파악했다. 그러면서 자신의 문제가 무엇인지 자세히 이해하려고 노력했다.

이제 훨씬 더 많은 것을 인지하게 됐다. 비유적으로 말하자면, 역량을 개발하기 위해 노력하면서 새롭게 수집된 모든 정보에 발이 걸려 넘어질 지경이다. 책의 내용을 단숨에 이해하려고 시도할 때, 흔히 일어나는 일이다.

한 번에 모든 문제를 해결하려고 시도하는 대신에, 쉬운 목표부터 달성해 나가면 발을 딛고 설 수 있는 탄탄한 기반이 마련될 것이다. 그렇지 않으면, 마치 그동안의 모든 노력을 수포로 만드는 늪으로 걸어 들어가는 것처럼 느껴질 것이다.

우선순위를 매기기 어렵다면, 우선 뭐든 시도해 보고 2주일 동안 진전이 없다면 재평가하고 다른 것을 시도해 봐라. 때로는 일단 시작하는 것이 필요한 정보를 모으는 유일한 방법이다. 가만히 지켜보기만 해서는 배울 수 없는 것도 있다.

마지막으로 첫 단추를 잘못 끼우게 되는 또 다른 이유는 시장에 존재하는 변동성이다. 때로는 새로운 멘탈 게임 전략을 처음 실행해 볼 타이밍이 시장의 흐름이 바뀌는 순간과 일치하기도 한다. 아니면 연이어 손실이 나면서 스스로 통제할 수 없는 지경에 이르렀을 때, 새로운 멘탈 게임 전략을 시도하려고 할 수도 있다. 그러니 스스로 통제할 수 없는 상황에 과민하게 반응하지 마라.

그 대신에, 이런 상황을 좀 다른 관점에서 바라보자. 쉽게 말하면,

일찍부터 어려운 순간과 맞닥뜨리면 자신의 밑바닥을 빠르게 파악할 수 있게 된다. 그다음에 시장 조건이나 결과가 자신에게 유리하게 바뀌면서, 그때부터는 이전과 비교해서 예상치 못한 일로 놀랄 일은 거의 없을 것이다. 물론 곧바로 진전이 있으면 좋겠지만, 계획한 대로 일이 풀리지 않는다면 그 상황을 배우고 성장하는 기회로 이용하자.

번아웃

번아웃은 트레이더들 사이에서 흔히 나타난다. 시장은 트레이더에게 휴식이 필요하다는 것에 별 관심이 없다. 1년 내내 열려 있는 시장에서 트레이딩한다면, 단 한 번도 쉰 적이 없는 것처럼 느껴진다. 끊임없이 트레이딩 생각만 하고, 머릿속에서 트레이딩을 떨쳐낼 수가 없다.

트레이딩에서는 모든 결정에 높은 정확도가 요구된다. 이것 때문에 트레이더는 자신이 오전 9시부터 오후 6시까지 일하는 안정된 직업을 지닌 직장인보다는 운동선수처럼 느낀다. 게다가 자기 돈을 들여서 트레이딩하다가 장기적으로 손실이 나거나 시장의 감을 익히는 데 애를 먹게 되면, 지속된 스트레스로 탈진하게 된다.

번아웃이 멘탈 게임과 관련되면, 설령 멘탈 게임 문제의 근본적인 원인을 정확하게 파악했더라도 번아웃으로 멘탈 게임 문제가 심각해지고 멘탈 게임을 개선하는 능력이 제한된다. 마음이 지쳐서, 트레이딩 전략을 이행하고 앞으로 나아갈 힘이나 집중력이나 침착함을 잃게 된다. 감정적으로 더 민감해져서, 부정적인 감정이 빠르게 누적된다. 이것은 해소해야 할 멘탈 게임 문제가 더 많아졌지만, 부정적인 감정을 관리한 여력이 남아 있지 않다는 뜻이다.

번아웃의 해결책은 단순하다. 쉬는 것이다. 이것 말고 번아웃을 해소할 방법은 없다. 문제는 번아웃에서 회복하는 데 필요한 휴식에는 비싼 대가가 따른다는 것이다. 트레이딩하지 않는 동안에는 돈을 벌 수 없다. 그래서 트레이딩을 손에서 놓지 않는 것은 당연한 일이다. 그들은 마치 포기라는 선택지는 주어지지 않았기 때문에 이 악물고 경기를 끝까지 치르는 플레이오프에 출전한 부상을 참고 뛰는 운동선수 같다.

하지만 번아웃이 아주 심각한 수준에 이르는 순간이 온다. 피부 화상에도 등급이 있듯이, 번아웃도 등급이 있다. 번아웃이 심각할수록, 수준 낮은 의사결정을 내리고 회복하는 데 시간이 걸린다.

심각한 번아웃을 예방하려면, 번아웃이 심각한 수준에 가까워졌음을 알려주는 한두 가지 시그널을 파악하고 있어야 한다. 더 이상 틸트나 욕심을 통제할 수 없는 것처럼, 시그널이 감정의 형태를 띠고 있을 수 있다. 아니면 자신이 세운 규칙에 따라서 시장에 진입하고 빠져나올 수가 없는 것처럼 절제력에서 번아웃이 심각해졌다는 시그널이 나타날 수 있다.

동기에서 뚜렷한 변화가 감지될 수도 있다. 예를 들어서, 약한 번아웃이 오면, 시장 조사에 관심이 없어진다. 반면에 거래를 전혀 하고 싶지 않다면 번아웃이 심각한 것이다.

번아웃의 시그널을 조사하고 번아웃이 오는 주요 원인을 파악할 최적기는 번아웃이 온 뒤다. 이 책에서 다뤘던 다른 멘탈 게임 문제를 유발하는 감정의 패턴을 분석하고 지도를 작성했던 것처럼, 번아웃의 지도를 작성해 보자. 중요한 정보는 빠짐없이 메모해서, 다음에 번아웃이 온다 싶을 때 그 정보를 번아웃의 조기 시그널을 포착하는 데 이용한다. 그러면, 번아웃이 오기 전에 미리 대처할 수 있다.

먼저 중간중간 쉬어주고, 건강한 식단을 유지하고, 운동하고, 충분한 수면을 취해야 한다. 친구들과 시간을 보내거나, 취미활동을 하거나, 자기 계발이 아닌 단순히 재미를 위해서 책을 읽거나, 머리를 많이 쓰지 않아도 되는 재미있는 일을 한다. 이것은 번아웃이 시작되는 것을 지연시킬 뿐만 아니라 번아웃이 오는 것을 완전히 막을 수도 있다.

뇌 비대증

앞에서 집중력이 의사결정에 필요한 데이터를 모으는 도구라고 했다. 그런데 지나치게 많은 데이터를 모으면, 문제가 생긴다. 소수의 트레이더만 아는 이 문제를 나는 '뇌 비대증'이라고 부른다. 흔히 발견되는 문제는 아니지만, 내가 몇 년 동안 고객들과 일하면서 지켜본 결과 많은 사람이 뇌 비대증을 흔히 경험한다.

트레이딩하는 중에 지나치게 오래 집중했더니 시장을 제대로 분석할 수 없고 기회를 놓치거나 몸가짐이 흐트러져서 더 이상 집중할 수 없었던 나날을 떠올려보자. 아니면 장시간 동안 사전 조사하거나 새로운 트레이딩 기법을 연구하거나 이전 데이터를 바탕으로 트레이딩 전략을 실험하다가 과부하가 걸려서 뇌가 일시 중단되는 지경에 이르렀던 때를 떠올려봐라. 더 이상 집중할 수가 없고 새로운 정보를 아무리 봐도 이해가 안 됐을 것이다.

이런 순간에는 뇌가 온갖 데이터로 가득 차서 뇌에는 추가로 데이터를 저장할 공간이 남아 있지 않다. 이렇게 되면 뇌는 마치 물을 너무 많이 머금고 있어서 더 이상 물을 흡수할 수 없는 물에 푹 젖은 스펀지나 다름없다. 집중할 수가 없고 핵심 정보를 놓치고 정신적으로 지친다. 마치 뇌에 자욱하게 안개가 낀 것 같다. 그러면 사람들은 그저 피곤한가보다 싶고, 하루 종일 일했으니 아니면 시장 조사하고 새로운 정보를 익히는 데 집중했으니 피곤할 수밖에 없다고 대수롭지 않게 넘긴다. 어느 면에서 이것은 사실이다. 하지만 피로가 모든 상황을 설명하진 못한다.

녹초가 된 이유는 뇌가 데이터로 가득 찼기 때문이다. 많은 정보가 뇌로 밀고 들어오면서, 머리가 멍해지고 제대로 돌아가지 않고 트레이딩 전략을 제대로 실행할 수가 없다. 설상가상으로 트레이딩과 일상을 분리할 수조차 없다. 가족과 저녁 식사를 하거나, 친구와 야구 경기를 보는 등 피로와 긴장을 풀려고 노력하지만, 머리가 돌아가지 않는다. 몸은 거기에 있지만, 정신은 딴 데 가 있다. 머릿속에 이런저런 생각이 계속해서 떠오른다.

피곤한 몸을 이끌고 잠자리에 들 때조차도 뇌가 쉬지 못하고 계속

돌아간다. 트레이딩하면서 했던 실수와 놓쳤던 기회를 다시 떠올리고 수익이 나는 포지션에서 출구 전략에 대해 고민하거나 예전에 생각해 봤던 새로운 프로젝트에 대해서 생각한다. 이런 상태가 몇 시간 동안 지속될 수 있다. 침대에 눕자마자 잠이 드는 날도 있지만, 그런 날은 트레이딩이나 프로젝트에 관한 생각 때문에 일찍 잠에서 깬다.

지나치게 많은 데이터를 흡수하면, 흡수된 데이터를 모두 소화하지 못해서 숙제처럼 마음속에 며칠 동안 남아 있을 수 있다. 누적된 미처리 데이터는 누적된 부정적인 감정과 아주 비슷하다. 다음날 명료하게 생각하고 정보를 처리하는 데 미묘하게 영향을 줄 수 있다. 처리되지 않은 데이터가 찌꺼기처럼 여기저기 흩어져 있어서 어수선한 뇌는 겉으로 표출되지 않은 분노와 같다. 그렇다고 크게 걱정할 것은 없다. 간단한 습관을 추가하는 것으로 이 문제를 꽤 쉽게 해결할 수 있다.

뇌에는 자연스럽게 정보를 처리하고 귀중한 지식으로 전환하는 프로세스가 있다. 이것은 신체의 소화기 계통이 음식에서 영양소를 추출하는 것과 같다. 우리는 뇌가 정보를 소화해서 지식으로 전환하는 프로세스의 효율성을 높일 수 있다.

트레이딩 날이나 오랫동안 조사하거나 연구할 때, 뇌가 멈추기 전에 휴식을 취해라. 새로운 데이터를 그만 소비하고 그저 몇 분 쉬는 것만으로도 뇌가 그동안 흡수했던 정보를 더 많이 소화할 기회가 생길 수 있다.

뇌가 정보를 조금 더 소화할 수 있도록 잠시 쉬는 동안에, 메모하거나 잠깐 산책하거나 명상해라. 완전히 회복된 것 같지는 않겠지만, 어떤 면에서 기력을 완전히 회복하지 못해도 상관없다. 그저 장이 마감돼서 트레이딩 업무가 끝날 때까지 또는 조사하는 동안에 성과가 하락하지 않도록 시간을 버는 것이다. 이렇게 하면 업무 시간의 효율을 최대화할 수 있다.

그다음에 트레이딩이나 조사를 마무리한 뒤에 기록하거나 대화하면서 생각을 정리하고 그 내용을 기록하는 등 자신이 선호하는 방식으로 뇌가 데이터를 소화할 수 있도록 도와라. 이득을 얻고자 생각을 정리한 것을 다시 읽을 필요는 없다. 머릿속을 가득 채운 데이터를 어딘가에 옮겨 담아서 머리가 가벼워지고 생각이 명료해지는 것만으로 충분하다. 하지만 시장이 열리기 전에 하는 준비 운동의 하나로 다음날에 트레이딩하기 전에 기록했던 메모를 훑어보고 중요한 내용 몇 가지는 마음에 새길 것을 제안한다.

이것은 트레이딩하기 전, 트레이딩하는 동안 그리고 트레이딩한 뒤에 전술적 부분과 멘탈 게임의 특정 부분을 개선하는 데 집중하는 주기를 만들어낸다. 이런 종류의 반복 훈련은 개선 속도를 높이는 비결이 된다.

잠을 잘 수 없을 때 글을 적어 보는 것은 잠드는 데 도움이 된다. 머릿속이 이런저런 생각으로 가득 찬 채로 억지로 자려고 노력하는 것보다, 머릿속에 떠오르는 생각을 글로 적어 보는 것이다. 트레이딩하는 동안에 경험했던 어려운 결정, 실수나 전략 수정 등을 자세히 글로 적어본다. 적을 게 남아 있지 않을 때까지 또는 최소한 30분 동안 머릿속에 떠오르는 생각을 글로 적는다. 그리고 나서 다시 자려고 시도해 보자. 다시 자려고 했을 때 처음부터 아무 생각 없이 잠이 들지는 않겠지만, 이렇게 생각을 비워내는 훈련을 하면 결국에는 잠 드는 시간이 짧아질 것이다.

개인적인 문제가 트레이딩 업무에
영향을 미치기 시작할 때

개인적인 문제가 트레이딩 업무에 서서히 영향을 미치기 시작하면, 트레이딩하면서 느꼈던 즐거움, 도전 의식 그리고 호기심이 사라질 수 있다. 전략 실행과 트레이딩 성과에 문제가 생겨서 돈을 잃으면서, 갑자기 트레이딩 업무 이외의 일들이 훨씬 더 크게 다가온다. 트레이딩 성과가 시원찮을 뿐만 아니라, 트레이딩 업무가 마감되면 자신을 기다리고 있는 일상의 문제로 되돌아가야 한다. 쉴 수가 없고, 상황은 걷잡을 수 없게 나빠진다.

다음의 단계를 통해서 트레이딩 업무 주변에 분리막을 쳐보자.

- 1단계 : 트레이딩 업무가 시작되기 한 시간 전에, 특정 주제에 대해서 머릿속에 떠오르는 생각을 모두 글로 적는다. 그 순간의 기분, 그 순간에 떠오르는 구체적인 생각, 그날 해야 하는 일

또는 사람들에게 해야 하는 말 등일 수 있다. 최대 20분 동안 머릿속에 떠오르는 것을 글로 적는다.

- **2단계** : 머릿속에 떠오르는 것을 빠짐없이 글로 적었다면, 심리적 한계선을 긋는다. 그 순간부터 트레이딩 업무가 마무리될 때까지, 개인적인 문제에 대해서는 절대 생각하지 않는다.

- **3단계** : 이제 트레이딩 업무가 시작되기 40분 정도 남았을 것이다. 이 시간 동안에는 트레이딩 업무를 시작하기 전에 으레 하던 일을 한다. 타이밍이 중요하다. 최대 20분 동안 머릿속에 떠오르는 것을 자세히 글로 적었으니, 무엇을 해야 하는지를 고민하는 데 에너지를 쓸 필요 없이 곧장 일을 처리할 수 있을 것이다. 이렇게 하면 여유시간도 생길 것이다. 그런데 머릿속에 개인적인 문제 몇 가지가 여전히 남아 있어서 신경이 쓰인다면, 그것을 다시 글로 적어서 그날의 트레이딩 업무가 마감될 때까지 그것에 대해서 생각하거나 고민하지 않겠다고 다시 다짐한다.

그러다가 이따금 개인적인 문제에 관한 생각이 떠오를 때마다 '지금은 아니야'라는 논리적 명제를 머릿속에 주입해라. 그렇게 했는데도 그 생각이 사라지지 않으면, 잠깐 시간을 내서 머릿속에 떠오르는 개인적인 문제와 관련된 생각을 글로 적고 보호막을 다시 견고하게 만든다.

물론 때때로 트레이딩 업무를 처리하는 동안에 신경을 써야 하는 현실적인 문제가 생기기도 한다. 이런 개인적인 업무를 처리하고 나면, 3단계를 반복하고 다시 보호막 안으로 들어가서 트레이딩 업무에 집중해라.

트레이딩 업무로 개인적인 문제가 표출될 때

개인사에서 해결되지 않은 문제가 있을 때, 심지어 그게 문제인지조차 몰랐던 무언가가 있을 때, 그것들은 트레이딩 업무에도 영향을 미칠 수 있다. 이런 문제들이 트레이딩하는 동안에 나타나면, 대체로 혼란스럽다. 왜냐하면, 트레이딩 업무 이외에 문제라고 여길만한 것이 없기 때문이다. 트레이딩 업무 이외의 영역에서는 언제나 자신감과 결단력이 있고 감정적으로 균형 잡혀 있다. 그래서 트레이딩하는 동안에 개인사가 원인이 되어서 감정적인 반응이 나오는 것이 이해가 안 된다.

트레이딩은 독특하게도 심연의 두려움, 해소되지 않은 분노 그리고 개인의 불안감을 밖으로 끌어낼 수 있다. 이러한 문제들은 트레이딩 전략 이행과 수익성에 직접 영향을 미친다. 이러한 문제들로 인해서 트레이더는 지나치게 리스크를 감수하거나, 섣불리 수익을 확정하거나, 손실이 발생하는 포지션을 포기하지 못한다. 이 문제들은 트레이딩과 아무런 관련이 없다. 하지만 트레이딩에 과도하게 개인 시간, 에너지와 돈을 투자하고 트레이딩 결과에 자신의 미래, 자신감과 정체성이 결정된다고 생각하면, 마음속 깊이 숨어 있던 개인사와 관련된 문제들이 결국에는 겉으로 드러나게 된다.

개인의 능력, 목표 의식과 성취감을 확인하기 위해서 트레이딩이 필요한 사람들도 있다. 그들은 트레이딩 업무에서 실패를 맛보면, 인생의 실패자라고 느낀다. 가격역지정거래완료되면, 분노가 치솟아서 거래가 완료되는 즉시 다시 시장에 진입한다. 이런 사람은 어렸을 때 지는 것을 너무나 싫어했고 자기가 이길 때까지 끈질기게 도전했었는지도 모른다.

결정을 내려서 조처하고 싶은데, 선뜻 결정을 내리고 조처할 수가 없을 것 같다. 이런 경우에는, 부모가 완벽을 요구했고 뭐라도 실수를 하면 불같이 반응했을 수도 있다. 이런 경험이 실수에 대한 두려움으로 이어져서 선뜻 시장에 진입하지 못하고 정세를 그저 관망하기만 한다. 그러다가 시장에 진입할 기회를 놓치면 잔뜩 짜증이 난다. 어떻게 하든지, 시장을 이길 수 없을 것 같다.

좋은 소식이 있다면, 일단 문제의 근본적인 원인을 파악하면 개인사와 트레이딩 업무에서 취약한 부분을 동시에 바로잡아서 개선할 수 있다는 것이다.

개인적인 문제를 깊이 파고드는 것이 어려울 수 있다. 혼자서 개인적인 문제를 해결해 보고 싶다면, 멘탈 핸드 히스토리를 활용할 것을 제안한다. 트레이딩하는 동안에 나타나는 문제를 주의 깊게 들여다보고, 그에 상응하는 개인적인 문제가 있는지를 확인한다. 그러고 나서, 멘탈 핸드 히스토리의 1단계에서 찾아낸 내용을 이용해서 나머지 단계들을 완성한다. 자신의 문제가 특히나 심각하다면, 치료 전문가와 함께하는 것에 대해서 생각해 봐라.

이해를 돕기 위해서, 필자의 고객이었던 윌의 사례를 들려주고자한다. 대기업 임원으로 퇴진한 뒤에 그는 은퇴 자금에 조금이나마 도움이 됐으면 하는 마음으로 파트타임으로 트레이딩을 했다. 직장을 다닐 때, 그는 일을 매듭짓는 평정심을 잃지 않는 사람으로 알려졌었다. 하지만 트레이딩을 시작하기만 하면, 자신에게 있는지조차 몰랐던 분노의 뇌관이 터지기 일쑤였다.

윌은 오전에 한두 시간 주식 거래를 하고 나머지 시간에는 다른 일을 할 생각이었다. 하지만 일이 계획대로 풀리지 않았다. 그는 주식 거래로 돈을 좀 벌었다 싶으면 돈을 전부 잃기 십상이었다. 그렇게 죽음의 소용돌이로 빠져들었다. 이렇게 되자, 그는 점점 화가 났고 마침내 완전히 통제력을 상실했다. 소리를 지르고, 욕설을 내뱉고, 손에 잡히는 대로 물건을 부수고, 심지어 너무 짜증이 나서 바닥에 뒹굴기까지 했다. 자신이 감정을 전혀 제어하지 못한다는 것을 깨달았고, 자신도 알아볼 수 없는 딴사람이 되어 갔다.

윌은 자신이 소리를 질렀던 날을 들려줬다. '거래를 완료해!'라고 외쳤지만 두 팔이 꽁꽁 얼어붙은 것처럼 옴짝달싹 못 했다. 그는 거래를 완료할 엄두가 안 났다. 심지어 트레이딩하는 동안 자신이 무슨 행동을 하는지를 알고 싶어서 자기 모습을 촬영했고, 영상 속 자기 모습을 보고 충격을 받았다. "외계인이 제 몸을 장악하기라도 한 듯이 이해할 수 없는 행동을 하고 있었어요. 다섯 살 어린아이처럼 굴고 있더군요. 자기 분을 못 이겨서 생떼를 부리고 있었어요"라고 말했다. 이전까지 사생활이나 이전 직장에서 이 정도의 분노를 경험한 적이 없었다. 그래서 이 문제를 이해하기가 더 어려웠다. 그 순간에 이 문제는 그에게 불가사의한 것이었다.

월은 대대적으로 조사하고 공부하기 시작했다. 책을 읽었고, 책에서 얻은 교훈을 적용했다. 방대한 자료를 만들어서 자신의 분노를 이해하고 해결하려고 노력했다. 그는 엄청난 양의 거래 일지를 작성했고, 감정 패턴을 지도로 만들었고 자신의 문제를 이해하고 해결하려고 부단히 애썼다. 이를 놓고 봤을 때, 그는 내가 이 일을 하면서 만났던 고객 중에서 가장 꼼꼼한 고객이었다.

우리는 월이 만든 자료를 보면서, 그가 통제에 대한 인지 착각, 완벽주의 그리고 실패에 대한 두려움을 지니고 있다는 것을 알았다. 이 모든 것은 그가 화해하지 못한 어린 시절의 트라우마에서 비롯됐다.

월이 트레이딩과 관련 없는 개인적인 트라우마를 극복하려고 노력하는 동안에, 자신이 트레이딩하는 중에 감정적으로 행동하는 것이 오래된 개인적인 문제들이 관련이 있다는 것을 이해하는 것은 중요한 일이었다. 예를 들어서 손실이 나고 있는데 돈을 더 투자하거나 역지정 가격 설정을 피하고 싶은 욕구는 그의 개인적인 문제가 주식 거래에 서서히 영향을 미치고 있다는 시그널이었다.

그런 순간에서 월은 사적인 영역에서 발견한 해결 방안이 포함된 논리를 자신에게 주입하기 시작했다. 그러자 처음으로 자기 감정을 안정시키고 손해를 인정하고 더 큰 손해를 피할 수 있게 됐다.

멘탈 게임 시스템을 단계별로 계속해서 밟아나갔다. 주로 이 책에서 간절함이란 감정을 주제로 했던 장에서 소개했던 전략을 사용해서 감정에 대한 그의 통제력을 강화하고, 최근까지의 성취를 분류하고, 멘탈 핸드 히스토리를 이용해서 기술적 오류의 원인을 파악했다. 시간이 흐르면서 그의 분노는 줄어들었다. 게다가 분노가 치밀어 오르는 순간을 빠르게 파악하고 신속하게 그 감정을 해소할 수 있게 됐다.

월은 트레이딩의 확률적 특성에 집중했고 주식 거래에 존재하는 전반적인 리스크와 분산의 역할을 더 편안하게 받아들였다. 가격이 자신의 생각대로 움직이지 않을 때 자신의 계획을 어기고 손해나는 주식을 끝까지 붙들고 있지만 않았다면 무슨 결과가 나오든 그것은 자신의 책임이 아니라는 것을 스스로 잊지 않으려고 노력했다. 마침내 그는 실수하고 나서 테이블을 주먹으로 치고 감정을 통제하지 못해서 소리를 지르는 대신에, 곧장 '그건 정말 멍청한 결정이었어'라고 생각하고 대수롭지 않게 여기고 넘어갈 수 있게 됐다.

그후 몇 년 동안 월과의 연락이 끊겼다가, 최근에 그와 연락이 다시 닿았다. 예전에 트레이딩할 때마다 치솟았던 분노의 98퍼센트 정도가 사라졌다고 했다. 더 이상 트레이딩하는 도중에 화가 난다고 키보드를 부러뜨리거나 마우스를 집어 던지거나 생떼를 부리지 않았다. (그는 지금도 트레이딩하는 동안에 손실이 나면 욕을 살짝 한다고 인정했다.) 우리가 그동안 못한 이야기를 나누는 동안에, 어린 시절의 트라우마가 그동안 가만히 있다가 트레이딩하는 동안에 발현됐는지 궁금하다고 했다.

전쟁을 비유로 들면서 그의 상황을 설명했다. 월의 상황은 전쟁에 파병 나가 있던 동안에 전쟁 범죄를 경험했음에도 그 사실을 모르고 있다가 안전한 집으로 되돌아가서야 자신이 전쟁 범죄를 경험했다는 사실을 깨닫고 그로 인해서 고통받는 것과 같았다. 그의 경우에 '전쟁 범죄'는 어린 시절에서 비롯된 트라우마였고, 경제적으로 노후 준비가 된 상태에서 은퇴한 것이 '안전한 집으로 돌아온 것'이었다. 그저 그의 트라우마가 표출되는 순간에 그가 주식 거래를 하고 있었던 것뿐이었다. 그리고 주식 거래를 하면서 강한 압박감과 스트레스를 받으면서 상처가 벌어지면서 트라우마가 드러났다.

개인적인 트라우마의 대부분을 치유하고 그 트라우마에서 비롯된 트레이딩 실수를 바로잡은 덕분에, 월의 문제는 이 책에서 다른 평범한 멘탈 게임 문제이다. 그는 어린 시절의 트라우마에서 완전히 졸업했다. 그가 앞으로 나아갈 수 있었던 비결은 멘탈 게임 시스템은 효과가 있다는 것을 잊지 않고, 더 전형적인 성과 문제를 해결하는 데 그 시스템을 활용했던 것이었다. 그 덕분에 그는 계속 발전할 수 있었다.

이제는 확실히 깨달았겠지만, 지속적인 발전이 멘탈 게임을 하는 핵심 이유다.

감사의 글

나는 타고난 작가가 아니다. 그래서 이 책을 쓰기까지 많은 이들의 도움을 받았다. 이 책이 세상에 나올 수 있도록 도왔던 수많은 이들에게 깊이 감사드린다. 나 혼자서는 이 책을 마무리할 수 없었을 것이다.

먼저, 나의 글쓰기 파트너 베스 쿱친스키(Beth Kupchinsky)에게 고마운 마음을 전한다. 그녀의 전문성과 굳건한 헌신이 없었다면, 이 책은 세상에 나올 수 없었을 것이다. 예상했던 것보다 이 책을 완성하는 데 더 오랜 시간이 걸렸지만, 그녀는 처음부터 끝까지 내게 듬직한 파트너가 되어 줬다. 이 책을 쓰는 동안에 그녀가 적절한 의문을 제기하고 번뜩이는 통찰과 생각을 들려준 덕분에, 나는 새로운 관점에서 원고를 바라볼 수 있었다. 그녀의 노고에 언제나 감사할 것이다.

나의 멋진 편집자 마르시 맥도날드(Marcy McDonald). 그대의 비전과 지도에 감사하다. 나와 약속한 대로 이 책의 수준을 한 단계 끌어올려줬다.

나와 함께 일해 준 모든 고객에게도 감사하다. 당신들 덕분에 나는 트레이딩 업계를 좀 더 섬세하게 이해할 수 있었고, 트레이더로서 갖춰야 하는 자격을 알 수 있었다. 나는 특히 자신의 이야기와 경험을 공유해준 트레이더들에게 감사하다. 알렉스 라구즈(Alex Raguz), 브렌단(Brendan), 브라이언 헤페르난(Brian Heffernan), 카를로스(Carlos), 크리스 두한치(Chris Duhanci), 데이비드 롬바르드(David Lombard), 프란츠 게렐(Frantz Gheller), 지아코로(Giacomo), 고로 카네하라(Goro Kanehara), 구르딥 고살(Gurdeep Gosal), 조셉 앱보우드(Joseph Abboud), 맥스 시드니(Max Sydney), 마이클 월렌(Michael Whalen), 닉 위튼(Nick Whitton), 로드릭(Rodrick), 비샬 나두(Vishal Nathu), 블라드 브뤼킨(Vlad Brykin) 그리고 윌 라니(Will Ranney).

마지막으로 내 가족과 친구들에게 고마운 마음을 전한다. 당신들의 응원과 격려는 큰 힘이 됐다. 특히 아내 코리와 딸 테디에게 고맙다. 2020년은 힘겨운 한 해였지만, 이 두 사람이 있었기에 이 책을 마무리할 수 있었고 책을 쓰는 과정을 즐길 수 있었다. 너무나 감사하다. 이 책을 쓰는 데 집중할 수 있도록 배려해줘서 고마웠다. 나를 언제나 응원해주는 이 두 사람 곁에 있는 나는 정말 행운아이다.